KB079813

한국 근대사상사

한국 근대사상사

서양의 근대, 동아시아 근대, 한국의 근대를 어떻게 보아야 하는가

박정심 지음

천년의상상

▪ 일러두기

1. 이 책은 한국 근대사상에 대해 저자가 그동안 쓴 논문들을 근간으로 이루어졌다.
 · 「신기선의 『유학경위』를 통해 본 동도서기론의 사상적 특징 1」, 『역사와 현실』, 2006, 한국역사연구회
 · 「박은식의 자가정신과 근대 주체 인식」, 『양명학』, 2006, 한국양명학회
 · 「근대 유학인식의 변화에 대한 연구」, 『동양고전연구』, 2007, 동양고전학회
 · 「근대 '경쟁' 원리와 '도덕' 원리의 충돌과 만남에 관한 연구」, 『한국사상사학』, 2007, 한국사상사학회
 · 「박은식 격물치지설의 근대적 함의」, 『양명학』, 2008, 한국양명학회
 · 「한국 근대 민족주의와 공동체주의의 상관성에 관한 연구」, 『한국인물사연구』, 2009, 한국인물사연구소
 · 「근대 위정척사사상의 문명사적 함의에 관한 연구」, 『한국사상사학』, 2009, 한국사상사학회
 · 「개항기 격물치지학(science)에 관한 연구」, 『한국철학논집』, 2010, 한국철학사연구회
 · 「개화파의 문명의식과 타자인식의 상관성에 관한 연구」, 『유교사상연구』, 2010, 한국유교학회
 · 「조선 후기 남당(南塘)과 다산의 인물성이론 – '성선의 구현'을 위한 서로 다른 시선」, 『한국민족문화』, 2011, 부산대학교 한국민족문화연구소
 · 「자강기 신구학론의 '구학(유학)' 인식에 관한 연구」, 『동양철학연구』, 2011, 동양철학연구회
 · 「자강기 신구학론의 신학(新學)과 격물치지학에 관한 연구」, 『동양철학연구』, 2011, 동양철학연구회
 · 「근대 문명과 세계인식의 전환에 관한 연구」, 『한국철학논집』, 2012, 한국철학사연구회
 · 「자강기 신구학체용론의 논리구조에 대한 비평적 연구」, 『동양철학연구』, 2012, 동양철학연구회
 · 「양명학을 통한 진아론의 정립: 한국 근대주체의 생성」, 『양명학』, 2012, 한국양명학회
 · 「자강기 신구학체용론의 문명론과 주체인식에 관한 연구」, 『동양철학연구』, 2013, 동양철학연구회
 · 「근대적 몸〔신체〕의 발견: 수신에서 체육으로」, 『한국철학논집』, 2013, 한국철학사연구회
 · 「신채호의 '아(我)'에 관한 연구」, 『동양철학연구』, 2013, 동양철학연구회
 · 「신채호의 아와 비아의 관계에 관한 연구」, 『동양철학연구』, 2014, 동양철학연구회
 · 「근대 문명적 시선에서 본 몸〔身體〕에 관한 연구」, 『한국철학논집』, 2014, 한국철학사연구회
 · 「근대 '격물치지학〔science〕'에 대한 유학적 성찰」, 『한국철학논집』, 2014, 한국철학사연구회
 · 「이광수의 근대 주체의식에 대한 비판적 성찰」, 『한국철학논집』, 2015, 한국철학사연구회
 · 「식민기 부정적 주체의식과 유학인식에 대한 비판적 성찰」, 『동양철학연구』, 2015, 동양철학연구회
2. 본문 아래의 각주는 저자가 독자의 이해를 돕기 위해 단 것이며, 인용문 등의 출처를 밝힌 주는 책의 뒷부분에 미주로 따로 정리했다.
3. 단행본과 정기간행물을 나타낼 때는 겹낫표(『 』)를, 시 · 논문 · 단편 등에는 낫표(「 」)를 썼다.
4. 외국 인명과 지명, 작품명 등은 국립국어원의 외래어 표기법과 용례를 따르되, 이미 국내에 출간된 단행본이 있을 경우 그에 따랐다. 일제강점기의 자료를 인용하는 경우 원래 뜻을 해치지 않는 범위 내에서 당시의 표현과 표기법을 살리면서 번역하고 한글로 표기하였다.

살면서 일상에 필요한 재화를 스스로 생산해본 적이 없다. 늘 누군가의 노동에 힘입어 살아왔다. 심지어 숨 쉬는 것조차 내 것이 아니다. 한 사람이 건강하게 살기 위해서는 천 그루의 나무가 필요하다는데, 나는 종이를 쓰기만 했지 한 그루 나무도 제대로 심어본 적이 없다. 내 삶은 다른 이에게 온전히 의존해 있다.

그렇다면 나의 공부는 무엇인가? 대학원에 진학하게 된 것은 학문적 무지에 대한 부끄러움도 있었다. 하지만 사람 사이에서 보다 잘살아보겠다는, 사람이 살 만한 세상이 어떤 것인지 고민해보겠다는 야무진 생각이 없지 않았다. 앎이 삶을 성찰하며 삶의 맥락에서 앎을 반추하는 과정을 통해 지금 여기, 그들과 다르게 있는 나 그리고 우리의 삶을 제대로 읽어낼 수 있기를 바랐다. 그런데 아직 나는 매 순간 흔들리고 자주 시험에 든다. 늘 고민하지만 답을 찾기는커녕 살수록 삶은 생경하고 어떻게 하는 것이 좋을지 모르겠다. 그래서 더 목마른 것일까? 목마른 사람이 샘을 파는 마음으로 글을 쓴다. 그리고 세상과 소통하고자 한다.

한국 근대사상에 대한 관심은 대학원 시절부터 시작되었다. 강재언 선생의 책이 그 분야에선 거의 유일한 선행연구였던 시절이었다. 그의 저서를 모두 읽었지만, 석연치 않았다. 무엇이 어떻게 잘못되었는지 알 수 없었지만, 그것을 구체적으로 지적할 수 없는 답답함이 있었다. 대학원 강의에서조차 근대를 다루지 않거나 실학의 끄트머리로 취급하던 시절, 참고할 만한 연구가 변변치 않아 애를 먹으면서 박은식 사상을 주제로 박사 논문을 썼다, 하지만 근대사상이란 지평에서 그를 어디에 자리매김해야 할지 막막했다. 그런 무지가 한국 근대사상사를 써보고 싶은 욕심을 갖게 했다. 새로운 출발점에 선 느낌이었다.

운 좋게 전임이 되었고 안정적으로 연구할 수 있는 환경이 주어졌다. 십 년 세월이 지났고 근대에 대한 강재언 선생의 물음과 해답 모두에 문제가 있었다는 것을 명확하게 보게 되었다. 오래도록 고민했던 박은식과 신채호의 사상사적 위치가 어디인지도 알 수 있었다. 이

책은 모르는 것을 하나씩 굼뜨게 알아간 내 공부의 자취이다. 이 책이 한국의 근대사상을, 핵심 개념을 중심으로 전체적으로 조망한 총론에 해당한다면, 앞으로는 각 주제별·인물별로 세부적 연구를 진행할 생각이다.

오랜 염원을 이루게 되어 기쁘다. 오늘의 이 기쁨은 온전히 나만의 것이 아니다. 학문하는 즐거움을 가르쳐주신 모교의 은사님들께 감사의 말씀을 드리지 않을 수 없다. 열정적으로 함께 스터디해준 많은 동학을 잊을 수 없다. 졸고를 어떻게 책으로 엮어낼지 몰라하던 내게 선뜻 손을 내밀어준 천년의상상에도 고맙다.

무엇보다 지금 나의 모든 것을 있게 해주신, 딸 뒷바라지에 늘 온 마음을 다하시는 존경하는 어머님께 첫 저서를 바치고 싶다.

2016년 3월 박정심

차례

13장 제국과 '조센징'의 조우

근대적 물음 되묻기

무엇을 물어야 하는가?

철학은 물음이다. 철학함이란 당대의 문제를 직시하면서 동시에 역사에 대한 성찰을 통해 우리의 삶이 어떠해야 하는지, 무엇이 옳고 그른지를 비판적으로 통찰하는 것이다. 철학적 물음은 현재적 문제의식을 반영하지 않을 수 없다는 측면에서 '살아 있다'. 더 나아가 철학적 '물음'은 물음 그 자체를 문제 삼을 뿐 아니라 무엇을 물어야 하는지도 묻는다. 철학에서 시선은 매우 중요하다. 무엇을 문제 삼아 보느냐는 곧 세계를 바라보는 '시선'과 연관되기 때문이다. 곧 철학적 시선은 '지금 · 여기 · 나'를 묻는 문제의식의 표출이며 '나'가 지향하는 바를 비춰주는 등불이 되기도 한다. 잘못된 물음으로는 답을 찾을 수 없으니, 제대로 된 질문일 때라야 비로소 올바른 해답을 찾을 수 있다. 그렇다면 근대를 성찰함에 있어 우리는 무엇을 묻고 보아야 하는가?

한국 근대를 바라보는 주된 시선은 '근대는 실패한 역사'라는 인식이다. 물론 일제 식민지를 경험했다는 것은 반드시 되새겨보아야 할 역사적 경험임에 재론의 여지가 없다. 그러나 식민 경험 그 자체보다 더욱 심각한 문제는 여전히 제국의 시선으로 근대를 이해한다는 데 있다. 제국의 시선으로 한국 근대를 봄으로써 그들〔타자〕뿐만 아니라 나〔주체〕를 제대로 이해할 수 없게 되었으며, 그들과 어떤 관계 맺음을 해야 하는지도 성찰할 수 없게 되었다.

근대는 제국과 식민으로 이분되었다. 유럽이 대포의 힘을 앞세워 아시아와 아프리카를 식민지로 개척함으로써 그 이전보다 더 강력하고 더 체계적인 폭력이 세계적 차원으로 확산되었다. 아시아의 영국이 되고자 했던 일본은 유럽제국주의를 그대로 재생산하고자 했다. 그렇다면 근대는 곧 폭력의 세계화라고 볼 수도 있지 않겠는가? 발전 혹은 진보라는 말은 '평화', '공존', '인간의 존엄성'과 연관되어야지 폭력과 획일화를 포장하는 개념이 되어서는 안 된다. 그렇다면 아시아에서 일본만이 유일하게 근대화에 성공한 나라라는 전제를 무비판적으로 수용해서도 안 될 것이다. 일본이 근대화에 '성공'한 후 한 일이 무엇인가? 안으로는 충효일본론(忠孝一本論)을 내세우며 천황을 위해 충성을 다하라 강제하고 밖으로는 식민지 수탈과 세계대전을 일으킨 것 이외에 무엇을 했는가? 만약 우리가 제국적 시선에 사로잡혀 몰주체적으로 근대를 이해한다면, 결국 우리는 없다. 주체적 세계인식 없이 주체가 생성될 수는 없기 때문이다. 철학과 역사의 주체성과 정체성이 전제되지 않는다면 근대는 애초 성립할 수 없다. 근대에 대한 올바른 성찰 없이 폭력적 근대를 넘어서는 통찰력은 길러지지 않을 것이다.

문명화지상주의

근대 이전의 세계는 정치적·군사적·문화적 독자성이 유지되는 느슨한 교류관계를 맺고 있었다. 그러나 근대 들어 유럽은 지구 전체를 아우르는 유일한 문명권을 형성했다. 영국 그리니치 천문대가 위도와 경도의 원점이 되었을 뿐만 아니라 표준시간의 기준점이 됨으로써 명실상부한 지구의 중심이 되었다. 근대적 시공간 관념은 단순히 물리적 차원에 국한되지 않았다. 근대적 시공간 관념은 유럽 중심적 세계 이해와 유럽이 문명적으로 가장 앞선다는 진보사관을 담고 있었다.

유럽인들은 자기들의 근대문명을 전파하는 것이 백인의 의무라고 생각했다. 그러므로 비서구 지역을 식민지화하는 것은 침략이 아니라 문명화이며, 제국주의 침략을 통한 유럽문명 재생산은 선한 행위라고 여겼다. 반면 비서구 지역은 자신을 서구적 근대성이 부재한, 그래서 결핍된 타자라고 인식하게 되었다. 서구적 근대의 모방을 진보로 생각하며 그들 닮기에 열을 올렸다. '검은 피부 하얀 가면'이란 프란츠 파농의 지적은 비서구 지역에서 이루어진 일그러진 문명화를 정확하게 표현한 것이다.

일본은 영국을 자처하며 아시아 지역에 제국주의를 이식했다. 한국 근대는 서구 근대문명과 아시아에서 재생산된 일본제국주의 영향을 동시에 받았기 때문에 한층 복잡한 구조를 갖게 되었다. 이때 서구적 근대성이란 문명성과 침략적 야만성을 동시에 지닌 야누스적 타자였으며, 식민지배라는 아픈 경험까지 해야 했는데도 한국은 서구적 근대화에 대한 깊은 통찰보다는 서구적 발전을 따라가는 데 급급할 뿐이었다.

문명화는 그것이 철저히 중심주의적 세계 이해에 기반을 두고 있다는 점에서 우려할 만한 사태다. 이분법적 사유와 유럽적 시선에 묶인 채 세계를 이해한다면 이는 결코 세계를 제대로 이해하는 것이 아닐뿐더러 지금 우리가 직면한 문제들을 해결하는 데도 도움이 되지 않기 때문이다. 한국은 여전히 서구중심주의와 근대화지상주의 같은 근대적 사유에 안존해 있지만, 앞으로는 이러한 중심주의가 지닌 폭력성에 대한 비판적 성찰 없이 제대로 된 삶을 유지하기란 결코 쉽지 않을 것이다.

민족지상주의

근대적 삶은 국가를 생존 단위로 했다. 따라서 근대국가체제를 정립하는 것이야말로 시급한 역사적 과제였다. 더욱이 망국을 경험했던 한국은 독립된 국가를 건설하는 것이 급박한 목표였기 때문에 이때 민족은 모든 문제를 흡인하는 힘을 가질 수밖에 없었다. 사회다원주의에 근거한 세계인식이 국가주의를 부추겼다. 그들처럼 열강이 되고자 하는 열망과 제국주의 침략에 저항해야 한다는 위기의식이 공존했다. 이러한 모순된 근대의식을 융합된 형태로 담아낼 수 있는 것이 민족주의였다. 근대 민족주의는 팽창과 저항이란 양면성을 지니고 있었다.

문명화지상주의와 민족지상주의는 근대가 탄생시킨 쌍생아다. 문명화지상주의는 문명성의 부재를 각인하였고 인종주의와 근대국가체제는 근대적 민족의식의 생성을 부채질했다. 문명과 민족〔인종〕에 대한 인식은 곧 근대주체의 정체성을 묻는 토대가 되었다. 민족주의는 제국주의 침략에 저항할 수 있는 '민족' 단위를 인지했다는 긍정적 측면도 있었다. 신분제에 기초했던 전근대사회가 갑오개혁을 기점으로 해체되면서 신분적 해방을 맞이한 것도 획기적 사건이었다. 그러나 서구 근대가 발견했던 '개인'을 구현하지 못했다는 점에서는 부정적 측면도 없지 않았다.

그런데 민족이란 이름으로 자행된 모든 행위는 무조건 정당화될 수 있는가? 민족을 방패 삼아 구성원을 배제하고 차별하는 행위가 과연 옳은가? 이런 물음은 민족만이 유일한 삶의 경계이며 반민족적인 것은 모두 거부해야 한다는 민족지상주의는 또 다른 폭력이기도 하기 때문에 가능하다. 민족주의가 본질적인 것인가에 관한 비판적 성찰을 가능하게 했던 베네딕트 앤더슨의 『상상의 공동체』는 이런 측면에서 유의미한 내용을 담고 있으며, 특히 민족적 정체성이 인쇄자본주의를 통해 국어 확산과 맞물리며 생성된 신화에 불과하다는 주장은 일견 타당하다. 그러나 민족적 기원이 현실적 필요에 의해 구성된 것이라 할지라도 여전히 삶을 경계 짓는 강력한 요소임에 틀림없으며, 누구도 국적을 포기하기란 쉽지 않은 것이 현실이다. 그렇다면 민족 해체를 주장하는 것은 현실적 대안일 수 없다. 민족적 경계의 안팎을 재성찰해야 할 이유가 여기 있다. 그렇다고 획일성과 배타성에 기초한 팽창적이고 침략적인 민족주의를 더욱 공고화하자는 것은 물론 아니다.

근대 되돌아보기

이성에 근거한 서구 근대문명 담론은 이성과 감성, 인간과 자연, 문명과 야만, 주체[서구]와 타자[비서구]의 이분법적 사유 구조를 확산시켰으며, 인간이 이성적으로 판단한다면 인류역사가 발전·진보할 것이라 믿게 했다. 이러한 이데올로기를 재생산한 일본은 메이지유신을 통해 스스로 문명화되었다고 여겼다. 유럽이 비서구 지역에 대해 문명화 의무가 있듯 자신들은 주변 아시아국에 문명을 지도하고자 했으니 이른바 '주변국의 식민지화'였다. 하지만 이것은 과학적 진리가 아니라 유럽중심주의적 이데올로기에 지나지 않았으며,* 이성의 끝자락은 세계대전과 생태계 파괴, 핵전쟁 위협 등 지구적 삶 전체를 파괴할 수 있는 굵직한 문제를 안겨주었다.

전통과 근대, 주체와 타자, 서구와 비서구 등 이분법적 사유가 불러온 폭력적 경계는 삶을 풍부하게 하기보다는 차별의 골을 깊게 했으며, 삶의 본질을 보다 깊이 이해하게 하기보다는 오히려 긴밀한 연관성을 통찰할 수 없게 방해했다. 이분법적 사유는 전통과 근대를 이질적인 것으로 분절하고 격리함으로써 너무 낡아서 버려야 할 전통과 새롭게 수용해야 할 근대의 간극을 더욱 깊게 하였다. 이에 대한 반작용으로서 전통을 긍정하려는 문화적 반발이 있었지만 결과적으로는 전통과 근대의 단절의 골이 얼마나 깊은지를 확인하는 정도에 그쳤다. 한국은 서구식 이성의 역사를 갖고 있지 않았다. 그렇다면 이성에 관한 성찰을 통해 근대를 넘어서려 하기보다는 우리의 전통 속에서 이성에 대한 반성적 물음을 할 수 있는 사유를 재발견하고 새롭게 해석하는 것이 더 의미 있지 않을까?

유럽 근대사회에서도 과학기술은 삶의 새로운 척도가 되어주었으나 어떻게 사는 것이 바람직한가에 대한 해답까지 제시해주지는 않았기 때문에 여전히 기독교에 의존해야 했다. 마찬가지로 한국은 서구적 근대성의 역사적·문화적 맥락과는 동떨어져 있었지만, 이질적 타자를 수용해야 했기 때문에 전통적 문맥에서 타자를 수용할 수 있는 개념과 논리를 계발하는 것은 매우 자연스러운 현상이었으리라. 다시 말

---

* 오리엔탈리즘은 학문적 진리체계가 아니라 권력 담론이라는 에드워드 사이드의 지적은 매우 적절하다 하겠다.

해 유학적 전통은 단숨에 사라진 것이 아니라 근대적 삶의 맥락에서 연속과 단절이라는 과정을 거쳤다. 그런데도 유학을 단순히 낡고 쓸모 없는 것으로 치부해버렸다. 그래서 도리어 근대가 더욱 왜곡되는 결과를 초래하지는 않았는가.

근대의 주체는 타자를 대상화함으로써 타자적 주체를 생성했다. 하지만 주체란 타자를 전제하지 않으면 성립 불가능하므로 결국 생태적으로 타자와 깊은 연관성을 가질 수밖에 없다. 서구적 근대성과 제국주의가 비서구의 서구적 근대성 부재와 식민지를 상정하지 않고는 성립 불가능하다는 점도 마찬가지다. 그렇다면 주체와 타자는 주체의 배타적 동일성 원리에 근거해 인식할 것이 아니라, 마주 보고 있는 주체로 보아야 할 것이다.

근대적 삶의 실상조차 이분법적 사유로는 제대로 보이지 않을 수 있다. 이분법적 사유에 근거해 근대적 삶의 지평 너머를 성찰하는 것 또한 어려운 일일 수 있다. 이성의 역사를 경험하지 않았던, 서양과 전혀 다른 역사적 전통에 서 있는 한국에서는 더더욱 그럴 것이다. 역사적 삶의 문맥에서 전통과 근대를, 그리고 근대 너머 보기를 시도하는 일은 이분법적 사유로는 가능하지 않다.

우리는 세계적 근대, 동아시아의 근대, 한국의 근대를 어떻게 보아야 하는가? 흔히 '전통'이라는 말로 뭉뚱그리는 전근대는 지금 우리에게 대체 무슨 의미가 있는가? 과연 그 전통은 서구적 근대와 어떻게 다르며 타자와 구별되는 정체성을 담보하는 것과는 어떤 연관성이 있는가? 이 또한 우리가 이 책에서 다뤄봐야 할 문제다. 전근대적 전통과 근대적 유산에 대한 재음미를 통해 '지금·여기·나'를 자각하는 일은 우리가 지향해야 할 바람직한 삶의 방향을 찾아가는 '하나의 길'을 제공할 것이다.

I

서양 근대는 대항해 시대를 기점으로 하여 계몽주의 철학으로 완성되기까지 5백여 년에 걸쳐 형성되었지만, 한국 근대(1876~1945)는 이질적이고 강력한 타자와 강제적으로 만나는 '격변' 속에서 생성되었다. 백여 년 전, 그 이전에는 본 적조차 없는 서양을 만나며 겪어야 했던 격변기의 삶은 매우 치열했다. 한국 근대사상이란 서양중심주의 파고를 넘어 아한(我韓)의 민족적 정체성을 발견하고 독립된 근대국가를 건설하려는 격변기의 사유체계라 하겠다.

조선시대에는 상투를 틀고 한복을 입었다. 단발령에 대한 강렬한 저항이 없지 않았지만 양복을 입고 그에 걸맞은 모양새를 갖추었다. 지금 여기 서 있는 한국인이 어떻게 생성되었는지 거슬러 올라가다 보면 현재의 생활양식이 시작된 지점, 바로 '근대'를 만나게 된다. 거대한 지구적 세계에 편입되었던 그 지점에 대한 사상사적 탐색은 오늘날과 같은 우리 삶의 양식이 어떻게 생성되었는지 알려줄 것이다. 근대사상에

근대, 세계사의 시작

대한 다양하고 체계적인 분석은 근대를 다시 보고 새롭게 보게 할 뿐만 아니라, 지금 과 다른 길 또한 볼 수 있는 시선을 제공할 것이다.

흔히 근대국가체제를 일국적 차원에서 바라보는데 이러한 일국주의의 틀은 근대 세계를 인식하는 데 한계가 있다. 근대문명이 유럽의 일국적 차원에서는 발전이었으 나 세계적 차원에서 보면 그 발전은 식민지를 자양분 삼아 가능했던 야만이었다. 한 국의 근대 형성 과정에는 민족국가 건설이라는 근대적 과제와 민족국가의 한계점을 넘어서야 하는 이중적 과제가 공존했다. 더욱이 서양과는 전혀 다른 사상적·문화 적·역사적 배경 때문에 서양의 근대를 그대로 이식하거나 모방하는 것은 애초에 불 가능했다. 설사 모방한다 하더라도 그것이 우리 삶을 온전히 행복하게 하지는 못했을 것이다. 그렇다면 근대적 삶은 어떻게 생성되었는가?

1장

제국주의의 팽창과
서구적 근대성

01 서세동점(西勢東漸)의 근대

항해술의 발달과 산업혁명

서양의 근대는 항해술의 발달로 시작되었다. 15세기 이전, 아메리카 대륙과 오스트레일리아, 뉴질랜드 등은 아시아나 유럽과는 그 어떤 소통도 없이 거의 별개의 세계로 존재했으며, 아프리카는 일부 해안에 외지인이 도착한 것 말고는 오랫동안 외부에 그 존재조차 알려지지 않았다. 서로 떨어져 살던 각각의 대륙이 15세기부터 바닷길을 통해 이어져 비로소 오대양 육대주란 지구적 세계가 하나로 묶였다. 지구적 세계사는 이렇게 시작되었다. 해양 팽창을 주도한 것은 유럽인이었고, 그 결과 지구적 세계는 유럽인이 지배하게 되었다. 그런 의미에서 근대는 "바다에서 만들어졌다"라고 말할 수도 있겠다.[1]

그러나 항해술 발달이 곧 유럽의 팽창을 가져왔다고 하기는 어렵다. 근대세계 체제를 구축한 것은 사실 자본주의 발달이었다. 최초의 공업 국가라 할 수 있는 영국에서는 농민층 분해와 함께 초기자본주의 생산 관계가 순조롭게 나타나면서 산업혁명(18세기 중반~19세기)이 시작되었다. 면공업(綿工業)에서 촉발된 산업혁명은 방적기와 역직기(力織機) 발명에 힘입어 기계제 공장 생산이 확립되었다. 면공업의 급속한 발전은 관련된 산업의 발전을 촉진했는데, 특히 철공업·석탄업·기계공업의 발전이 현저했으며, 19세기 중반에 이르러서는 기계에 의한 기계의 대량생산 체제가 확립되었다. 철도가 기술 및 생산력의 발전을 수송하는 윤활유 역할을 하면서 산업혁명은 마무리되었다. 철도의 초기 역사는 석탄 수송과 밀접한 관련을 맺으며 시작되었거니와 G. 스티븐슨이 발명한 증기기관차(1814)가 속도와 능률 면에서 획기적 성공을 거두어 철도 시대를 맞게 되었으며, 이 철도망은 산업자본을 순환시키는 대동맥이 되었다. 산업혁명은 단순히 경제구조상의 혁명적 변화를 가져온 것이 아니라 정치적·사회적 구조에도 큰 변화를 가져왔음은 두말할 나위가 없다.

영국의 산업혁명은 단순히 영국 한 나라에만 자본주의 확립을 가져온 것이 아니라, 전 세계적으로 자본주의를 성립시켰다고 할 수 있다. 산업자본을 중심으로 한 영국의 자유무역 추진은 농업국을 공업국의 원료 공급지이면서 공업제품의 수입국으로 삼아 경제적 통합을 가능하게 했다. 다시 말해 당시 서양의 여러 나라는 풍부한 원료 공급지와 안정적인 해외시장이 필요했다. 기계에 힘입어 많은 물건을 만들 수 있게 되었으나 원료 공급과 상품 소비를 좁은 국내시장 안에서만 해결할 수 없었기 때문이다. 그래서 낸 해결책이 식민지 개척이었다. 영국의 인도 침략이 그 본보기다. 인도의 데칸고원은 세계적인 면화 생산지였다. 인도를 식민지화하면 데칸고원이 좋은 면화를 제공할 뿐만 아니라 많은 인도인에게 기계로 만든 면직물을 비싸게 팔 수도 있었다.

유럽이 생각한 '자유무역'은 유럽의 근대화를 가능하게 하는 추동력이었다. 스물을 갓 넘긴 빅토리아 영국 여왕은 아편전쟁을 지지하면서 "영국인의 안전도, 8백만 파운드의 손실도 문제가 아닙니다. 자유무역에 대한 거부가 다른 나라에까지 파급되면 대영제국은 1년 만에 멸망합니다. 동방의 마지막 땅인 중국을 소유하면 19세기를 소유하는 것입니다."라고 했다. 이 말은 영국 정부가 내외의 비난을 무릅쓰고 하필 '아편' 문제로 전쟁을 해야 하는 이유를 잘 드러냈다. 당시 영국의 아편 무역은 영국의 인도 지배에서 빼놓을 수 없는 것이었으며, 아편을 중국에 팔아 얻은 은은 미국, 오스트레일리아, 중국, 인도를 연결하는 세계무역의 결제수단으로 쓰였다. 즉 영국은 제국 유지를 위해 중국에서 '아편'의 자유무역을 수호하지 않을 수 없었던 셈이다. 또 "4억 중국인의 셔츠가 1인치씩만 늘어나도 영국 공장들이 30년 가동된다."라는 유행어가 나돌 정도로 중국시장은 영국 경제에 주춧돌 역할을 했었다.

제국주의와 식민주의

서구에서 근대화는 자생적 동력으로 이루어졌으나 결과적으로는 외향적·팽창적·착취적 구조를 띠었다. 자본주의는 국가와 시장의 결합 아래 무서운 속도로 확산되었으니 16세기부터 약 3백여 년에 걸쳐 라틴아메리카, 아시아, 아프리카를 거의 석권하기에 이르렀고 그 종착역은 19세기 '제국주의 시대'였다. 그 옛날 로마제국이 정복자 카이사르를 앞세워 제국으로 변모했듯이 자유와 평등을 부르짖는 유럽 각국이 디즈레일리나 빌헬름 2세 같은 팽창론자들을 앞세워 제국의 길을 걸어갔다. 이 새로운 제국들은 로마제국뿐 아니라 몽골제국, 이슬람제국 등 이전의 어떤 제국들과도 근본적으로 달랐다. 이들은 이미 만들어진 세계시장의 토대 위에서 일부 지역이 아닌, 전 세계를 세력권으로 삼았다. 또 과거 제국들이 느슨한 정치적·군사적 지배에 머물렀다면, 19세기 제국들은 자본주의적 수탈의 망으로 식민지를 단단히 옭아맸다. 지리적 팽창과 궤를 같이한 유럽 중심의 자본주의는 전 지구를 원료 공급지와 시장으로 편입했다. 더 나아가 정치적·지리적·문화적·인종적 요소가 결합된 서양 문명은 세계적 보편으로 자리 잡았다. 세계 체제 내에서 국민·국가 간의 정치·군사·경제적 패권 투쟁과 지배와 종속의 관계는 국민국가 내부의 문명성과 현저한 대조를 이루는 비문명적 성격을 드러냈다. 제국주의와 식민지 종속사회로 이원적·복합적으로 구성된 근대의 세계 체제에서 제국주의는 정치적·군사적·경제적 억압과 수탈뿐 아니라 가치관 측면에서도 백인신화 즉 '서구=문명', '비서구=야만'이라는 이분법과 '세계문명의 서구화' 현상을 만들어냈다.

서구의 근대, 그 자본주의와 민주주의의 성취는 아시아, 아프리카, 라틴아메리카를 착취하는 것 위에 서 있었으며, 오늘날 세계 다수 극빈국(極貧國)의 비참한 현실 또한 식민지 지배의 유산과 분리해서는 설명할 수 없다.[2] 식민지는 경제적으로 수탈당했을 뿐만 아니라 수많은 문화재도 약탈당했고 고유한 언어와 생활방식마저 서양 것을 따르게 되는 경우가 많았다. 이 때문에 오늘날 아프리카나 남아메리카는 물론 아시아 일부 나라에서 그 나라의 공식 언어로 대부분 영어나 프랑스어 또는 에스파냐어를 사용하고 있는 것이다.

세계적 자본주의 체제와 더불어 서구 근대적 삶의 양식 및 문화가 비서구 지역으로 확장되었다는 점에서 19세기 제국주의 시대는 진정한 세계사의 시작이었다고 할 수 있다. 동일화와 차별화를 통한 폭력적 차별이 존재했지만 '하나'의 세계를 실현해나갔기 때문이다. 식민지 쟁탈전의 결과 1878년 유럽 열강은 지구의 67퍼센트에 해당하는 영토를 차지했고, 1차 세계대전이 발발하기 직전인 1914년에 이르러서는 지구의 85퍼센트를 식민지 보호령 또는 신탁통치나 연방 등의 형태로 지배했다. 이러한 영토 분할에 참여한 나라는 일본을 제외하면 모두 유럽과 아메리카 대륙의 열강들이었다. 이들이 비서구 사회에서 행한 정치적·군사적·경제적·문화적 행위를 '제국주의'라고 한다.[3] 더욱이 이들 국가들은 서로 식민지 쟁탈전을 벌였으니, 1·2차 세계대전은 식민지를 뺏기 위한 전쟁이었다. 2차 세계대전이 끝나면서 유럽은 황폐해졌고 분열되었다. 나치즘과 파시즘의 출현은 유럽이 인류진보의 발상지라는 자긍심을 산산이 부서뜨렸으며, 계몽주의 이래로 특별히 힘을 가졌던 유럽이 문명의 정점을 대표한다는 주장 역시 유대인 학살로 인해 부정되었다.[4]

　제국주의 폭력성이 유럽의 전유물은 아니었다. 아시아정체성 이론은 고스란히 '동양'에서 재생산되었다. 우리나라에서 벌어진 청일전쟁과 러일전쟁 또한 청나라, 러시아, 일본이 서로 조선을 식민지로 삼으려던 것이었다. 일본은 제국주의 시스템을 조선에 이식함으로써 메이지유신 과정에서 구미에 유린당한 패배감과 열등의식을 회복했다. 그리고 조선은 소외된 무사계급의 불만을 해소할 사회적 출구 역할을 했으며, 그들의 시선을 밖으로 돌림으로써 자유민권을 억제하고 천황제를 강화할 수 있었다. 경제적 수탈을 통한 경제력 보완이야 두말할 나위가 없다.

　'근대'는 인류역사에 전례가 없던 제국주의와 식민주의가 전 세계를 휩쓴 시기였다. 제국주의 침략은 직접적이고 강력한 저항에 부딪혔지만, 여전히 우리 현실을 움직이는 중요한 기제로 작동하고 있다. 제국주의 침략을 이념적으로 뒷받침했던 유럽중심주의는 오늘날에도 우리의 삶과 사유에 강한 영향력을 행사하고 있다. 우리가 근대를 성찰해야 할 근본적 이유가 여기 있다. 근대는 지금 여기 서 있는 우리의 삶이 시작되었던 지점이며, 당시 제기되었던 문제들은 아직도 미해결인 채로 우리 앞에 던져져 있다.

유럽중심주의와 서구적 근대문명성

근대와 서구적 근대성

'근대'란 용어는 16세기에 처음 나타났는데, 그 어원은 라틴어의 부사형 modo에서 기원한 것으로 최근, 지금, 당대라는 뜻이었다. 흔히 역사가들은 15세기 말 이래의 유럽사를 '근대'라고 부르며, 우리는 근대를 유럽 역사의 한 시점으로 파악하고 모더니즘을 근대를 관통하는 정신으로 이해했다.[5] 즉 14~15세기 이후 프랑스혁명에 이르는 약 5세기 동안의 '근대'는 이른바 지리상 발견으로 불리는 유럽 세계의 팽창, 르네상스, 종교개혁, 절대왕정의 성립과 붕괴라는 급격한 변화로 점철된 시기를 말한다. 역사상의 근대는 전통과의 단절을 의미하며 19~20세기 들어 개선, 만족, 효율 등과 거의 같은 의미를 띠게 되었다. 근대주의자는 1890~1940년대 예술과 문학에서 실험적 경향을 가리키는 용어로 사용하기도 했다. 즉 중세 이후를 가리키는 용어인 서구의 근대는 르네상스와 종교개혁·산업혁명·시민혁명을 거쳐 완성되었다. 중세 봉건사회로부터 근대 자본주의사회로의 이행이라는 구조 전환이 이루어진 이 시기의 본질은 중앙집권적 국민국가 수립에 입각한 절대주의 체제 수립, 자본주의적 요소 증대, 자본가 집단 성장에 따른 시민사회 발전으로 파악해볼 수 있겠다.

이성과 계몽을 축으로 한 서구적 근대성(modernity)은 유럽 근대사회의 특성을 나타내는 개념이다.[6] 서구 근대사회는 16세기 서유럽에서 출발했지만 근대성 자체는 18세기 계몽주의 철학을 통해 이념적 내용을 갖추었다. 그러다 19세기에 이르면 산업주의(industrialism)를 근간으로 하는 사회적·경제적·문화적 변동과 같은 뜻을 지니게 되었으며, 그 이후 전 지구적 현상으로 자리 잡았다. 계몽주의 철학은 이성과 합리성을 그 본질로 한다. 데카르트의 '나는 생각한다. 고로 존재한다'는 의심할 수 없는 주체의 자각은 신과 초자연적인 것을 제거하고, 자연은 이성을 통해 이해할 수 있다는 것이다. 인간주체가 이성에 기초해 자기 바깥세계를 합리적으로 파악하고 역사를 진보·발전시킨다는 논리, 이것이 바로 서구 근대사회의 핵심 기반이었다. 즉 근대의 기획은 중세의 기독교적 신의 광채에 가려진 인간의 모습을 극적으로 부활시키고자 하는 의지이고 인간의 내재적 능력에 따라 인간의 삶을 새롭게 설계하겠다는 강력한 주장이다. '계몽'은 바로 이러한 생각들을 대변하는 낱말이었으며 그 '계몽'의 적자(嫡子)들이 바로 과학기술 발전과 시민이었다.

서구적 이성은 인간을 무엇보다도 타자와 구별된 단독자, 나눌 수 없는 개체(individual)로 이해했다. 개체로서의 자의식은 주체와 객체,

근대, 세계사의 시작 | 1부

정신과 물질, 주체와 타자를 이분했다. 근대인들은 오로지 이성의 능력과 이성을 올바르게 사용하는 방법으로 자연을 설명했고, 이러한 방법에 의해 성취된 결과가 스스로 일궈낸 진보를 확신하게 했다.[7] 계몽주의는 진보·이성·과학을 자신의 모토로 내세우면서 전통적 권위에 대한 도전과 비판을 감행함으로써 편견과 미신의 폐지, 지식의 확대에 근거한 자연의 지배 그리고 물질적 진보와 번영이라는 새로운 시대를 알리는 사상운동이었으니,[8] 계몽주의 시대는 곧 자연과학에 힘입은 인간주체의 자신감을 바탕으로 진보를 신봉하는 낙관주의 시대였다. 계몽주의에 기초한 시민적 산업사회는 자연을 더 잘 지배하도록 해주었다.

개인을 발견했다는 측면에서 근대는 인간해방의 시대였다. 하지만 동일성의 범주에서 벗어나는 순간 이성과 계몽의 보편성은 억압의 기제로 작동했다. 이성의 역사는 유대인 학살과 세계대전이란 폭력을 낳기도 했으며, 비서구 지역에 보편적 이성과 근대문명을 강제했다는 점에서도 폭력적이었다. 서구와 같은 이성의 역사를 지니지 않았다는 것은 문명성의 부재를 의미하였기 때문에 곧 야만으로 환치되었으며, 정체성에 대한 강요와 왜곡을 낳았다. 그러나 서구와 같은 계몽적 이성과 자연에 대한 과학적 탐구의 역사가 부재했다고 해서 곧 야만일 수는 없다.

서구적 보편문명

유럽 역사를 기준으로 하자면 근대문명은 진보·발전일 수 있다. 앞서 살핀 바와 같이 유럽이란 공간은 그 자체로서 이미 세계의 중심이었으며, 산업혁명을 시발로 한 자본주의 발달과 산업화 과학기술의 발전, 국민국가 성립과 시민사회 발달, 이성적 개인의 발견은 탁월했기 때문이다. 그러나 세계적 차원에서 보면 서구와 비서구의 근대사는 결코 등질적인 것이 아니었으며, 단순히 역사적 진보라고 평가하기 어렵다. 이를 단적으로 보여준 사례가 영국이 인도를 식민지화한 일 아닌가? 사학자들이 칭송하는 16세기의 서구적 기적은 무력적 전승에 기초한 것이었다.* 18세기 인도를 점령하고 19세기 아편전쟁에서 중국을 굴복시킨 힘은 내재적 원동력에 의한 문명화가 아니라 야만적 침략 행위였다.

이른바 문명화(civilization)는 유럽 근대의 산물로서,** 18~19세기 유럽문명에 대한 자부심을 표현하는 개념이었다. 문명(civilis)은 생활의 모든 영역, 즉 국가와 사회, 경제와 기술, 법률과 종교와 도덕 등을 포괄하는 또는 개인과 공동체 모두와 관련을 맺는 총체적 개념으로 사용되었다. 이것은 무엇보다 산업자본주의와 제국주의의 발전, 의회민주주의와 과학기술 그리고 학문 및 교육의 발전이라는 유럽인의, 특히 부르주아지의 실제적 경험을 표현했다.[10] 여기에 예절바름이나 공손함 같은, 도시사회 구성원 곧 시민의 도덕적 덕목이 덧붙여졌다.*** 문명은 근대적 정치·경제 체제와 행동의 세련됨과 여기에 진보·발전,

---

● 에스파냐나 포르투갈 사람들은 강력한 화기(火機)를 앞세워 미주 대륙의 은광(銀鑛)을 빼앗아 치부의 원천으로 삼았다. 강탈한 돈으로 가공할 만한 함대를 만든 그들은 인도양 국제무역로를 강제로 장악하여 이슬람 상인으로부터 엄청난 보호세를 갈취했을 뿐 아니라, 이러한 무력과 재력을 무기로 식민지를 건설했다. 역사에서 총체적으로 지배당한 식민지들이 그렇게 큰 범위로 존재한 적도, 서구의 중심국가들이 그렇게 불평등하게 군력(軍力)을 잡았던 적도 없었다.[9]

●● 문명화는 대략 18세기 중엽 이후부터 19세기 초엽에 걸쳐 이루어졌다. 이 기간 동안 영국과 프랑스에서 문명이란 신조어가 등장했으며, 독일어권에서는 문화란 용어가 확대 사용되면서 근대화되었다. 그러나 문명/문화 개념이 유럽문명의 우월의식을 담고 있었다는 점에서는 차이가 없다.

시민적 자질을 가진 개인의 존재 등이 덧붙여지면서 유럽인에게 대단한 자부심을 제공했다. 문명 개념을 정리한 밀의 경우 문명은 근대 유럽에 존재하며, 특히 영국에서 다른 어떤 시기나 장소보다도 더욱 뚜렷하고 급속한 진보 상태가 존재한다고 확신했다.[12] 문명에 대한 유럽인의 자긍심은 곧 미개하고 야만적인 타자, 즉 유럽의 내부와 외부에 존재하는 타자들을 문명화해야 한다는 '백인의 의무'로 직결되었다.

서구 근대문명 담론은 유럽문명이 진보의 가장 높은 단계에 서 있다는 유럽중심주의와 유럽인으로서 자부심 어린 집단정체성을 확대재생산하는 데 핵심 역할을 수행했다. 학살과 약탈이 절정에 달했던 19세기에 이르면 이들은 보편문명론과 백인우월주의·적자생존의 사회다윈주의를 제국주의 침략을 합리화하는 이데올로기로 체계화했다. 당시 유럽인들은 군사적 우수성을 지적 차원을 넘어 심지어는 생물학적 우수성으로 해석했다.[13] 특히 사회다윈주의는 문화적 우위론에 인종적 이해를 결합시킴으로써 문명론을 더욱 견고하게 했다. 다윈의 진화론은 이전의 생물학과는 달리 어떻게 새로운 종이 오랜 시간에 걸쳐 출현할 수 있었는지, 그리고 그 능력이 어떻게 영구히 구분되는지를 설명해주는 이론으로 받아들여졌다. 다윈은 '진화'를 진보를 함축한 의미로 사용하지 않았지만, 스펜서는 생물학적 진보와 인간의 역사가 세계를 앞으로 그리고 위로 이끌어나간다고 해석했다. 결과적으로 유

●●● 계몽주의 역사철학자 마르퀴 드 콩도르세가 「인간정신의 진보에 관한 역사적 개요」(1795)에서 "모든 나라의 인민이 가장 계몽적이고 자유로우며 편견에서 해방된 프랑스인이나 영미인들처럼 문명의 상태에 접근하게 될까? (중략) 이 광대한 나라들 어떤 곳에서는 우리의 수단을 받아들여 문명화되기만을, 유럽인들 중에서 형제를 발견하여 그들이 친구와 제자가 되기만을 기다리고 있는 듯한 수많은 인민에게 그 열기가 전달될 것이다. (중략) 그런 거의 야만적인 미개인들에게 그 문명의 열기가 전달될 것이다."라고 밝혔듯이 문명은 곧 진보요 도덕이었다.[11]

럽인들은 문명화 사명이 과학적으로 입증되었다고 생각했다.[14)

인종주의는 근대문명 담론의 중요한 축이었으며 권력이었다.* 사람을 구별하는 방법으로 널리 사용된 인종주의는 18세기 후반과 19세기에 민족주의와 함께 나타났다. 서구에서 인종은 공동체를 고안하거나 상상하게 했지만 배척의 토대가 되기도 했다. 인종차별 정책은 물론 노예제 및 집단학살까지 포함하는 정치적 목적과 이주와 고용 정책까지 포함한 정책 전반을 결정하는 이론적 무기로 작동했다. 인종주의는 식민지 삶을 결정짓는 중요한 요건이었을 뿐만 아니라 그러한 삶이 불변함을 각인시켰다. 유럽 백인들은 문명화되지 못한 인종을 교육하고 선도하는 것이 문명화된 인종의 의무이며 식민주의는 곧 문명의 수혜라고 정당화했다. 19세기 중엽 녹스는 『인종들』 시작 부분에서 "모든 문화는 자신에게 고유한 문명화의 형식을 갖기 때문에 한 인종의 신체적·정신적 특징은 그 인종의 문명화 속에서 자연스럽게 드러나게 된다."라고 주장하기까지 했다.[16) 그런 측면에서 인종주의는 생물학적 구분을 넘어 인종차별과 문화적 편견을 동반한 하나의 신화라고 하겠다.

문명화와 인종주의는 서로를 지지해주는 지렛대로 작동했다. 즉 문명화된 백인이 비문명화 상태인 다른 인종을 지배하는 것을 정당화하는 가운데 식민지 팽창 시기에 노골적으로 서로를 지지, 강화했다. 인종은 문명적 동일성을 보장하는 객관적·과학적 근거로 작용했을 뿐아니라 "우리와 다르게 보이는 사람들은 반드시 지능적·문화적으로 다르며, 따라서 이방인이어야 한다."라는 인종적 편견과 차별을 통한

---

* 내부적 자연인 몸에 관한 과학적 탐구는 이미 16세기에 시작되었다. 해부학 발달을 시발로 골상학과 인류학의 발달은 인간에 대한 자료 수집을 비롯한 실험과 관찰이란 과학적 방법을 통해 가능했다. 몸에 관한 과학적 탐구는 인종주의로 확장되었다.[15)

타자성(他者性)을 확보하는 주관적 신념이기도 했다. 인종적 차이는 신체의 객관적 특성과 민족적 정체성 및 문화적 차이를 해명함으로써 동일성과 타자성을 동시에 확보하는 기제였다.

인종적 우월성은 사회다윈주의를 통해 더욱 공고화되었다. 사회다윈주의자 스펜서는 『사회정학(社會靜學)』(1851)에서 제국주의가 열등 인종을 지상에서 쓸어버림으로써 문명사회에 기여했다고 썼다. 그는 "우연한 고통을 제외한 완전한 행복이라는 위대한 계획을 세우고 있는 세력은 자신들을 방해하는 인간 부류들을 절멸한다. (중략) 그가 인간이든 야수이든 방해물은 제거해야 한다."라고 했다. 이런 사유 방식은 결코 스펜서 개인의 것이 아니었다. 독일 철학자 에두아르트 폰 하르트만은 『무의식의 철학』 제2권에서 "사람이 개꼬리를 조금씩 조금씩 자른다고 꼬리가 잘려나갈 개에게 좋은 일을 해주는 것은 아니듯이, 소멸될 지경에 이른 야만인들의 필사적인 투쟁을 인위적으로 연장시킨다고 그들의 인간성에 좋은 일을 하는 것은 아니다. (중략) 진정한 박애주의자는 그가 인류학적 진화의 자연법칙을 이해했다면, 마지막 격통의 촉진을 바랄 수밖에 없고 그 목적을 위한 수고를 마다할 수 없다."라고 주장했다. 스펜서나 하르트만이 개인적으로 비인간적이었던 것은 아니겠지만, 그들의 유럽은 매우 비인간적이었다.[17] 심지어 벤저민 키드는 『사회진화』에서 경쟁에서 자기 자리를 지키고 싶은 인종에게 다른 인종의 절멸은 불가피한 필수조건이라고 파악했다.[18] 적자생존이라는 자연법칙에 따르면 제국주의가 하등 인종을 파멸시키는 일은 불가피한 발전 과정인 셈이다. 이런 필연적 파멸은 생물학적 차원에 그치지 않았다. 서구 근대의 보편문명은 "고급한 문화의 인종이 등장할 때 원시 인종들이 사멸해가는 많은 역사적 사례가 있다."라는 서구 팽창의 역사를 합리화하는 논리였다.* 인종주의 내지 백인우월주의는 생물학적 개념이 아니라 사회·문화적 개념이었으며, 근대적 인간을 이해하는 데 매우 중요한 준거였다. 유럽 근대문명은 진보적 문명화 담론과 적자생존의 사회다윈주의와 백인우월주의적 인종주의와 맞물려 있었다. 유럽중심주의 담론은 단순히 학문적 진리 체계가 아닌 권력 담론이었다.

유럽, '시공간'적 중심성

근대적 시간 개념을 상징적으로 표상해주는 기계는 시계와 기차였다.** 분초 단위로 근대인의 일상을 통제할 수 있었던 기계식 시간이 인간의 사고와 행위를 제어하는 역할을 수행한 것은 근대 자본주의 발전과 밀접하게 관련되었다. 산업혁명 이후 등장한 철도와 우편을 비롯한 근대적 제도 역시 표준시간을 필요로 했고, 유럽을 중심으로 한 표준시가 제정되었다. 전 지구적으로 표준화된 시간은 근대적 삶에 적극 개입하기 시작했다. 공장 노동자의 출퇴근시간 및 노동시간 통제는 물론 학교 또한 정해진 시간표에 따라 움직였다.[19]

- 1492년 콜럼버스가 아메리카에 도착했을 즈음 유럽과 아메리카에는 각각 7천만 명이 넘는 사람들이 살았다. 양쪽 대륙에 비슷한 수효로 사람들이 살았었다는 이야기다. 그 후 3백 년 동안 세계 인구는 전체적으로 250퍼센트 증가했다. 그런데 이 시기에 유럽은 400~500퍼센트 증가했지만, 아메리카 인구는 90~95퍼센트 줄어들었다. 적자생존 논리에 의하면 이 또한 문명의 진보를 보여주는 사례이다. 이른바 지리상의 발견 이래 타 대륙을 향한 유럽의 약탈적 팽창은 곧 '세계적 규모의 자본 축적 과정'이라고 할 수 있다.
- 17~18세기는 시간의 역사상 중요한 시대였다. 항해용 정밀시계가 발명되어 해양 시대를 열었을 뿐만 아니라 기계식 시계가 일상을 지배함으로써 동일성과 연속성에 대한 믿음을 증진했다. 기계식 시계는 수학적으로 측정 가능한 독립된 세계, 그러니까 과학이라는 특별한 세계에 대한 믿음을 가져다주었다. 시간에 대한 정밀한 측정이 과학 및 기술 일반에 정확한 측정의 중요성을 확산시켰기 때문이다.

우리나라에서 근대적 시간을 적극 도입하고 그 중요성을 강조한 것은 공장이라기보다 학교였다. 자본주의 발달과 철도와 우편 등으로 인해 통일되고 규격화된 시간은 학교제도를 비롯한 근대적 제도를 통해 유포되면서 근대인의 일상적 삶에 통제력을 행사했다. 자강기(自强期)의 다양한 신문 및 학술지 또한 철도망을 이용한 우편제도를 통해 전국 각지에 전달되었다. 근대적 교통망과 유통 과정이 없었다면 근대적 사유의 전파 또한 기대할 수 없었을 것이고,[20] 결국 이를 통해 근대적 시간은 이미 근대인의 삶 깊숙이 자리 잡은 것이었다. 자강기에 '신구(新舊)'라는 개념적 규정이 탄생하게 된 것은 그런 연유다.

'신구'란 접두어는 단순히 시간적 선후를 의미하는 것이 아니라, 새로운 것들에 포섭당한 사유를 표상했다. '오래됨'은 낡아서 쓸모없으므로 버려야 한다는 의미로 읽혔다. 반면 '새로움'은 물 건너서 온 건 유용한 것이므로 우리가 수용해야 할 선진 문물로 여겨졌다. 신구학론 이전에도 문명 간 충돌을 담는 개념은 존재했다. 위정척사론의 정학과 사학, 동도서기론의 오도와 서기 그리고 『한성순보』·『한성주보』의 번역된 격물치지학을 둘러싼 다양한 개념이 있었다. 그럼에도 불구하고 '낡은'과 '새로운'이란 수식이 필요했던 것은 독립신문기를 거치면서 근대적 삶의 양식과 시간 관념이 일상과 지식의 유통구조를 장악하는 과정을 반영한 것이었다.

근대적 시간 개념을 도입한다는 것은 그리니치 천문대를 중심으로 편제된 근대적 시간성에 편입되는 것이며 동시에 "지나간 시간은 다시 오지 않는다."라는 직선적 시간관을 용인한다는 의미였다. 시간이 계절적 리듬에 종속되는 농경사회의 순환적 시간관에서 벗어나 이제 과거와 미래는 서로 대등한 의미와 길이를 지닌 것으로 이해되었으며 과거란 다시 오지 않는 것이므로 시간은 언제나 미래를 향해서만 달려가는 것이 되었다. 특히 근대적 문명성이 부재했던 유학의 역사는 단지 고인(古人)의 업적을 묵수(墨守)할 뿐 앎을 새롭게 창조하지 못한다고 비판했다.

낡은 것〔舊〕은 곧 옛것을 고수한다는 것이므로 진부하고 나쁜 것인 반면 새로운 것〔新〕은 곧 좋은 것이란 가치 관념이 생겨났다. 이는 서구의 근대적 시공간 관념이 단순히 시간적 통제에 그친 것이 아니라 사상적으로도 큰 영향을 미쳤음을 반증한다. 앞으로 다루게 될 신구학론은 근대적 시공간 관념에 포획당한 유학이 더는 보편이념이 아님을 극명하게 보여준다. 구학은 되돌아갈 수 없는 과거의 낡은 것에 지나지 않지만 여전히 삶을 추동하는 엄연한 현실과 마주할 수밖에 없었던 것이다. 즉 신구학론은 전근대적 사유와 근대적 사유가 첨예하게 충돌하는 지점을 보여준다고 할 수 있다.

인류역사가 시간이 지남에 따라 진보, 발전한다는 진보적 역사관은 근대 이래 유럽을 중심으로 한 세계사를 지배했다. 근대문명의 본질적 문제는 유럽중심주의의 폭력적 획일화였다. 이러한 이데올로기를 뒷받침한 것이 단선적 진보사관이다. 단선적 진보사관을 수용하면, 한국은 문명화해야 할 시기를 놓쳐 그들을 '쫓아가야 할' 뒤처진 존재로서 이미 문명화를 이룬 선진 문명국의 지도를 받지 않을 수 없다고 생각하게 된다.[21] 적절한 문명화 시기를 놓쳤기 때문에 보호국이 되었다*는 '실시(失時)'된 시간은 결코 메울 수 없는 시간적 간극이었다. 근대적 시간 개념은 때를 놓쳐버린 뒤처진 존재라는 자기인식을 심어주었으며, 동시에 우리도 그들처럼 진보해야 하고 그러려면 그들을 뒤따라가

---

* 러일전쟁 이후 일본에서는 우리의 보호국 상태를 이미 넓은 의미의 식민지로 인식하고 있었다. 그들은 조차지나 보호국 및 세력 범위는 모두 유명무실한 식민지라며 한국에 식민 정책을 펼 것을 주장했다.[22]

야 한다는 문명적 강박감을 갖게 했다.

서구 근대는 세계를 문명한 유럽과 미개하고 야만적인 비서구 지역으로 구분한다. 이때 유럽이란 지리적 공간은 자연적 공간 이상의 의미를 가졌다. 린네(1707~1778)는 『자연의 체계』에서 지리적 공간과 생물학적 인간특질을 연결해 지리적 공간이 단순히 공간에 그치는 것이 아니라 인간유형을 결정짓는 중요한 잣대임을 갈파했다.* 지리적 공간은 단순히 지리적으로 존재하지 않고 인종적 특성 그리고 근대문명론과 맞물려 새로운 중심세계를 생성했다.

중화주의가 지리적·종족적·문화적 공간의식과 불가분의 관계를 가졌듯, 그리고 조선 후기 서양의 천문·지리학이 지리적 인식뿐 아니라 '천하에서 세계로' 시선을 전환하는 데 큰 영향을 미쳤듯, 지리적 공간은 인간의 의식적 사고에 의해 규정되는 사회적·역사적 의미 또한 강하게 내포했다. 중국 중심의 천하적 지리 관념은 근대세계를 인식하는 틀이 될 수 없었다. 예교적(禮教的) 조공 체제가 무너지고 만국공법 체제에 편입되면서, 천하는 지구적 '세계(世界)'의 일부분으로 편입되었고, 중국은 지나(支那)라는 지역적 용어로 격하되었다.** 대신에 근대 유럽 혹은 서양이 우리가 문명화를 통해 도달해야 할 공간이 되었다.

이질적 보편성과의 만남은 전통적 가치 체계와 지배 구조를 붕괴할

• 그는 인간을 유럽인, 아메리카인, 아시아인, 아프리카인으로 구분하고 "유럽인은 잘생겼고 혈색이 좋고 근육질이다. 아메리카인은 구릿빛이고 성마르다. 아시아인은 그을린 피부에 우울하고 융통성이 없으며, 아프리카인은 흑인으로 느슨한 성격에 검은 곱슬머리를 갖고 있다."라고 했다. 즉 유럽, 아메리카, 아시아, 아프리카 대륙의 지리적 공간에 각각 해당하는 인간 유형 및 특징을 연관지어 이해했다.[23]
•• 유길준은 이미 1883년 『세계대세론』에서 중국을 '지나'라고 불렀으며 『독립신문』은 중국을 '천한 청'으로 부르며 중국과 동류가 되기를 거부했다.[24]

만큼 강력했다. 서양은 시공간적으로 새로운 중심이었을 뿐 아니라 근대가 지향해야 할 새로운 가치를 표상하면서 확산되었다. 천하적 중화 질서는 붕괴되었고, 새로운 중심인 유럽을 내면화했던 일본은 아시아 연대론〔동양주의〕을 통해 동양의 새로운 중심으로 서고자 했다. 전혀 다른 타자의 문명성은 '동양'에 대한 인식은 물론 한국적 정체성을 묻는 계기를 제공했다.

2장

한국 근대, 무엇이 문제인가?

01 야누스적 타자와 마주 서기:
수용과 저항 사이

　　한국은 개항을 통해 서구의 근대와 마주했다. 한국은 강화도조약을 통해 자본주의 세계 체제에 강압적으로 편입되었다. 18세기 후반부터 내부적으로 변화가 있었지만 개항이야말로 한국에 서구의 근대가 이식되는 결정적 계기였다.＊ 그래서 근대를 '서세동점'의 시대라 하기도 한다. 하지만 서양이라는 타자가 있었기 때문에 한국의 근대가 가능했던 것은 아니다. 한국 근대가 곧 서구 근대의 수용과 모방의 역사는 아니었기 때문이다. 근대를 이해할 때 서양 혹은 유럽을 중심·주체로 여

＊ 한국 근대의 기점을 무엇으로 삼아야 할지에 대해서는 역사학계의 정설이라고 할 만한 것이 없는 상태이다. 하지만 개항은 내적 모순을 해결하지 못한 한국 사회에 민족적 모순이 중첩되는 계기가 되었으며, 본격적으로 세계 자본주의 체제로 편입되는 시기였기 때문에 근대의 시점으로 삼고자 한다.

기고 한국을 그에 부수적 타자 혹은 주변부로 인식하는 것이야말로 유럽중심주의에 매몰되어 그것을 재생산하는 일이다. 타자 중심적 시선으로는 자신을 주체적으로 이해하고 말하기가 불가능하다는 측면에서 이러한 몰주체적 세계인식은 한계가 있다. 더욱이 근대가 유럽문명의 전 지구적 확산이었고 여전히 영향력은 막강하지만 그 발전이 비서구 식민지 경영 없이는 불가능했다는 점 그리고 서구의 문명적 주체가 비서구의 야만적 타자를 전제하지 않고는 성립할 수 없다는 데서 알 수 있듯이, 서양 혹은 일본과 한국은 서로를 마주하여 인지하고 대응하면서 근대를 생성해나갔다.

한국 근대가 마주한 중층적 문제

한국 근대를 단순히 서양 문명의 수용사로 볼 수 없는 것은 우리가 그들과는 전혀 다른 역사적·사상적 경험을 지녔기 때문이다. 유럽은 오랜 이성의 역사를 통해 과학혁명과 산업혁명 그리고 계몽주의를 형성했지만 우리는 그 같은 이성의 역사를 갖고 있지 않았다. 그들은 제국주의 침략을 통해 팽창해나갔지만, 우리는 그들 문명을 수용하면서도 제국주의 침략에 저항해야 하는 문제에 직면했다. 근대 격변기는 서구와 비서구, 전통성과 근대성, 외세의 침략[민족주의]과 민족의 독립[식민주의] 등 여러 가지 대립 항들이 교차했다. 한국 근대는 서구적 '근대'라는 충격을 흡수하면서 당대 문제를 해결하는 과정에서 생성되었다. 서구적 근대의 충격은 단순한 문화 접촉이 아니라 전통사회를 뿌리째 흔드는 정치적·경제적 접변(接變)이었기 때문에, 서구적 문명성이 지닌 장점을 수용하면서도 동시에 그에 대항해야 하는 중층적(重層的) 문제를 안고 있었다.

서양 근대는 한국인에게 계몽과 해방보다는 미몽과 억압의 장을 열어주었다. 그런 측면에서 근대성은 '새것'이란 수사 아래 행해진 의식적·제도적 식민화이기도 했다. 이는 기존의 자기정체성에 대한 거부와 우리 내부에 복종의 주체를 만들어왔다는 점에서 자기파산의 과정이기도 했다. 이는 제국주의 침략에 따른 식민지화, 분열과 대립의 국민국가, 종속적 자본주의의 외향성, 절차적 민주주의의 형식화 등 근대화 프로젝트의 결함에서도 잘 예증된다.[1] 이와 함께 강력한 타자와 마주하고 있는 자기정체성에 관한 물음 역시 치열할 수밖에 없었다. 일차적으로는 유학적 전통에 관한 근대적 성찰과 서구 문명 간의 관계 정립을 위한 이론화 작업이 이루어졌다. 사회적으로는 근대국가체제 건설을 위한 사회제도적 변화를 통해 근대적 주체와 일상을 생성하면서 '근대'를 정착시켜나갔다. 저항과 수용 그리고 한국적 변용의 과정이 있었던 것이다.

지금 우리의 과제는 우리가 서 있는 지점에 대한 이해를 새롭게 함으로써 어떻게 살아야 할지에 관한 철학적 지향점을 찾는 것이다. 이는 우리의 근대가 어디서 비롯되어 우리 역사 속에서 어떤 방식으로 흘러갔는지 새로이 인식하고 성찰하는 데서 출발해야 할 것이다. 그리고 이를 위해서는 근대성의 원리와 근대적 인간 삶의 조건에 대한 새로운 성찰이 선행되어야 한다.

02 한국 근대의 중심주제: 문명, 민족, 주체

보편문명 간의 충돌적 만남

한국의 전근대와 근대를 가르는 가장 큰 요인은 서양이었다. 한국의 근대는 새로운 과학문명과 신식 무기를 장착한 군함을 앞세운 서양 세력에 대응하는 과정에서 형성되었다. '물 건너온', '새롭고 좋은', '우리가 수용해야 할' 대상이었던 서양 문명은 진보의 모델이기도 했지만 침략이기도 했으므로 그 대응 양상이 매우 복잡할 수밖에 없었다. 성리학은 조선 사회의 지도이념이었지만 물밀 듯 밀려드는 서양 문명에 맞서 기존 사회체제를 보지(保持)하는 데만 치중한 나머지 서양에 대한 저항 이상의 의미를 갖지 못했다. 근대로 이행하는 사회적 변화에 발 빠르게 대응하지 못한 탓에 성리학은 낡은 것, 그래서 버려야 할 대상으로 인식되기도 했다. 새로운 학문을 수용해야 한다는 관점에서 보면 기존의 역사와 사상은 모두 그야말로 깨야 할 헛된 꿈이었다.

조선왕조의 근간이었던 성리학적 세계관과 중국중심주의 사고에서 벗어나지 못했던 한국은 '서구 문명〔타자〕은 무엇인가?'를 물어야 했으며, 동시에 전통적 질서에서 벗어나지 못하고 있던 '한국〔주체〕은 누구인가?'도 물어야만 했다. 유학적 보편이념과 중화질서에 익숙했던 지식인들은 성리학을 굳게 지킴으로써 파국을 지연시키려 하기도 했고, 기존의 전통문화를 전면 거부하고 하루 빨리 서구 문명을 수용해 문명화하는 것만이 살길이라 생각하기도 했으며, 전통문화와 서구 문명을 탄력적으로 취사선택하려는 이도 있었다. 흔히 근대사상을 서구 문명을 거부했던 위정척사사상과 서구 문명을 적극 수용하고자 했던 개화사상으로 양분하는 것이 이를 반증한다.

그러나 한국 근대를 논의할 때 서구 문명을 보편의 잣대로 삼는 일은 온당치 않다. 한국 근대는 단순히 서양 근대를 단순모방하거나 이식한 것이 아니다. 문명성과 야만성을 함께 가졌던 서구 근대는 우리에게 수용의 대상이면서 동시에 극복의 대상이기도 했기 때문이다. 그런 측면에서 야누스적 타자였던 서구와, 같으면서도 다른 한국적 근대를 해명하려면 유학사상에 대한 검토가 매우 중요하다.

유학적 사유는 한국의 오랜 전통이었으며 근대공간에서도 일정한 역할을 담당했기 때문이다. 이를 시기적으로 살펴보면, 개항기에는 서구를 비롯한 일본 근대문명을 어떻게 이해할 것인가에 초점이 맞추어졌다. 자강기에는 국권 회복과 근대적 주체 구현에 사상적으로 일조했으며, 경술국치 이후에는 민족 독립을 위한 사상적 근거와 실천력을 담보했다.

근대 시기 성리학은 서구적 보편이념과의 충돌 속에서 일차적으로는 해체의 길을 걸었다. 개항을 통해 낯선 타자인 과학기술적 문명론(civilization)과 마주 서게 되면서 성리학은 더는 보편적 지위를 누릴 수 없었다. 성리학은 타자를 문제 삼는 동시에 타자를 문제 삼는 자신의 정체성도 드러내야 했기 때문이다. 즉 위정척사사상은 낯선 문명에 대한 자기정체성을 확인하는 작업이기도 했다. 위정척사사상은 성리학적 유교 문화의 이념과 가치관을 확고히 정립함으로써 사학(邪學)을 물리치는 것을 가장 시급한 과제로 생각했다. 그들은 서양 문명을 배척하는 것이 곧 성리학을 지키는 길이라 믿었다. 그런 의미에서 본다면 척사가 곧 위정이요 위정이 곧 척사인 셈이다. 위정척사의 대표적 사상가인 이항로(李恒老, 1792~1868)는 이단을 물리치는 데 정학을 밝히는 것보다 시급한 일은 없다고 생각했다. 그들이 개화파 개혁 정책의 일환이던 변복령(變服令, 1886)과 단발령(1895)에 저항했던 것은 이질적 문명에 대한 거부반응으로 이해할 수 있다. 변복과 단발은 단순한 외모 변화가 아닌 '중화를 오랑캐(夷狄)로 만드는 표상'으로 이해됐기 때문이다.

문명화가 인간과 자연에 관한 과학적 탐구에 연원을 둔 것이라면, 성리학의 격물치지와 근대과학 사이에는 매우 중요한 사상적 간극이 존재했다. 과학적 탐구가 진리라면 유학적 성찰은 비과학이 될 것이고, 과학을 통한 문명화가 거부할 수 없는 선택이라면 성리학적 사상 체계는 근대체제에 맞추어 변용되거나 해체되는 것 말고 다른 길은 존재하지 않았기 때문이다.

문명화가 자연과학적 진리와 효용이라는 합리성을 명분으로 내세웠다고는 해도 합리적 선이 말 그대로 실현되는 새로운 세계가 열리지는 않았다. 자연과학의 효용은 대포와 군함을 앞세운 물리적 힘으로,

의학과 위생방역 통제를 통한 신체적 통제로, 단발령 강제로 드러난 야만적 문화 폭압으로 구체화되었다. 개항을 기점으로 세계 체제에 편입됨으로써 단발과 양복으로 드러난 '문명인'과 대비되는 상투와 한복의 근대문명 저항자는 개조 대상으로 전락했다. 제 스스로 결핍된 타자가 아님을 증명하려면 주체가 지닌 문명성을 드러냄으로써 그들의 야만성을 밝히는 길뿐이었다.

민족, 세계와 조우하다

중화주의와 왕조체제의 붕괴는 삶의 경계와 자기인식에 대한 근본적 물음을 가져왔다. 국경을 삶의 단위로 하는 근대국가체제를 기반으로 생성된 민족주의(nationalism)는 신분제를 해체하고 민족 구성원 사이의 평등한 관계를 동반했다는 점에서 획기적 변화를 가져왔다. 신분제사회에서는 양반이 사회의 중심세력이었지만 이제 '국민'이 정체(政體)의 주축이 되었다. 하지만 국민적 주체는 동포나 민족과의 경계가 모호했다.

서양은 물론이거니와 중국이나 일본과도 다른 한국의 자기인식은 다양한 신분 계층을 하나로 묶는 구심점 역할을 했던 애국심과 국권상실이란 외부 충격에 대응하는 단위로서의 국가 그리고 혈연적 동포의식을 자연스럽게 구성했던 역사적·문화적 경험 공유가 결합하면서 생성되었다. 근대적 민족주의는 근대의 주체의식 형성에 커다란 영향을 미쳤으니, 실제로 '민족'은 식민기라는 프리즘을 통과하면서 다양한 자기의식을 생성했다.

민족은 근대국가체제에서 새롭게 발견한 삶의 단위로서, 세계 자본주의 체제 곧 서구적 근대문명 이데올로기와 통합적으로 연계되었다.

하지만 프랑스의 시민혁명으로 대표되는 서구 근대 민족주의와는 그 양상이 달랐다. 오래도록 역사적·문화적 경험을 공유해온 한국은 민족적 동질성이 강해 바로 그것으로 자기정체성을 확립하고자 시도했고, 이것이 제국주의 침략에 저항하는 원동력이 되었다.

근대적 민족주의는 중국 중심의 중화주의와 결별했다. 중화주의와 성리학적 이기론(理氣論)에 기초한 도덕적 문명의식은 화이(華夷)를 경계로 삼았지 국경을 단위로 하는 사유 구조가 아니었다. 아편전쟁 (1839~1842)을 시작으로 해체되기 시작한 중화주의는 청일전쟁으로 일단락되었다. 메이지유신을 단행한 일본은 동양의 맹주로 자처하면서 무너진 중화 체제를 대신하고자 했다. 중화주의 해체와 근대적 민족주의 성립은 서로 맞물려 있었으며, 동시에 제국주의와 맞서 있었다. 영국처럼 제국이 되고 싶었던 일본은 아시아의 영국이 되려 했으며, 유럽과 '다른' 자신을 '동양'이라고 인식했다. 동양을 발견했다는 것은 일본이 아시아의 패권을 장악했을 뿐 아니라 동아시아 삼국이 '세계' 체제에 편입되었다는 것을 의미하였다.

우월한 서양과 열등한 동양*이란 이분적 세계인식과 타국과 구별되는 민족적 자기의식은 근대 주체의식을 형성하는 양대 축으로 작동했다. 즉 민족은 넓은 의미에서 유럽중심주의 그리고 동양주의와 마주 선 삶의 경계였다. 민족은 내적 동일성을 생성함으로써 국가적 삶을

• 동양(oriental)은 서양에 대한 동양을 지칭하는 개념으로 이집트와 북아프리카도 포함된 아시아권을 뜻한다. 유럽이란 단어의 어원은 고대 아시리아어의 어둠(ereb)으로 곧 해가 지는 땅이란 뜻이었으며, 아시아의 어원 아슈(assu)는 일출을 의미했다. 그렇다면 동양은 유럽을 중심으로 한 세계의 동쪽을 일컫는다. 그러나 일본에 의해 번역된 '동양'은 일본을 중심으로 한 동아시아 지역을 가리키는 지리적 개념이었을 뿐 아니라 서양의 타자(the other)를 의미하는 개념이었다.

가능하게 했으며, 동시에 세계와 만나는 시점(始點)이었다는 점에서 열려 있었다. 민족적 특수성은 세계사적 보편성과 조응하면서 정체성을 물어야 했고 보편타자에 의거하여 일그러지기도 했으며 민족적 동일성 자체가 개인에게는 폭력이 되기도 했다.

한국 근대의 주체 생성

한국 근대를 해명하는 데 서구 근대가 미친 영향은 지대했다. 서구 근대문명을 모방 혹은 이식하려는 경향이 강했던 것도 역사적 사실이다. 그러나 서양의 근대가 있었기에 비로소 한국 근대가 생성되었다고 한다면 이는 서구적 근대를 유일한 전범으로 전제한다는 점에서 문제의 소지가 있다.

> 자연이 자연인 것은 스스로 이해한 삶이 없기 때문이며 인간이 인간인 것은 스스로 이해한 삶을 갖기 때문이다. 근대란 유럽인들의 삶의 이해이다. 그런 까닭에 엄밀한 의미에서 동양에는 근대가 없다. 근대화란 말은 있되 근대란 없다. 있다면 그것은 모방이다. 우리의 근대는 유럽과는 전혀 이질적인 환경세계를 유럽적으로 바꾸어내려는 의지이며 그 흔적일 뿐이다.[2]

이성환의 근대 이해에 따르면 근대는 유럽의 산물이므로 우리에겐 존재하지 않는다거나 동아시아 삼국이 서양을 '번역〔근대화〕'함으로써 비로소 근대가 시작되었다고 하겠다. 이것이 서구 근대의 번역과 수용이 근대에 끼친 영향을 충분히 설명해주기는 하지만 근대에 대한 온전한 해명은 아니다.

번역이란 일차적으로 번역할 원어를 전제해야만 한다. 다시 말해 서양 근대문명이 존재하지 않았다면 비서구 지역의 근대란 생래적으로 존재할 수 없었다는 의미를 갖는 주장으로서 결국 서구중심주의의 재생산에 지나지 않는다. 모방적 근대화를 통한 서구 닮기만이 비서구의 근대 아닌 근대라는 말인가? 그것이야말로 서구적 근대성의 재생산이자 유럽중심주의의 또 다른 모습이 아닌가?

근대를 식민지 경험과 일치시키는 것 역시 또 다른 유럽중심주의의 재생산이라고 할 수 있다. 김철은 "식민지가 근대며 근대는 식민지이다."[3]라고 주장했고, 윤해동 역시 "모든 근대는 당연히 식민지 근대이다."라고 지적했다.[4] 황종연도 이런 시선에 의거해, "개인의 경우이든 집단의 경우이든, 주체의 욕망은 모방된 욕망, 결국 타자의 욕망이며 이것이 민족주체의 아이러니이다."라고 했다. 이처럼 모든 반식민주의 운동과 민족 담론을 제국주의가 발신하는 일방적 회로 속 반사체로 그리고 대개는 저급한 복제품으로 전제하는 담론 틀이 정당화될 수 있는지 의심스럽다.[5]

물론 19세기 근대체제는 식민지를 가졌거나 아니면 식민지가 되었다. 하지만 근대를 이분화해 이해하려는 틀 자체가 문제이다. 이분법적 사유 구조는 근대적 산물이지만, 근대를 반드시 이분법적 틀에서 사유할 필요는 없다. 그것은 오히려 근대를 지나치게 형해화함으로써 객관적 이해를 방해할 우려가 있다. 서구적 근대 자체가 우리에게 야누스적 타자여서, 거듭 말하지만 근대는 수용과 모방의 역사인 동시에 저항과 충돌의 역사이기도 했다. 근대 이후 역사가 타자적 자기인식에서 유래했다면 우린 여전히 타자중심적 시선에서 자유로울 수 없으며, 주체적 자기인식이란 불가능하다.

우리의 비극은 보편으로 가장된 서구적 문맥과 인식 틀을 준거로 삼아 우리의 문화적 텍스트들을 해독하려는 시선에서 시작된다. 따라서 결핍된 타자로서의 자기인식과 비주체적 세계인식을 넘어 현재 우리가 안고 있는 삶의 문제를 해결하기 위한 가장 시급한 과제는 자신의 문화적 텍스트를 그것이 만들어지고 형상화되어온 문화적 문법으로서의 사상적·문화적 맥락에서 이해하는 인식론적 전환이다.

문화와 사상은 언제나 교류하면서 변화한다. 문제는 삶의 맥락에서 그것을 어떻게 이해하고 수용하느냐다. 즉 사태에 대한 주체적 자각과 시각의 유무가 관건이다. 누가 무엇을 왜 보느냐, 그리고 무엇을 말하느냐는 매우 중요하다. 동일한 사태를 바라보는 시각이 제각기 달라지는 지점이 바로 여기이기 때문이다. 서구적 근대의 영향이 막강했으며 그래서 번역이 매우 중요한 요소로 작동했다고는 해도, 타자를 이해하고 주체와 마주 세웠으며 근대적 맥락에서 직면한 문제에 대해 나름의 사상 체계와 실천이 있었다면, 그 역시 '또 다른' 하나의 근대로서 인정해야 하지 않을까?

주체는 스스로 누구인지 그리고 주체와 마주 선 타자는 또 누구인지 물으며, 동시에 타자의 물음에 귀 기울이고 그에 답한다. 그런 면에서 한국 근대의 주체 또한 당대의 현실에서 '생성'되었으며 자신의 삶을 추동해나갔다고 평가할 수 있다. 그런데도 이를 단순히 모방이라고 평가절하하는 것은 바람직하지 않으며, 현재적 시점에서 우리 자신을 이해하는 데도 별 의미가 없다. 넓게 볼 때 이것은 곧 자기부정의 역사이기 때문이다.

한국 근대 역시 서구와 마찬가지로 주체 생성은 중요한 철학적 과제였다. 근대에는 '국민' 만들기에 열중했으니 문명한 주체〔국민〕는 유학적 성인(聖人)을 지향하는 것이 아니라 애국심과 근대적 교육을 통해 생성되는 것이어야 했다. 문명성의 부재는 곧 결핍된 타자로서의 자기인식과 밀접한 상관관계가 있었다. 또 한편 타자와 마주 섬 자체가 자기의식을 보다 선명히 드러내주기도 했다.

그렇다면 한국 근대의 주체는 무엇을 문제 삼았던가? 근대 한국이 직면한 문제는 크게 세 가지로 나눌 수 있다. 첫째, 근대적 문명성을 수용하는 문제이다. 한국은 중화적 질서에서 벗어나 동양의 중심으로 등장한 일본, 그리고 그 너머에 있는 서양과 새로운 관계 맺음을 이루어나가야만 했다. 따라서 한국이 마주한 타자와의 관계 맺음은 중층적 구조를 가질 수밖에 없었다. 둘째, 식민지 조선민족은 백인문명을 지향하면서도 현실에서는 황인종 일본의 지배를 받아야 했다. 더러는 인종적 열등의식에 사로잡히기도 했지만, 백인우월주의적 허위의식을 비판할 수 있는 논리를 새롭게 구축하기도 했다. 제국주의에 대한 저항 속에서 그들과 구별되는 민족의식이 성장하였다. 셋째, 서구중심주의나 친일 논리에 매몰되지 않고 우리 시선으로 그들과 우리 자신을 바라보는 것은 주체성 정립의 출발점이라 할 수 있다. 서구적 근대에 매몰되지 않는 한국 근대는 민족적 근대주체를 정립하는 것에서 시작했다.

한국 근대를 이해하는 핵심 주제어는 크게 문명, 민족〔인종〕, 주체였으며 이 세 가지 범주는 분리되어 있지 않고 밀접한 연관 속에 있었다. 문명은 근대를 관통하는 핵심 개념이다. 근대에는 유학적 도덕과 서구 근대적 문명이라는 보편문명 간의 충돌적 만남이 있었다. '문명'에 대한 인식의 전환은 근대적 지평에서 어떤 삶을 영위할 것인가 하는 문제와 직결되었다.

'민족' 개념은 민족주의와 인종주의의 자장 속에서 생성된 근대적 삶의 지평을 제국주의와의 관련 속에서 보여줄 것이다. '주체'는 미증유의 격변기를 헤쳐나간 한국인이 스스로를 어떻게 자각했는지를 확인할 수 있게 할 것이다. 근대적 문제에 대한 한국 근대 지식인들의 시선 그리고 그들이 제시한 답은 무엇이었는가를 살펴보는 것은 근대적 물음에 대해 여전히 명쾌한 답을 찾지 못한 지금 여기의 우리에게 그 실마리를 제공할 것이다.

II

 개항기에는 사회 체계를 개혁해 서구 열강의 침략에 맞설 강력한 근대국가를 건설하는 것이 가장 시급한 과제였다. 특히 강력한 타자인 서양과의 관계 맺음이 무엇보다 중요한 문제로 떠올랐다. 서양을 어떻게 이해할 것인가는 곧 서양과 다른 한국을 어떻게 이해할 것인가라는 문제와 동일선상에 있었다. 일반적으로 개항을 근대 형성의 기점으로 잡는 것은 이 때문이다. 낯설지만 강력한 타자와 마주 선 우리는 서양은 우리에게 무엇인지, 어떻게 하면 서구 열강과 일본의 야욕을 물리치고 살아남을 수 있는지 물어야 했다. 서구 문명을 문제 삼는다는 건 그동안 조선의 근간이 되었던 성리학이 근대에는 어떤 역할을 할 것인가와 맞물려 있었으니 그것은 마치 동전의 양면과 같았다. 성리학을 문제 삼는다는 것 자체가 5백년 동안 조선 사회를 운영했던 성리학 중심 사회가 무너지고 있다는 증거였다. 성리학이 사회의 지도이념이 될 수 없다면 새로운 사상 체계를 정립해야 했기에 이 또한 중요한 과제로 떠올랐다.

 개항기의 타자 인식에는 서로 다른 세 갈래의 시선이 존재했으니, 바로 위정척사사상·개화사상·민중운동이다. 위정척사란 정학(正學)인 성리학을 지켜내고 사학(邪學)인 천주교를 물리친다는 뜻이다. 서학은 곧 천주교로 여겨지기도 했으며, 서구 문명 전반을 가리키기도 하였다. 위정척사파는 서학을 방치하면 사회체제가 붕괴될 뿐 아니라 국가가 멸망하는 지경에까지 이르리라 판단했으며, 서양 문명의 야만적 침략성

개항기, 한국의 세 갈래 길

을 날카롭게 지적했다. 그러나 도덕적 이념을 앞세운 이들의 판단이 힘을 앞세운 제국주의 침략을 제어할 정도의 적절한 대비책이었다고 보기는 어렵다. 개항과 함께 한국은 이미 세계 자본주의 체제로 편입되었으며 또 서양인들을 오랑캐라고 업신여겼지만, 서구 문명과 과학기술이 그리 보잘것없는 것은 결코 아니었기 때문이다.

개화사상은 위정척사파의 척사론과 달리 서구 근대문명을 수용하고 근대적 국가 체제를 갖춤으로써 제국주의 침략에 대응할 수 있다는 주장이었다. 그러나 서구 근대 문명은 선진 문명성을 지녔지만 차별과 배제라는 야만성을 동시에 지닌 야누스적 타자였기 때문에 그들의 문명성만을 수용하기란 애초 불가능했다. 결국 개화사상은 비록 청으로부터의 독립은 쟁취했을지라도 완전한 민족적 독립을 실현하는 데는 일정한 한계를 지닐 수밖에 없었다.

위정척사사상과 개화사상을 주도했던 이들이 주로 지식인 계층이었다면, 민중운동은 제국주의 침략의 피해를 직접적으로 당했던 민중이 주체적으로 사회적 문제를 해결하고자 했던 흐름이었다. 민중들은 정부와 관료의 부정부패를 비판하고 외세 침략의 부당함을 지적했다. 이들은 민중이 주체가 되는 사회를 실현하지는 못했지만 다양한 저항활동을 통해 근대사회 발전에 기여했다.

3장

문명적 자긍심으로
야만과 마주 선 위정척사사상

— "성리학은 진리임에 틀림없다"

01 정학의
존리적(尊理的) 이념

존리적 사유체계의 공고화

조선시대에 성리학은 자족한 이념이었다. 자족한 이념은 "나는 누구인가?"라는 물음 앞에 설 필요가 없다. 따라서 성리학은 자신의 이념에 대한 반성적 물음보다는 성리학적 이념을 이해하고 실현하는 데 주력했다. 위정척사는 낯선 타자인 서구 근대문명에 대응해 성리학적 자기정체성을 공고화한 사상이다. 이질적 타자와 마주 선 위정척사파는 성리학적 이념을 확고히 정립하여 사학을 물리치는 것을 급선무로 여겼다. 그들은 그릇된 서양 문명을 배척하는 것이 곧 문명을 지키는 길이라 믿었다. 그런 의미에서 본다면 척사가 곧 위정이요 위정이 곧 척사인 셈이다. 위정척사파는 성리학이 보편적 진리임에도 불구하고 실제로 구현되지 못한 것은 그 이념을 제대로 실천하지 않기 때문이라고 생각했다. 따라서 그들은 성리학 이념을 실천할 기제를 마련하는 것이 그 어느 때보다 절실하다고 주장했다. 그들이 기(氣)에 대한 이(理)의 주재성을 강조한 것은 존재해야 할 '당위적 세계'를 확고히 하려는 의도로, 현상세계에 대한 '이'의 주재성을 강화해 도덕적 실천을 확보하려는 데 있었다.

정학론자들은 유학적 정체성을 공고히 함으로써 군함을 앞세운 서양 열강의 침입에 대응하고자 했다. 그들은 조선의 유학문명은 '오륜과 같은 윤리 도덕'을 갖추어 우월한 반면, 서양인은 이러한 도덕이념이 없어 오랑캐라고 여겼으니, 유교적 가치관에 기초한 도덕의식과 문화로부터의 이탈이 곧 이적(夷狄)이었다. 따라서 성리학적 이념을 실천할 기제를 마련하는 것이 그 어느 때보다 절실히 필요하다고 생각할 수밖에 없었다.

위정척사론의 중심이라 할 수 있는 화서학파(華西學派)는 정학론과 척사론을 이론적으로 체계화화고 그 이념을 실현하기 위한 실천을 치열하게 전개했다. 화서 이항로는 이단을 물리치는 데는 정학을 밝히는 것보다 시급한 일이 없다고 생각했다. 그는 천지 사이에 다만 이와 기가 있을 뿐이라 전제하고,[1] 이기론적 차원에서 세계를 해명하고자 했다.

이는 본래 존귀하여 상대가 없는 것이요, 기는 본래 비천하여 상대가 있는 것이다.[2]

이가 주가 되고 기가 부림을 받게 되면 이는 순해지고 기는 바르게 되어 만사는 다스려지고 천하는 편안해진다. 그러나 기가 주가 되고 이가 부차

적인 것이 되면 기는 강성해지고 이는 숨게 되어 만사는 어지러워지고 천하는 위태롭게 된다.[3)]

화서는 이와 기가 실제적으로는 서로 떨어져 있을 수 없는〔不可離〕 관계에 있지만 구별해 논의하지 않으면 안 된다는 입장에서 이존기천·이주기객(理尊氣賤 理主氣客)의 가치의식을 확고히 했다. 그는 이의 능동성과 주재성을 확보해 악의 근원인 기를 강력히 제어해야 한다는 당위성을 보여주고자 했다. 즉 기에 대한 이의 주재를 통해 존재해야 할 '당위적 세계'를 확고히 함으로써 도덕적 실천을 확보하고자 했다. 그러나 화서는 순선무악(純善無惡)한 이가 현실세계를 주재해야 하는 당위를 이념적 차원에서만 논의하면 이의 현존을 현실적으로 볼 수 없다고 주장했다.

요즘 이를 말하고 기를 말하는 설이 실제적인 사물〔一物〕에 나아가 나누어 보지 않고, 〔이기로 이루어져 있는〕 일물 밖에서 다른 일물을 찾아내어 이라고 부르거나 혹은 기라고 부르고자 한다면 천하에 본래 이러한 일물이 없으니, 오직 이자(理字)를 볼 수 없을 뿐만 아니라 또한 기자(氣字)도 볼 수 없다.[4)]

화서는 이기를 구체적 현상에서 벗어나 논의하는 것은 잘못이며 천리가 내재된 사사물물(事事物物)에서 이가 주재·운용의 주체가 되어야 한다는 당위적 필요성을 강조했다. 이는 순선무악한 이가 현상세계를 제대로 주재해야 한다는 성리학적 이념을 그대로 드러낸 것이다.

사물에는 사물의 마땅함이 있으니 곧 사물에 있는 이(理)이며, 나에게는 사물에 대처하는 마땅함이 있으니 곧 나에게 있는 의(義)이다. 사물에 비록 이가 있을지라도 사물에 대처함에 마땅함을 잃으면 의가 아닌 것이요, 나에게 비록 사심이 없을지라도 사물에 대처함이 사물의 이에 맞지 않으면 또한 의가 아니다. 이것이 바로 내외가 합일된 도이다.[5]

사사물물에 내재한 '이'와 그에 대처하는 인간주체의 마땅함이 합일되어야 한다는 화서의 신념은 심성론에서 심(心)을 이적(理的) 차원에서 보려는 의도와 직결되었다.

격물치지설

유학적 문명의식이 진리임을 믿어 의심치 않았던 화서에게 문명의 문명됨은 천리, 즉 강상윤리(綱常倫理)의 존재 여부에 따라 결정되는 것이기 때문에 서양 과학기술의 정교함은 기술적 차원이 아니라 문명적 화이론에 의거하여 판별되어야 할 대상이었다. 화서가 서구 과학기술에 대한 이해가 빈약했는데도 매우 강경하게 비판할 수 있었던 것은 서학 자체에 대한 정확하고 풍부한 이해를 필요로 하지 않아서였다.

화서는 '이기'가 불리·부잡(不離·不雜) 관계에 있다는 것을 그대로 계승하면서도 물과 단절된 이만을 추구하는 선학이나 물만을 추구하는 속학과는 구별되는 성리학의 특징을 즉물궁리(卽物窮理)라 했다.[6] 즉물궁리는 천리를 체인(體認)함으로써 도덕적 행위를 실천하는 데로 나아가는 것이므로, 단순히 사물에 대한 소이연(所以然)을 탐구하는 데 그치는 것이 아니라 천리를 현실세계에서 구체적으로 체인하고 실현해야만 하는 성학(聖學)이라 파악했다.

성이 곧 이(理)이니 무슨 형상이 있어 더듬어 찾을 수 있는 것이겠는가? 격물치지는 성을 밝히는 공부이다.[7]

사물의 이치를 궁구하여 지극한 경지에 이른다는 것은 천하에 행할 수 있는 도에 통달한다는 것이니 인사와 만물이 모두 그러하다.[8]

격물치지는 단순히 객관사물에 국한된 것이 아니라 인사(人事)와 만물에 동일하게 내재해 있는 천리를 체인하는 과정이다. 즉 이것은 인간주체가 행해야 하는 도리(道理)와 사리(事理) 그리고 객관적인 대상 세계에 내재한 물리(物理)가 곧 보편적 천리[一理]이기 때문에 가능하다. 그는 "『대학』에서 말하는 치지, 정심, 수신, 치국, 평천하는 모두 나의 악을 다스리는 것이지 남의 악을 공박하는 것이 아니다."[9]라고 했다. 즉 격물치지는 객관사물의 존재법칙을 탐구하는 것이라기보다는 인간주체가 인사와 만물에 대해 그 소이연(所以然)과 소당연(所當然)을 인식하고 실천하는 데 주안점이 있었다. 그러므로 격물궁리하는 데 올바른 가치판단[私正]을 문제 삼아야지 만물에 관한 사실판단에 주목할 필요가 없다고 단언했다.

군자가 격물궁리하는 데 있어 그 가치판단을 문제 삼는 것은 마땅하지만 그 유무(有無)를 문제 삼는 것은 마땅하지 않다. 마음을 보존하고 일을 처리함에 있어 그 선악을 판별하는 것은 마땅하지만, 그 능부(能否)에 따르는 것은 마땅하지 않다.[10]

화서가 육체적 욕구 충족 자체를 인정하지 않은 것은 아니다. 그러나 육체적 욕구 충족이 천리를 해치지 않는 범주여야지 인욕을 위주로 해서는 안 된다고 보았다. 즉 격물치지는 천리와 인욕의 대소·선후·경중·주객(大小·先後·輕重·主客) 관계를 파악해 그 마땅함을 실천하는 데 주력해야 한다고 주장했다. 천리와 인욕을 준별(峻別)하지 않으면 그 미묘한 갈림길을 알아차리지 못할 뿐 아니라 물욕에 현혹되어 악에 빠질 수 있기 때문이다.

화서가 인심(人心)과 도심(道心), 성명(性命)과 형기(形氣)*의 차별성을 강조한 것은 이질적인 서구 문명에 대한 가치론적 차이를 분명히 드러내려는 의도였다. 도심과 인욕의 준별은 화이론과 마찬가지로 도덕적 문명성을 판별하는 준거가 될 수 있었다.

대개 사사물물마다 자연히 형기도 있고 자연히 도리도 있다. 형기적 측면을 문제 삼지 않을 수 없지만 도리도 살피지 않을 수 없다. 그러므로 형기와 도리는 자연 주객과 경중의 구분이 있다. 효를 예로 들면 구체(口體)와 심지(心志)를 모두 봉양하고 받들되 그 경중을 구분할 줄 알아야 하고, 충을 예로 들면 복사(服事)와 진선(陳善)에 모두 마음을 다해야 하나 그 대소를 구분할 줄도 알아야 하는 것과 같다.

일사일물(一事一物)에 있어서도 두 갈래 길이 있어 하나는 형체를 좇아가고 하나는 의리를 좇는 길이 있다. 형체를 좇아가면 길은 막혀 통하지 못하고 의리를 좇아가면 통하여 막히지 않는다. 음식을 예로 들면 고량(膏

● 이것은 「중용장구(中庸章句) 서(序)」에 나오는 내용이다. 주자는 『서경(書經)』에 나오는 요임금이 순임금에게 전수한 윤집궐중(允執厥中)에 "인심은 위태롭고 도심은 은미(隱微)하니 정히 하고 한결같이 하라."라는 내용을 덧붙여 우임금에게 전해주었다고 하였다. 주자는 인심은 위태롭고 도심이 은미한 까닭은 인심은 형기의 사사로움에서 생겨나고 도심은 성명의 바름에 근원하기 때문이라고 하였다. 그러므로 도심이 항상 일신(一身)의 주재가 되게 하고 인심이 도심의 명령을 듣도록 해야만 위태로운 것이 편안해지고 은미한 것이 드러나게 된다고 하였다.

粱)과 추환(芻豢) 같은 기름진 음식은 형체를 쫓는 것이고 허기를 채우고 양생하는 정도는 주재를 잃지 않는 것이다. 의복을 예로 들면 기환(綺紈)과 금수(錦繡) 같은 좋은 비단은 형체를 쫓는 것이고 몸을 보호하고 옷매무새를 바르게 하는 것은 주재를 잃지 않는 것이다. 주자가 "벼루에도 천리인욕이 있고 묵에도 천리인욕이 있다."라고 말한 것이 바로 이것이다.[11]

화서는 중국으로 표상되는 유학문명은 도리와 성명(性命)의 선함에 상달(上達)한 데 비해 서양은 형기의 사사로움에 하달(下達)했다는 논리를 제기했다. 상달과 하달, 즉 성명과 형기, 천리와 인욕의 구분은 성리학의 가치론적 입장에서는 결코 공존할 수 없는 개념이다.

형기와 신체는 상(象)이 있는 물(物)이요 성명과 도의는 형이 없는 이(理)이다. 상이 있으므로 쉽게 보고 알 수 있으며 형이 없으므로 보기 어렵고 알기 어렵다. 〔형기와 신체는〕 쉽게 보고 알 수 있으므로 이해득실에 매우 가깝고 급박하지만, 〔성명과 도리는〕 보기 어렵고 알기 어렵기 때문에 옳고 그름, 존속과 멸망이 멀고 더디다.[12]

형이상의 도리를 실현하기는 어려운 반면 신체적 욕구에 이끌려 형기에 매몰되거나 물욕에 현혹되기는 매우 쉽기 때문에 도덕적 당위성과 실천의 강조는 당연했다. 따라서 화서는 형기에만 밝은 서양의 과학기술은 인욕을 채우는 것에 불과하다 판단하고 성명과 도의를 밝히는 격물치지를 통해 서학의 불온함을 비판하고자 했다.

존리론의 강화와 명덕논쟁(明德論爭)

화서학파와 고산학파 사이에 벌어졌던 명덕주리주기논쟁(明德主理主氣論爭)은 명덕을 이로 봐야 마땅한지 아니면 기로 이해해야 하는지를 논의한 것이지만, 명덕주리론자이든 명덕주기론자이든 그들은 모두 순선무악한 이가 현실에서 구현되는 것이 올바른 삶이라고 확신했다. 따라서 그들이 공통적으로 문제 삼은 것은 바로 기의 자용(自用)이었으니, 사회적 혼란은 기가 이의 명령을 따르지 않고 제멋대로 행동함[自用]에서 비롯된다고 생각했기 때문이다. 특히 화서는 이의 우위와 주재성을 확립해 기의 자용을 막는 것이 사회적 혼란을 바로잡는 근본 해결책이라고 주장했다. 화서는 이기가 이존기비(理尊氣卑)와 이주기역(理主氣役)의 관계에 있다고 하여 기에 대한 이의 절대성과 주재성을 강조했다.[13]

화서도 심을 이로써 말할 수도 있고[以理言之] 기로써 말할 수도 있다고[以氣言之] 인정했다.[14] 다만 그 주재적 기능은 이적(理的) 차원으로 봐야 한다고 주장했는데, 이는 주재 운용의 주체인 심의 형이상학적 근거를 마련하기 위함이었다. 따라서 심에 대한 주리적 이해는 화서의 성리학을 이해하는 관건이라 할 수 있다. 그는 성현이 심을 말한 관점은 대개가 이의 차원에 있다고 강조했다.[15] 그가 강조한 이른바 '성현이 말한 심'은 심의 이적(理的) 차원을 가리킨 것으로 명덕에 해당한다. 명덕은 하늘로부터 품부(稟賦)받은 이로서의 심이다. 화서는 현실세계의 치란(治亂)이 모두 일심(一心)에서 말미암기에, 일심이 주리(主理)가 되어야만 그 주재성이 제대로 발현될 수 있다고 생각했다. 주재·운용의 주체가 되는 심을 기로 파악하면 그 주재·운용의 능력 또한 기의 기능이 되어 기가 만사만물을 주재·운용하게 되므로 용납할 수 없었다. 주재성은 이에 부여된 개념이지 기에 부여될 수 있는 개념이 아니었기 때문이다.[16) 그는 일심에서 일어나는 만사만물의 변화가 이의 주재성을 따라야 한다고 생각했기에, 심이 이기의 측면을 모두 갖고 있음에도 불구하고 이로써[以理言之] 보고자 했다. 화서가 명덕을 주리적 측면에서 이해한 것은 이의 주재성을 명확히 하기 위함이었다.

명덕주리론의 중심이 화서학파였다면, 명덕주기론은 고산 임헌회(鼓山 任憲晦, 1811~1876)와 전우(田愚, 1841~1922)가 주축이었던 고산학파의 주장이었다. 화서학파의 경우 기가 이를 통섭하는 것[氣統理]이 사회적 혼란의 원인이라 하여 이의 주재성이 현실세계에서 실현되어야 하는 당위성을 강조했다. 반면 명덕주기론자는 현실세계가 모두 기의 발현이라는 성리학적 전제에 충실했다. 즉 이들이 현실세계는 모두 기의 운동성에 기인한다고 주장하였지만 기의 자용을 인정한 것은 아니었다.

명덕논쟁은 단순히 인간덕성에 관한 성리학적 이념 논쟁만은 아니다. 명덕논쟁은 성리학이 와해되어가는 현실에서 성리학적 도덕이념을 구현하려는 강렬한 실천의식을 담고 있었다. 명덕을 주리로 이해하든 주기로 이해하든 명덕논쟁은 인간의 도덕성 해명을 통해 이가 실현되는 사회를 지향할 뿐 아니라 과학적 문명론이 지닌 야만성을 드러내는 자기방어적 기제였다. 강렬한 도덕의식 천명을 통해 서구 근대문명이 결국에는 날선 무기를 앞세워 무력적으로 침략하는 것 이상이 될 수 없음을 분명히 밝힘으로써 그들의 야만성을 적나라하게 폭로했다. 이들에게 군함을 앞세운 서구 열강과 일본은 유학적 도덕의식이 전혀 없는 금수만도 못한 존재에 불과했다.

02 척사론:
정학의 현실적 구현

화이론과 서양인식

개항은 단순히 양물(洋物) 수입에 국한되지 않고 사회 전반에 걸쳐 큰 변화를 가져왔다. 만국공법의 '세계' 체제는 조공무역에 근간했던 중화주의를 실제적으로 붕괴시켰다.• 화이론적 문명론에 입각한 예치주의(禮治主義)는 만국공법적 법치주의로 대체되었고, 중국〔支那〕과 일

• 중화주의는 지리적으로는 황허강 중상류, 종족적으로는 한족, 문화적으로는 유교적 예치주의를 표방했다. 중화주의는 천하를 화와 이로 구분했으니, 중화(中華)와 사이(四夷)는 곧 문명과 야만의 갈림길이었다. 중화란 예치와 교화가 실현되는 곳이요, 사이란 중화문명의 교화를 받아들여야 하는 야만이었다. 조선 후기 소중화의식은 지리적·종족적 중화주의에서 벗어나 문명적 차원에서 조선이 소중화임을 자처한 상징적 선언이었다.

본 그리고 조선은 각각 하나의 국가(nation)체제로 존재하게 되었다. 그러나 위정척사사상은 여전히 화이론적 중화의식에 입각하여 '세계'를 인식하고, 그에 근거해 서구 근대문명의 야만성을 논증하고자 했다.

화서는 이기·음양을 혼잡하게 섞을 수 없는 것처럼 화이의 경계 또한 변화할 수 없다고 판단했다.

> 하늘에는 음양이 있고 땅에는 강유(剛柔)가 있으며 사람에게는 남녀가 있고 정통에는 이하(夷夏)가 있으니, 이것이 천하의 큰 경계이다.[17]

화서는 자연과 인간 그리고 사회를 계서적(階序的) 질서로 구분하고, 존양(尊攘)의 대의와 화이의 큰 구분은 불변의 진리라 주장했다. 화이와 이적의 분별이 주체와 타자를 인식하는 중요하고 유일한 준거였던 것이다.[18] 유학적 도덕관념이 있는지 여부에 따라 천하를 구분하는 의식을 서구 문명에 적용하면 서양은 "인륜을 끊고 예의를 모르는" 금수에 지나지 않으므로* 타자로서 인정할 수조차 없었으니, 배척하는 것은 재고의 여지가 없는 일이었다.

> 중국의 도(中國之道)가 망실되면 이적과 금수가 몰려온다. 북로(北虜)는 이적인지라 오히려 말할 수는 있지만, 서양은 금수이기 때문에 말을 나눌 수도 없다.[20]

그는 서학의 근본적 오류는 본래 태극이 만물의 근원이 됨을 알지

---

* 화서뿐 아니라 김평묵도 중국과 조선은 인도(人道, 인의예지와 오륜 및 예악형정지교(禮樂刑政之敎))를 지닌 반면, 서양은 금수지도(禽獸之道)를 갖고 있다고 주장했다.[19]

못하고 윤리를 끊고 예절을 폐한 데 있으며,[21] 형기의 말단만을 추구하는 서양 문명을 거부하는 것이 곧 기의 자용을 막는 일로서 도덕적 문명사회를 구현하는 길이라 판단했다. 이것이야말로 유학이 해야 할 일이었다.[22] 그러므로 정학(正學)과 서학[邪學]을 변별하고 배척하는 일은 유학적 이념을 실현하는 데 매우 중요한 과정이었다.

> 정학과 이단이 서로 성쇠(盛衰)하는 것은 그 근원이 참으로 사람의 일심에서 말미암은 것이요, 천리와 인욕이 서로 소장(消長)하는 것은 그 근원이 참으로 천운(天運)의 음양선악[陰陽淑慝]과 세도(世道)의 승강치란(昇降治亂)에 달려 있지만, 천하의 모든 일은 하나의 이일 따름이다. 그러므로 난세를 구제하는 것은 이단을 물리치는 것을 가장 먼저 해야 하고, 이단을 물리치는 것은 정학을 분명하게 정립하는 것이 가장 시급한 일이다. 그러므로 정학을 밝힌다는 것은 다만 일심에서 그 천리와 인욕을 변별하는 데 있을 뿐이다.[23]

정학을 구현하고 사학을 배척하는 데 가장 근본이 되는 것이 바로 일심에서 천리와 인욕을 변별하는 데 있다. 인간은 마땅히 천리를 보존하려는 강한 자각과 실천의지를 가져야 하며, 천리체인의 길인 즉물궁리야말로 정학을 지키고 사학을 배척하는 최적의 방법이었다.

성리학은 도덕적 문명을 지닌 자족한 보편이념이라 여겨졌으므로 그들은 그것 말고는 다른 준거를 필요로 하지 않았다. 더욱이 그들이 제기한 도덕적 문명론은 서구 열강이 앞세운 문명화(civilization)가 지닌 야만적 침략성을 비판하는 데 효과적이었다. 서학의 근본적 오류는 본래 태극이 만물의 근원이 됨을 알지 못하는 데 있었기 때문에 사리(私利) 충족을 즐기고 유학적 윤리와 예절을 폐지하였다.[24] 그러므로 정학과 서학을 준별하여 사학을 배척하는 일〔斥邪〕은 유학적 이념을 실현하는 데 매우 중요한 일이 아닐 수 없었다.

그러나 화이론적 문명의식이 곧 민족적 국가의식은 아니었다. 개항 이후 한국은 법치적 만국공법 체제에 편입되면서 예치적 천하주의가 해체되었으며, 화이론적 경계의식은 국경으로 대체되었다. 국가 (nation)가 삶의 경계였던 근대는 법치주의와 자본주의 그리고 국가주권을 토대로 했다. 그러나 척사론은 천하주의 체제 안에는 유학적 문명성 실현을 중요한 과제로 삼았을 뿐 엄밀한 의미에서 주권국가로서의 국가의식을 갖고 있지는 않았다.

양화론: 불온한 정교함

이양선(異樣船)으로 표상되는 서구 근대문명성은 과학기술의 발전에 힘입은 바가 컸다. 개항기 한국 지식인들은 서구의 문물과 과학기술을 '양화(洋禍)' 혹은 '서기(西器)'로 불렀다. 양화란 용어는 서구 근대문명이 지닌 야만성에 대한 비판적 시선을, 서기란 용어는 그들의 앞선 문명성에 대한 긍정적 시선을 담고 있었다. 개항기 서양 문명에 관한 다양한 논의는 서구 자연과학 및 기술을 어떻게 이해하고 그와 어떤 관계 맺음을 할지를 둘러싸고 이루어졌다.

위정척사사상은 서양 과학기술〔洋禍〕은 물론 서구 근대문명 전반에 대해 비판적 입장을 견지했다. 앞서 살핀 바와 같이 화서는 즉물궁리가 천리를 체인하는 길이어야지 인욕을 충족시키는 방도가 되어서는 안 된다는 점을 강조했다. 따라서 양물의 기기음교(奇技淫巧) 곧 뛰어난 기술과 간사한 공교는 인욕을 충족시키는 것이므로 제거해야 할 대상이었다. 이는 도덕적 문명론을 정당화하는 동시에 과학적 문명론의 문제점을 드러내려는 관점이다. 화서는 성현이 기르고자 하는 것은 심지(心志)인 데 반해 공장(工匠)이 기르는 것은 형체(形體)에 지나지 않는다고 단언했다.[25] 기술활동이 형체를 기른다는 판단은 물질적 편리함을 추구하는 기술이 결국 개인의 사적 욕망이나 이익으로 귀결될 뿐임을 갈파한 것이다. 사물의 형체에 대한 정교한 조작만을 추구하는 것은 결국 인욕을 충족하는 데 지나지 않는다고 했다. 이는 사물 속에 내재한 천리를 체인하는 차원과는 질적으로 다르다. 도리(道理)와 강상윤리(綱常倫理)를 도외시한 채 정교한 재화 생산을 통한 부의 축적이나 군사적 무력을 우선시한다면 그것은 곧 인욕의 추구일 뿐이었다.

화서가 기술 자체를 거부하는 것은 아니지만 기술은 도리의 주재(主宰)와 통제(統制)하에 있어야 하므로 기술의 정교함이나 효용성은 맹목적으로 권장할 게 아니라고 보았다. 천리와 강상을 해치는 문물제도라면 그것이 아무리 효용성이 뛰어나다 하더라도 제거해야 할 대상에 지나지 않았다. 과학기술이 인간 본연의 삶을 저해한다면 그것이 비록 정교하다 하더라도 거부할 필요가 있다고 보았으니, 서양 천문학에 대해 "정교하기는 하지만 대본(大本)이 서지 않았다."[26]라고 평가한 것은 이러한 화서의 인식을 극명하게 보여준다. 성리학은 성인 되기〔聖學〕를 추구했지 기술적 효용을 목적으로 삼지 않았기 때문이다.[27]

성리학은 인심(人心) 자체는 부정하지 않지만 마음작용이 형기의 사사로움에 치우쳐 과불급(過不及)이 있게 된 상태인 인욕으로 떨어지는 것은 매우 경계했다. 형이상학적 도리를 실현하는 도구 이상의 의미를 가질 수 없기 때문에, 만약 기예(技藝)가 도덕적 보편이념을 해친다면 그것은 기술의 사회적 기능이 제대로 실행되지 못한 것이다. 이러한 관점에 의하면 서구 과학문명은 유학적 도덕이념〔大本〕을 위협하는 말단적(末端的) 야만(野蠻)에 불과했다. 따라서 척사론자들에게 서양 과학문명의 효용성과 편리함이 제거 대상임을 밝히는 것은 매우 중요한 작업일 수밖에 없었다.

화서가 비록 서양인들을 오상(五常)을 모르는 금수라고 비난했으나 서양 역법을 비롯한 서양 과학기술의 우위를 인정하지 않을 수 없었다. 그러나 그는 천리와 인욕을 명확히 구분하고 인욕을 제거(閉人欲)하고자 했기 때문에, 서양 과학기술의 정밀함과 실용성을 평가하는 관점이 개화파와 달랐다. 그의 관점에 따르면 형기(形氣)에만 밝은 서양의 과학기술은 인욕을 충족하는 것이며 서학은 인의를 막고 혹세무민하는 사설(邪說)에 지나지 않았다.

화서는 존리적 이기론 및 격물치지설에 근거하여 서학의 불온함과 서기수용불가론(洋禍論)을 일관된 체계로 해명할 수 있었다. 화서는 중국이 도리와 성명(性命)의 선함에 상달한 데 비해 서양은 형기의 사사로움에 하달했다는 논리를 제기했다. 중국과 서양을 성명과 형기로 양분한 것은 곧 도덕적 보편이념과 윤리적 행위가 신체적 욕구의 충족과는 차별된다는 점에 근거한 판단이었다. 상달과 하달, 즉 성명과 형기의 구분은 성리학의 가치론적 입장에서는 결코 공존할 수 없는 개념이다. 화서는 상수(象數)의 말단에 탐닉하는 자들은 함께 심성의 학문을 말하기에 부족하다고 했다. 서양인들이 비록 상수에 밝다고 하더라도 그들이 지닌 근본적 문제 곧 태극이 만물의 근원임을 모르는 단점을 상쇄할 수는 없었다.[28] 서양 문명에 대한 총체적 비판서인 「벽사록변(闢邪錄辨)」(1863)에서 장인(匠人)의 문제를 거론한 것부터가 서양의 기술문명을 군자의 도덕과 차별되는 것으로 규정하려는 의도였다.[29] 그래서 1866년 병인양요 당시 상소문에서 서양 과학기술과 그 산물인 양물을 "기이한 재주와 음탕한 교묘함(奇技淫巧)"이라 규정했다.

유학적 도덕문명에 근거한 양화론은 주체와 타자가 얼마나 다른가를 확인하는 것일 뿐 아니라 주체의 문명적 자긍심을 드러내는 기제였다. 자연에 대한 객관적 인식이 윤리적 이념과 불가분의 관계에 있지 않으면 안 된다는 성리학적 이념에 근거하는 한 결코 근대과학을 받아들일 토대가 생성될 수 없었고 서기수용은 불가능했다. 서양 과학이 아무리 정교하다 한들 그것이 형기에 치우친 데 지나지 않는다고 판단한다면 배척과 저항은 그 당연한 귀결이었다.

성리학은 본질적으로 객관적 자연인식에 근거한 과학기술의 발전 그리고 객체(자연)와 주체(인간)라는 이분법적 사유에 근거한 서구 근대문명과는 공통분모가 없다. 형기에만 밝은 서양의 과학기술은 인간의 인욕을 충족하는 것이지 천리를 보존하는 것이 아니다. 따라서 개화파처럼 서기의 문명성과 실용성에 대한 긍정적 평가는 도출될 수 없었다. 위정척사파가 서구 문명을 거부한 것은 그런 의미에서 자연스럽다. 근대과학에서 객관화된 만물은 자원에 지나지 않으며 그에 대한 과학적 탐구는 가치중립적이라 보기 때문이다. 위정척사파가 성리학적 사유를 해체하지 않는 한 서기수용불가론을 주장한 것은 논리정합적이다. 서기수용은 '위정'의 유학에 대한 반성과 회의의 과정을 거치지 않고는 불가능했던 것이다.

'통화'와 '문명'의 간극

근대 자본주의 체제는 인간의 욕망을 합리적 충족의 대상으로서 추구하지 절제의 대상으로는 보지 않았다. 화서는 자본주의를 통화(通貨)와 통색(通色)에 국한된 인욕일 뿐이라고 일축했다.

오늘날 학자로서 서양의 재앙을 잘 알고 있다면 선한 쪽 사람이다. 서양

학설은 비록 천만 가지 단서가 있지만 이것은 단지 무부무군(無父無君)을 근본으로 하는 것에 지나지 않으며 통화와 통색의 방법일 뿐이다.[30)]

통화와 통색을 당연한 것으로 여긴다면 이것은 인욕 추구임이 틀림 없었다. 유학적 도덕의식이 부재할 뿐 아니라 인욕을 위한 기술문명에 정교한 서학은 오랑캐만도 못한 금수에 지나지 않는다. 사사로운 인욕 은 극복의 대상[克己]인데도 통화와 통색에 치중하는 것은 성리학적 사유에서는 용납할 수 없었다. 특히 자본주의 체제의 특징인 통화는 통색보다도 더 경계해야 할 대상이라고 파악했다.

> 통화의 재앙은 통색의 재앙과 조금도 차등이 없지만 더욱 심각하게 여 겨야 한다. (중략) (통색의 경우 정욕의 발동이 없을 때도 있지만) 식화(食貨) 는 그렇지 않으니 인물이 생겨난 처음부터 입이 먹고자 하는 욕망과 몸이 따뜻하고자 하는 욕망이 잠시도 쉴 때가 있는가? 욕망은 충족할수록 오히 려 점점 더 커지다가 지기(至氣)가 끊어지는 지경에 이르러서야 비로소 멈 춘다. 그렇기 때문에 통화는 통색보다 더욱 다스리기가 어렵다.[31)]

인욕 가운데 가장 심각한 화색(貨色)은 적극적으로 절제해야 하는데, 특히 통화는 충족할수록 더욱 걷잡을 수 없이 커지니 더욱 유념해야 한다고 보았다. 화서는 서구 근대 과학기술과 자본주의를 모두 인욕으 로 인식했기 때문에 국가 존망보다 유학적 도덕문명을 수호하는 일이 더욱 급박한 과제라고 여겼다.[32)]

화서의 제자였던 유인석의 문명의식은 '근대문명'에 대한 성리학적 인식을 잘 보여준다. 그는 오상과 오륜을 밝힌 것이 문명임이 자명하 며 도덕적 문명을 지키는 일이 틀림없이 옳다고 확언했다. 그리고 중국은 성인이 '상달도리'를 밝힌 문명인 반면 서양은 '하달형기'를 하는 것이라 전제하고, 서양은 오상과 오륜을 밝히지 못했다고 평가했다.

그들이 말하는 문명은 백 가지 기술과 천 가지 기교가 극에 달한 것으로, 그 궁극적 귀착지는 맛있는 음식, 사치스러운 옷, 웅장한 집, 강한 병사 같은 일에 불과하다. (중략) 경쟁을 문명이라 한다면 당우삼대(唐虞三代)의 훌륭한 정치를 하던 시대는 문명이 아니고 춘추전국의 전쟁하던 시대가 문명이란 말인가? 경쟁과 문명은 지극히 상반된 말이다.[33]

유인석은 서양 학문과 기술을 배우면 인격이 파괴되지 않을 수 없을 뿐 아니라 정대(正大)한 것을 경멸하게 되리라고 진단했다. 따라서 우리의 옳은 것을 버리고 저들의 그른 것을 따름은 옳지 않다고 결론지었다.[34] 결국 위정척사파가 제시한 방법은 그들을 배척하고 양물을 사용하지 않은 것이었다.

수신제가치국이 되면 양물을 사용할 데가 없게 되어 교역이 없어질 것이다. 교역이 없어지면 저들의 뛰어난 기술과 간사한 공교는 쓸데가 없게 된다.[35]

도덕적 문명론이 야만적 침략행위에 대한 저항 담론으로서는 의미가 있었다. 양화론은 유학에 대한 문화적 자긍심의 천명이었으며 서양 과학기술에 대한 저항과 우려였다. 그러나 위정척사사상이 과학기술의 야만성과 제국주의에 대한 비판이라는 역사적 기능을 수행했다고는 해도 그것이 곧 제국주의 침략을 제어해낼 온전한 대안이 될 수는 없었다. 양물 사용 금지만으로는 19세기에 전 세계를 휩쓴 제국주의의 파고(波高)를 막아낼 수 없었기 때문이다.

도리(道理)·사리(事理)와 물리(物理)가 서로 불가분의 관계에 있음을 전제한 격물치지는 천리를 체인하는 길이었다. 반면 서양 과학은 물질과 그 운동으로 파악하는 기계론적 세계관에 입각하여 실험과 관찰이라는 방법론으로 과학적 진리를 찾아내고 이를 현실세계에 적용하여 참된 효용을 창출하고자 했다. 성리학의 물리 개념은 가치판단의 영역과 불가분의 관계에 있는 반면 자연에 대한 실험과 관찰을 통해 발견된 자연법칙은 가치중립적이라고 여겼다. 따라서 성리학적 물리 개념과 서구 근대과학적 자연법칙은 객관사물에 대한 탐구라는 측면에서 공통점이 있지만 동일한 개념은 아니었다. 그러므로 위정척사사상은 객관적 자연인식에 근거한 과학기술의 발전 그리고 자연과 인간의 분리에 근거한 서구 근대문명과는 공통분모가 없었다. 다시 말해 서기수용은 정학론에 대한 회의와 비판을 거치지 않고는 불가능할 수밖에 없었다.

하지만 그에 따른 현실적 대안으로 제시했던 양물 사용 금지 주장은 자본주의적 세계 체계에서는 공허한 외침이었다. 위정척사파가 염려한 바와 같이 "인욕은 늘어나기를 기약하지 않아도 날로 증가하고, 천리는 소산(消散)하기를 기약하지 않아도 날로 소멸하는"[36] 시대가 도래했다. 시간이 흐를수록 서구 근대문명은 거부와 저항의 대상이 아니라 수용과 모방의 대상이 되었다. 그런데 그들을 전범으로 삼는 순간 주체는 결핍된 타자가 될 수밖에 없다. 유학적 도덕문명을 통해 주체에 대한 자존의식을 공고화했던 것 또한 허망한 꿈에 지나지 않게 되었다. "잠을 깨세 잠을 깨세 4천 년이 꿈속이라!"[37]라는 언표에 드러나듯 서구적 문명화는 현실에 온전히 적용할 수 없는 서구 근대성에 대한 열망을 자극했다.

03 위정척사사상의 문명적 함의

구습보지론(舊習保持論)과 민족주의 '사이'

위정척사파에 대한 평가는 보수적 수구세력 혹은 반외세적 민족주의로 극명하게 나뉜다. 개항기 당시에도 김옥균이 자신을 '독립당'이라 칭하고, 위정척사를 '수구론(守舊論)'으로 규정하면서 구습에 얽매인 수구세력의 의식개혁을 요구했다.[38] 위정척사파를 개화파와 대립시켜 '개화당과 수구당' 혹은 '보수적 유림'이라고 평가하는 것은 척사론은 곧 수구=보수세력이요, 개화파는 개화=진보 세력이라는 역사적 평가를 전제하고 있다. 그렇다면 위정척사는 시대의 변화를 거부한 퇴보적 수구 이념인 반면 개화는 문명화를 주장한 진보적 이념인가?

이이화는 정학론이 근대화라는 시대의 흐름을 거부한 낡은 보수주의 이념에 지나지 않으며 근대화를 거부함으로써 역사발전을 저해했다고 주장했다. 그는 척사를 주장하여 서양과 통상을 반대한 것이 반제국주의적 투쟁세력 형성이란 의미를 갖지만 이 또한 정통성 이론을 강화하는 수단에 불과했으며, 위국(衛國)은 부수적인 것이요 위도(衛道)가 중심이었기 때문에 민족이념의 구현으로는 볼 수 없다고 했다. 특히 이이화는 의병활동 또한 양반과 평민의 서열을 엄격히 한 것으로 근대적 평등의식과는 무관했음을 지적하고 기껏해야 봉건제를 옹호한 데 그쳤다고 평가했다.[39)]

물론 위정척사론이 근대라는 역사적 격변기에 변화를 지향하기보다는 기존의 왕조체제를 고수하고자 했다는 점에서는 진보라고 할 수 없다. 그러나 제국주의 침략이라는 야만에 대한 저항이 타당한 것이라면 척사를 단순히 무능하고 시대착오적인 보수주의이며 근대를 제대로 인식하지 못한 실패한 이념에 지나지 않는다고 하는 것이 과연 온당한 평가인지 의문스럽다. 서구 근대는 이성적 개인의 발견과 과학기술의 발달이란 놀라운 문명적 진전을 이루었지만 제국주의 침략과 세계대전으로 귀착되었다는 점에서 야만적 역사이기도 했다. 서구 근대문명 자체가 야누스적 타자였기 때문에 그들을 수용하지 않고 배척했다고 해서 근대적 변화를 거부한 보수로 폄하하는 것은 지나친 단견이다. 그러나 서구의 야만적 침략성을 비판했다고 해서 그 자체를 민족주의로 과대평가하는 것 또한 문제는 있다.

척사론이 외세의 침략을 거부한 반외세사상이란 점에서 자주적이며 저항적인 민족주의라고 평가하는 견해도 있다. 홍창순은 위정척사론이 초기에는 유교적 보수운동(保守運動)이었으나 최익현에 이르러서는 민족자주사상으로 승화 발전했다고 평가했다. 또 최창규는 위정척사사상이 외세 침략에 저항하는 사상적 주체성을 드러낸 것이기 때문에 이를 한국 사상에서 자주적 저항세력의 주류로 인정했다.[40] 오석원 등은 더욱 적극적으로 위정척사에 대한 긍정적 평가를 제시했다. 오석원은 척사가 서구적 이질문화를 배격하고 주자학적 정통문화를 수호하려는 단계에서 서구와 일본의 침략을 배격하고 국가와 민족을 수호하려는 단계로 진전해나간 저항적 민족주의사상이라 주장했다.[41] 심지어 박성수는 서양의 민족주의가 들어오기 전에 이미 유교적 민족주의란 풀뿌리 민족주의가 존재했으며 이를 계승한 것이 척사론이라고 규정했다. 그의 주장에 근거한다면 '선비적=풀뿌리적=한국적=저항적 민족주의=조선왕조 재건'은 곧 유교이념 구현을 통해 실현될 수 있다.[42]

그런데 박성수 또한 인정하지 않을 수 없었던 것은 위정척사의 저항적 민족주의가 재건하려던 것은 왕조체제 복원이었다는 사실이다.[43] 그렇다면 진덕규·이이화 등이 주장한 대로 위정척사파가 지키고자 한 것은 일차적으로 위도였지 위국이 아니었다는 것과 본질적으로 위정척사파는 중화문화의 담지자가 되려 했기 때문에 민족주의와 구별해야 한다는 그들의 지적은 타당하다고 할 수 있다. 강재언·김영작 등은 척사론이 화이적 명분론에 근거한 양이사상으로 열강의 침략에 반대한 반침략사상이란 점은 인정하지만, 양이주의와 민족주의는 엄격히 구분해야 한다고 주장했다.[44]

근대적 시선에 매몰된다면 위정척사는 그야말로 낡은 이념이란 한계를 그대로 드러낸다. 서구적 근대화를 반드시 실현해야 할 전범으로 삼는다면 개화론은 시대를 앞서간 진보인 반면 척사론은 보수이념인 것이다. 그러나 근대적 야만에 초점을 맞춘다면 척사론은 반외세 저항정신의 표출인 반면 개화론은 일제의 야만적 침략성을 제대로 인식하지 못했다는 점에서 한계를 드러낸다. 정학론을 보수주의로 평가하는 것은 곧 서구 근대성이 수용해야 할 전범이며 그들 문명을 적극 수용하는 것이 진보라는 지극히 근대지향주의적인 시선이다. 척사를 민족주의로 미화하는 것과 마찬가지로 척사를 근대화〔진보〕를 가로막는 장애〔보수〕로만 파악하는 것 또한 근대적 시선을 벗어나지 못한 단선적 평가라고 하겠다.

개화파와의 대비적 관점에서 본다면 척사론을 저항적 민족의식의 선하(先河)로 평가할 수 있지만, 도학적 정통론에 근거한 척사론이 곧 근대적 민족주의라고 평가하는 것은 타당하지 않다. 개항을 계기로 한국은 이미 전 지구적 자본주의 체제로 편입되었음에도 불구하고 양화론은 자본주의 체제에 대한 명확한 인식에 근거한 서기수용불가론이 아니라 도리와 물리의 불가분성을 강조하는 차원이었다. 당시 자본주의 체제의 수탈성을 비판한 것은 사실이지만 시대정신으로서 제 역할을 온전히 했다고는 할 수 없다.

정학론이 일국적 차원에서 문화적 자긍심을 드러낸 자존적 주체의식이었다면 척사론은 세계적 차원에서 근대문명이 지닌 침략적 야만성에 대항하는 반침략사상이었다. 척사론을 저항의식의 발로로 이해할 수는 있으나 그것이 곧 근대적 의미의 민족주의와 동일하다는 확대해석은 옳지 않다.* 척사론이 의병운동의 정신적 기반으로 작용하기도 했고, 또한 그들은 왜양일체론(倭洋一體論)에 의거하여 일본에 저항했다. 그러나 왜양일체론이 민족주의와 동일한 이념을 내포하지도 않

---

* 이 문제에 대해서는 이미 박은식·문일평 등이 지적했다. 박은식은 국가의 존망이 위태로운 상황에서 유교적 보편성을 보다 중요시하는 화서학파의 시대인식을 비판했다. 문일평은 화서학파의 문제는 유학이념 존숭을 나라의 존망보다 중요한 문제로 인식한 것이라고 지적했다. 이들은 민족적 위기 상황에서 유학적 보편이념을 우선시한 것이 근대라는 공간에서 과연 타당한지를 문제 삼았다.45)

았으며 척사론을 주장했던 유림이 의병활동의 주체와 일치하는 것도 아니었다. 따라서 근대적 민족의식(nationalism)을 갖고 있지 않았던 그들의 척사를 저항적 근대 민족주의라 평가하는 것 자체가 성립하지 않는다. 척사론 역시 도학정신의 발로였지 근대적 민족주의는 아니었다. 이는 척사론을 주장한 성리학자들이 지키고자 한 유일한 것은 중화문화를 담지한 조선왕조였지 근대국가(nation)가 아니었던 것과 일치한다. 화서는 유교적 보편이념과 국가존망의 관계를 다음과 같이 분명히 밝히고 있다.

> 서양이 도를 어지럽히는 것이 가장 우려된다. 천지간에 일맥의 양기가 우리 조선에 있는데, 만일 이조차 파괴된다면 천심이 어찌 이러한 것을 용서할 것인가? 우리는 천지를 위하여 마음을 세우고 이 도〔유교〕를 천명하는 일을 불 끄는 일처럼 시급한 것으로 여기는 것이 정당하리라. 나라의 존망은 오히려 이차적인 일이다.[46]

개인적 신념의 차원에서 나라의 존망보다 유학적 진리를 보존하는 일이 중요하다 판단하는 것은 유학적 신념에 투철할 경우 그럴 수도 있다. 그러나 유학이 역사적 상황과 함께 호흡하는 시중지도(時中之道)라 한다면 시대적 문제를 더욱 고려할 필요가 있었다. 조선왕조의 정치이념으로 작동했던 성리학과는 달리 위정척사사상은 '근대'라는 시대적 격변기에 놓여 있었기에 더욱 그렇다.

위정척사사상의 문명적 함의

개항기 위정척사사상은 이질적인 보편문명 간 충돌의 충격을 여실히 보여준 사례로서 중요한 위치를 차지한다. 17~19세기에 걸친 서구의 계몽적 보편주의는 식민주의 확산과 더불어 유럽의 지배적 위치를 정당화하는 담론이었다. 유럽 중심의 세계상이 구축되면서 유럽은 자신을 세계의 중심과 역사의 정점에 놓았다.[47] 서구 근대문명은 '복수'의 문명'들'이 아니라 야만에 대조된 '단수'의 보편문명으로 간주되었다. 서구 대 비서구, 주체 대 타자, 문명 대 야만이라는 구도는 서구와 비서구의 상호작용이 아니라 타자를 배제하는 논리로서 유럽 중심의 백인우월주의를 확산시켰다. 근대라는 새로운 시대에 서구와 비서구 지역은 동일한 역사적 경험을 공유할 수 없었다. 서구와 비서구는 시대적·역사적·사상적 환경이 달랐을 뿐 아니라 시대적 과제도 동일하지 않았기 때문이다. 유럽의 비약적 발전은 제국주의 침략을 통해 가능했기에 유럽 각국은 더 넓은 식민지를 확보하고자 한 반면, 비서구 지역은 식민화를 겪게 되면서 서구 근대문명의 야만성을 극복해야 하는 과제를 떠안았다. 그런 측면에서 보면 근대는 일국적 차원의 문명성과 세계적 차원의 야만성이 교차하는 지점이었다고 볼 수 있다. 근대문명 자체가 야누스적 타자였기 때문에 한국의 근대사상을 평가하는 것 또한 복잡한 양상을 띨 수밖에 없었다.

　한국의 근대를 해명하는 데 그동안 우리는 근대가 보편문명 간의 충돌적 만남이었다는 시선을 놓치고 있었다. 자족한 이념이었던 성리학은 새로운 보편이념으로 다가선 서구 근대문명을 타자화하여 자기정체성을 드러내고 적극 해명해야 할 상황에 직면했다. 이질적 타자와 마주선 주체가 자기를 부정하고 타자에 동화된다면 결국에는 자기상실을 초래할 위험이 있었기 때문이다. 위정척사론은 이질적 타자와 마주하여 자타의 같고 다름을 확인하고 배타적 주체의식과 타자에 대한 저항의식을 드러낸 사상이었다.

근대라는 시대적 공간에서 본다면 위정척사는 단순한 보수주의나 민족주의가 아니었다. 위정척사는 문명의 시선으로 이질적 타자의 낯섦을 확인했다. 위정척사는 타자에 대한 저항의식으로서 자기방어적 기제를 확인함으로써 문화적 자존의식을 보여주었다. 강력한 타자에 대항해 자신의 문화적 정체성을 확인했다는 점에서 척사론은 '근대적'이었다. 근대지상주의적 관점에서 보면 근대적이지 않은 모든 것은 낡고 쓸모없는 것이 되었다. 그러나 근대적인 모든 것은 마땅히 긍정할 만한 대상이었는가? 또 서구적 근대화만이 유일한 전범일 수 있는지, 서구적 근대화를 과연 긍정적으로만 평가하는 것이 옳은지를 물어야 할 것이다. 한국 근대를 그들 시선으로 재단하는 것은 지나치게 편협한 시각이다. 오히려 서구 문명을 모방하기만 하면 우리도 그들처럼 될 수 있는지, 그들 시선대로 따르면 우리가 직면한 모든 문제를 해결할 수 있는지를 물어야 했을 것이다. 만약 그렇지 않다면 이제라도 서구 중심적 사유방식에 대한 비판적 성찰을 시작해야 한다.

서구 근대문명과 유학

'단수의' 서구 근대문명은 유럽중심주의에 근거한 문명적 폭압이었다. 제국주의와 식민지의 분할, 그리고 식민지에 대한 동화정책은 서구와 비서구, 전근대와 근대 간 '소통의 실패'라고 평가할 수 있다. 하지만 서구중심주의가 폭력적 왜곡이었다 할지라도 단순히 그 사실만으로 유학을 비롯한 동아시아 사상의 정당성과 현재적 의미가 담보되지는 않는다. 오리엔탈리즘 비판이 곧 옥시덴탈리즘(occidentalism)을 합리화하는 논거가 될 수는 없기 때문이다.

그렇다면 이제 우리에게 주어진 과제는 유럽중심주의 내지 서구 문명의 보편성에 대한 반성적 성찰을 토대로 유학을 어떻게 재해석하느냐다. 차이를 대면하면서 상호연관을 지으려면 유학이 21세기에 무엇을 말할 수 있으며, 무엇을 문제 삼아야 할지를 먼저 물어야 한다. 또한 서구 근대문명이 유럽의 역사 속에서 배태된 것임에도 불구하고 세계적 보편으로서 비서구 지역을 타자화하는 이념을 제공한 것이었다면, 이제는 역으로 서구 근대성을 우리의 역사적 경험과 철학적 원리에 의거해 새롭게 해석할 필요가 있다.

닐 포스트먼은 현대사회는 과학기술이 인간 삶에 지대한 영향을 비치며 자신을 제외한 다른 모든 대안을 제거하는 상황〔테크노 폴리: 기술에 의해 새롭게 창조된 전체주의적 기술주의문화〕까지 이르렀다고 진단했다. 그는 기술의 발달은 지난 수세기 동안 인간이 삶의 기준으로 삼아온 신념체계를 바꾸었을 뿐 아니라 기술 그 자체를 인간의 유일하고도 궁극적인 삶의 기준으로 바꿔놓았다고 주장한다. 이렇게 보자면 기술은 단순히 삶을 편리하고 풍요롭게 만드는 도구에 그치는 것이 아니라 사고와 행위 그리고 사회제도를 결정하는 위치에 서게 된 셈이다.[48] 인간이 기술에 전권을 내주고 스스로 기술의 노예로 전락할 수 있다는 우려가 제기되는 시점이라면, 낡았으므로 버려야 할 사유라고 치부했던 성리학적 물리 개념에 대한 재해석도 결코 무의미하지 않을 것이다. '인간을 위한 기술'이어야 한다는 점에 동의한다면 과학기술에 대한 비판적 성찰은 그 어느 때보다 절실하다 할 수 있다.

과학기술에 대한 비판적 성찰은 이성적 판단을 통해 가능할 수 있지만 근대과학 또한 이성의 결과물이라 한다면 한계를 지닐 수밖에 없다. 반면 유학은 천리와 인간의 도덕적 주재성에 근거해 과학기술에 대한 비판적 성찰을 해낼 수 있다. 시론적(試論的) 차원이지만 격물치지설에 국한해서 본다면 기계적 환원론에 기초하는 과학기술에 대해 천인합일적(天人合一的) 사유를 재해석할 여지가 있다. 과학기술이 인간다움[仁]보다 우위에 있지 않다면 과학기술에 대한 윤리적 성찰이 요청된다고 하겠다. 『중용』에 "만물이 함께 길러져 서로 해치지 않으며, 도가 함께 행하여 서로 위배되지 않는다. 작은 덕은 냇물의 흐름이요, 큰 덕은 화를 도탑게 하니, 이는 천지가 위대함이다."[49]라고 했다. 함께 길러지는 건강한 관계 맺음을 중요시하는 유학적 시선은 과학기술 발달을 허용하면서도 그에 대한 윤리적 성찰을 가능하게 한다는 점에서 새롭게 평가받을 여지가 있다. 물론 이것이 유럽중심주의에 반하는 중화주의를 복원하거나 성리학적 천리체인(天理體認)을 회복하자는 의미가 아님은 두말할 나위가 없다.

4장

문명한
새 세상 열기

―개화사상

01 개화사상의 연구사와
개념 문제

개화사상 연구의 궤적

위정척사론이 타자의 야만성을 부각함으로써 자기정체성을 확고히
한 것은 이질적 타자와 충돌할 때 나타나는 자연스러운 자기방어책이
었다. 그러나 근대적 삶은 성리학적 이념 실현의 장은 아니었고, 개화
사상은 이러한 근대적 역사현실을 직시한 결과로 나타난 것이었다. 즉
개화사상은 서구적 근대체제를 수용하고자 한다면, 무엇보다 먼저 그
들과 우리가 무엇이 같고 무엇이 다른지 탐색하고 그들의 장점을 어떻
게 수용할지, 그래서 우리가 어떻게 변화하는 것이 바람직한지를 묻는
당연한 과정이었다.

개화사상이 비록 서구 문명의 영향을 받았지만 그렇다고 전면적 서

구화를 추구한 것은 아니며 전통사상과 결별하려는 의식과 아울러 전통을 변용·확장하려는 의식도 병존했다. 그럼에도 불구하고 개화사상이 서구 문명의 강점을 수용하자고 주장했다는 점에서 위정척사와는 확연히 구별된다. 척사파가 여전히 중국 중심적 '천하'에 얽매여 있었다면 이들은 만국공법이 통용되는 '세계'를 보았다. 그러므로 서구 문명을 어떻게 수용할 것인가를 문제 삼았다.*

도기상분상수론(道器相分相須論)**은 서양보다 우월한 유학의 도는 지키되 서양의 기는 천하에 대적할 자가 없으므로 그러한 서양의 과학기술을 수용해 이용후생 및 부국강병을 이룩하자는 것이었다. 즉 유학적 사유 안에서 정학론의 중심주제였던 이기론과 심성론적 맥락을 사상(捨象)시키고 서기수용의 이론적 근거를 재구성하고자 했다. 이것은 유림의 저항에 대한 현실적 대응책이기도 했으며 동시에 자신의 학적 기반을 토대로 타자를 이해하려는 의도였다. 반면 문명개화론은 서구적 근대문명을 보다 적극적·전폭적으로 수용할 것을 촉구했다. 그렇지만 문명개화론이 유학사상 전부를 거부했다고 보기는 어렵다. 이 또한 유학적 전통이 강하게 뿌리 내린 현실 속에서 서구 문명을 수용하

• 한국에서는 만국공법이 1864년 무렵부터 전래되었다고 추정되고 있으나 본격적으로는 2차 수신사(修信使) 김홍집이 가져온 『조선책략』과 정관응의 『이언(易言)』을 통해 만국공법의 필요성이 확대된 것으로 보인다. 초기에는 만국공법을 합종연횡의 방책으로서 강대국 사이의 세력균형을 통한 국권 유지의 방책으로 이해했다. 만국공법을 이처럼 긍정적으로 인식했던 것은 당시 한국의 주요 관심사였던 균세, 자주, 자립, 국권, 군권 등의 내용을 포함하여 시의적절하게 활용할 수 있다고 믿었기 때문이다.[1]

•• 한우근은 「개화 당시의 위기의식과 개화사상」(『한국사연구』 2, 1968년)이라는 논문에서 동도서기론이라는 용어를 처음 사용했다. 그 후 동도서기론은 급진개화론의 상대 개념으로서 온건개화, 개량 또는 시무개화론으로 분류된 것과 동일한 범주로 사용되고 있다. 그러나 동도서기론이란 용어는 문제가 많기 때문에 동도서기론자로 분류됐던 신기선이 자신의 사상을 칭했던 개념을 그대로 살려 '도기상분상수론'으로 명명했다.

고자 한 점은 같지만, 유학에 대한 평가 및 서구 문명에 대한 시선에는 차이가 있다고 보아야 할 것이다.

개화파 분화에 관한 용어는 저마다 다르다. 크게 대별한다면 급진/온건, 시무 혹은 개량/문명 등의 용어가 혼재한다. 일반적으로 갑신정변에 참여한 이들을 문명개화론자로, 참여하지 않은 이들을 시무개화론자로 분류한다. 이러한 대립적 분류에 따르자면 갑신정변에 참여한 김옥균·박영효·서광범·홍영식·서재필·박영교 등을 변법개화론자 또는 문명개화론자라고 하겠다. 반면 시무(時務)라는 용어로 개화론을 개념화했다는 김윤식, 도기론의 이론적 기반을 제공한 신기선, 갑오개혁에 적극 가담한 김홍집·어윤중·유길준 등은 시무개화론자에 해당한다. 그러나 이러한 분류는 개화사상의 사상적 기반과 개혁 지향점의 차별성을 보여주지 못한다.[2] 시무와 변법(變法)으로 분류하더라도 개념적 정의가 엄밀하지 않고 그 학파적 차이도 선명하지 않다. 김윤식의 '즉당시당행지무야(即當時當行之務也)'란 표현의 시무[3]를 개화사상이란 역사적 용어로 사용한다고 하더라도 김윤식의 시무가 곧 서기수용론을 주장한 것인지 명확하지 않은 데다 동일한 논리로 변법도 시무일 수 있기 때문이다.* 변법이 정치체제 개혁을 뜻한다면 갑오개혁이야말로 근대적 제도개혁이라 할 수 있다. 갑오개혁에 이론적 기초를 제공했던 유길준은 서구 문명을 더욱 적극적으로 수용한 인물이다. 오히려 대립적 이분법이 개화사상을 제대로 이해하는 데 걸림돌이 될 수 있다. 그렇다면 갑신정변을 변법 혹은 문명개화로 국한하기보다 도기

---

* 조민은 「건백서」의 정치개혁안을 두고 "박영효의 개혁사상은 대개 정변 실패에 따른 비판적 시각에서 정리된 논리이다. 그럼에도 불구하고 그의 입장은 갑신정변의 정치개혁의 구상을 더욱 체계화시키면서 그 뒤 갑오개혁 단계에 와서는 정치개혁의 지침이 되었다."라고 평가했다.[4]

론과 문명개화론을 유학과 서양 근대문명 수용에 대한 입장 차이와 역사적 상황에 따라 드러나는 양상의 차이로 파악하는 것이 좀 더 타당할 것이다. 개항기의 사상 흐름을 척사·개화·민중적 저항으로 구분한다면, 도기론과 문명개화론은 그 사상적 차이보다 유사성이 더 분명하게 드러나기 때문이다.

한편 도기론이 북학파를 계승한 것이며 문명개화론과 대립했던 사상이라 이해하면 문제는 한층 복잡해진다. 갑오개혁에 이르러서야 과거제가 폐지되었고 성리학이 정치이념이었던 점을 감안하다면, 당시 관료들은 성리학을 충분히 숙지했던 것으로 보아야 한다. 도기론에 이론을 제공한 신기선과 김윤식은 모두 조선 후기의 대표적 성리학자인 임헌회와 유신환 문하에서 성리학을 수학했다. 그렇다면 북학사상이 그들에게 직접적으로 영향을 미쳤다고 보기는 어렵다. 또한 갑신정변에 참여한 이들과 참여하지 않은 이들을 구분하려는 의도에서 문명개화론을 갑신정변에 한정하여 이해함으로써 오히려 이를 편협하게 만드는 문제가 발생했다.

타자와 관계 맺음을 하는 방식은 두 가지일 수 있다. 기존의 보편이념을 해체하지 않고 타자의 장점을 수용하는 것과 우월한 타자에 포섭을 당함으로써 스스로 결핍된 타자로서 자기인식을 하는 것이다. 이런 점에서 도기론과 문명개화론은 유학과 서양 근대문명에 대한 이해와 태도의 차이에서 비롯된 것이지 단순히 역사적 사건의 전개나 현실적 정책의 완급에 국한된 것은 아니었다.

도기론의 개념 문제

한우근이 '동도서기론'이란 용어를 사용한 이후 동도서기론은 급진

개화론의 상대 개념으로서 온건개화, 개량 또는 시무개화론의 다른 이름이었다. 그러나 유학적 보편이념을 서기수용으로 보존하고자 했던 사상적 경향을 동도서기라 명명하는 것은 적절하지 않다. 동도서기란 용어가 당대에는 사용되지 않았던 개념일뿐더러* 동도서기론의 개념적 근거로 제시되는 신기선의 『농정신편』 서문에서도 '동도서기'란 용어를 찾아볼 수 없다.

　태서(泰西)가 지리적으로 유럽을 지칭한 것이듯 중토(中土)는 중국을 의미했다.

　　대개 중토지인은 형이상(形而上)에 밝기 때문에 그 도가 천하에 홀로 우뚝하며, 서양 사람들은 형이하(形而下)에 밝기 때문에 그 기는 천하에 대적할 자가 없다. 중토지도를 가지고 서양의 기를 행한다면 지구의 오대주는 평정할 것도 못 된다. 그런데 중토지인은 서양의 기를 잘 행하지 못할 뿐만 아니라 유학의 도도 한갓 이름만 있고 실제가 없으니 쇠퇴했다. 이것이 날로 서양으로부터 모욕을 당하면서도 방어하지 못하는 까닭이다. 진실로 우리의 도를 잘 실행한다면 서양의 기를 행하기는 매우 쉬울 것이니, 이처럼 도와 기는 서로 필요하며 떨어지지 않는 것이다.[5]

　동도서기란 용어는 동양과 서양이라는 이분법적 사유를 담고 있으며, 특히 동양의 정신문화와 서양의 물질문명이라는, 일본 근대의 사상적 구조를 이식한 것이다. 무엇보다도 '중토지도'를 동양의 도로 번역한 것은 당대의 개념어들이 담고 있던 근대적 함의를 엄밀하게 반

● 개화를 주장하는 상소에도 동도서기란 용어는 보이지 않으며, 서기 또한 西技, 器械, 西制, 技藝 등으로 표현했다.

영하지 못한다. 개항 이후 유럽은 단순한 지리적 개념이 아니라 보편 문명을 담은 상징이었다. 그리고 중토는 지리적으로 중국을 가리키는 동시에 유학적 보편성을 담지한 문명적 중심을 일컬었다. 그러나 아편전쟁과 청일전쟁을 거치면서 중국 중심의 중화주의는 해체되었고, 중국은 천하의 중심국이 아닌 지리적 지나(支那)로 폄하되었다. 이제 '동양'이란 서양과 마주 선 개념이면서 동시에 일본을 맹주로 한 동아시아를 의미했다. 즉 동양이란 용어 자체가 중화질서를 벗어나 아시아의 새로운 맹주로 등장한 일본이 그 제국주의적 팽창을 표방하는 이념을 담았다.[6] 그렇다면 신기선의 '중토지도'란 여전히 중화주의적 사유구조로서 중국중심주의로 보아야 할 것인가, 아니면 유학적 보편문명 담지자로서 조선인의 자기의식으로 보아야 할 것인가? 이 문제는 그리 간단치 않다.

또 자주와 개화가 우선인 시기에 논의된 동도서기론은 서양 과학기술의 도입에 앞서 동양적 세계관의 부정이 전제되어야 했는데도, 동도 유지를 주장했기 때문에 개화사상에 편입시킬 수 없으며 척사와 개화의 중간지점으로 설정하자고 주장하기도 했다.[7] 이러한 주장이 가능하려면 척사론의 정학론과, 이른바 '동도'가 동일한 사상과 세계관을 담지한다고 전제해야 할 것이다. 그러나 정학론이 서기수용불가론의 이념적 근거였던 반면, 동도론은 서기수용론을 이론적으로 해명하고자 제시되었던 논리이므로, 정학론과 동도론은 그 차이가 분명히 존재한다.

동도서기론을 둘러싼 이 같은 혼란스러운 평가는 그 개념과 명칭 그리고 사상적 특징 및 문명개화론과의 상이점 등에 대한 분석이 명쾌하지 못한 탓이다. 다만 사상사적 차원에서 개화사상을 논한다면 개화사상이란 서구 근대문명을 새로운 문명적 전범으로 받아들이고 그들을 향해 열리고〔開〕 그들처럼 문명한 국가를 건설하고자〔化〕 했던 일련의 사상이라고 정의할 수 있다. 그렇다면 도기론과 문명개화론은 유학에 대한 인식 차이를 드러내는 것이며, 이러한 보편문명 간의 충돌적 만남과 수용이 역사적으로 그 양상을 달리하면서 표출된 것이라고 할 수 있다. 특히 1880년대 도기론은 유학적 보편이념을 수호하되 동시에 서기수용의 필요성을 역설한 이론이었다. 그들은 척사론의 주요 이념이었던 존리론과 명덕론을 논의하지 않음으로써 서기수용의 이론적 토대를 마련하고자 했다.

일반적으로 동도서기론은 중체서용·화혼양재와 동일한 논리구조를 보여주었다고 평가된다. 영국과 프랑스 등 일국적 차원의 문명이 곧 유럽문명이란 동일성의 원리로 확대되었지만 서구 근대문명 담론은 국가체제를 단위로 받아들였다. 일본의 경우 문명 수용을 통해 근대적 국민국가를 형성하고자 했으며, 그것은 한국의 개화론자 또한 마찬가지였다. '개화'의 한 형태인 중체서용과 화혼양재는 중국과 일본이란 국가적 이념〔nationality, 國粹〕을 담고 있을 뿐 아니라 중국과 일본이 스스로 중심이며 보편이라는 자의식도 내재된 개념이었다.[•] 그렇다면 이른바 동도가 실현되는 공간은 동양인가, 동국(東國)인가 아니면 근대적 국민국가로서의 아국〔我國〕인가? 동도란 용어를 동양의 보편적 도라고 정의한다면 문제는 더욱 복잡해진다. 동양의 도의 내용은 곧

• 양재를 기반으로 한 화혼의 논리는 1890년 교육칙어에서 천황에 대한 충(忠)을 강조한 충효일본론(忠孝一本論) 형태로 단일화되었다. 충효일본론과 함께 일본의 정통적 상무정신을 무사도(武士道)가 화혼론의 내용으로 강조하였다. 특히 청일전쟁과 러일전쟁에서 승리하자 그 승전 이유를 "러시아 병사는 교육이 불충분하여 이번 전쟁이 일어난 이유도 모르는 자가 많았고, 애국정신도 약한 데 비해 일본 병사는 교육을 골고루 받아 애국정신도 두터웠기 때문"이라 평가하면서, 이 애국정신을 '야마토다마시(大和魂)' 혹은 '무사도'라고도 한다고 설명했다.[8)]

효제충신과 삼강오상이란 유학적 도덕이념이었다. 그렇다면 이른바 '동양'은 이러한 도덕이념을 담지한 용어인가? 동양의 지리적 범주와 중심은 어디인가? 그 가운데 조선 지식인은 어디에 위치하는가? 더욱 이 신기선이 『농정신편』 서문을 쓸 당시에는 서양과 대비되는 개념으로서 동양이란 개념이 형성되지 않았을 뿐 아니라 한우근이 개념화한 동도가 곧 신기선이 주장한 유학의 이념〔吾道〕과 동일한 것인지, 중토지도란 표현을 곧 동양이란 개념으로 환원할 수 있는지, 더 나아가 중체서용·화혼양재 개념과 어떻게 같고 다른지도 상세히 분석해보아야 할 문제로 남아 있다. 중토지도 내지 오도를 '동양의 도'로 해석하려면 이런 문제들에 대한 명쾌하고 설득력 있는 답이 제시되어야 한다. 만약 그렇지 않다면 동도서기란 용어는 적합지 않으며 중토지도를 동양의 도로 단순 환원할 수도 없다.

그런데 중토지도와 오도의 내용으로 요순주공과 공맹을 거론했더라도 그것이 곧 중국인을 의미한다거나 오도 수호가 청을 위한 방책을 강구한 것은 아니라는 점에서 오도의 주체는 조선이라고 말할 여지는 있다. 그렇다면 중화문명의 보편성을 조선이 체화했다는 소중화의식과 자기인식에는 큰 차이가 없게 된다. 유학적 도덕문명성을 보지하고 있다는 주체성을 드러냈다는 점에서 정학과 오도는 일치한다.

02 도기상분상수론: 오도로 서기 수용하기

도기상분론: 오도 수호의 논리

근대사회는 만국공법 체제로 운영되었는데, 개항은 한국이 세계자본주의 체제로 편입되는 직접적 계기가 되었다. 세계자본주의 체제와 쌍두마차였던 만국공법 체제는 만국의 주권이 동등하다고 전제했지만 실상은 서구 열강의 통상과 이권 확보를 위한 제도적 장치였다. 더욱이 만국공법 질서 이면에는 문명과 야만이란 문명적 차별의식이 내재했으며 그것이 사회다원주의와 결합하면서 제국주의 침탈의 정당성을 강화했다. 19세기 동아시아에 적용되었던 서구의 만국공법은 문명(civilization) 개념과 결합하면서 국제정치의 양면성을 드러냈다. 즉 만국공법은 법으로 국가 간 행위를 규제하고 도모할 수 있는 일정 수준의 문명화에 도달한 국가 사이에만 적용되는 법규이지 야만적 미개국은 만국공법의 주체가 될 수 없었다.

개항과 강화도조약은 조선이 만국공법의 세계질서로 편입되는 역사적 사건이었다. 김윤식·김홍집·어윤중 등은 만국공법에 의거한 국제관계가 빈부와 강약의 힘만 나타낼 뿐 국력이 약할 때는 이 역시 아무런 효력도 발휘하지 못하는 현실을 목도했다. 그들은 서구 열강이 지닌 막강한 물리적 힘을 척사론적 이념으로는 막아낼 수 없다고 판단했지만, 개화정책에 반대하는 성리학자들의 저항과도 직면해야 했다. 그래서 개화정책이 결코 유학적 도덕이념의 해체를 의미하지 않는다는 점을 입증해야만 했다.

위정척사론과 도기론이 모두 유학적 보편이념을 긍정했으나 그렇다고 정학과 오도가 동일한 것은 아니었다. 정학은 유학적 도덕문명을 수호하는 현실적 방책으로 서기수용불가론을 전개한 반면, 오도는 서기수용을 통한 정덕의 수호를 주장했다는 면에서 현격한 차이를 보여주었다. 위정척사론이 존리적 이기론과 명덕주리주기론을 통해 성리학적 이념을 공고화했다면, 오도론은 바로 이러한 중심 개념의 중요성을 상대적으로 약화시키는 사상(捨象) 전략을 통해 새로운 사유를 생성했다. 즉 오도는 존리론과 명덕론을 중심 주제로 삼지 않고 의식적으로 사상함으로써 자기들의 문제의식을 논리적으로 해명 가능한 일정한 공간을 확보할 수 있었다. 사상 전략을 통해 유학적 보편성의 온존과 함께 서기수용의 불가피성을 선명하게 부각할 수 있었다.

오도론은 서기수용의 필요성을 유학적 사유 속에서 논리적으로 해명하려는 시각에서 당시 성리학적 논제를 사상시켜버리고 도기상분상수론을 전개했다. 김윤식은 "명덕은 유자들이 평소에 하는 말〔雅言〕이기는 하지만, 그 사이에 깊은 뜻이 있는 것이 아니다."[9]라고 했다.

이러한 언급은 개화론이 유학의 도덕적 보편이념을 결코 부정하지 않는다는 언표인 동시에 척사파의 명덕논쟁이 지닌 의미를 축소함으로써 서기수용의 실마리를 제공했다고 평가할 수 있다. 신기선도 만물과 인간존재를 해명함에 있어 이기 개념을 사용했으나,[10] 이가 '무형무위'하다는 성리학의 기본전제에 근거하여 척사파에서 중요시했던 이의 능동성을 오히려 약화시켜버렸다. 더 나아가 신기선은 "이자(理字)는 경전에 많이 보이지 않는다."[11]라고 단언하고, 이가 유학의 중요 개념으로 인식된 것은 송대 이후의 일로 유교 경전에서는 중요하게 다루어지지 않았다 하여 존천리(存天理)란 성리학의 기본이념도 약화시켰다. 그는 또 "무극이란 말은 단지 태극이 형상이 없음을 지칭할 뿐이다."[12]라고 하여 무극이태극(無極而太極)에 대한 형이상학적 논의를 배제함으로써 성리학의 형이상학적 본체론을 무력화시켰다. 즉 신기선은 이가 지나치게 형이상학적 개념으로 이해되는 것에 대해 종합적으로 비판했다.

성인(공자)은 성과 명을 잘 말하지 않았는데 지금 유학자는 입만 열면 이기를 논하지만, 이를 견득(見得)한 것이 흉내 낸 것과 비슷하여 공허한 담론에 지나지 않고 실견이 아니다. 고대한 담언이 누차에 걸친 편지를 통하여 같은 것을 분별하고 다른 것은 힐난하며 단서를 잡아 이기기를 다투는 것을 학문의 요체로 삼고 유학의 능사로 여기니 설사 추측한 것이 맞는다 할지라도 오히려 실학(實學)에는 무익하다.[13]

신기선은 당시 형이상학적 성리학설이 유학의 실견이 아니기 때문에 '실학'이 아니라고 단언함으로써, 위정척사파와는 상당한 견해 차이를 드러냈다. 즉 신기선은 형이상학적 이기론에 얽매이지 않을 뿐 아니라 이의 절대적 우위와 주재성을 강조하기보다는 기국(氣局)의 측면에서 시무의 변화를 읽어내고 현실문제에 보다 적극적으로 대처하려는 사유구조를 보여주었다.

화서학파가 이기불상잡(理氣不相雜) 관계에 주목해 존리적 정학론을 이론화했다면, 신기선은 이기불상리(理氣不相離) 측면에서 이통기국의 기국 차원을 강조함으로써 정학론을 상대적으로 약화했다. 이통(理通)은 모든 존재자가 순선한 본체를 본유하고 있다는 보편성을, 기국은 현실적 불선(不善)을 해명한 율곡의 논리였다. 신기선은 모든 사물이 본래의 순선한 본체(理)를 가지고 있기 때문에 모두 선하지만, 기의 국한성 때문에 선악의 구분이 있다고 보았다.[14] 그는 기국의 측면에 중점을 둠으로써 불선이 존재하는 다양한 현실 양태에 대해 보다 구체적으로 인식하고 유연하게 대처하고자 했다.

신기선은 "기에 차이가 있으면 이 또한 따라서 변한다."라고 하여 기질의 차이에 주목했다. 그는 물은 본래 맑아 진흙구덩이에서 움직이면 탁해짐에도 불구하고 근본이 맑은 것은 변하지 않듯이 기 또한 근원적으로는 불선하지 않지만 그 현실적인 작용에서는 과불급으로 인한 불선이 생겨난다고 했다.[15] 기의 활동이란 현실적 양태에 중점을 둔다는 것은 곧 순선한 이의 당위성에서 상대적으로 자유로워져 현실적 상황 변화에 따른 선악판단의 시의성을 강조할 수 있었다. 척사파처럼 '기악(氣惡)'의 측면을 강조하면 이선(理善)이라는 당위적 차원에 천착하기 때문에 이념적 측면이 강화되는 반면 현실 변화에 대한 유연한 대응책을 제시하기가 어렵게 된다. 하지만 신기선처럼 상황성을 강조하게 되면 현실적 변화에 더 유연하게 대처할 수 있다. 따라서 성리학에서 중요시하는 당위법칙 영역을 상실하지 않으면서 동시에 기국적 차원인 현실 문제에 더욱 적극적으로 대응할 수 있는 논리가 생기게 된다.

도기상분론은 위정척사가 구축한 이념적 공고화를 사상함에도 불구하고 개화정책이 유학적 도덕문명을 해체하려는 것이 아니라는 점을 이론화한 것이었다. 신기선은 유학을 불가역(不可易) 영역〔經〕과 불가상(不可常) 영역〔緯〕으로 구분했으며, 『농정신편』 서문(1881)에서 도기상분과 도기상수로 제시하기도 했다. 신기선은 『농정신편』 서문에서 도와 기를 구분했을 뿐만 아니라 도와 기가 서로 분리될 수 없다는 점을 분명히 하고 있다. 도란 '모든 존재자의 당위법칙〔凡物所當然之則〕'인 삼강·오상·효제충신으로, 이는 동서고금을 막론하고 바뀔 수 없는 것이며 또한 서양에 결코 뒤지지 않는다고 보았다. 반면 이용후생의 기에 해당하는 예악(禮樂)·형정(刑政)·복식(服食)·기용(器用) 등은 시대적 상황에 따라 변화할 수밖에 없다고 했다. 그리고 서양 기술문명은 근대적 이용후생이므로 수용하는 것이 마땅하다는 논리를 폈다.

〔서양의 법인 야소교를 본받는 것은 그들의 교도 본받는 것이라는 척사파의 반론에 대해〕 이것은 도와 기가 분별됨〔道器之分〕을 모르는 것이다. 동서고금을 막론하고 바뀔 수 없는 것이 도이고, 수시로 변화하므로 고정할 수 없는 것은 기이다. 무엇을 도라 하는가? 삼강오상과 효제충신이 이것이다. 요순주공의 도는 해와 별처럼 빛나서 비록 오랑캐 지방에 가더라도 버릴 수 없다. 무엇을 기라 하는가? 예악·형정·복식·기용이 이것인데, 당우삼대조차 덜하고 더함이 있는 것이거늘 하물며 그 수천 년 뒤에 있어서랴! 진실로 때에 맞고 백성에 이로운 것이라면, 비록 오랑캐의 법일지라도 행할 수 있다.[16)

신기선은 도기상분론을 통해 도의 불가변성을 역설하고 있다. 정덕인 도[17)는 유학적 보편윤리에 대한 우월의식을 드러내는 것이며 동시에 위정척사파에게 개화정책이 정학 해체를 목표로 삼지 않는다는 것을 입증할 수 있는 기제였다. 이는 현실적으로 척사파의 유학적 보편윤리 와해에 대한 우려를 불식하려는 의도를 담고 있었다.*

신기선은 여전히 심이 인신(人身)의 주재임을 인정했지만, 유교윤리를 실천해야 하는 형이상학적 당위성을 강조하거나 인욕을 제거하는 데 초점을 두지는 않았다. 이것은 정덕의 측면, 즉 유교윤리를 강조하긴 하지만 그 논점과 초점은 다르다고 봐야 한다. 이는 이진상(李震相)이 심을 이로 보아 인신의 주재성을 강조하고, 이의 능동성과 그 현실적 구현을 강조한 것과 매우 대조적이다. 신기선은 유학의 정덕을 수호하고자 했으나, 그 존립 자체가 물질적 세계의 근본적 변화로 인해 위협받는 상황에서 서양의 앞선 기술문명을 도입하여 이용후생적 토대를 강화하는 것이 필요하다고 보았다. 신기선은 현실세계의 역동적 변화를 유학적 사유구조 속에 담아내고자 했다.

도기상수론(道器相須論)과 이용후생의 시의성

신기선이 정덕의 보편성을 의심하지 않았다는 것은 위정척사파의

• 고종의 교서(1882)에서도 같은 주장을 피력하고 있다. 고종은 서양과 수교하면 저들의 사교(邪敎)에 전염된다고 염려하지만, 수교와 금교(禁敎)는 서로 분리하여 실시할 수 있다고 주장했다. 그리고 처음부터 사교를 허락하지 않는다면 백성들은 본래 공자 맹자의 가르침에 익숙하고 오래도록 예의의 풍속에 젖어 있으니, 결코 하루아침에 정(正)을 버리고 사(邪)를 좇지 않을 것이라고 확신했다. 저들의 교는 사특하니 마땅히 음탕한 소리나 치장한 여자를 멀리하듯 해야 하지만, 저들의 기는 이로우니 진실로 이용후생을 할 수 있다면 농업·양잠·의약·병기·배·수레의 제도는 꺼려 피할 까닭이 없다고 밝혔다.

'위정'과 공통된 부분이라 할 수 있다. 그런데 신기선은 도기상분의 논리를 통하여 삼강오륜과 효제충신의 정덕이 불변의 보편성을 지녔음을 확인하면서도 또한 정덕이 이용후생이라는 현실적 토대를 상실한다면 존립할 수 없음을 도기상수의 논리를 통하여 전개했다. 즉 서기(西器) 수용은 유학의 이용후생에 해당하는 것으로 결코 정덕 자체를 변화시키지는 않는다고 생각했다. 신기선은 기(器)는 때에 맞고 백성에게 이로운 것이라면 언제든지 변화할 수 있으며 비록 오랑캐의 것일지라도 필요하다면 받아들여야 한다고 보았다. 그가 당시 수용해야 할 기(器)로 인식한 것은 척사파가 이적지법(夷狄之法)이라며 배척한 서인지법(西人之法)이었다.

신기선은 도기상분의 논리를 통하여 정덕을 유지할 수 있음을 천명하고, 동시에 '도기상수론'으로서 정덕은 이용후생이라는 현실적 기반 위에서 실현될 수 있음을 해명했다. 척사론자들은 서기를 오랑캐의 것이라고 배척하지만, 천문(天文)·지질(地質)·측산(測算)의 서양 학문과 화륜 기기와 같은 정교한 제품은 이미 우리가 미칠 바 아님이 재론의 여지가 없었다.* 신기선은 "오도(吾道)는 정덕(正德)에 근원한 것이요, 서기(西器)를 배우는 것은 이용후생에 근원한 것이다. 이것은 병행하여도 도리에 어긋나지 않는다."[18]라고 하여, 각각의 장점인 오도의 정덕과 서양의 이용후생을 병행하는 것이 결코 모순되지 않는다고 주장했다.**

대개 중토지인은 형이상에 밝기 때문에 그 도(道)가 천하에 홀로 우뚝하

---

* 신기선은 서양 문명을 교(敎)와 기(器)로 구분했다. 서양의 '교'에 해당하는 예수교를 매우 비판하면서 멀리해야 할 것이라고 했다. 이는 김윤식이 "저들의 교는 삿되지만 서기는 이롭다〔其敎則邪 其器則利〕."라고 이해했던 것과 상통한다.

며, 서양 사람들은 형이하에 밝기 때문에 그 기(器)는 천하에 대적할 자가 없다. 중토지도를 가지고 서양의 기를 행한다면 지구의 오대주는 평정할 것도 못 된다. 그런데 중토지인은 서양의 기를 잘 행하지 못할 뿐만 아니라 중토지도도 한갓 이름만 있고 실제가 없으니 쇠퇴했다. 이것이 날로 서양으로부터 모욕을 당하면서도 방어하지 못하는 까닭이다. 진실로 우리의 도〔吾道〕를 잘 실행한다면 서양의 기를 행하기는 매우 쉬울 것이니 이처럼 도와 기는 서로 필요하며, 떨어지지 않는다.[19]

신기선은 도기상분상수론을 통해 실제적으로 정덕과 이용후생이 분리되어서는 안 되지만 질적 차원에서 말하자면 정덕과 이용후생이 결코 같은 것도 아니라고 전제하였다. 그리고 이에 근거하여 서법 내지 서기를 수용하더라도 유학의 정덕은 서도(西道)로 대체되지 않을 것이므로, 정덕을 지킬 수 있는 방편으로 서기를 수용하자는 논리를 제시하였다. 정덕과 서기는 서로 분별되지만 동시에 도기(道器)는 결코 분리될 수 없다는 도기체용론(道器體用論)은 용의 변화가 결코 체를 본질적으로 변화시키지 않는다는 사유를 보여주었다. 그래서 그는 "중토의 도를 가지고 서양의 기를 행한다면 온 세계를 평정하는 일도 대단한 것이 아니다"라고 확신했다.*** 또한 중토지도(中土之道)도 실질

** 서기수용을 이용후생의 방편으로 이해하는 것은 신기선만의 논리는 아니었다. 1882년 고종의 윤음에서 "저들의 기(器)는 이로우니 진실로 이용후생을 할 수 있다면 농업·양잠·의약·병기·배·수레의 제도는 무엇을 꺼려서 피하겠는가. 그 교는 배척하되 그 기는 본받는 것이 진실로 병행하여 거스르지 않는 것이다."라고 했듯이 이것은 당시 척사론의 비판에 대한 대응논리로서 사용되었던 것으로 보인다.

*** 이런 인식은 윤선학이 1882년 12월에 올린 상소(『승정원일기(承政院日記)』, 고종 19년 12월 22일조)에서 개화론이 변화시키려 한 것은 기이지 도가 아니라고 주장한 데서도 잘 드러난다.

이 없으면 한갓 이름에 불과하여 보존할 수 없다고 하여 중화주의의 허상을 지적했다. 이것은 중국인〔中土之人〕과 유학의 보편성을 구별하여 인식하는 지점도 보여준다는 점에서 의미가 있다. 척사론의 유학 인식이 화이론적 중화주의와 불가분의 관계에 있었다면, 이는 중토지인·중토지도와 오도를 구별함으로써 서양에 대한 새로운 인식이 비로소 가능했던 지점이기 때문이다.

더욱이 신기선은 "태서인(泰西人)은 화수토기지론(火水土氣之論)이 있어 유학의 설과 다르지만 각각 견지(見智)가 있는 것이 같은 계통은 아니지만 통하니 취사선택하는 것이 옳다."[20]라고 했다. 성리학의 음양오행론과 다르지만 서양 과학〔水火土氣之論〕의 우수성을 인정하고 그 장점을 적극 수용해야 한다는 인식은 중요한 갈림길을 제공했다. 위정척사론이 이존기천(理尊氣賤)이라는 당위성에 근거하여 현실을 가치론적 차원에서 해명함으로써 근대적 현실과 괴리되었다면 신기선의 이러한 생각은 근대적 삶과 조응할 수 있는 단서를 제공했다. 그는 더 나아가 정밀한 서양의 수학과 천문학을 적극 수용해야 한다고 판단했다.

> 서양인들의 추측(推測)의 정밀함은 오랜 세월 동안 지교(智巧)를 써서 오늘날에 이르렀다. 정론이라 이름 붙인 것이 근거가 없다고 하여 대응하지 않는 것은 잘못된 일이다. 우리나라는 서적이 널리 보급되지 못하여 그 학설이 얼마나 상세한지 제대로 알지 못하고 상위(象緯)의 전문가들 중에서도 이것을 진심으로 연구하는 자가 없다.[21]

신기선은 서양인들이 보여주는 추측의 정밀함이 오랫동안 지혜를 축적하여 오늘날에 이르렀으며, 그것을 함부로 근거 없다고 폄하할 것이 아니라 제대로 이해해야 한다고 보았다. 서양의 추측과 천문학, 지리학의 우수성을 인정하고 적극 수용하고자 한 것은 성리학적 세계관이 변형되고 있음을 반증하는 것이며 이는 존재원리와 당위법칙의 유기적 관계가 분리되고 있음을 의미한다.

> 팔성(八星)이 해를 도는 전도(躔度)를 측량하고 사시한서(四時寒暑)의 원인을 밝히며 공기가 만물을 자육(慈育)하는 것을 알고 각 원소의 분합·천변(分合·千變)을 분별하는 것을 산술로 추구한다. 은미한 것을 분석하고 먼 데 있는 것을 밝혀 천지의 오묘함과 사물의 변화를 궁구하며 극진히 하는 것은 천문·지리·산수학이다.[22]

신기선은 서양의 과학을 적극 수용해야 한다고 주장하면서도 유학의 보편성에 대한 근본적 회의에 이르지는 않았다. 이는 정학을 지키려는 위정척사파와 같기도 하고 다르기도 한 지점이다. 신기선이 '경'이라고 했던 유학의 보편이념에 대한 신념은 같지만, 척사파는 그것을 척사로써 지키고자 한 반면 신기선은 서기수용을 통해 지키고자 했다. 그러나 신기선이 이미 인정했듯 서학은 유학과는 그 입지가 다르다. 따라서 신기선은 도기상분상수론을 통하여 유학의 범주 안에서 서기수용의 논리를 체계화했다. 서기수용은 곧 이용후생을 통한 부국강병의 구현이었으며, 이것이 바로 신기선이 이해한 개화였다.[23] 이것은 기본적으로 유학을 '경위(經緯)'라는 개념으로 구조화함으로써 가능했다. 즉 정덕을 유학의 경에 해당하도록 하여 보편성과 불변성을 담보한 반면, 서기는 유학의 위에 해당하므로 시대에 따라 변화할 수밖에 없지만 그것이 경과 불가분의 관계에 있다는 점을 논리적으로 보여주었다. 신기선은 자강기에 이르러 유학을 본체로 삼되 신학을 적극 수용하지 않으면 안 된다는 신구학체용론(新舊學體用論)을 주장했다. 신구학체용론은 신학수용을 성리학의 체용론을 원용하여 체계화한 것이었다. 도기상분상수론과 신구학체용론은 시대적 격변에도 불구하고 유학적 입장을 견지하되 서구 근대문명 역시 수용해야 하는 논리적 충돌을 유학적 체계로 이론화한 것이었다.

03 문명개화론:
문명한 자주독립국의 꿈

문명과 개화

문명과 야만이라는 문명적 경계는 늘 있어왔다. 다만 유학적 문명론
은 인간의 도리〔五常·五倫〕를, 서구 근대문명은 문명(civilization)과 과학
기술의 발달 여부를 준거로 삼았다는 점에서 달랐을 뿐이다. 개화론자
들은 서구 근대문명이 자연과학을 비롯한 학문의 발달에 기인한 것이
라고 판단했기 때문에 그들처럼 부강한 문명국이 되기 위해서는 그들
의 학문을 우선적으로 수용하지 않을 수 없다고 판단했다. 바람직한
근대적 삶은 오상(五常)의 실현보다는 물리에 대한 탐구〔격물치지학(格
物致知學), 곧 'science'의 번역어〕를 통해 실현될 수 있다고 판단했다. 『한
성순보』와 『한성주보』에서는 서구의 신학문을 수용하여 문명을 실현

할 새로운 인간상을 격물군자(格物君子)라고 불렀다. 격물군자는 천리를 체인한 유학적 성인을 일컫는 것이 아니라 만물의 이치를 과학적으로 탐구하여 실용적 편리함을 도모할 수 있는 과학자를 가리켰다. 도리와 물리, 성현과 격물군자의 현격한 차이가 곧 이질적인 보편문명 간의 충돌이 빚어낸 구체적 간극이었다.[24]

문명은 서구적 근대를 유일한 보편으로 간주하고 이를 전 지구적 차원에서 이식하려는 이데올로기였다. 개화기 지식인들은 아시아의 영국이 되고자 했던 일본을 문명의 모델로 인식했으며 후쿠자와 유키치(福澤諭吉)의 사상적 영향을 많이 받았다.* 후쿠자와 유키치가 『문명론의 개략(文明論の槪略)』에서 설파한 것은 진정한 국민국가에 어울리는 국민의 형성이었다.[26] 『문명론의 개략』은 프랑수아 기조의 『유럽 문명사』와 헨리 버클의 『영국 문명사』를 탐독하여 이를 바탕으로 메이지 초기 일본인의 입장에서 문명 개념을 분석한 것이었다. 후쿠자와 유키치는 서구 열강의 식민지화를 피할 수 있는 가장 좋은 방법은 진정한 국민(nation), 즉 문명화된 국민의 창출이라고 생각했다. 그는 서구 문명사를 국민국가 형성의 역사로 읽어내면서 문명이란 결국 근대적 국민의 형성과 관계된다는 점을 간파했다.[27]

문명을 수용하여 근대적 삶을 기획하겠다는 것은 일차적으로 그들의 문명적 시선을 그대로 받아들이는 것을 의미했다. 보빙사로 미국에 갔다가 유럽을 거쳐 귀국한 민영익이 푸트 미국공사에게 "나는 암흑

• 1880년 초반 개화파의 활동은 후쿠자와 유키치와 긴밀한 관계를 맺고 있었다. 김옥균이 수신사로 다녀오면서 후쿠자와 유키치의 제자 우시바 다쿠조(牛場卓造)와 이노우에 가쿠고로(井上角五郎)와 동반 귀국한 것도 후쿠자와 유키치가 주장하던 문명전파론의 연장선상에 있는 일이었다. 박영효도 후일담에서 당시 수신사로 일본을 다녀온 것이 1884년 정변의 중요한 계기가 되었다고 말했다.[25]

계에서 나서 광명한 세계에 갔다가 지금 다시 암흑계로 돌아왔다. 나는 아직 나의 길을 분명히 볼 수 없으나 앞으로 보게 될 것을 희망한다."[28]라고 한 언표에서도 단적으로 드러난다.

영국, 프랑스, 일본 그리고 우리나라에서도 문명론은 근대적 국민국가를 기반으로 했다. 물론 문명 담론은 유럽 전체의 문명성 및 계몽주의와 깊은 관련성이 있었지만 문명화의 일차적 단위는 일국적 근대국가였다. 문명화를 위해 개화하지 않을 수 없다는 현실인식은 한국이 곧 서구적 문명 담론의 구조에 편입된다는 의미다. 문명화는 곧 자강독립을 위한 방편이었다.[29] 문명개화의 극치였던 갑오개혁에 대해 고종은 "갑오개혁은 국정을 유신(維新)하여 독립의 기초를 세우고 중흥한 것"으로, 백성을 위한 경장(更張)이요 개화(開化)라고 했다.[30]

유길준은 1883년 『한성순보』 창간사에서 '문명사물(文明事物), 개화문명의 진보, 문명제국(文明諸國), 일국문명(一國文明), 문명한 신역(新域), 문명이 미개한 국(國)' 등 문명 개념을 사용했다. 또한 그는 1883년 『세계대세론』과 『경쟁론』에서 본격적으로 문명론을 전개했는데, 인류를 개화 정도에 따라 야만·미개·반개·문명으로 나누고, 문명을 다음과 같이 정의했다.

제4단계는 문명이니 반개 지위를 벗어나 진일보한 것이다. 문명이란 농공상의 여러 산업이 성대하고 문학(文學)과 기술(技術)에 독실함이니, 구주제국과 아메리카합중국 같은 것을 말한다.[31]

문명적 시선은 각종 산업과 학문이 서구 열강만큼 발달하지 못한 우리는 분명 문명국이 아니므로 우리도 그들처럼 문명국이 되고자 노력해야만 한다는 인식을 내포하였다. 유길준은 서양이 문명적으로 앞선 까닭을 잘 살펴 아국(我國)의 개화진보(開化進步)를 계교(計較)하는 자가 참된 애국현사(愛國賢士)이며 애군충신(愛君忠臣)이라고 하면서 우리도 그들처럼 되고자 노력할 것을 촉구했다.[32] 그의 문명의식은 『서유견문』의 개화 개념에서 더욱 정밀해졌다.

개화란 인간의 온갖 일과 만물이 지선극미(至善極美)한 경역(境域)에 다다르는 것을 말한다. 그러므로 개화하는 경역은 한정지을 수 없다.[33]

오륜의 행실을 순독(純篤)히 하여 사람이 도리를 아는 것은 행실의 개화이다. 사람이 만물의 이치를 지극히 궁구하는 것은 학술의 개화이다. 국가의 정치를 바르게 하여 백성이 태평한 즐거움을 누리는 것은 정치의 개화이다. 법률을 공평히 하여 백성이 원통한 일이 없는 것은 법률의 개화다. 기계의 제도를 편리하게 하여 사람의 사용을 이롭게 하는 것은 기계의 개화이다. 물품의 제조를 정긴(精緊)하게 하여 사람의 삶을 윤택하게 하여 궁색하지 않도록 하는 것이 물품의 개화이다. 이와 같은 여섯 분야의 개화를 합한 연후에야 개화를 구비했다고 할 수 있다.[34]

비록 유길준이 천하고금의 어떤 나라도 아직 개화의 극진한 경역에 도달하지 못했다고 했을지라도 적어도 우리가 그들과 비교할 수 없는 나름의 문명이 존재한다고 보거나 그들 문명이 지닌 야만성을 비판하고 저항하지는 않았다. 비록 그가 오륜의 행실을 언급했지만 개화를 논의하는 초점은 격물치지학의 발전을 통한 기계와 물품 제조를 통한 편리한 삶, 즉 문명에 있었다. 그런 의미에서 문명함은 곧 개화의 다른 이름이었다. 유길준은 개화란 남의 장기를 취하는 것뿐 아니라 자기의 훌륭하고 아름다운 것을 보전하여 지키는 데에도 있다고 했다. 그는 남의 장기를 취하되 자기의 좋은 점을 지켜 처지와 형편에 따라 나라를 보전하는 중용을 지킴으로써 개화의 실효를 거두는 실상개화(實狀開化)에 이르러야 한다고 주장했다.[35] 즉 맹목적 서구화를 추구하지 않고 개화의 주인으로서 중용을 지키고자 했다는 점에서 일정 부분 주체적이었다고 인정할 수는 있다.

유길준은 인간역사가 진보한다고 인식하였으며, 특히 인간지식은 닦으면 닦을수록 신기하고 오묘한 것이 쏟아져 나온다고 했다. 옛날에는 각종 물품을 제조하려면 육체적인 힘을 사용할 수밖에 없으므로 고생하는 모습이 측은했지만, 오늘날에는 편리한 각종 기계를 이용하기 때문에 수만 명 노동의 효과가 난다고 했다. 이러한 단선적 진보사관에 의거하면 적어도 조선은 실상개화나 문명한 지경에 도달하지 못한 것은 자명해 보였다. 빈객 단계인 우리는 개화의 주인이 되어 문명개화를 실현하는 것을 목표로 삼아야만 하는데, 개화의 주인이 되기 위해 궁구해야 할 대상은 요순과 같은 옛 성현이 아니라 서양의 기계문명이었다. 유길준은 당대가 '기계의 홍수 시대'이므로 모든 일에 기계학에 숙달된 사람이 필요하며, 국가의 강약과 빈부가 모두 기계학의 성쇠에 따라 등급이 생긴다고 했다.[36] 그래서 문자만 숭상하여 시문 공부만 즐기고 이용후생의 방책은 없는 허명학문이 아니라 사물의 이치를 밝혀 사물을 실용할 수 있도록 전력을 다하는 실상학문에 힘써야 한다는 주장 아래 자신이 견문한 서양의 전문 학문 분야를 소개했다. 힘써 배워야 할 학문은 서양의 전문학이지 적어도 유학경전은 아니었다. 근대적 학문 분류에 따라 철학, 종교학 같이 분야를 나름 정리하고 학문의 궁극적 목표가 이용후생에 있다고 선언함으로써 유학은 흔적처럼 남게 되었다.[37]

문명 담론을 촉발했던 『한성순보(漢城旬報)』(1883~1884)와 『한성주보

(漢城周報)』(1886~1888)*는 서양을 강상윤리를 모르는 금수가 아니라 부강한 문명국으로 인식했다. 새로운 학문과 기술과 제도 하나하나가 바로 서양 문명으로 환치되는 상상력을 안겨주었다. 서양의 문물과 제도가 부강과 문명의 기반이라는 인식하에서 서구 문명을 가리킬 때의 문명이란 '개화'란 말을 포섭하면서 주로 발전된 제도와 문물을 뜻했다.[39] 특히 우리를 부강한 독립국가로 거듭나게 할 핵심 요소인 과학기술은 야만을 문명으로 바꿀 원천이라고 파악했다. 따라서 『한성순보』와 『한성주보』에 실린 일련의 기사는 부강한 나라가 바로 문명국임을 전제로 그들의 문명 사례를 배워야 한다는 입장을 견지했다.[40] 서양 과학기술은 문명으로 환치되면서 배척의 대상이 아니라 적극 수용해야 할 대상이 되었다. 사물의 이치와 까닭을 연구하는 '격물치지학'은 식산(殖産)을 위한 공효(功效)로서 생재(生財)를 위한 수단이지 천리를 체인하는 길이 아니었다.[41]

문명 담론은 1894년 이후 새로운 사회를 전망하는 지표로서 본격적으로 확산되었다. 『독립신문』(1896~1899)과 『매일신문』(1898~1899)은 자주독립, 문명부강, 문명개화, 문명과 야만, 문명진보 등의 용어를 본격적으로 유포했다. 문명개화에 대한 열망 또한 가열되었다.

• 『한성순보』와 『한성주보』는 우리나라 최초의 근대식 신문이다. 1882년 수신사로서 일본에 다녀온 박영효가 후쿠자와 유키치로부터 신문 제작을 도울 사람을 추천받아 데려다 일을 추진했으며, 유길준도 신문 발간에 열정을 쏟았다. 갑신정변 이후 발행이 중지되었다가 김윤식이 주도하여 다시 『한성주보』를 발간했다. 이 신문은 서양의 근대과학과 제도를 소개하고 세계의 역사와 지리를 설명한 글이 많았는데, 대체로 중국이나 일본에 파견되었던 사절들이 가져온 책들을 참고한 것이었다. 특히 1882년 영선사 김윤식이 가져온 책이 많았으며 때때로 신문 제작에 필요한 책들을 주문하기도 했다.[38]

새로운 문명 전범과 낡은 중국

문명 개념과 그 중심의 전환은 전근대와 근대를 가르는 주요 준거 가운데 하나였다. 앞서 말했듯 『한성순보』·『한성주보』는 태서(泰西), 곧 서양을 오랑캐나 금수가 아니라 부강한 문명국으로 인식했다. '그들문명'은 우리에게는 없는 선진(先進)이기 때문에 서구의 근대 학문과 기술은 우리가 취해야 할 장점이지 양화론(洋禍論)으로 배척할 대상이 아니었다. 『한성순보』·『한성주보』에 실린 일련의 기사는 서양 열강이 문명의 나라이므로 그들의 부강과 문명의 요인을 분석하고자 했다.[42]

밖으로부터 온 새로운 문명은 중국에 대한 인식을 바꾸었다. 허다한 병을 가진 무력한 존재에 지나지 않던 중국은 과학의 실제(實際)가 없어 서구 문명을 적극 수용해야 할 처지에 놓이게 되었다고 보았다. 중국의 물산과 인재가 서구에 뒤지지 않음에도 불구하고 서양처럼 문명국이 되지 못한 이유가 무엇인지를 찾기도 했다.

중국은 물산도 그들과 같으며 인재도 그들과 같으며 부강하고자 하는 뜻 역시 같지만 법이 없으니 어떻게 하겠는가? 중국에 법이 없는 것은 중국이 생각하지 않기 때문이다. 왜 생각하지 않는가? 생각하는 방법을 모르기 때문이다. 왜 생각하는 방법을 모르는가, 과학의 명칭은 있어도 과학의 실제(實際)가 없기 때문이다. 과학의 학문은 기하, 수학, 기학(氣學), 화학, 전학(電學), 중화학(重化學), 산학(算學) 등이다. 어떤 사람은 지금 중국에서는 힘써 도모해보려고 통상조약을 맺고 언어를 배우고 기예(技藝)를 배우는 관(館)이 있고 기계를 제작하는 국(局)이 있으나 상하가 일심하여 법을 취하려 애쓰고 있다고 말한다. 그렇다면 오늘의 중국은 법이 없다고는 할 수 없으나, 행하지 않거나 미진한 점이 적지 않다.[43]

구라파 정부에서는 법률 장정을 실시하고, 벼슬시키는 데 돈도 아니 받고 문벌도 아니 보고 인재만 쓰며, 격물학, 정치학, 화학, 이학, 수학이 생겨나 전일 보지 못하던 화륜선, 전기거와 철도, 광산 등물(等物)과 만국공법 그리고 교린통상 같은 온갖 새 법이 생겨났다.[44]

과학의 실제와 문명을 상징하는 법이 없는 근본 원인은 중국이 허문만을 숭상했기 때문이다. 문명국 반열에 오르려면 허문을 숭상해서는 안 되는데도 여전히 서학을 이적 학문이라 여겨 배척하는 것은 옳지 않다고 판단했다.

동양제국 같은 곳은 토지만 구주보다 배가 될 뿐만 아니라 그 물산의 번성함이나 인민의 다중함이 실지로 구주보다 훨씬 앞선 위치에 있다. 그러나 아주(亞洲)의 물산과 인수(人數)가 이처럼 훌륭하고 이처럼 많다 해도 유독 부강을 구주에 빼앗겨 참혹한 모욕을 당하는 것은 무엇 때문인가? 이 이유를 궁구해보면 저들이 실학(實學)을 일삼을 때 우리는 허문(虛文)만 숭상했기 때문이다. 여기서 실학이란 바로 과학과 한가지이다. 만약 동양 모든 국가의 재주 있는 학자들에게 이에 종사할 조건을 제공해주고 연구하게 한다면 동양제국이 약함에서 벗어나 강함으로 옮아가는 일대 기회가 될 것이다. 그러나 어떤 이는 동인(東人)으로서 서학을 배우는 것은 이적(夷狄)의 것을 시용(施用)하여 화하(華夏)를 변하게 한다며 좋지 않은 것으로 말하고 있으니 슬프다![45]

격물치지학과 기계기술의 발달이 서구 문명의 핵심인데도 중국인은 이를 제대로 알지 못해 문명국이 될 수 없다고 진단한 것이다.[46] 격물치지학을 비롯한 서구 근대문명을 구현하지 못한 중국은 문명적 중심국의 지위를 상실하고 말았다. 중국이 서양만 못하다는 것은 자명한 사실이며,[47] 중국이 왜 서양만 못한지 그 원인을 규명하는 일은 곧 우리는 중국과 같은 우를 범하지 말아야 한다는 경각심의 발로였다.

서구 근대문명 수용

서구 근대문명을 새로운 문명의 전범으로 인식했던 개화파는 척사론을 비판했다. 문명화를 추구했던 개화파들에게 근대적 삶을 해명해주지 못하는 유학적 도덕의식을 고수하는 것은 무의미했기 때문이다. 중국은 이미 문명적 중심국이 아니므로 조선의 소중화의식 또한 허구였다. 국가의 존망보다 유학적 도덕문명을 지키는 것이 중요하다는 인식 또한 국경을 삶의 단위로 삼는 근대국가체제에서는 통용될 수 없었다. 개화파의 견지(見地)에서는 서구의 앞선 과학기술은 불온한 정교함이 아니라 부국과 자강의 지선지미한 수단이기에 적극 수용해야 할 대상이었다. 따라서 유럽인처럼 산업 관련 기술을 창조할 수 없다면 모방이라도 해야 한다는 주장은 오히려 자연스럽기까지 하다.

> "우리의 장점은 선왕의 인의(仁義)의 도이고 저들의 장점은 말세의 기교의 기술이니, 비록 그것을 취하여 사용하고는 싶으나 적합하지 못하니 어쩔 수 있는가!"라고 말하는 사람도 있다. 그러나 이는 매우 부당한 말이다. 왜냐하면 산업을 제정(制定)하여 재화를 증식하는 기술은 창의와 모방이 두 가지에 불과하다. (중략) 그렇다면 유럽 사람들이 화륜이나 주차(舟車) 같은 기계를 창조하자 각 나라들이 이를 모방한 것이 이와 다를 게 무엇인가? 더구나 우리나라 사민은 신체의 강건과 지식의 발달이 유럽 사람에 비해 그리 뒤지지 않으니 그들로 하여금 정신을 모아 강구하고 논란하

게 한다면 구해서 얻지 못할 것이 무엇이며 배워서 이루지 못할 것이 무엇이겠는가! 유럽 사람들이 재화를 증식한 것은 하늘에서 떨어진 것도 아니고 땅에서 솟아난 것도 아니며 귀신이 가져다준 것도 아니다. 오직 인공(人功)의 노력 여하로 생겨난 것이다.[48]

그러므로 우리의 장점은 인도(人道)이며 유학경전도 언문으로 가르쳐야 한다고 덧붙였지만[49] 논의의 중점은 서양의 과학기술 분야를 습득하는 데 있었다. 문명국이 되는 길은 그들을 수용하고 모방해야 한다는 것이니, 서양 문물이 문명으로 환치되는 순간 서양적이지 않은 모든 것은 곧 야만이 된다. 야만은 벗어나야 할 상태이며 문명은 추구해야 할 과제이다. 자신이 문명하지 않다는 인식으로 곧 스스로 야만〔결핍된 타자〕이 되는 셈이니, 일차적으로는 자기부정이다. 주체의 정체성을 해명하는 데 중요한 기제로 작동할 수 있는 4천 년의 역사를 한갓 어두운 꿈이라고 치부해버림으로써 서구적 문명은 상대적으로 더욱 찬란한 빛으로 여겨졌다.

잠을 깨세 잠을 깨세
4천 년이 꿈속이라.
만국이 회동하여
사해가 일가로다.
구구세절 다 버리고
상하동심 동덕하세![50]

아직 문명의 빛을 보지 못한 혼몽한 백성을 계몽하여 문명개화를 도모하는 것이 신문의 역할이라 자임했던 『매일신문』은 "우리나라 신민들도 분개한 마음을 발하여 문명국의 정교 전략과 풍속의 진미함을 한결같이 본떠 개명할 기초를 일신해야 한다."[51]라고 주장하기에 이르렀다. 우리를 깨울 빛은 물질문명에 국한되지 않고 정치·종교·풍속 등의 문제로 더욱 확산되었다. 우리가 새롭게 배워야 할 유럽은 지리적 공간 이상의 의미를 내포했다. 유럽과 미국은 단순히 오대양 육대주의 일부가 아니라 새로운 세계 중심으로서 정치적·문화적 의미를 내포했다. 근대적 문명의식은 유럽 중심적·백인 중심적·문명 중심적 세계관을 고스란히 이식했다.

문명화의 열망

서구 근대문명이 진보임을 인정한다면 우리에게 주어진 과제는 '그들처럼 되기' 위한 방책을 모색하는 것이었다. 그들과 같이 문명국이 되려면 무엇보다 서구가 부강해진 원인 및 문명의 근원을 파악하는 것이 급선무였고, 격물치지학을 발견하였다. 사이언스(science)의 번역어인 '격물치지학'이란 개념은 성리학적 이념을 탈각시켰으며, 서구의 자연과학을 수용해야 했던 근대적 상황을 여실히 보여주었다. 격물치지학은 천리체인을 위한 격물치지가 아니라 객관적 사물의 이치를 탐구하여 실용적 물품을 생산하는 데 목적이 있었기 때문이다.[52] 격물치지학이 발달하면 만물을 재화로 만들 수 있는 기술이 발달하고 그러면 만물을 다룰 수 있는 법이 생긴다면서, 결국 중국과 서양의 차이는 그러한 법의 유무라고 단정했다. 그러므로 우리도 서양의 선생을 초빙하여 산학과 격치학을 가르쳐야 한다는 주장이었다.[53] 서양 각국처럼 웅비한 문명국이 되려면 산업이 발달해야 한다고 전제했으며 농업·잠업·공업·상업 같은 산업을 통해 재화를 증식함으로써 이용후생을 누릴 수 있다고 주장했다. 산업을 제정하여 재화를 증식시킨다면 유럽과 같이 부강한 국가가 될 수 있다고 확신했다.[54] 서양 문명의 과학기술이 '야만'을 문명으로 변화시키는 힘이기 때문이었다.[55] 중국의 글을 재인용한 것이긴 하지만, 국가에서 인재를 배양하려면 서학(西學)을 비루하게 여길 것이 아니라 그들 학문을 배워야 한다고 주장하면서, 서학 중국원류설로 유학자들을 설득하고자 했다.[56] 『한성순보』·『한성주보』가 중국 잡지의 글을 재인용한 것은 중국과 마찬가지로 우리도 서구 열강과 같은 문명국이 되고자 하는 동일한 열망의 표출이었다.

격물치지학은 객관사물에 대한 과학적 탐구라는 의미를 담은 번역어였지만 중화문명의 이념을 해체했다는 측면에서 타자에 대한 인식과도 밀접한 관련이 있었다. 또 서구의 물리적 힘과 반식민지로 전락한 중국과 문명화에 성공한 새로운 모델로 급부상한 일본 그리고 개항 같은 국제정세 변화도 화이론적 세계관을 무력화했다. 한국은 새로운 지구적 세계를 인식하지 않을 수 없는 현실에 직면했으며, 이러한 시대 인식을 잘 보여준 것이 『한성순보』·『한성주보』였다.

『한성순보』·『한성주보』는 세계 여러 국가의 지리·풍속·기후에 대한 개략적 정보를 제공하면서 세계 지리에 대한 관심을 유도했다. 아메리카와 유럽의 역사·정치·풍속을 비롯하여 아프리카의 지리·기후·풍토에 대한 기사는 독자들의 시야를 '세계'로 확장해주었다. 이는 시선의 확장에 그치는 것이 아니라 문명에 대한 인식과 맞물려 유럽과 아시아를 대비적 관점에서 바라보게 했다.* 『한성순보』 창간호는 지구의 모양과 경위 등에 대해 상세히 설명했다. 지구설(地球說)은 비록 서양인이 한 말이지만 이치에 맞으며, 동방 선유들은 아무도 이것을 천명하지 못했다고 했다. 그러므로 동주(東洲)의 제군자(諸君子)들이 쓸데없이 서로 시비하지 말고 오직 실사구시만을 기약하여 만국의 지리를 배워야 한다고 주장했다.[57] 지구설은 곧 지구적 세계에 대한 인식의 전환과 확장을 가져왔다. 천원지방설이 중화주의와 밀접한 관련이 있었던 것처럼 유럽 문명을 중심으로 지구를 새롭게 발견한 것은 단순히 지리적 개념만은 아니었다. 『한성순보』가 지구에 대한 이치를 이해하지 못하면 수천 년간 고루한 견해를 답습하게 된다는 인식하에 지구 관련 기사를 유독 많이 실었던 것은 유럽 중심적 문명의식과 밀접한 관련이 있었다.[58] 또한 「각국근사」를 통해 세계의 정세를 파악하고 서양 제국의 선진 문명을 소개함으로써 그들의 앞선 문명을 왜 수용해야만 하는지 보다 분명히 보여주고자 했다.

물론 이 같은 현실 인식은 만국공법 체제가 보여준 현실을 반영한 것이었다. 개화파는 만국공법이란 문명한 국가들 간에만 통용되는 것이어서 문명하지 못한 한국은 공법의 보호를 받을 수 없는 현실을 인정하지 않을 수 없었다. 국제법은 강자의 논리를 대변하는 것으로, 서구 열강이 경우에 따라 만국공법을 자의적으로 해석하며 공법을 어기더라도 그것을 제재할 수 없다고 토로했다.

> 남의 곤란한 시기를 틈타 남의 토지를 이익 보는 자도 있고, 남의 위태로운 처지로 추격하여 남의 재물을 요구하는 자도 있다. 이런 행위는 비록 공법에 위배되지만, 그들이 억지주장으로 정당한 논리를 펴는 데는 공법도 그것을 억제하지 못한다.[59]

• 『한성순보』·『한성주보』에는 세계 각국에 관한 기사가 많았는데, 특히 프랑스, 영국 및 미국과 러시아 등 서양 각국의 기사가 다수를 차지했다. 『한성순보』에는 중국(435건)과 베트남(165건)에 관한 기사가 많았으며 『한성주보』에는 일본(97건)과 중국(95건) 등 아시아 관련 기사가 많았다.

만국공법이 실제로는 서구 열강의 이익을 대변하는 데 지나지 않기 때문에 만국에 공평하지 않으며, 만국공법에 기대어 국가의 독립을 유지하기란 불가능하다는 것을 베트남과 미얀마의 사례로 알 수 있다고 했다.[60]

국가가 자립할 힘이 없으면 열강의 침략을 막아낼 수 없는 현실*을 목도한 박영효는 "비록 만국공법이 있어서 세력균형을 주장하지만 나라에 자립·자존할 힘이 없으면 반드시 약탈당하기 마련이다. 유럽의 문명 강대국도 패망하거늘 하물며 아시아의 미개한 약소국이랴!"[61]라고 한탄했다. 개화파는 세계적 만국공법 체제에서 가장 중요한 것은 자립할 능력에 필요한 문명화인데, 척사론자는 지구적 세계라는 근대를 제대로 보지 못하고 구습만을 보지하려는 우매한 주장을 한다고 비판했다. 그런데 문제의 핵심은 척사론을 보수라며 비판했던 점이 아니라 개화파가 문명적 시선에 함몰되어 그들의 '부강'이 야만적 침략 행위로 현실화되었음에도 불구하고 그들처럼 부강한 문명을 구현함으로써 문제를 해결할 수 있다고 판단했다는 데 있다.[62] 개화를 통해 문명을 실현하고자 한 것은 문명과 부강을 실현하지 못한 '결핍된 타자'로서의 자기인식을 드러낸 것이었기 때문이다. 더욱이 서구 중심적 논리에 의거한 문명개화를 구현하고자 했던 열망은 그들과 동일한 궤적을 밟는 일이 불가능했다는 점에서 허구였다.

『독립신문』은 결핍된 타자로서의 자기인식을 더욱 선명하게 보여주었다. 『독립신문』은 부끄러운 일, 대한의 수치, 대한 사람의 병통 등을 다루면서 문명으로 거듭나기를 촉구했다.** 우리는 지금 도무지 예

---

* 1880년대는 영국의 거문도 점거 사건과 청국의 간섭 등 열강에 의해 주권이 침해당하는 경우가 점차 빈번해지던 시기다.

의염치를 모르고 짐승과 다름없이 흉포한 일만 행하는 야만국에 지나지 않는다고 지적하기도 했다. 대한의 야만적 징표들은 '수치'이므로 단점을 버리고 남의 장점을 취해야만 문명으로 진보할 수 있다고 진단했다.[63]

문명개화론과 갑신정변

갑신정변의 주역들은 일본의 메이지유신을 모델로 하여 근대적 국가를 건설하고자 했으나 일본의 제국주의 침략 야욕 때문에 실패했다. 도기상분상수론자들이 오도의 우월성을 인정했다면, 문명개화론자들은 보다 광범위한 서구 문화의 수용과 정치체제 변화까지 요구했다. 이것이 일반적으로 문명개화론에 대한 역사학계의 평가다. 그러나 문명개화론을 정변이란 정치적 사건에 국한하는 것은 개화사상의 흐름을 전체적으로 파악하는 데 적절치 않다. 개화의 필요성을 절감했던 이들이 역사적 변화에 지속적으로 대응해갈 수 있었지만 정변에 관여했던 이들은 향후 국가적 정책에 참여할 수 없는 상황에 직면했다. 그리고 갑신정변 정강이 갑오개혁으로 더욱 구체화되었던 점을 보더라도 시무와 변법 혹은 동도서기론과 문명개화론을 대립적으로 보기는 어렵다.

개화론은 서구적 근대가 정치·경제·문화 전반에 걸쳐 일상을 포섭해오는 상황에서 문명에 대한 의존을 더욱 강화할 수밖에 없었고 성리학에 기초한 사회제도 전반과 끊임없이 부딪쳐야 했다. 지나치게 청나

●● 『독립신문』은 1899년 1월 28일 논설에서 대한(大韓)의 수치를 분석했으며, 1897년 6월 18일 논설에서는 대한 사람의 성품에 병통이 있다고 하는 등 야만의 징표들을 밝히고자 했다.

라에 의존해 있는 현실을 답답하게 여긴 김옥균을 비롯하여 박영효·
서광범·홍영식·서재필(徐載弼, 1866~1951)·박영교(朴泳教, 1849~1884)
등의 젊은이들은 청나라가 조선의 독립을 지켜주기는커녕 오히려 조
선의 독립과 발전에 가장 큰 방해물이라 여겼다. 따라서 청나라로부터
자주독립하는 것이 가장 중요한 과제라고 생각했다. 갑신정변 주역들
은 일본의 개화를 조선 사회 개혁의 본보기로 삼았다. 대신 청나라에
대항해 독립하려는 생각을 가졌다. 특히 김옥균·홍영식·박영효 등은
조선의 개화를 평화적으로 달성하기 위해 노력했다. 갑신정변 당시 김
옥균이 주도한 강령에 나타난 그들의 개혁론을 보면 그러한 점을 확인
할 수 있다. 그들은 우선 정치적인 면에서 조선을 오늘날과 같은 민주
주의 국가로 만들려는 생각을 어느 정도 갖고 있었다. 밖으로는 청나
라를 섬기는 허례를 없애고 독립을 확보하려 했고, 안으로는 왕이 모
든 권한을 갖고 행하던 정치형태를 바꾸려고 했다. 뒷날 박영효가 일
본에 망명 중일 때 왕에게 올린 「건백서(建白書)」(1888)에서, "진실로 한
나라의 부강을 이루어 모든 나라에 대항하려면 임금의 권리를 다소 약
화하고 인민이 마땅한 자유를 얻어 각기 나라에 이바지하여 점차적으
로 문명화해야 한다."라고 주장한 사실에서 알 수 있다.

또 신분과 관계없이 인재를 두루 등용함으로써 인민평등을 실천하
려 했다. 특히 재능에 의한 인재 등용을 내세운 것은 양반 중심으로
실시하던 과거제도의 사실상 폐지를 뜻한다. 경제적인 면에서는 세
금제도를 개혁함으로써 국민의 부담을 줄이고 보부상을 관장하던 기
관을 없애 상공업의 자유로운 발전을 추진해야 한다고 했다. 그 밖에
근대적 경찰제도와 군대를 창설함으로써 군사 방면에서 개혁을 꾀하
기도 했다.

김옥균의 개화사상은 그가 일본 망명 중에 정리한 『갑신일록(甲申日

錄)』과 고종에게 보낸 글에 잘 나타나 있다. 특히 『갑신일록』에는 갑신 정변 당시 발표한 정치강령 가운데 14개 항목이 수록되어 있는데 대부분 김옥균이 쓴 것으로 보인다. 그는 실제의 일에서 진리를 구한다는 '실사구시'의 철학적 태도를 견지한 사상가이자 개혁가였다. 그는 "내 생각으로는 실사구시만 한 것이 없다. 곧 한두 가지 긴급하고 중요한 것들을 급히 시행해야 한다. 거창한 계획을 펴서 한갓 헛된 말이 되게 해서는 안 된다."라고 주장했다. 이에 따라 그는 위생·농업·양잠·도로 등에 관한 자세한 개혁안을 내놓았다. 아울러 그는 신이나 귀신과 같은 어떤 신비적인 것이 있다고 생각하지 않았다. 그가 훗날 서양의 기독교를 받아들이는 태도를 보이기는 했지만 이 역시 기독교가 백성을 교육하기에 편리했기 때문이다.

철종 임금의 부마였던 박영효도 실사구시의 태도를 강조했다. 그는 국정 개혁안을 제시한 「건백서」에서, "동양의 도덕이니 서양의 기술이니 하는 것이 문제가 아니다. 동양의 학문이건 서양의 학문이건 실생활에 도움이 되는 것을 골라서 발전시키면 된다."라고 주장했다. 그는 사상적으로 유학에 대하여 자유로웠으며, 실생활에 도움을 주기 위해서는 서양 학문을 전반적으로 받아들여도 좋다고까지 생각했다. 그는 "무릇 실생활에 도움됨은 귤과 같고 번드르르하게 겉치레로 꾸미는 것은 향기와 같사오니, 향기가 귤로 인하여 생기는 것이지 어찌 귤이 향기로 인하여 생기는 일이 있겠습니까?"라고 되물었다. 실생활에 도움됨을 중시하는 입장은 곧 "병은 그 실제적인 증상을 진찰하여 그에 적합한 약을 먹는다면 낫지 않을 것도 없다."라는 생각과 통한다. 그 역시 근본을 취하느냐 말단을 취하느냐에 따라 학문의 성격과 흥망성쇠가 결정된다고 본다. 그래서 실제 학문이냐 껍데기 학문이냐를 문제 삼는 것이다.

개화사상가들은 근대적 문명이라는 삶의 토대에서 '실사구시'를 실현하고자 했으며 그 현실적 방안이 개화정책이었고 갑신정변도 그 범주 안에 있었다.

04 개화사상의
근대적 의의

서구 근대문명 수용론의 구축

척사론과 개화론의 차이는 서기(西器)에 관한 인식의 차이로 드러났다. 위정척사파가 이(理)의 능동성과 주재성을 강조하여 유교적 이념을 실현하고자 했다면 신기선은 철저하게 이는 무형무위한 것으로 본다. 그것은 존리적 입장을 취했던 위정척사파와는 달리 이의 능동성을 거부하는 것이며, 동시에 성리학을 이해하는 축이 성리설 천착에서 벗어나 정덕을 수호하기 위한 현실적 방안을 모색해야 한다는 절박한 현실인식과 맞닿아 있었다. 신기선은 경위상수(經緯相須)라는 논리로 서기수용이 곧 근대적 이용후생임을 논증했다. 즉 유학의 보편이념은 시공을 초월한 가치를 지닌다. 그러나 그 불변의 가치는 시공간 속에서 실현된다〔경의 측면〕. 문제는 시공간이 항상 역동적으로 변화하고 있다는 점이다〔위의 측면〕. 신기선은 유학이념의 보편성에 대해 회의하지는 않았지만, 기의 외연을 확대함으로써 도를 수호하려는 방향성을 가지고 있었으며 그의 도기상분 논리는 이러한 차원에서 이해될 수 있다. 신기선은 서기수용을 이용후생의 차원으로 이해했다. 유학적 사유구조에서 이용후생은 결코 정덕과 분리되지 않는다. 정덕은 유학의 보편적 가치이념으로서 성리학이 여전히 사회이데올로기로 작동하는 사회에서 그것을 거부하기는 어렵다. 다만 이용후생 방법이란 시대에 따라 변화하는 것이므로 서기수용을 이용후생이라고 해야만 그것을 수용할 수 있는 사고의 전환이 가능해진다. 위정척사파는 세계를 인식함에 있어 천리와 인욕으로 구분하고 인욕은 반드시 제거해야 할 대상으로 보았으며 서기 또한 인욕의 차원으로 이해했다. 반면 신기선은 서기를 인욕으로 이해한 것이 아니라 적극 수용해야 할 대상으로 또 그것이 부국강병을 이루는 지름길이라 파악했다. 신기선은 오도와 서기를 정덕과 이용후생의 차원으로 인식했다. 그 기저에는 기존의 중화론을 벗어난, '오도(吾道)'와 '서국지기(西國之器)'라는 전혀 다른 패러다임이 있었다. 이것은 당시 성리학을 비판하는 준거이기도 했으며, 동시에 타자를 인지하고 수용하는 새로운 사고를 여는 과정이기도 했다.

그러나 성리학적 사유의 토대를 잃지 않으면서 서양 과학을 수용하려는 시도가 논리적 정합성을 가질 수 있느냐가 역시 문제다. 즉 서기수용을 유학적 형이상학 체계 속에서 논리적으로 해명할 수 있으며 현실적으로 실현할 수 있는지를 묻는 것이다. 형이상학적 체계의 논리적 정합성만 본다면 위정척사사상이 더욱 정밀하다. 화서의 제자였던 유인석은 "어떤 이는 중국의 도를 체로 삼고 외국의 법으로 용을 삼는다고 한다. 이것은 이치에 맞지 않는 말이다. 체와 용이 본디 일원인데 어찌 이것과 저것이 섞여 일원이 되겠는가?"[64]라고 하여 체용일원(體用一源)의 논리에 근거하여 본다면 도기상분상수론이 이치에 맞지 않는다고 평가한 바 있다. 그렇다면 이른바 도기론은 어떻게 평가할 수 있는가?

유학적 사유구조에서 이용후생은 결코 정덕과 분리되지 않는다. 정덕은 유학의 보편적 가치이념이기도 했지만 성리학이 여전히 사회이데올로기로 작동하는 사회에서 그것을 거부하기는 어려웠다. 다만 이용후생의 방도란 시대에 따라 변화하는 것이고 서기는 곧 근대적 이용후생이라고 용인해야만 그것을 수용할 수 있는 사고의 전환이 가능해진다. 신기선이 주장한 '오도서기'의 '상분상수' 논리는 형이상학적 논리의 명증성을 문제 삼기보다는 그 논리에 숨어 있는 세계인식의 변화와 이를 통해 그가 해명하고자 한 것에 주목할 필요가 있다. 유학적 논리를 가교로 삼아 서양의 과학기술을 수용하거나 혁명을 통해 독립된 문명국을 건설하려는 신기선의 시도는 서양 근대문명이 지닌 문명성을 긍정적으로 인지한 결과였다.

그런데 서구적 근대가 지닌 문명성에 열림〔개화함〕으로써 문명한 독립국가를 건설할 수 있다는 것은 그야말로 '꿈'이었다. 서구적 근대는 문명성과 함께 제국주의적 침략성도 강하게 내포했으며, 제국주의 침략은 곧 식민지가 되는 것을 의미하기 때문에 독립된 근대국가와는 양립할 수 없었다. 그럼에도 불구하고 그들처럼 되고자 하는 열망은 4천년 역사를 혼몽한 시대로 치부하고 거기에 새로운 문명을 이식하고자 했다.

서구 근대문명의 양면성

전근대에는 중국 중심적 중화주의가, 근대에는 유럽 중심의 근대주의가 보편적 '중심'으로 작동했고 한국은 그 자장으로부터 자유롭지 못했다. 개항과 갑오개혁을 통해 전근대적 중심이 해체되고 서구적 근대문명이 문명의 전범이 되었다. 개화파의 문명적 시선은 과학기술문명을 수용하여 그들처럼 되고자 했지만 그들처럼 되는 것은 애초 불가능했다. 그리고 그들처럼 되고자 하면 할수록 제국주의 침략의 소용돌이 속으로 더 깊숙이 빠져들게 되었다. 서구 근대문명은 문명성과 야만성을 동시에 지닌 야누스적 타자였기 때문이었다. 결과적으로 개화파는 그들처럼 되고자 하는 열망에 사로잡힌 결과 그들의 야만적 침략성을 비판할 준거를 제시하지 못했다. 개화파 인물들이 일본의 제국주의적 침략성을 간파하지 못하고 종국에는 친일로 귀결되었던 것은 바로 이 때문이다. 따라서 위정척사파를 보수적 수구로 폄하한 것만큼 개화파를 문명적 진보로 평가하는 것은 근대화지상주의적 발상이다.

지금 우리는 무엇이 문명다운 문명인지 되물어야 한다. 문명의 문명다움을 성찰하려면 무엇보다 먼저 문명적 중심주의를 문제 삼아야 할 것이다. 즉 유럽중심주의적 근대 이해는 반드시 재고되어야 한다. 서구 문명이 야만에 대조되는 '단수(單數)'의 보편이념이라는 자명한 근대 인식 자체가 갖는 폭력성에 대한 비판적 성찰이 필요하다. 유럽문명중심주의뿐만 아니라 동일한 경제체제를 강요하는 세계자본주의, 삶의 영역 전반에 걸쳐 지대한 영향력을 발휘하는 기술중심주의 또한 성찰의 대상이 되어야 할 것이다.

오래된 것은 낡았지만 그렇다고 쓸모없는 것은 아니다. 근대적 시선에 버림받은 낡은 유학 가운데 새롭게 재해석할 부분은 없는지 다시

살필 필요가 있다. 무엇보다 근대적 삶은 사실과 가치, 주체와 대상, 자연과 사회, 야만과 문명의 이분법이 참이라고 믿었다. 그러나 존재하는 것들은 서로 밀접히 연관되어 있다. 모든 기술적 산물이 단순히 과학적 지식에 한정되어 있는 것은 아니지 않은가?* 과학자의 연구가 자본의 논리로부터 자유롭지 않은 것이 엄연한 현실이다. 또 기술문명의 발달이 인간의 삶을 반드시 문명하게 만든다는 보장도 없다. 자연과 사회, 과학과 인간적 삶이 불가분의 관계에 있다면 기술적 발전이 인류역사를 진보하게 만든다는 기술만능주의와 자원화된 만물에 대한 시선은 거두어들일 필요가 있다.

---

* 일반적으로 근대적 사유란 가치판단과 사실판단의 영역이 무관하며 근대과학은 객관적 자연법칙을 연구할 뿐 가치판단 문제와는 별개라고 여겨졌다. 그러나 과학지식이 결코 과학자의 입장이나 세계관 그리고 사회적 맥락과 무관하지 않다는 것은 '맨해튼 계획'에서 이미 드러났으며, 도덕적·사회적 진공 상태에서의 과학 교육은 차라리 중단되어야 한다는 주장도 제기되었다. 최근 라투르는 기술과 자연 그리고 인간 및 사회 현상이 단일하게 존재하지 않고 서로를 관통하는 매개작용을 통해 증식·확장된다고 주장하기도 했다.[65]

5장

동학사상과
민중운동

─세도정치에 맞선 민중의 주체적 자기인식

01 동학사상(東學思想): 민중의 주체적 자기인식

　위정척사사상과 개화사상은 근대의 문제를 지식인의 입장에서 해결하려는 사상이었다. 위정척사파는 척사를 통해 왕조체제와 신분제의 와해를 막으려 했고 개화파는 갑신정변의 정강에서 민권에 대해 언급했지만 여전히 민을 지도해야 할 교화의 대상으로 보았을 뿐이다. 양반 중심의 왕조체제를 유지하려던 위정척사파와 신분제 폐지를 주장했던 개화사상가들은 모두 우민관(愚民觀)을 벗어나지 못했다. 민중은 교화의 대상이지 정치적 주체는 아니었다. 그러나 민중은 19세기 후반 현실에 대한 위기의식을 공유하면서도 민중 스스로 현실적 문제를 타개할 길을 모색했다.

　19세기는 '민중봉기의 세기'라고 할 만큼 봉기가 잦았다. 민중봉기의 원인은 외척 중심의 세도정치로 인한 정치적 파탄과 지주전호제(地

主田戶制)로 인한 토지집중화로 삼정이 문란해진 경제적 파탄이었다. 조선 사회의 모순을 타파하기 위한 사회개혁이 절실히 필요했다. 홍경 래를 중심으로 일어난 평안도농민전쟁(1811) 이래 현실 변혁의 염원을 구체화하는 과정을 통해 민중은 역사의 새로운 주체로 떠올랐지만 민중의 요구는 정치권력에 의해 배제당했다. 정치적 요구가 받아들여지지 않자 정감록이나 미륵신앙 같은 민중의 염원을 담은 사상이 나타나 사회 저변에서 민중을 결집시켰다. 그러나 구체적 대안 세력이나 조직적 힘으로 결집되지는 못한 상황이었다. 세도정치의 학정과 외세의 침략이 대내외적으로 민중의 삶을 압박했다.

동학은 이러한 사회적 배경에서 탄생했다. 동학이라는 용어 자체가 서학(西學)에 대한 위기의식을 반영한 것인데, 동학의 창시자 최제우(1824~1864)는 동학만이 서양에 대적하여 서학을 섬멸할 수 있다고 주장했다. 최제우는 서학은 천주를 향하여 빌고 천당 가기만 바랄 뿐, 예의와 오륜을 버리고 제사조차 지내지 않으며 수심정기(守心正氣)의 수련도 없다고 비판했다.

동학의 인간존중사상

동학이 성리학의 천리와 이기 개념에 의존하지 않고 나름의 세계관과 인간관을 제시한 것은 매우 주목할 만하다. 동학의 핵심은 시천주(侍天主)를 통해 인내천(人乃天)을 깨달아 사인여천(事人如天)을 실행하는 것이었다. 동학에서 말하는 시천주 사상의 핵심은 21자 주문에 담겨 있다.

우주적 원기(元氣)로서 만물의 생명력과 생성력의 근원인 지기(至氣)가

지금 이에 이르렀으니, 지기의 조화가 내려지기를 원합니다. 천주를 모시고 지기의 조화에 마음을 정하여 영세토록 잊지 않으며 만사가 천주의 지기의 조화임을 압니다.[1]

모든 존재를 지기의 조화로 해명함으로써 사람과 천주는 서로 별개의 존재가 아니다. 바로 '지기'에 근원한 것이 사람이기에 사람은 몸속에 한울님인 '지기'가 들어 있다는 것이다. 그 덕을 밝히고 잊지 않으면, 나의 마음이 곧 너의 마음이고 하늘의 마음은 곧 사람의 마음이 된다. 따라서 우리 인간 역시 천주와 다른 것이 아니므로, 인간이 곧 천주(人乃天)라는 인간존중사상을 강조할 수 있었다.

동학에서 이 주문 외우기를 강조한 것은 일반 민중이 양반처럼 경전을 비롯한 수양 공부를 하기 어려운 현실과 무관하지 않았을 것이며, 종교적 특성을 강조한 것은 동학 나름대로 성리학의 한계를 극복하기 위한 방편이라 볼 수도 있다. '수심정기'는 유학이나 서학에 비해 동학 사상의 특징을 드러내주는 개념이라 하겠다.[2] "그 마음을 지키고 그 기를 바르게 하며 그 본성을 따르고 그 가르침을 받는다."[3]라는 수심정기는 수양을 통해 도덕적 본성을 회복한다는 측면보다는 내 안에 천주를 모심으로써 사회적 차원에서 무위이화(無爲而化)를 실현할 수 있다는 것을 강조한 것이다.

동학은 시천주와 함께 보국안민(輔國安民)을 기치로 내걸었다. 천주는 무한한 힘을 지니고 자기를 믿는 자에게 감응하는 존재로서, 인간 누구나 내면에 모시고 있는 존재이다(人乃天). 그러므로 내 마음이 곧 네 마음이다(吾心則汝心). 따라서 사람이 곧 한울이며 한울인 사람은 모두 평등하다. 신분 차별이 엄격했던 그 당시에 천주를 모시면 누구나 군자나 지상신선이 된다는 것은 남녀, 반상, 사민의 사회적 차별을 해소하는 인간평등사상과 직결되었다. 이것은 인간의 신분적 평등을 전제로 한 주장이었기 때문에 도덕적 평등을 전제로 하지만 현실적으로는 신분제 강화를 통해 사회적 안정을 추구했던 성리학과 질적으로 다른 주장이었다. 따라서 동학의 인간평등론은 양반 지배층에게는 혹세무민의 반역이었지만 핍박받는 민중에게는 그러한 변혁이야말로 지체 없이 실현해야 할 이념이었다. 당시 조선 민중은 조선 사회에서 인간으로서 누려야 할 평등한 권리를 제대로 누리지 못하고 있었기 때문이다. 동학교도가 영호남 각처에서 급속히 증가한 것은 바로 이러한 현실을 반영한 것이라 하겠다.

02 총체적 사회모순의 폭발, 갑오농민전쟁

동학과 갑오농민전쟁

동학을 창시한 최제우는 서자로 태어났으며 2대 교조 최시형은 천민 출신이었다. 그들은 민중이 곧 하늘이며 천주를 모신 존재라는 측면에서 모두 평등하다고 주장했다. 황현(黃玹, 1855~1910)이 「오하기문(梧下紀聞)」이란 글에서 "종과 주인이 함께 동학을 따르는 경우에는 서로 접장이라 부르면서 그들의 법을 따랐다. 돼지나 소를 잡는 사람들도 역시 양반과 같이 예의를 갖추었다."라고 기록한 것처럼 동학도들은 평등사상을 실현하고자 노력했다. 또 동학은 "사람 섬기기를 하늘과 같이 하라"라는 입장에서 철저히 살아 있는 사람 중심의 입장을 지켰다. 최시형이 부모의 영혼은 자손에게 전해졌고 선생님의 영혼은 제자에게 내려졌을 것이기 때문에, 제사를 지낼 때 그 명패를 벽을 향해 설치하는 것이 도리에 어긋난다고 보아 제사 지내는 사람을 향해 설치하는 것이 마땅하다고 한 것에서도 현세중심사상의 단면을 엿볼 수 있다.

동학과 갑오농민전쟁이 어떤 관계인지에 대해서는 의견이 다양하다. 그러나 분명한 것은 동학이 당시 무능하고 부패한 지배 계층 문제를 정확하게 읽고 인내천이라는 본질적 평등론을 제시했을 뿐 아니라 실제적 평등이 요원한 부조리한 현실을 고발하고 개혁하고자 했다는 점이다. 시천주와 인내천은 신앙적 차원에 국한되지 않고 외세 침략에 맞서 나라를 지키고 백성을 편안하게 한다는 정신〔輔國安民〕과 도탄에 빠진 백성을 구제한다는 이념〔廣濟蒼生〕을 구현하려는 실천으로 이어졌다. 이러한 현실인식과 실천은 갑오농민전쟁의 정신과 크게 다르지 않았다.

1894년 일어난 갑오농민전쟁은 개항 이후 더욱 심화된 조선 사회의 내부적 모순과 외세의 침략에 반대하여 일어났다. 농민은 조선 사회가 당면한 각종 모순의 근본 원인이 집권 세력에 있다고 판단했으며 사욕을 앞세워 민중을 도탄에 빠트린 권신과 지방 수령들을 스스로 처벌하고자 했다. 갑오농민전쟁의 주체는 전봉준 등으로 대표되는 호남의 진보적 지식인과 조선 후기에 일어난 농민항쟁을 통해 결집된 소농민층이었다. 갑오농민전쟁은 개항 이후 드러난 내외적이며 총체적인 사회 모순이 폭발한 것이었다.

갑오농민군은 자치적 개혁기구인 집강소 조직을 통해 농민통치라는 아래로부터의 개혁을 실행했다. 이들은 '전주화약(全州和約)'을 체결한 후 전라도 지역 53개 군을 농민군이 직접 다스리게 했다. 그들은 무엇보다 먼저 관리들에게 부정부패가 없어야 한다고 주장했으니, 이는 당시 지방 관리들의 수탈이 얼마나 심각했는지를 반증한다. 그리고 불평등한 신분제 철폐와 남녀 불평등 문제, 그리고 적절한 인재 등용과 토지 문제도 제기했다.

갑오농민군의 현실인식과 집강소의 경험은 피지배층의 입장을 정확히 대변한다는 점에서 역사적 의의가 있다. 농민전쟁 기간 동안 쌓아올린 새로운 사회에 대한 희망은 정부와 일본 연합군의 학살로 좌절되었다. 그러나 그들의 값진 희생은 갑오개혁을 시작으로 개혁의 물결이 일어나지 않으면 통치의 정당성을 유지할 수 없을 만큼 통치체제의 변화를 가져왔다. 이러한 사회개혁의 방향이 근대국가 건설에 일정 부분 영향을 미쳤다.

빈부타파와 반외세를 지향

대외적으로는 외세 침략에 강력히 반대했다. 정부가 열강의 침탈에 강력하게 대응하지 못하고 열강과 불평등조약을 맺자 그 직접적 피해는 고스란히 민중의 몫이었다. 특히 일본이 경제적으로 직접적 피해를 주었다. 전봉준이 충청도 감사 박제순(朴齊純, 1858~1916)에게 보낸 글에서 이런 상황을 엿볼 수 있다.

일본 도둑이 빌미를 꾸며서 군사를 내어 우리 임금에게 못된 짓을 하고 우리 민중을 흔드니 차마 어떻게 말하리오. 저 임진왜란 때도 일본은 왕의 묘를 헐고 제사 지내는 곳에 불을 질렀으며, 임금과 부모를 욕보이고 많은 민중을 죽였습니다. 그래서 신하와 민중 들이 함께 분노했으니 영원히 잊지 못할 원한입니다. (중략) 그런데 지금 정부 장관은 구차하게 살아보려는 마음으로 위로는 임금을 협박하고 아래로는 민중을 속여 일본 오랑캐와 배짱을 맞추어 남쪽 민중에게 원망을 불러오고 친히 군사를 움직여 선왕의

적자를 해치고자 하니 진실로 무슨 뜻입니까? 무슨 짓을 하려고 합니까?[4]

전봉준이 "육신적으로 정신적으로 우리의 적"이라고까지 극언한 일본의 직접적 무력 침략에 직면했기 때문에 집강소 시기 폐정을 개혁하자는 요구는 그 수위가 약해질 수밖에 없었다. 또 일본군의 침략에 직면하여 반일투쟁이 본격화되면서 오히려 일본 세력에 힘입어 개화정책을 시행하려던 개화파와는 일정한 거리를 둘 수밖에 없었다. 개화파는 농민전쟁을 '문명에 대한 무모한 도전'으로 생각했기 때문에 농민군을 탄압할 수밖에 없었다.[5]

갑오농민전쟁 당시 농민들이 요구한 개혁안들은 정치적 체제 구상이나 토지개혁 문제와 관련해 근대사회를 향한 발걸음이었음에도 불구하고 개화파와 일정한 거리를 둘 수밖에 없었던 것은 외세에 대한 인식 차이에서 비롯했다. 또 갑오농민전쟁에 참여했던 이들이 자신을 국가권력 운영의 담당자로 의식하는 데까지 이르지는 못했지만 스스로 보국안민을 이루는 변혁의 주체로 자각했다는 점에서 큰 의의가 있다. 갑오농민전쟁은 외세와 이에 결탁한 개화파 정부의 무력에 의해 좌절되었지만, 이후에도 농민항쟁은 계속되었다. 동학과 농민전쟁의 경험을 살렸던 동학당과 영학당뿐 아니라 부자의 재물을 빼앗아 가난한 자들에게 나누어 주었던 활빈당은 빈부타파 및 반외세를 지향했다.

개항기 한국 근대사상은 타자를 보는 시선에 따라 도덕적 주체의식, 문명적 시선, 민중의 주체적 자기인식으로 대별할 수 있다. 위정척사 사상은 서양 세력의 침략성을 명확히 인식할 수 있는 이념적 토대가 되었다. 그러나 왕조체제 유지를 전제했기 때문에 근대적 사회 변화를 흡수하는 대응이 될 수 없었다. 개화사상과 갑오개혁 등은 근대문물제도를 확립하는 데 많은 기여를 했지만 외세의 영향력을 배제하고 주체적 개혁을 주도하거나 운동 기반을 제대로 구축하지는 못했으며 민중의 호응을 얻는 데 실패했다. 민중운동은 지배계층에 대한 비판과 외세에 대한 저항이라는 성격을 가지고 있었지만 체계적 조직을 갖추지 못해 민중 중심의 민족국가를 건설하는 데 이르지는 못했다. 이러한 역사적 상황 속에서 서양과 일본의 이권 침탈은 갈수록 심화되었다.

타자에 맞선 다양한 시선과 역동적 대응

그렇다면 한국 근대는 단순히 '실패의 역사'에 지나지 않는가? 개항 (1876)에서 망국(1910)에 이르는 시기는 역사의 긴 여정에서 보면 짧은 기간이지만, 한국 역사상 다시없는 역사적 격변기였다. 개항기 한국인 은 이질적 타자와 마주하여 그에 대한 다양한 시선을 갖고 나름의 대 응 논리를 체계화하고 실천했다. 결과적으로 제국주의 침략이라는 커 다란 파고에 휩쓸렸지만 근대적 타자를 바라보는 서로 다른 대응은 한 국 근대사상을 형성하는 토대로 작동했다.

위정척사는 이질적 문명이 가져다준 충격에 대항한 자기방어적 사 상이었다. 서양 문화에 대한 배척은 자연스러운 반응이기도 했지만 세계사에 대한 인식의 한계와 계급적 한계로 인해 근대국가를 전망하 지는 못했다. 도덕적 실천이 필요 없지는 않았지만 성리학의 사회적 역할에 대한 성찰 없이 그 이념에만 매달린 탓에 사회·경제적 변화에 대한 대응책을 제시하지는 못했다. 이들은 성리학을 이념으로 한 왕조 체제를 재건하고자 했으며 소중화의 자부심을 가지고 중화문명 재건 을 목표로 삼았다. 이런 생각은 당시 조선 민중이 요구하던 근대적 개 혁과는 거리가 있는 것이었다. 그러나 조선에서 아직 근대적 개혁 방 향이 자리 잡지 못한 혼란의 상태에서 그래도 외세와 맞설 수 있는 이 념과 실천력을 제공해준 것은 분명 이들의 역사적 역할이었다.

위정척사파가 성리학을 고수함으로써 서양 세력을 물리칠 수 있을 것이란 생각은 오래가지 않았으니, 만국공법 체제에 편입된 한국은 제 국주의 파고 속에서 생존 전략을 다시 짜야 하는 위급한 현실에 직면 했다. 이양선을 격파하거나 서양 물건을 사용하지 않는 척사적 배척만 으로 그들을 막아내기는 역부족이었다. 거대한 파고처럼 밀어닥친 서구 근대문명은 조선의 문호를 열어젖혀 또 다른 하나의 보편이념으로 자리를 잡아갔다. 도기상분상수론의 문제의식은 유학적 정체성을 부정하지 않으면서 동시에 서기수용이 가능한가이다. 즉 서기수용을 유학적 형이상학 체계 속에서 논리적으로 해명함으로써 현실적 타당성을 탐색했다. 물론 논리적 정합성 측면에서 본다면 위정척사사상이 더욱 정밀하다. 그렇다면 이른바 도기상분상수론은 어떻게 평가할 수 있는가? 도기상분상수론은 성리학적 사유 중에서 사상의 전략을 통해 서기수용의 틈을 제공했다는 점에 의의가 있다.

흔히 문명개화론은 갑신정변 실패와 함께 끝났으며 민중의 호응을 얻지 못해 실패한 사상이라고 한다. 그러나 우리는 그들의 실패로부터 무엇을 성찰하고 있는가? 21세기에도 여전히 우리는 서구 문화 따라하기만을 계속하고 있지 않은가? 우리는 그들이 성급하게 근대국가를 건설하려다 실패했다고 비판한다. 그러나 비서구 지역이 서구처럼 당당하게 근대국가를 건설하기가 어려웠던 세계사적인 근대 역사를 인지한다면, 그것을 오롯이 문명개화론자만의 잘못으로 돌릴 수는 없는 것도 사실이다.

갑오농민전쟁이 일어났음에도 불구하고 민중 중심의 사회를 구현하지는 못했다. 그러나 갑오농민전쟁을 단순히 '실패한' 역사로 평가하는 것은 지나친 자기폄하이다. 집강소를 통해 구현된 세상은 농민이 원하는 근대화의 모형을 제시하기도 했지만 무엇보다 갑오개혁을 가능하게 했던 원동력이다. 동학사상 및 갑오농민전쟁은 정치권력을 갖지 못한 민중이 주체적 자기인식에 기초하여 세계를 인식하고 민중 중심적 세상을 구현하기 위한 개혁 방안을 실천한 역사라는 점에서 높이 평가할 만하다. 즉 민중이 주체적 시선으로 세계를 인식하고 현실적 개혁 방안 및 민중 중심적 세상을 구현하기 위한 적극적 실천을 감행한 역사이기도 했다. 프랑스시민혁명은 근대사회의 새로운 주체였던 '시민'이 주축이었다. 반면 갑오농민전쟁에 참여했던 농민은 여전히 피지배층으로서 지배층의 억압을 받고 있었으며, 인류역사상 피지배층의 혁명은 성공한 전례가 없었던 점을 감안하면 갑오농민전쟁을 단순히 '실패한' 역사로 평가하는 것 역시 지나친 과소평가로 보인다. 개항기 민중의 주체적 자기인식이 3·1운동에서 민중이 역사의 전면에 나설 수 있는 원동력이 되지 않았던가.

III

개항기 서구적 근대를 어떻게 이해할 것인가에 대한 다양한 논의는 갑오개혁(1894)으로 일단락되었다. 갑오개혁은 근대적 제도의 수립이었다는 점에서 매우 중요한 의미를 갖는다. 국권상실의 위기에 직면하여 자강의 길을 모색했던 시기인 자강기는 사회다윈주의의 자장 안에 있었다. 사회다윈주의는 세계와 현실을 인식하는 데 지대한 영향을 미쳤다. 1900년대 사회다윈주의를 수용한 자강사상가들은 '약자'인 한국 현실을 직시하고 부국강병을 통한 국권회복과 독립을 도모하여 '강자'인 한국을 건설하고자 했다. 그들은 '경쟁'을 근대적 문명화와 역사적 진보 및 생존을 보장해주는 원리로 인식했다. 또한 개인적 차원에서 사회다윈주의는 약자에 대한 강자의 지배와 유럽 또는 백인의 세계지배를 정당화하는 이론이었다. 따라서 사회다윈주의적 경쟁원리는 '약자로서의 자기인식'을 통한 자강론 구축이란 긍정적 의미도 있었지만, 제국주의적 침략성이 갖는 야만성을 어떻게 평가해야 할 것인가 하는 문제도 던져주었다.

서구적 근대가 지닌 야만성에 대한 자각은 한국적 근대주체를 정립하고 한국이 직면한 문제들을 '우리[我]'의 시선으로 바라보고 해결하는 데 자양분이 되었다. '그들'의 야만성을 직시한 순간, 인종주의와 사회다윈주의는 매우 선명하게 본모습을 드러냈다. 서양의 문명성은 수용의 대상이었지만 제국주의 침략은 비판의 대상이 되기에 충분했다. 강력한 타자와 직면한 주체는 타자가 누구인지 물어야 했으며 동시에

자강기, 국권회복 프로젝트

그와 마주 선 주체 역시 중요한 물음의 대상이 되었다. 『독립신문』 1896년 10월 8일 자 논설은 "본국이나 외국에 있는 조선 학도들은 이와 같은 조선의 찌든 학문은 버리고 마음을 정직하고 굳세게 먹어 태서 각국 사람들과 같이 되기를 힘쓰되 다만 외양만 같을 뿐 아니라 학문과 지식과 행신하는 법이 그 사람들과 같이 되면 조선은 자연히 아세아 속의 영국이나 프랑스나 독일이 될 것이다. 이렇게 되기를 좋아하는 사람들이야 어찌 우리 말을 듣지 아니하리오."라고 하여 그들처럼 되기를 촉구했다.

그러나 그들처럼 되기를 원하지 않는 사람, 즉 그들 시선으로 우리 보기를 거부하면서 우리의 시선으로 문명을 바라보고자 하는 지식인 또한 적지 않았다. 근대를 바라보는 또 다른 시선은 유학에 대한 비판적 성찰로부터 시작되기도 했으며, 새롭게 발견한 고유한 조선의 근대적 주체 아(我)에 대한 자각에서 비롯하기도 했다. 박은식은 양명학에 대한 근대적 이해를 통해 서양의 근대성을 인식하고자 했다. 신채호는 조선의 고유한 근대적 주체인 '아'의 관점에서 서양의 근대성을 인식하고자 했다. 물론 박은식과 신채호도 사회다윈주의 영향을 받았으며 서구적 문명성을 수용해야 한다는 점은 인정했다. 하지만 그들은 문명성 수용 못지않게 민족적 주체성 정립이 중요한 선결과제임을 직시했다. 따라서 백인우월주의와 그에 기댄 일본의 종족적 우월의식 및 그에 기초한 제국주의 침략이 갖는 문제점을 비판할 수 있었다.

6장

사회다원주의
수용의 파장

01 사회다윈주의의 체계: 강자 논리의 합리화

생존경쟁

사회생물학의 기치를 내건 동물학자 윌슨은 인간본성이나 행동패턴, 특히 도덕성이 생물학적 기초 위에서 만들어진다는 가설을 제시하면서 진화론을 인간문화 및 가치체계와 연결지었다.[1] 그런데 그는 "사회다윈주의 마지막 자취는 사회생물학의 도래와 더불어 죽었다." 라고 선언하면서 자신은 사회다윈주의자가 아니라고 주장했다. 사회다윈주의와 사회생물학이 인간과 사회에 관한 생물학적 접근이라는 점에서 공통점을 가짐에도 불구하고 윌슨 스스로 그 차이를 드러내고 결별을 강조했던 것은 역사적으로 사회다윈주의가 인종차별주의 · 성차별주의 · 우생학, 더 나아가 제국주의를 정당화하고 옹호하던 이념이었기 때문이다. 적어도 윌슨은 사회다윈주의가 근대 유럽 사회에서 담당했던 역할과 자신이 주장하는 사회생물학의 사회적 가치를 분리하려는 의도였던 것이다. 그렇다면 19세기에 전 세계를 휩쓸었던 사회다윈주의는 무엇인가?[2]

'사회다윈주의'란 유럽 대륙에서 대략 1880년에 처음 사용되었으며, 이 용어가 대중적으로 널리 쓰이기 시작한 시기는 20세기 초로 볼 수 있다.[3] 생존경쟁은 맬서스가 『인구론』에서 사용한 개념이며, 적자생존은 다윈이 진화론을 발표하기 이전인 1852년부터 스펜서가 사용하던 개념이었는데도, '적자생존'이 마치 다윈의 이론인 양 사용되었다. 다윈의 생물진화론은 모든 생명체가 자연선택에 의해 진화해왔음을 해명한 것이었지 생존경쟁을 강조한 것은 아니었다.*

사회다윈주의는 다윈의 생물학적 진화론을 인간과 사회에 적용한 이론으로서 약육강식과 적자생존으로 요약할 수 있다. 사회다윈주의자들은 인간 또한 다른 생물과 마찬가지로 환경 변화에 의한 도태(내지 선택)를 통해 진화한다고 파악했다.** 그런데 이들은 진화 자체를 진보와 동일시했다. 진화 자체를 진보로 파악한 스펜서는 인간본성과 인간사회를 포함하여 일체의 것이 언제나 좋은 방향으로 나아간다고 믿었다. 따라서 자연이건 인간사회건 생존경쟁을 통한 진화는 곧 진보로 환원되었으며, 이런 생각은 1880년대에 절정에 달했다.

다른 생물과 마찬가지로 인간사회도 적자생존 법칙이 통용된다면

• 다윈은 『종의 기원』 개정판에서 스펜서의 적자생존이란 용어가 자연선택보다 더 적절하고 때때로 편안하다고 인정했으며, 1896년 개정판부터는 아예 한 장의 제목을 '자연선택 혹은 적자생존'이라 쓰기도 했다.

•• 진화론에서 '진화'는 외부적 환경에 대한 적응 과정을 의미했지만 사회진화론을 받아들이면서 진화를 곧 역사적 진보로 인식하여 진화와 진보를 구분하지 않게 되었다. 현대 사회생물학에서는 '진화'와 '진보'를 별개로 보고 있다.

사회적으로 우월한 자는 환경에 더욱 잘 적응해 진화한 결과일 것이고 반대로 열등한 자는 멸종하도록 내버려두는 것이 자연법칙에 순응하는 길이었다.[4] 따라서 열등한 인간이 사회적으로 불평등한 대접을 받거나 멸망하는 것 또한 정당하다. 사회의 불평등을 의식적 행동으로 제거하거나 약자를 동정하는 것은 자연도태를 방해하거나 늦춰 사회 발전을 저해하는 일이며, 사회적 불평등과 착취는 과학적 법칙으로 용인되었다.

사회다원주의는 인간과 사회를 '자연화'했다. 자연화된 인간은 자연법칙에 순응해야 하며 사회발전은 자연도태 법칙에 순응함으로써 가능했다. 사회를 변형시키려는 의도는 그것이 자연법칙과 일치하지 않는 한 불필요한 일일 뿐 아니라 불가능한 일이었다. 따라서 자본주의적 불평등과 자본주의의 격렬한 시장경쟁이 자연적 사실, 곧 자연법칙으로 변호되고 성공과 부를 진보의 표시 또는 생존경쟁에서 승리한 대가로 평가한다. 이러한 관점에서 자본가의 무제한적인 부(富) 축적과 세력 확장 그리고 노동자에 대한 억압과 착취는 물론 자본가에 의한 자본가의 잠식도 정당화된다.

적자생존 원리는 개인적 차원에 국한되지 않고 국가적·세계적 차원에도 적용되었다. 생물적 진화와 사회적 진보를 동일시했던 19세기 후반 사회다원주의는 자연스럽게 제국주의와 군국주의를 지지했다. 전쟁은 생존경쟁의 자연법칙이며 사회를 완전함으로 이끄는 자연도태의 도구라며 찬양했다. 영토 확장과 무역거래 증가, 식민지 획득, 강력한 군사적 물자 확보는 진보의 표적이었다. 식민지에서의 강권 행사, 식민지인의 억압과 착취는 힘 있는 자의 권리로 생각되었다.

우생학과 인종차별주의

사회다윈주의는 국가주의 및 인종주의와 결합하여 국가를 하나의 혈연적 공동체로 인식했다. 인종주의는 사회다윈주의와 결합함으로써 백인우월주의와 제국주의 침략의 생물학적 토대가 되었다. 18세기 후반과 19세기에 '민족'과 동시에 나타나 맹위를 떨친 '인종주의'는 서구에서 민족적 공동체를 고안하거나 상상하게 했지만 동시에 배척의 토대이기도 했다. 인종차별정책은 물론 노예제 및 집단학살까지 포함하는 정치적 목적과 이주고용정책까지 포함한 정책 전반을 결정하는 이론적 무기로 작동했다. 인종은 식민지 삶을 결정짓는 중요한 요건이었을 뿐 아니라 그러한 삶이 불변함을 각인해주었다. 유럽 백인들은 문명화되지 못한 인종을 교육하고 선도하는 것이 문명화된 인종의 의무이며 식민주의는 곧 문명의 수혜라고 정당화했다.[5]

서구 근대문명 담론은 유럽 문명이 진보의 가장 높은 단계에 서 있다는 유럽중심주의와 유럽인으로서 자부심 어린 집단정체성을 확대 재생산하는 데 핵심 역할을 수행했다. 학살과 약탈이 절정에 달하던 19세기에 이르면 당시 유럽인들은 군사적 우수성을 지적 우수성, 심지어 생물학적 우수성으로 해석했다.[6] 이들은 보편문명론·'백인의 의무'로 미화된 백인우월주의·적자생존의 사회다윈주의를 제국주의 침략을 합리화하는 이데올로기로 체계화했다. 스펜서는 생물학적 진보와 인간 역사가 온 세계를 앞으로 그리고 위로 이끌어나간다고 해석했다. 결과적으로 유럽인들은 문명화 사명이 과학적으로 입증되었다고 생각했다.[7]

근대 인종주의는 생물학적 구분을 넘어서 인종적 차별과 문화적 편견을 동반한 하나의 신화로 작동했다. 문명화와 인종주의는 서로 밀접한 관련 속에서 문명화된 백인이 비문명화 상태인 다른 인종을 지배하는 것을 정당화하는 가운데 식민지 팽창 시기에 노골적으로 서로를 지지·강화했다. 인종은 문명적 동일성을 보장하는 객관적·과학적 근거로 작용했을 뿐 아니라 "우리와 다르게 보이는 사람들은 반드시 지능적으로 또 문화적으로 다르며, 따라서 이방인이어야 한다."라는 인종적 편견과 차별을 통한 타자성을 확보하는 주관적 신념이기도 했다. 19세기 중반 녹스는 『인종들』의 첫 부분에서 "모든 문화는 자신에게 고유한 문명화의 형식을 갖기 때문에 한 인종의 신체적·정신적 특징은 그 인종의 문명화 속에서 자연스럽게 드러나게 된다."라고 주장할 수 있었다.[8] 그런 측면에서 인종적 차이는 신체의 객관적 특성과 민족적 정체성 및 문화적 차이를 해명함으로써 동일성과 타자성을 동시에 확보하는 기제였다.

　인종적 우월성은 사회다윈주의를 통해 더욱 공고화되었다. 스펜서는 『사회정학』에서 제국주의가 열등 인종을 지상에서 쓸어버림으로써 문명사회에 기여했다고 했다. 독일철학자 에두아르트 폰 하르트만은 『무의식의 철학』 제2권에서 "사람이 개꼬리를 조금씩 자른다고 꼬리가 잘려나갈 개에게 좋은 일을 해주는 것은 아니듯이, 소멸될 지경에 이른 야만인들의 필사적 투쟁을 인위적으로 연장시킨다고 그들의 인간성에 좋은 일을 하는 것은 아니다. (중략) 진정한 박애주의자는 그가 인류학적 진화의 자연법칙을 이해했다면, 마지막 격통의 촉진을 바랄 수밖에 없고 그 목적을 위한 수고를 마다할 수 없다."라고 주장했다. 스펜서나 하르트만이 개인적으로는 비인간적이지 않았겠지만 그들의 유럽은 매우 비인간적이었다.[9] 심지어 벤저민 키드는 『사회진화』에서 경쟁에서 자신의 자리를 지키고 싶은 인종에게 다른 인종의 절멸은 불가피한 필수조건이라고 파악했다.[10]

적자생존이라는 자연법칙에 따르면 제국주의가 하등 인종을 파멸하는 일은 불가피한 과정인 셈이다. 이런 필연적 파멸은 생물학적 차원에 그치는 것이 아니다. 서구 근대의 보편문명은 "고급문화의 인종이 등장할 때 원시 인종들이 사멸해가는 많은 역사적 사례가 있다."라는 서구 팽창의 역사를 합리화하는 논리였다.* 인종주의 내지 백인우월주의는 생물학적 개념이 아니라 사회·문화적 개념이었으며 근대적 인간을 이해하는 데 매우 중요한 준거였다.

생물학과 이데올로기의 연관성은 우생학과 유전학의 결합에서 찾아볼 수 있다. 우생학은 유전에 대한 환경적 영향을 거의 절대적으로 배제했다. 우생학은 과학의 이름으로 어떤 특정한 사회에서 '적자'를 키워내고 '부적자'를 제한 또는 제거하는 것을 목적으로 한다. 개인이나 사회의 개량에서 유전적 요소를 우선적으로 중요하다고 보았으며 육체적 부적자는 도덕적으로도 무능력하다고 주장했다. 1890년대 영국은 부적자의 단종(斷種) 문제를 심각하게 논의했다. 정신질환자와 범죄자가 증가하지 못하게 하는 실제적 방법이 제국주의, 인종, 국가의 효율 등의 문제와 연관되어 진지하게 논의되었다.**

우생학자들은 유전결정론자였는데, 특히 벤저민 키드는 사회법칙은 자연처럼 '선택과 배제의 결과'이기 때문에 사회진보가 이루어지는

• 1492년 콜럼버스가 아메리카에 도착했을 즈음 유럽과 아메리카에는 각각 7천만 명이 넘는 사람들이 살았다. 다음 300년 동안 세계 인구는 전체적으로 250퍼센트 증가했다. 이때 유럽은 400~500퍼센트 증가했지만, 아메리카는 원래 인구에서 90~95퍼센트 줄어들었다. 적자생존의 논리에 의하면 이 또한 문명의 진보를 보여주는 사례였다.

•• 우생학은 영국보다 미국에서 실질적으로 응용되었다. 미국은 우생학에 기초하여 흑인이나 동양인을 열등 인종으로 분류했으며, 흑인을 이등 시민으로 분리하는 '짐크로법(jim crow law)'을 묵인하거나 서유럽인을 제외한 나머지 국가 사람들의 유입을 제한하는 이민쿼터법을 통과시키기도 하였다. 나아가 1907~1915년 12개 주가 단종법(sterilization law)을 실시했다.

곳에서는 필연적으로 선택 과정이 있으며, 이러한 과정은 반드시 경쟁을 내포한다고 주장했다.[11] 그가 언급한 경쟁의 특징은 같은 사회 안의 개인 간 경쟁이 아니라 국가나 인종 간 경쟁과 투쟁이었다는 점이다. 그는 사람도 다른 동물과 마찬가지로 경쟁하지 않으면 진보할 수 없으며, 개인과 개인의 경쟁이나 인종과 인종의 경쟁에서 열자(劣者)는 멸망하고 우자(優者)가 적자(適者)로서 번식하는 것은 바꿀 수 없는 공례(公例)라고 보았다.

유럽 근대문명은 적자생존의 사회다윈주의와 백인우월주의 그리고 인종주의적 세계인식과 맞물려 있었다. 사회다윈주의는 이론상 한 사회 안에서 여러 계급의 분열을 초래할 수 있기 때문에 이에 기초하면 온 국민을 하나로 통합시키는 기능이 부족했는데, 인종주의와 결합함으로써 인종을 경쟁의 주체단위로 설정해 사회통합적 기능을 담당하게 했다. 그리하여 그들은 백인종은 가치가 높고〔고가치〕, 서구 문명인은 문화인종인 반면 황인종과 흑인종은 가치가 낮다고〔저가치〕 구분을 지었다. 이에 따라 저가치한 인종의 복종과 그들에 대한 착취와 억압을 자연적인 것으로 정당화했다. 국내정치에서 사회다윈주의적 인종주의는 소수인종 탄압과 억압을 합리화하는 이데올로기적 기제로 작동했다.

02 사회다윈주의의 수용: 약자로서의 자기인식

경쟁과 진보의 신화

자강기에 사상적으로 가장 큰 영향을 미쳤던 것이 바로 사회다윈주의였다. 일본은 1870년대 후반, 중국과 한국은 1880년대 후반부터 사회다윈주의를 수용하였다. 이 시기에 동아시아 삼국은 서양 제국주의의 도전에 직면해 있었으며 국가의 독립 유지와 그를 위한 근대화는 삼국 모두의 급박한 시대적 문제였다. 이러한 상황에서 자강론자들은 사회다윈주의를 수용하여 서구 문명화의 법칙을 구명하고 국가독립과 문명화를 위한 구체적 방안을 제시하고자 했다. 사회다윈주의 수용은 곧 경쟁과 진보라는 근대적 원리에 근거한 자기의식을 생성한다는 것을 의미했다.

자강기 학술지와 신문 매체에는 사회다윈주의를 비롯한 근대 생물학에 관한 내용이 빈번히 게재되었다.

> 대저 19세기 이래로 세계문명의 진보가 돌연히 더욱 급속하게 되었다. (중략) 천지가 만들어진 이후에 처음 보는 새 세계가 되었으니 이것이 누구의 공인가? 바로 다윈의 공이니라.[12]

사회다윈주의는 약자인 현 상태를 잘 파악할 수 있게 하는 과학적 이론이었다. 자강사상가들은 당대를 국가 간의 생존경쟁 시대로 인식하고 경쟁원리를 곧 부국강병의 원리로 이해했다. 자강사상가들은 단순히 사회다윈주의만 수용한 것이 아니라 서양의 근대학문 및 과학기술을 폭넓게 받아들여 근대국가를 건설하고자 했다. 또한 일본과 중국을 통해 근대사상을 받아들였지만 두 나라와는 다른 사상적 특징을 보여주는데, 이는 두 나라와 달리 망국의 위기에 직면했기 때문이었다. 즉 자강사상은 보호국에서 식민지로 전락하는 역사적 현실에 직면하여 국권을 회복하게 해줄 사상과 구체적 방안에 대한 모색이었다. 우승열패(優勝劣敗)와 적자생존 원리를 삶의 준거로 받아들인다면 강자의 침략과 수탈은 정당한 것이므로, 약자일 수밖에 없는 현실을 자각하고 우리도 그들처럼 강자가 될 수 있는 길을 모색했다. 그들은 국권을 회복하고 자주독립국가를 건설하기 위한 구체적 방안들을 제시하고자 했다.

사회다윈주의는 '열등한 약자'라는 자기인식을 통해 이른바 '강자 되기 프로젝트'를 진행하는 동력으로 작동했다. 즉 약자의 자강 도모를 정당화하는 부국강병이란 국가적 대의명분에 봉사하기 위함이었다. 자강론자들은 20세기는 격렬한 생존경쟁 시대이므로 '경쟁은 진보의 어머니'이며, 경쟁심은 근대화와 독립을 위해 가져야 할 필수적 가치라고 인식했다.

무릇 인생만사가 경쟁에 의하지 않는 것이 없으니, 큰 것은 천하국가의 일로부터 작게는 일신일가의 일에 이르기까지 모두 경쟁으로 말미암아 진보할 수 있다. 만일 인생에 경쟁하는 바가 없으면 무엇으로 그 지덕과 행복을 숭배함을 얻을 수 있으며, 국가가 경쟁하는 바가 없으면 무엇으로 그 광위(光威)와 부강을 증진할 수 있으리오.[13]

사회다윈주의는 유럽 열강 및 일본이 국가 경쟁에서 승리한 선진 문명국임을 입증하는 과학적 이론이기도 했다. 부국강병한 유럽은 진취적인 것을 계획하여 인지(人智)가 날마다 진취하고 문화가 발달한 곳인 반면, 아시아는 반대로 토지는 황폐하고 백성들은 안일하게 옛것만을 고수하기 때문에 원기가 쇠퇴한 곳이라 보았다. 따라서 수백 년이나 퇴폐한 아시아의 문화를 만회하고 부강한 유럽과 어깨를 겨룰 방안을 찾는 일이 시급한 과제일 수밖에 없었다. 이러한 동양과 서양, 문명과 야만의 이분법은 『독립신문』에서도 보인다. 혼몽한 동양 사람은 잠에서 깨어나야 할 계몽의 대상이었다.

우리가 천하대세를 살펴보건대 서양 사람들은 정신을 가다듬고 이목을 새롭게 하여 날로 앞으로 나아가기를 힘쓴다. 그러므로 그 나라들이 점점 문명하고 부강하여 인구가 해마다 늘고 재정이 날마다 풍족해지고 있다. 동양 사람들은 그렇지 못하여 이전의 악습을 버리지 않고 새 학문을 싫어하며 무슨 일이든지 궁구할 생각은 도무지 없어서 뒤로 물러서기만 좋아한다. 혹 자기보다 학문이 고명한 이가 있으면 포용하기는커녕 시기하여 모해(謀害)하고자 하니 혼몽세계라 할 수 있다. 또 국세가 점점 빈약하고 위태로워 인구가 해마다 줄고 재정이 날로 궁핍할 뿐만 아니라 민심이 산란하여 내란이 자주 일어난다.[14]

『독립신문』의 유럽 백인 중심적 세계인식은 문명론과 결합한 세계인식을 여실히 보여주었다. 『독립신문』은 동양인종보다 미련하고 백인종보다 천한 흑인과, 생긴 것이 동양인과 비슷하나 더 크고 개화된 것이 동양인종만 못한 인디언, 그리고 제일 영민하고 부지런하고 담대한 백인종으로 인종을 서열화했다. 문명화된 백인종은 지식·덕·문명화를 겸비한 상위의 인종으로서 존경의 대상이었다.[15] 또 인종을 형질·인종적 천성·개화를 기준으로 분류하기도 했다.[16] 대체로 서구 백인종은 근대문명을 창출한 우등한 인종인 반면, 비서구의 황인종이나 흑인종은 야만적 열등인종이라는 인식을 고스란히 받아들였다.

근대공간에서 생물학적 형질은 단순히 신체적 특질로 국한되지 않고 지리적·인종적·민족적 동일성과 차별성을 생산하는 기제로 기능했다. 백인종과 황인종의 차별은 동종동문론(同種同文論)에 근거한 아시아연대론으로 발전하기도 했지만,[17] 문명화 정도에 따른 차별성을 재생산했으니 열등한 청국과 우등한 일본의 구분이 그것이다. 서구 문명이 세계적 보편문명으로 자리매김하면서, 화이론에 입각한 천하는 존재할 수 없었다. 중화문명의 중심이었던 청과 동양의 맹주로 급부상한 일본에 대한 인식이 이를 증명한다. 김광제는 "일본은 우리 대한과 동주동종(同洲同種)이다. 순치(脣齒)의 관계가 아님이 없기에 상호 간에 문명부강을 이룰 수 있도록 열심히 이끌어주어야 한다. 그래야만 서세동점의 우환을 협력·방어할 수 있다."[18]라고 주장했다. 당시 많은 지식인이 아시아의 맹주 일본을 중심으로 황인종이 단결하여 백인종의 침략을 제어해야 한다는 논리를 당연한 것으로 받아들였다.

『제국신문』은 황인종인 동양에는 대한과 일본, 청 세 나라가 있다고 전제하고, 우리보다 먼저 문명화한 일본이 동양의 일등국이 된 것은 자기 단점을 부끄러워하여 고쳤기 때문이며, 청이 세계의 잔약(孱弱)한 나라가 된 것은 교만하여 자기 허물을 고치지 않았기 때문이라고 평하였다.[19] 대한의 야만적 징표들 역시 수치이니 단점을 버리고 남의 장점을 취해야만 문명·진보할 수 있다고 주장했다. 『독립신문』에서도 부끄러운 일, 대한의 수치, 대한 사람의 병통 등을 다룬 논설을 통하여 우리도 문명으로 거듭나야 한다고 촉구했다.[20] 이에 따르면, 당시 한국은 도무지 예의염치를 모르고 짐승과 다름이 없이 흉포한 일만 행하는 야만국에 지나지 않는다. 그러므로 다스리는 일들이 밝고 공평하여 무식한 백성이 없고 사람마다 자유권이 있으며 나라가 지화(至化) 세계가 되어 요순 때와 다름이 없는 문명국으로 거듭나야만 했다.[21] 서구 문명을 '지선(至善)'과 '당위'로 받아들이는 순간 전근대적 삶의 양식은 야만이 되고, 우리는 문명화를 실현하기 위해 우리 안에 서구를 이식해야만 했다.

해체와 정립의 간극

야만적 상태에서는 서양과 대등한 권리를 누릴 수 없기 때문에 문명화를 목표로 삼는 것 역시 자연스러웠다. 그러나 과연 문명화란 유학적 구습을 버리고 신학문을 배우고 김치와 밥을 버리고 소고기와 브레드(bread)를 먹게 되는 상태를 의미하는가?[22] 음식은 물론 의복, 머리모양까지 모두 이른바 문명인과 동일하게 바꾸려고 했던 겉개화〔얼개화〕,[23] 즉 한국적 일상이 표면적으로 서양화하는 것이 곧 문명한 강자가 되는 길이었는가? 오히려 학문적·경제적 종속을 가속화할 뿐 아니라 서구식 예절과 풍속을 강제함으로써 일상 깊숙이 침략을 파고들게 했던 것은 아니었을까? 문명화와 자주독립을 표방한 『독립신문』이나 『제국신문』이 문명국 일본의 지도를 받아 우리도 문명화해야 한다는 논리와 일본맹주론 및 아시아연대론에 호의적인 논설을 다수 게재한 것은 바로 그러한 문명관에 기인한 것이다. 사회다원주의 수용은 제국주의적 식민지 쟁탈, 곧 문명국이 열등한 인종과 국가를 지배하는 것은 당연하다고 합리화했다.

하지만 경쟁원리 수용은 '약자로서의 자기인식'과 함께 제국주의 침략에 어떻게 대응할 것인가 하는 문제도 던져주었다. 제국주의를 합리화하는 논리를 수용하되, 그것으로 또한 제국주의 침략에 대응해야 하는 모순에 직면했던 것이다. 따라서 사회다원주의 수용은 민족적 주체에 관한 인식과 조응하면서 새로운 길을 모색하게 했다.

또 경쟁원리에 근거한 생물학적 인간 이해는 근대 한국사회를 뒤흔드는 문화적 충격이었다. 사회다원주의는 인간을 여느 생물과 같이 생물학적 존재로 파악했다. 따라서 인간의 모든 사유와 행위는 번식과 생존을 위한 기계적·생물학적인 것 이상이 아니었으며, '생존'은 삶의 최고원리였다. 외부 환경에 의해 도태당하지 않은 강자는 선이요 약자는 악이라면, 도덕성 함양을 통해 인간다움[仁]을 실현할 것이 아니라 경쟁을 통해 강자가 되는 것이 생존과 인간다움을 확보하는 길이었다. 외부 환경에 잘 적응하여 번식과 적응에 성공한 적자는 우리가 따라야 할 새로운 전범이 되었다.

이는 중대한 사고의 전환이었다. 성리학적 사유에서 인간다움은 생물학적 몸이나 욕망충족 차원에서 논하지 않는다. 인간다움은 인간다운 도덕적 판단과 실천을 통해 실현할 수 있다. 만약 인간이 다른 생물과 같이 유전자적 생존기계에 지나지 않는다면 성리학의 사유체계는 설 자리가 없다. 물론 성리학에서 인간과 다른 존재자의 본성에 관한 논쟁〔인물성동이논쟁(人物性同異論爭)〕이 없었던 것은 아니다. 인물성동이논쟁은 인간과 다른 존재자 간의 도덕적 본성에 질적 차이가 있는지 묻는 것이었지, 인물성동론이라고 해서 생물학적 같음에 주목했던 것은 아니다. 즉 기질적 차원에서 논의한 것이 아니라 천명으로서 부여받은 성은 인간이나 다른 존재자나 모두 동일하다는 논의였다. 그러므로 인간과 다른 생물을 모두 우주적 차원에서 "만물은 자기의 생존을 보전하고 자기의 성장과 발육을 다하기 위하여 언제나 일대 아수라장에서 경쟁하여 서로가 승패를 결정하려고 힘쓴다."[24]라는 경쟁원리의 차원에서 논의하는 것과는 질적으로 달랐다.

약육강식이라는 힘의 논리가 지배하는 근대공간에서 인간의 도덕성에 기초한 사회를 실현하고자 하는 성리학적 세계관은 '낡은', 그래서 버려야 할 이념이 되고 말았다. 그러나 경쟁논리가 팽배한 현실에서 근대사회에 필요한 '진화된 도덕'을 재정립하는 것 그리고 제국주의 침략성에 저항하는 도덕성과 실천성을 담보한 인간상을 정립하는 것 또한 주요한 철학적 과제로 대두되었다. 따라서 강상윤리에 사로잡힌 성리학적 도덕이 근대공간에서 갖는 함의가 무엇인지, 과연 경쟁원리가 근대 한국이 떠안은 모든 문제를 해결할 수 있는지, 어떤 행위를 하는 것이 옳은지에 대해 새롭게 물어야만 했다. 이는 한국 사회에서 '근대적 인간'이 형성되는 지점으로서 전통과 서구적 근대가 만나 한국적 근대를 모색해나가는 출발점이자 지금의 우리와 동일한 모습이 시작되는 지점이기도 했다.

03 그들 시선으로 우리 보기: 결핍된 타자

유길준: 반개(半開) 단계에 있는 조선

서구 근대문명은 인류역사 전체를 문명과 야만, 근대적 서구와 전근대적 비서구, 주체와 타자라는 구도로 분할했다. 이런 단일한 도식에 따라 유럽이 근대라면 비유럽은 결코 그들과 동일한 근대를 향유할 수 없고, 그러므로 서양과 비서양은 동시에 공존할 수 없다. 예를 들면 영국과 일본이 근대적 국가이고 그들이 자국의 자본주의 발전을 위해 제국주의 침략이라는 문명적 시혜를 베풀 경우, 인도나 한국은 결코 그들과 동시대에 근대적 국가를 건설할 가능성은 없는 정체된 인종으로, 그들과 같은 공간에 존재할 수 없다. 주변적 타자는 항상 '결핍'된 존재이다. 배타적 타자는 근대문명을 창조할 능력과 근면성이 부재했고 이성적 판단능력은 물론 주체적 인식도 부재했다. 근대성이 부재한 타자는 외부의 강압적 통치를 받을 만한 이유를 필연적으로 내재한 것이었다. 따라서 주변적 타자는 유럽 근대문명과 동시대를 살고 있음에도 불구하고, 이성과 문명이 부재했기 때문에 그들과 공존할 수 없었다. 비숍이 서울 거리에서 접한 사람들의 움직임을 '중세적 행진들'이라 표현했듯이 19세기 말 한국은 유럽의 중세적 시간대에 속했다.

유길준과 윤치호는 1880년대에 각각 일본과 미국에 유학하여 당시 두 나라 사회를 풍미하던 사회다윈주의를 가장 먼저 이해한 '근대적' 지식인이었다.* 처음으로 서양을 직접 보고 공부한 유길준은 문명을 본격적으로 사유하고 체계화한 한국인이었다. 앞서 살폈듯이 그는 단선적 진보사관을 받아들여 인류가 개화 정도에 따라 야만→미개→반개→문명의 단계로 진보한다는 발전적 문명관을 제시했다.[26] 유길준은 인류과 문명성을 문명단계를 규정하는 중요한 요소로 생각했다. 그는 문명국이란 전통과 문벌의 제약을 탈피했을 뿐만 아니라, 공업기술력이 발달하며, 민주주의와 법치주의 원칙이 확립된 사회라고 보았다. 유길준은 조선은 전통적 구습의 묵수와 계급 간·성별 간 차별이

* 이들이 유학한 미국과 일본 두 나라에서 사회진화론은 보수화된 자본주의 사회를 지탱하는 논리이자 인종적 불평등과 제국주의를 정당화하는 이데올로기였다. 남북전쟁 이후 자유방임경제를 지향하던 미국에서는 스펜서식의 개인주의적 사회진화론이 유행했으며, 일본의 경우 1870년대에 그것을 수용하여 제1차 세계대전 시기까지 기독교나 자유민권운동을 비판하고 천황 중심 국가주의의 토대를 만들기 위해 집단주의적 사회진화론이 큰 힘을 발휘했다. 당시 일본 지식인 계층은 세계를 서구적 기준에 따라 문명과 미개로 구분하거나 국가 간의 생존경쟁을 약육강식의 사회진화론적 사고로 파악하는 경향이 일반화되어 있었다. 후쿠자와 유키치의 경우 『문명론의 개략』(1875)을 정점으로 계몽주의적 보편논리를 부정하고 우승열패의 논리에 기초한 유기체론적 국가주의로 전환해갔으며 가토 히로유키 또한 『국체신론』(1875)에서 지지한 천부인권설을 망발로 규정해 폐기하고 『인권신설』(1882)에서 일본이 강자이며 적자가 되어야 한다는 사회진화론적 인식하에 자유민권사상을 반대했다.[25]

엄존하며, 조악한 기술력에 인민참정권이 없기 때문에 반개 상태라고 진단하였다. 그가 조선을 반개 단계로 상정한 것은 우리가 그들처럼 문명하지 않지만 그렇다고 자신을 결핍된 야만으로 단정하고 싶지 않은 자존의식의 표출이기도 하다. 그러나 우리가 문명성이 결핍된 반개에 해당한다면 우리보다 앞선 유럽이나 미국과 같은 문명국이 되고자 노력해야 하는 것은 자명하다. 유길준은 생존과 문명화를 이루기 위해서 쇄국의 질곡을 넘어 서구 문물의 장점을 취사 수용할 것을 촉구했다.

삼가 살피건대 우리 조선이 오랫동안 폐쇄되어 외국과 교통을 사절했다. 따라서 경쟁하는 것이 고작 조선 내 동포형제에 그쳤다. 그러나 오늘날 급변하는 시대에는 외국과 교제하는 방법을 점차 열어나가야 한다. 이후로 우리나라 형제는 날마다 외국의 새로운 문물을 접하게 되는 사이에 사물의 기교(奇巧)에 경탄하는 자가 반드시 많게 될 것이다. 이것은 우리의 경쟁 영역을 확장하고 문명부강할 실마리를 여는 일이다. 우리는 기력을 왕성하게 하여 경쟁안목을 원대히 하고, 상하가 서로 마음을 합하여 경쟁 정신을 활발하게 해야 한다.[27]

유길준이 조선을 반개로 보고 서양을 우리보다 앞선 문명이라 본 것은 척사파가 서양을 야만이라 평가한 것에 견준다면 가히 혁명적이라 할 만하다. 또 천부인권론에 기초하여 자유와 평등론을 제시하고 현우(賢愚), 귀천(貴賤), 빈부(貧富), 강약(强弱)의 구별이 없는 인간사회를 가장 공정한 사회로 본 점 역시 탁월하다.

문명론을 준거로 하면서도 인륜을 중요시하고 경쟁논리를 강조하는 동시에 도덕을 강조한 것은, 그가 유학적 가치체계를 전면 부정한 것은 아니라고 평가할 수 있다. 그러나 그가 보여준 유학적 요소에 따르면 유학이 세계를 인식하는 세계관으로서 현실을 이끌어가는 지도이념의 역할을 한 것은 아니며 근대이념으로서 재정립된 것은 더더욱 아니다. 그는 유학의 보편이념을 기반으로 서구 문명을 수용한 것이 아니라 오히려 서구식 문명개화를 위해 유학적 사유와 개념을 차용한 것에 가깝다. 그리고 그가 오류를 언급했을지라도 그의 중점은 이미 서양 학문을 배워 문명한 개화국이 되는 것에 있었지, 유학적 도덕문명을 구현하여 중화문명국(中華文明國)이 되는 데 있지는 않았다.● 종합적으로 본다면 유길준은 오히려 전근대적 유학을 문명의 시선으로 해체했다고 보아야 할 것이다.

서구 근대문명을 보편으로 받아들이는 것은 유럽인이 주장한 백인의 의무가 곧 문명화의 사명으로 환치되는 순간이다. 그들의 시선을 기준으로 한다면 우리는 그들처럼 되기를 열망하는 결핍된 타자에 지나지 않으며 '다른 시선을 갖는 것'은 불가능하다. 우리가 그들을 수용해야 함은 자명하며 전통은 버려야 하는 열등한 것이 되기 때문이다. 일본에서 추진 중인 문명개화를 수용하고 이를 개화 사업의 핵심으로 삼아야 한다는 논의가 확산되면서 일본의 지원 아래 갑오개혁이 추진되었다. 문명개화를 지향하던 유길준이 갑오개혁의 주역이었다.●●

● 예를 들면 『서유견문』 「상업의 대도」에서 영국의 상업이 세계 제일이기 때문에 영국을 '해상(海上)의 천자(天子)'라고 언급했으나 여기에 등장한 '천자'라는 용어는 전근대사회에서 쓰이던 천자와는 개념이 다르다.
●● 광무개혁기에 정부는 식산흥업정책을 실시하는 동시에 서구 문명을 배우는 교육이 개화의 근본이라고 지적하였으며 이때 유길준의 『서유견문』이 서양을 파악할 수 있는 교육 교재로 사용되었다.[28]

윤치호: 인종적 열등의식

문명적 시선에 비친 '타자로서 나 자신은 누구인가?'라는 물음 앞에서면 문명과 야만, 백인종과 황인종, 그들과 우리, 문명과 민족의 경계선은 더욱 분명해졌다. 보편타자는 공간적 동양과 인종적 연대 그리고 결핍된 민족을 발견하게 만드는 계기가 되었다. 독립협회 회장을 지낸 윤치호는 기독교 개종과 미국 유학을 통해 서구 문명을 내면화한 대표적 인물이다. 그들 시선으로 우리를 바라보았던 윤치호는 타자에 대한 동일화를 시도했지만 좌절할 수밖에 없었으니, 그들과 같은 종교를 믿고 그들의 언어를 그들처럼 구사했지만 그들과의 간극은 결코 좁혀지지 않아서였다. 문명적 시선은 주체와 타자를 선명하게 구분하는 경계였지 그들과 하나 되는 지점을 생성해주지는 않았기 때문이다.

유길준이 조선을 반개 단계에 있다고 본 것과 달리 윤치호는 조선이 야만을 벗어나지 못했다고 판단했다. 윤치호는 조선이 야만 상태를 벗어나지 못한 근본 원인이 유학 숭상에 있다고 보았다. 이는 그가 서양 문명의 핵심이 기독교라 판단한 것과 일맥상통한다. 그는 기독교 수용을 통한 문명화를 주장했으며 심지어 "기독교화가 조선인들의 유일한 구원이다."[29]라고 단언했다.

기독교는 근대성 전반을 아우르는 기저로서 모든 분야에 깊은 흔적과 영향력을 행사하는 인식론적 중추 역할을 수행했다. 기독교는 서구 문명의 화려하고도 경이로운 후광을 업고 그야말로 '문명의 빛'이 되었다. 문명의 위대함은 단순히 기계나 대포에서 기인하는 것이 아니라 배후에서 그것을 관장하는 신의 섭리가 있으며, 기독교는 가장 진보된 고차원적인 종교라고 판단했다. 문명적 진보의 근간으로 인식된 기독교는 기존의 이념이나 풍속은 미신적이고 미개한 것으로 치부하도록

강제했다.[30]

 기독교 수용을 통한 문명화론은 비단 윤치호 개인의 견해만은 아니었다. 당시 선교사들은 개신교를 근대문명과 동일시하는 경향이 있었다. 개신교는 근대식 건물이나 과학기구, 근대적 생활용품을 한국인에게 과시함으로써 개신교를 문명을 상징하는 종교로 인식하게 했다. 따라서 한국인 신자들은 개신교를 받아들임으로써 서양의 부자 나라와 같은 문명 수준에 도달할 수 있으리라 기대했다. 그들은 세계에서 가장 부강하고 문명한 나라는 모두 개신교를 믿는 나라이고 개신교가 문명을 이루게 한 근본이므로 개신교를 믿어 문명을 이루어야 한다고 주장했다. 또 서양의 기계와 제도를 받아들여 사용하면서 정작 개신교를 수용하지 않는 것은 주객전도의 태도라고 비판했다.[31] 그래서 기독교가 문명개화에 긴요하다거나,[32] 오늘날 유럽의 문명개화와 자주독립뿐만 아니라 법률과 학문 또한 성경에서 나온 것으로 파악했다.[33]

 그러나 기독교 전파는 제국주의 침략의 전령사 역할을 담당하기도 했다. 또 실제로 기독교는 비기독교적 전통문화를 모두 부정하면서 야만적 이교(異敎)로 단정했다. 즉 기독교는 유럽 중심적 보편문명 담론을 지지하는 중요한 지렛대로서, 서구 문명을 무비판적으로 수용하게 하는 자양분 역할을 했다. 윤치호처럼 그들의 시선, 특히 기독교적 신념에 사로잡힌다면 인종적 차별에도 불구하고 그들의 시선을 벗어날 길은 원천적으로 봉쇄된다. 윤치호는 그들이 믿는 기독교에 귀의했지만 결코 그들과 같을 수 없는 자신을 발견했다. 기독교는 공정한 하나님이 어찌 어떤 민족을 약하게 그리고 다른 민족을 강하게 만들어 후자가 전자를 못살게 굴 수 있도록 만들었으며, 모든 인종에게 왜 똑같은 환경조건 및 체력과 지력을 허여하지 않았는지 해명해주지 않았다. 그는 자기 신앙의 가장 큰 장애는 유색인종이 백인종보다 열등하다는 사실이라고 하면서, 생존경쟁 과정에서 곧 소멸할 열등 인종이나 민족에게 기독교 복음을 전파하는 것이 무슨 유익이 있을까 회의했다. 이와 같이 인종적·민족적 열등감과 기독교를 통한 자강개혁의 의지는 서로 모순적일 수밖에 없었다. 그는 이 모순적 긴장감을 또 하나의 믿음인 사회다원주의를 통해 해소했으니, '힘이 곧 정의'라고 결론지었다.

국가 간, 인종 간에 있어 힘은 정의인가? 나는 항상 그렇게 생각해왔다. 우리는 더 강한 자가 더 약한 자보다 도덕과 종교와 정치에 있어 거의 항상 더 낫거나 덜 부패한 것을 발견한다. 그러므로 우리는 정의에 대한 힘의 승리처럼 보이는 것은 절대적인 것은 아니지만, 비교적 불의에 대한 비교적 정의의 승리라는 것을 알 수 있다. 그래서 결국 다소의 예외는 있겠지만, 인종 간에 있어서도 힘이다.[34]

강자는 대체로 약자보다 모든 면에서 우월할 뿐 아니라 도덕적으로도 우월하다고 인식했다. 인종적 신체 차별은 근대적 산물로서 단순히 형질적 동일성에 근거한 것이라기보다는 정치적·문화적 편견에 근거한 것이었음에도, 인종차별 역시 힘의 차이에 기인한다는 결론에 이르렀다. 하지만 윤치호는 미국에서 자행되는 유색인종에 대한 비인도적 차별 대우 그리고 마약과 범죄 만연 등 도덕적 타락상을 목격하고 미국이 문명 발전의 최종단계에는 도달하지 않았다고 판단했으며, 유색인종에 대한 차별을 직접 경험하고 좌절했다. 그는 "이 자유의 땅에서 인간의 양보할 수 없는 권리를 누리고자 하면 백인이지 않으면 안 된다."라고 절규했다.[35]

인종적·문명적 열등의식은 같은 황인종임에도 불구하고 문명화에 성공한 일본에 대한 긍정적 평가로 이어졌다. 윤치호는 한국이 강대국의 식민지가 될 수밖에 없다면 영국에 종속되는 것이 가장 바람직하지만, 현실적으로는 미개 상태에 있다가 개화로 나아간 일본을 본받아 뒤따르는 것이 좋다고 했다. 윤치호는 "만일 내가 살 집을 마음대로 선택할 수 있다면 일본이 그 나라일 것이다. 나는 지독하게 냄새나는 청국에서도 인종적 편견과 차별이 무섭게 지배하는 미국에서도 극악한 정부가 계속되는 조선에서도 살기를 원치 않는다. 오, 축복받을 일본이여! 동양의 파라다이스여! 세계의 정원이여!"[36]라고 축원했다. 또 일본을 동양의 낙원이라 찬양하고 일본화가 조선에 가장 큰 축복을 가져다줄 것이라고 했다.[37]

이런 인식은 비단 윤치호 개인에 국한되지 않았다. 『독립신문』은 "오직 조선과 일본과 청국의 황색인종이 아직 서양사람들 아래 들어가지 않았다. 위태하구나, 황인종이여!"[38]라고 하여 황인종의 지식과 능력을 갖춘 일본을 치하하면서, 황인종이 동양평화를 유지할 방도란 일본의 인도를 따르는 것이라고 주장했다.[39] 윤치호가 맹신한 아시아 연대론은 동문(同文)·동종(同種)의 동일성을 근간으로 삼고 일본을 맹주로 하여 동양 삼국이 유럽 백인종의 침략을 방어하자는 논리였다. 이 논리를 따르면 청일전쟁은 문명 대 야만의 문명전쟁이며, 러일전쟁은 황인종과 백인종의 인종전쟁이었다.[40]

윤치호의 생각은 백인종과의 차이뿐만 아니라 같은 황인종인 일본보다도 문명하지 않다는 열등의식과 패배의식을 낳았다. 더욱이 이런 열등의식은 백인종보다는 같은 황인종 가운데 보다 문명한 일본의 문명적 지도나 식민지배를 받는 것이 낫다는 결론에 도달했다.

사실 유럽 열강은 약소국을 공격한다는 이유로 일본에 대해 뭐라 비난

할 입장이 못 된다. 굳이 변호하자면 일본이 동아시아에서 백인종의 콧대를 납작하게 만들었다는 사실에 만족스러운 점이 있다. 앵글로색슨족이 동아시아 국가들에 부과했던 백인종의 자만심의 쌍생아, 즉 치외법권과 관세차별을 일본이 영원히 제거해주었으면 좋겠다. 보아드 가든(the Board Garden)의 정문에 걸려 있던 '개와 중국인 출입금지'라는 플래카드에서 보이듯이, 앵글로색슨족의 야만성이 적나라하게 드러났던 상해가 영원히 지옥으로 가버렸으면 좋겠다.[41]

도태될 수밖에 없는 민족의 일원인 자신에 대한 윤치호의 열등의식은 동양에서 유일하게 적자로 진화한 일본에 대한 동경을 유발했다. 그는 갑오개혁을 전후하여 국가개혁 필요성을 강하게 제기했는데, 당시 왕조 아래에서는 개혁의 희망이 없다고 확신하면서 일본이 조선 정부에 제출한 개혁안은 바로 자신이 항상 실현되기를 원했던 것이라고 했다.

윤치호의 근대인식은 기독교중심주의와 인종주의적 사회다원주의였다. 그에게 사회다원주의는 한편으로 인종적·민족적 열등감을 부추기고 다른 한편 문명화의 절박성을 깨닫게 해주는 양날의 칼이었다. 일본을 한국문명화의 전범으로 인식했으니 그가 일본을 예찬하고 친일협력을 정당화한 것은 자연스러운 귀결이었다. 그럼에도 불구하고 주변인으로서 그가 갖고 있던 뿌리 깊은 열등의식이 해결된 것은 아니었다.

사회다원주의가 자강사상 형성에 끼친 영향은 결코 과소평가할 수 없다. 적자생존과 경쟁의식에 근간을 둔 자강사상은 근대적 삶과 양식이 생성되는 지점에서 문명화를 통해 그들처럼 강자가 되어 약육강식의 세계에서 생존하려는 열망이었다. 그런데 문명화는 그들처럼 되기를 강제했다는 측면에서 그들과 다른 주체의식을 자극하기도 했다. 자강기 사회다원주의의 파고로부터 자유로운 사상가는 많지 않았다. 그러나 문명화와 자강이 근대 민족국가체제 확립을 위한 선행조건이라면 민족적 정체성은 자강보다 우위의 목표가 된다. 박은식이나 신채호도 사회다원주의를 수용했지만 그들의 시선에 사로잡히지 않고 민족적 주체성 문제에 주목했으며 이에 기초해 제국주의 침략의 폭력성을 되물을 수 있는 새로운 시선을 발견하기도 했다.

7장

생존경쟁에서
살아남기

—자강론

01 자강론의 역사적 전개

애국·계몽과 자강의 차이

특정한 시기의 사상적 활동과 관련해 개념과 용어를 정확히 사용하는 것은 그 시대와 사상을 제대로 이해하는 전제조건이라고 할 수 있다. 적확한 개념 정의와 사용은 그 시대에 대한 역사인식 및 평가와 맞물려 있어 더욱 중요하다. 그동안은 갑오개혁과 러일전쟁의 승리로 노골화된 일본 침략에 대한 위기의식으로 형성된 '애국심'과 문명화하지 않으면 국권회복이 불가능하다는 '문명의식〔계몽〕'을 애국계몽운동이라고 칭해왔다. 그러나 자강기를 애국과 계몽으로 칭하는 것이 타당한가?

애국계몽이라는 용어는 1949년 손진태가 "보호조약 이후 사립학교를 창설하고 학회를 조직하고 종교단체를 창립하여 신학문을 교수하고 정치사상을 선전하고 민족정신을 고취하여 전 민족을 일단의 대세력으로 하여 완전한 독립을 전취하고자 했던 운동을 애국계몽운동이라고 한다."라고 하여, 1905년 이후의 문화운동을 지칭하면서 처음 사용했다. 신용하는 개화자강파가 중심이 되어 국권회복을 목적으로 전개한 민력개발(民力開發)과 민족독립력(民族獨立力)을 양성했던 운동이라고 정의했는데, 대개는 그런 의미로 통용되어왔다.[1] 국권회복의 방법으로 교육과 식산 활동을 중요시했다는 점에서 민족독립과 민지계발(民智啓發)에 주력했다는 평가는 일정 부분 옳다. 또한 의병활동과 대비되는 측면에서 근대적 계몽의 성향을 발견할 수도 있다. 그러나 근대적 '계몽'이란 서양의 문화와 철학에 기초한 개념이었으며, 무엇보다 이성적 주체와 불가분의 관계에 있었다. 한국은 근대적 주체를 문제 삼기는 했지만 이성과 계몽의 역사를 경험하지 않았기에 이성적 개인을 근대적 주체로 상정하는 데 주력하지 않았다. 그러므로 '계몽'이라는 개념으로 자강기의 특성을 규정하는 것은 자강기의 성격을 제대로 담는다고 보기 어렵다.

자강운동이 국권회복 차원에서 제기된 것은 분명하다. 그러나 그것이 곧 애국이었는지는 재고의 여지가 충분히 있다. 당시 사회다원주의적 세계인식에 근거하여 자강을 통한 문명국을 건설하고자 했지만, 이는 문명화를 앞세워 일본의 문명지도론을 용인함으로써 친일로 귀결되었다. 결과론적 평가일 수 있지만 그렇다면 그것을 애국운동으로 규정하는 것 또한 온당하지 않다. 보편타자에 포획당해 주체적 독립국을 건설하는 길을 제시할 수 없었다면 그것이 어떻게 애국으로 환원될 수 있겠는가? 따라서 자강운동에 동참했던 모든 지식인을 애국적 진보 세력으로 평가하는 것은 옳지 않다. 당대 지식인을 분류할 때는, 대한제국이 '자강'한 근대국가로 거듭나야 한다는 인식은 공유했지만 문명화를 우선시함으로써 강자의 논리에 포섭당한 계열과, 민족적 주체성을 강조함으로써 친일을 반민족으로 비판하고 독립운동으로 나아간 계열로 나누는 것이 적절하다고 하겠다.

박찬승도 애국계몽운동보다는 자강운동이라 지칭하자고 제언하면서, 자강운동을 실력양성을 통한 국권회복을 목표로 하여 신교육운동, 식산흥업운동, 기타 계몽운동을 모두 포괄하는 용어로 사용했다.[2] 이는 자강을 실현하고자 현실적으로 전개한 활동을 중심으로 자강론을 이해한 것이다. 그는 자강운동에 대한 다양한 평가가 자강운동 내의 다양한 입장과 지향을 가진 세력이 혼재했던 것에 기인한다고 분석했다. 이는 자강운동이 실력양성이라는 공통분모를 가진 점을 잘 드러냈지만, 자강운동을 가능하게 했던 사상적 특징과 자강론의 갈래를 보여주는 데는 한계가 있다.

또 노관범은 자강사상의 유무가 자강운동을 정의하는 데 매우 중요한 요소라 보고 자강사상이 없는 실력양성운동은 자강운동에 포함될 수 없기에 일본과 결탁하여 철저하게 외세의존적 행태를 보였던 일진회와 대동학회의 실력양성운동은 자강운동으로 정의할 수 없다고 지적했다.[3] 그는 자강사상은 자강정신 배양과 실력양성 추구를 내용으로 하며 그 본령이 대한제국의 외세의존성에 대한 반성을 토대로 대두한 자강정신에 있다고 전제했다. 그는 자강사상 그 자체는 사회다원주의와 상호 중첩되었을지언정 개념적으로는 별개 영역에 속하는 것이라고 규정하여, 사회다원주의와 거리두기를 하면서 자강정신에 강조점을 두고자 했다.[4] 그런데 그는 근대적 의미의 자강정신이 무엇인지 구체적으로 제시하지 않았다.

자강 담론 생성의 중심 역할을 했던 대한자강회와 그 후신인 대한협회의 『대한자강회월보』 및 『대한협회회보』에 자강론의 성격이 잘 드러나 있다.[5] 그렇다면 애국계몽이라는 부적절한 용어보다는 당대 지식인이 자기의식을 담아냈던 '자강(自强)'이라는 개념을 사용하는 것이 적절하다. 자강사상은 사회다원주의의 경쟁과 적자생존으로부터 지대한 영향을 받았다. 자강론자들은 모두 서구 근대문명성을 수용해야 우리도 그들처럼 적자가 될 수 있다고 생각했다. 그러나 문명화를 통한 자강론이 다양한 스펙트럼을 보여줄 수밖에 없었던 것은 서구 근대문명이 앞선 문명성과 함께 야만적 침략성도 동시에 지니고 있었기 때문이다. 자강기 지식인들이 사회다원주의를 동일하게 수용했음에도 불구하고 문명화를 통한 자강과 민족적 생존을 어떻게 이해하느냐에 따라 서로 매우 다른 양상을 띠기도 했다.

보호국 체제하의 자강의식

개항기 서양 세력에 대한 다양한 대응방식은 근대문물제도를 수립하는 갑오개혁으로 일단락되었다. 그러나 일본의 영향력을 배제한 주체적 개혁이 아니었다는 점에서 분명한 한계가 있었다. 쌀과 콩을 비롯하여 일본이 필요로 하는 것을 실어 나른 신작로(新作路)처럼 일본의 침략을 가속화하는 수단이 되기도 했기 때문이다. 1905년 러일전쟁에서 승리한 일본은 조선 침략 의도를 노골적으로 드러냈다. 국권상실의 위기에 직면하여 일제의 침략에 저항하는 의병활동과 우리도 그들처럼 자강한 문명국이 되자는 자강운동이 일어났다. 러시아를 이긴 일제가 대한제국의 외교권을 박탈하기 위해 강제로 체결한 을사늑약 이후 일본의 침략이 노골화되었던 1907년부터 1909년까지 3년이 자강운동이 가장 치열하게 전개되던 시기다.

자강운동은 개화파 이후 독립협회와 만민공동회 활동을 계승·발전시킨 것으로 사상적 측면에서는 독립협회의 영향을 많이 받았다. 독립협회에서는 자주독립과 자주국권을 지키려면 민권을 신장하고 제국주의의 이권침탈을 막아야 한다고 주장했다. 또 천부인권사상을 근거로 국민의 생명 및 재산권을 보호해야 한다고 했으며 의회설립운동을 전개했다. 독립협회와 만민공동회가 적극적이고 대중적인 정치운동을 펼친 것은 긍정적으로 평가할 수 있다. 그러나 근대적 주체를 생성하지 않고는 근대시민사회를 구성할 수 없었는데도, 독립협회 지도층은 우민관을 견지했기 때문에 민중을 사회변동의 주체로 인식하지 못하고 독립협회 회원 이외 국민의 참정 능력을 부인하는 한계를 노정했다.

자강론자들은 사회다원주의 영향으로 국권을 상실한 민족적 위기 상황에서 "적자가 되기 위해 무엇을 해야 하는가?"를 물었고, 문명화를 통한 강자 되기를 목표로 경제개발과 교육을 통한 근대의식 양성에 힘썼다. 그들은 서양의 장점을 적극 수용함은 물론 신식교육을 통하여 근대사회를 이끌어갈 사람들을 길러내고자 했다. 무엇보다 한민족의 역사와 문화에 대한 자긍심을 함양하여 근대적 국가의식을 높이고자 했다.

자강운동은 다양한 형태로 이루어졌다. 그 주요 계열을 분류하자면 권력지향적 속성을 가진 대한협회 계열, 유교개혁론 입장의 『황성신문』 계열, 국수보전을 강조한 『대한매일신보』 계열로 대별할 수 있다.[6] 대한협회 계열은 이른바 동양삼국연대론·일한동맹론·한국부조론에 매몰되어 보호국화(保護國化)를 불가피한 것으로 보고 문명화에 치중했다. 그들은 일본의 보호정치를 한국의 문명개화를 위한 '선진문명국의 지도'로 받아들였기 때문에 일본 측의 "한국이 부강해지면 독립하게 해주겠다."라는 약속도 믿었다. 따라서 그들은 일본의 보호정치하에서의 실력양성을 통한 국권회복을 주장했을 뿐 의병과 같은 무장투쟁에 대해서는 격렬히 비판했다. 문명화 논리에 매몰된 탓에 제국주의의 침략성에 대한 인식이 철저하지 못했던 것이다.

『황성신문』계열도 동양삼국연대론·일한동맹론 등 일본의 주장을 순수한 의미로 이해했다. 즉 동양삼국이 독립을 각각 유지하면서 대등한 위치에서 연대하는 것으로 받아들였다. 이들은 '한국의 보호국화'에 대해서만은 비판적 태도를 취했는데 궁극적으로 그것이 동양평화와 배치된다고 생각했기 때문이다. 이는 앞의 대한협회 계열이 동양삼국연대론을 말하면서도 한국의 보호국화를 불가피한 것으로 받아들인 것과 대조적이다. 그러나 이들은 국권침탈의 근본적 원인을 우리의 실력부족에서 찾았고, 실력양성을 통해 보호국 체제에서 벗어나자고 주장했다.

국수(國粹)를 강조했던 『대한매일신보』계열은 통감부의 보호정치를 문명개화의 지도가 아니라 정복자의 수탈 정치로 인식했다. 1908년경까지는 『대한매일신보』도 실력양성을 통해서만 국권회복이 가능하며 실력을 기르면 국권회복의 기회가 올 것이라고 주장했다. 그러나 1909년경부터는 실력양성을 한 연후에 독립을 모색한다는 선실력양성 후독립의 입장에서 벗어나 '선독립'을 주장하기에 이르렀다. 또 그들은 의병투쟁이 현실적으로 무모한 방안이라 보고 의병활동에 비판적 입장을 견지하기도 했다. 그러나 1910년 망국에 직면하자 그들은 국내에서의 실력양성을 통한 국권회복이 불가능하다는 점을 재확인하고, 국외에서의 무장투쟁 노선을 채택하여 국외 독립군기지 건설 사업에 나섰다.

자강운동은 교육과 언론 분야에 집중되었다. 그들은 민중을 근대시민사회에 맞는 새로운 국민[新民]으로 바꾸기 위해 교육을 강조했다. 애국운동의 일환으로 많은 사립학교가 설립되었는데 이 기간 동안에는 학교 수가 2천 개가 넘을 정도였다. 교육내용은 주로 근대적 시민교육·직업교육뿐만 아니라 애국사상과 독립사상의 배양이었다. 교육운동을 통해 교육체계와 문화체계를 근본적으로 변혁시키고, 이를 근간으로 하여 국권회복운동의 주체세력을 양성하고자 했다. 또한 신문과 다양한 잡지 및 학회보가 간행되어 국민계몽과 애국민족의식 고취에 큰 역할을 담당했다. 또 다른 축은 자본주의를 발달시키는 것이었다. 실력양성만이 나라를 구하는 길이라 생각한 이들은 각종 회사를 비롯하여 한국인 상공회의소 및 경제 연구 단체를 설립했다. 일제의 경제 침략을 군사 침략과 마찬가지로 심각하게 인식하고 민족산업 진흥에 힘썼지만 열강의 이권 침탈과 민족자본 미비로 큰 성과를 거두지는 못했다.

의병활동: 근대적 폭력성에 대한 저항

개항기가 서양 근대를 어떻게 이해해야 할지에 관해 다각적 탐색을 벌이던 시기라면, 자강기는 서양 문명을 적극 수용하려는 의지가 보다 강하게 표출된 시기였다. 당대 지식인들은 서양의 편리한 물품에 대한 관심에 국한된 것이 아니라 서양과 같은 문명화를 가능하게 했던 학문적 토대와 과학기술[新學]을 배워야 한다고 강력히 주장했다. 이미 개항을 기점으로 세계자본주의 체제에 편입되었기 때문에 식산흥업을 통한 자본주의 발달과 만국공법 체제에 맞는 근대국가체제를 정립하는 것이 급선무라고 한다면, 그러한 국가체제를 추동할 수 있는 근대적 주체가 전제되어야 했다. 근대적 주체를 양성하려면 근대적 교육을 통해 근대의식을 함양하는 것이 선행되어야 했다. 그러나 이성적 판단과 실천이 가능한 개인, 즉 근대적 주체는 생성되지 않았다. 자강운동이 교육과 식산에 강조점을 둔 이유가 여기 있었다. 또 당시는 보호국체제였기 때문에 정치활동이 제약을 받을 수밖에 없었다. 따라서 자강사상가들은 비정치적 분야인 국권신장과 민중계몽을 목표로 교육, 산업개발, 언론활동 등 문화적 측면에 주력했다.

자강운동과 의병활동은 국권회복이라는 목표를 공유했지만 대응방식은 전혀 달랐다. 자강운동은 교육과 산업이란 문명화 차원에서 진행된 국권회복운동이었다면 의병활동은 일제의 침략에 대항한 직접적이고 적극적인 무력항쟁이었다. 을미사변과 단발령을 계기로 본격화된 의병활동은 일차적으로 유림이 주도했지만, 러일전쟁 이후 경제침탈이 가속화되면서 농민층이 주도적으로 추진했다. 자강운동이 활발했던 1907~1909년에는 의병활동 또한 최고조에 달했다. 해산당한 군대가 합류함으로써 전투력이 강화된 덕분이기도 했지만 일제의 침략이 갈수록 노골화한 점이 근본 원인이었다.

전국 의병이 연대하여 서울 진공(進攻) 계획을 시도하기도 했다. 그런데 의병이 가장 당혹스럽게 여긴 것은 죽음이 아니라 관군과의 맞대면이었다. 의병의 궁극적 목적이 왜이(倭夷)를 물리치는 것이었는데 일본군은 직접 나타나지 않고 대신에 관군을 상대해야 했으니 이는 매우 곤혹스러운 일이 아닐 수 없었다.

지금 이 의거는 왜를 멸하여 위로 나라의 원수를 갚고 아래로 백성을 편안히 하자는 것이다. (중략) 그런데 지금 관군을 거느린 제공(諸公)은 왜군을 토벌하는 것인가, 의병을 토벌하는 것인가? 만일 왜적을 토벌하려 한다면 마땅히 우리들과 함께 왜노를 토벌해야 할 것이다. 이것이 바로 우리가

크게 바라는 바이다.[7]

일본 침략에 대한 저항이었지만 실제적으로는 군명(君命)에 따르는 관군과 대치해야 했고 이는 충군의식(忠君意識)에 위배되었기 때문에 유림의병들은 모순에 직면했다. 그래서 동포는 박애의 대상이기에 칠 수 없다는 이유로 싸우기를 포기하거나 해산하는 경우가 많았다.[8] 결국 의병활동은 일제의 대토벌로 붕괴되었고, 이들은 망국 이후 독립군으로 전화되었다.

당시 의병들 가운데는 문명화를 '왜화'로 인식하고 문명화정책을 비판하는 이들이 많았다. 특히 대표적 친일단체였던 일진회가 점진개명(漸進開明)을 적극 주장하면서 문명화에 대한 부정은 극에 달했다. 일본에 대한 불신은 곧 서구적 근대문명성에 대한 비판을 담았다. 일본이 청일전쟁과 러일전쟁에서 승리하고 조선을 침략할 수 있었던 것은 날선 무기 덕분이기도 했다. 과학기술 발달에 힘입은 근대식 무기가 결국에는 전쟁과 파괴로 귀결되었던 근대역사의 근본적인 문제를 날카롭게 지적했다.

아! 무기는 흉한 기계요 전쟁은 잔인한 것인데 어찌하여 오늘날 만국의 사람들이 그 기교를 흉한 기계에다 부리고 잔인한 일에 꾀를 쏟기를 부끄러워하지 않는가? 날로 상서롭지 못한 것을 천지간에 방자히 하여 천하의 독립국가를 약화시키고 남의 나라 국방력을 동요시켜 만백성이 고통에 빠져 그들의 본심을 잃게 하고 위로는 상서롭지 못한 기운이 뻗쳐 재변(災變)이 생기고 아래로는 인간생명을 해치면서 하늘이 장차 욕됨을 싫어하여 신명(神明)이 죽어서 복이 오래가지 못할 것인 줄 모르니 도리어 한심하지 않은가.[9]

당시 자강운동에 참여했던 지식인들은 일제의 침략이란 근대적 폭력에 맞서는 길은 문명화를 추진하여 그들처럼 강자가 되는 것이라고 생각했다. 따라서 의병활동은 오히려 사회적 혼란을 초래할 뿐 문명화에 도움이 되지 않는다고 인식하였다. 자강사상가들은 일본과 관군에 대한 무력저항을 폭력으로 규정했다. 그러나 근대적 폭력은 여러 층차가 있었다. 물리적이고 직접적인 폭력도 있지만 사회구조 차원이나 문화 차원의 폭력도 존재한다. 그러므로 물리적 폭력을 반문명이라고 단정하기는 쉽지 않다. 더구나 근대적 폭력이 국가권력과 무관하지 않았던 점을 고려한다면 더욱 그렇다. 이런 의미에서 근대는 문명과 함께 폭력을 양산한 셈이다.

의병활동은 근대문명성의 야만적 폭력성에 대한 직접적 항거였으며 민족적 자의식을 더욱 분명하게 드러낸 근대적 활동이었다. 하지만 시계와 철도로 표상되는 근대적 시공간에 포획당했는데도 여전히 왕조체제를 고집하고 성리학적 도덕문명을 고수하고자 했던 것을 '또 하나의' 근대문명으로서 가치가 있다고 평가할 수 있는가? 예를 들면 의병장이었던 기우만(奇宇萬)은 1907년 석방되어 귀향길에 오를 때 사람들이 기차를 타고 가기를 권했지만, "올 때는 윤선(輪船)과 기차를 탔으나, 그것은 나의 본의가 아니었다."라고 하면서 걸어서 출발했다. 서울로 압송될 때 기선과 기차를 이용했지만 일본 헌병의 강제에 의해서였지 자의는 아니었다는 것이다.[10] 물론 기선과 기차가 근대 과학기술문명의 표상으로서 근대적 폭력을 상징하는 기계였음은 분명하다. 그러나 기차를 타지 않는다고 해서 문제가 해결되는 것은 아니었다. 저항과 수용이라는 서구 근대문명에 대한 상반된 대응은 당대 지식인의 한계에 기인한 것이기도 했지만 앞서 지적한 대로 보다 근본적으로는 근대문명 자체가 야누스적 타자였기 때문이다.

02 삶의 척도가 된
'문명'

약자: 타자화된 한국혼

자강론의 문명인식은 우리 '밖'에 존재하는 적자적 중심과, 결핍과 상실의 약자적 주체 '사이'에 있었다. 문명 수용이 곧 민족적 생존의 첩경이라 판단했지만 그것은 주체성을 상실하는 지름길이기도 했다. 대한자강회는 자강한 문명을 실현할 주체[韓人]가 지녀야 할 덕목으로 독립성·자조성·문명정신을 제시했다.[11] 문명정신이 있으면 독립을 유지할 수 있지만 자유·자강하여 독립하지 않으면 속박을 당한다고 진단했다.[12] 하지만 문명정신은 자강의 핵심 범주인 기술 발달이나 물산 증식이란 물적 토대에서 생성되는 것은 아니었다. 정신은 문명의 핵심인 과학기술적 차원에서 말할 수 있는 것이 아니었기 때문이다.* 그래서 애국심과 역사를 강조했지만 문명적 시선에 매몰되어 타자화된다면 타자에 맞설 수 있는 진정한 근대주체가 될 수 없었다.**

문명을 담지한 타자를 근대주체의 준거로 삼는다면 주체는 문명성이 부재한 결핍된 타자가 되고 만다. 따라서 근대주체의 정체성을 한국혼이라고 명명했지만 그것은 선진 문명인 대화혼을 마주하고 있었으며, 그들에 의해서만 문명화할 수 있는 타율적 주체에 지나지 않았다. 문명화를 통한 자강국 건설을 목표로 했던 대한자강회는 오가키 다케오(大垣丈夫)의 시선을 빌려 문명과 민족적 정체성을 토로했다.

본회의 특색으로 타 회(他會)에서 아직 표방하지 않은 한 가지 일을 깨닫기를 희망하니, 한국혼이다. 안으로는 한국혼을 배양하고 밖으로는 문명의 학술을 흡수하는 것이 본회의 특색이 아닌가. 일본도 사오 십 년 전까지는 한국과 같이 미개국이었다. 그러나 일차적으로 구미의 문명을 흡수할 때 대화혼(大和魂)을 발휘하여 (중략) 오늘날에는 마침내 문명국이 되어 구미인을 해고했고 오히려 구미를 능가하게 되었다. (중략) 그러므로

• 물질과 정신의 간극을 유학의 종교화로 해결하려는 시도도 있었다. 서양 문명과 기독교의 결합을 모델로 한 유학의 종교화는 유학의 의의를 종교적 차원으로 국한했다. 김윤식은 대동학회 창설 이유 가운데 하나로 종교가 부진한 점을 들었는데 이로 보아 인의도덕을 종교적인 것으로 생각했음을 볼 수 있다. 유학을 종교화하려는 시도는 문명화 작업의 일환이기도 하다. 종교의 중요성에 대한 근거는 문명국이 종교를 중시한다고 생각했기 때문이다. 조중응은 세계 각국이 모두 종교가 있어 국민들의 정신을 함양한다며 한국은 공맹의 유도(儒道)로 한국인을 이끌어 문명의 도덕을 개발해야 한다고 주장했다. 유학의 종교화는 기독교가 서구적 문명을 담지한다는 것에 대한 대응방식이었음은 두말할 필요가 없다.13)

•• 타자화된 주체의식은 윤치호를 필두로 이광수와 최남선 등이 체계화하였다. 하지만 박은식과 신채호야말로 타자와 마주 선 주체의식을 정립한 대표적인 사상가였다. 박은식은 양지의 근대적 현현인 진아(眞我)를 통해 시대문제를 성찰했으며 신채호는 고유한 조선의 근대적 주체[我]인 신국민과 민중을 발견했다.

한국에서도 단군과 기자 이래의 정신을 잃지 말고 소위 한국혼을 발휘하고 (중략) 부강의 실질을 거두도록 힘써야 하니, 이것이 대한자강회의 특색이다.[14]

이기주는 일본인 오가키가 대화혼을 주체인식의 근거로 삼았다면 대한의 국민 역시 조선혼에 근거한 주체의식을 가져야 한다고 주장했다. 하지만 그는 오가키가 동양 경영을 통하여 일본의 백년대계를 도모하기 때문에 일본의 국사(國土)일 뿐 아니라 동양의 천하사(天下土)로서 한국과 청의 이해를 자국의 것과 같이 본다고 생각했다.

> 오가키 선생에게 한국을 우선시하고 일본의 정체성을 뒤로하라[先韓而後日]고 한다면 우리의 조선혼은 반드시 그의 '대화혼 없음'을 용납하지 않을 것이며, 역시 자강회 회원에게 일본 세력에 붙어 한국을 버리라[附日而捨韓]고 한다면 그의 대화혼은 반드시 우리의 '조선혼 없음'을 용납하지 않을 것이다.[15]

그리고 이기주는 대화혼과 조선혼은 서로 다르지만 '동양'이란 차원에서는 같다고 보아 서양과 다른 것으로서의 동양을 인식하고 있었다.

당시 대화혼에 대한 인식은 대개 긍정적이었다. 대한자강회 회원인 김성희는 일본혼을 무사도라고 이해하고 일본이 존왕을 대의로 생각하고 상무(尚武)를 정신으로 삼아 메이지유신 이후에도 이를 교육의 종지로 삼았기 때문에 애국심이 발현되고 자강정책이 좋은 성과를 거두었다고 이해했다.[16] 대한협회는 『대한협회회보』가 곧 대한혼(大韓魂)이라고 천명하기도 했다.[17] 물론 이들은 문명한 자강국이 되는 데 필수적 요소인 조선혼 또는 대한혼이 대화혼과는 다르다고 했다. 그러나 중요한 점은 우리보다 앞서 문명성을 담지한 일본인의 정체성이 한국혼의 문명적 준거였다는 것이다.

　자강의 목적을 달성하고자 한다면 먼저 국민정신을 배양하지 않을 수 없다. 단군기자 이래 4천 년 자국정신이 2천 만 국민의 뇌수에 흘러 한순간이라도 자강정신을 잊지 않게 한 뒤에라야 자강의 심담(心膽)을 단련하여 권리의 활기를 만들 수 있다. 자국정신을 배양하며 문명의 학술을 호흡하는 것이 현재의 급무이다.[18]

　근대적 정체성[自國精神]은 문명의 단선적 궤도에 대한 회의와 보편타자와 구별되는 자기정체성에 대한 비판적 성찰 없이는 생성될 수 없었으며, 결핍된 타자로서의 자기인식을 극복하지 못한다면 문명자강의 근원이라 여기던 애국정신 또한 기를 수 없었다. 윤효정은 4천여 년 동안 역사적으로 계속 전해 내려온 대한정신이 있다고 했다.[19] 하지만 한국인은 사대(事大)와 의뢰(依賴)에 치중하여 비굴한 노예상태를 달게 여기고 있으며,[20] 두려움과 시기가 관습이 되어 일치단결하는 능력이 없고 개명진보하려는 희망이 결핍된 상태라고 진단했다.[21] 근대문명의 단일 궤도 내에서 한국은 서구 열강과 같은 문명국이 될 수는 없었으니, 독립 불가능한 야만국 조선의 독립권을 되찾기 위한 노력역시 헛될 뿐이었다.
　신문명을 담지한 근대적 주체는[22] 신학문의 교육 및 서구화와 일본화를 통해 생성되는 것이지 의병활동 같은 저항을 통해 실현되는 것이 아니었다. 문명성이 부재한 우리가 그들처럼 되는 길은 신학을 교육받는 것이었다.[23] 보편타자에 포섭당한 주체는 보편문명을 주체적으로 수용하거나 단선적인 문명 궤도를 벗어나 다른 길을 모색할 수 없었다. 그러므로 결핍된 타자로서의 자기인식을 전제하고서 자국정신이나 한국혼을 배양하여 애국심을 기를 수 있다는 주장은 논리적 모순이었다. 더욱이 오가키 다케오가 '한국혼의 배양'을 들고 나온 것[24]을 어떻게 받아들일 것인가? 윤효정과 윤치호는 보편타자를 주체인식의 준거로 삼아 거기서 배태된 몰주체적 근대주체를 인식한 대표적 경우라고 하겠다.[25] 이와 같이 문명수용은 곧 그 보편적 중심의 자장 안으로 들어가 주변 혹은 타자로서의 자기인식을 생성한다는 의미였다. 근대 한국의 문명과 주체 인식은 유럽 중심적 근대문명을 재생산하거나 재음미하는 과정에서 생성되었다.

적자: 동양 맹주〔일본〕의 문명지도론

문명 담론은 유럽중심주의와 동양주의라는 근대적 중심주의에 포획되어 있었다. 유럽중심주의를 재생산한 동양주의는 동문동종론을 매개로 동양평화를 내세웠지만 일본맹주론의 다른 이름에 지나지 않았다. 근대문명론은 유럽적 보편성을 강조했지만 백인우월주의와 자민족중심주의를 내함(內含)하고 있었고, 동양주의 역시 황인종의 지역인 아시아의 평화를 표방했지만 강렬한 일본주의였다.

19세기 제국주의 침략사에서 확인할 수 있듯이 근대문명 담론은 궁극적으로는 자국중심주의였다.• 그래서 문명 담론은 강력한 타자와

• 시공을 초월한 보편문명이란 존재하지 않는다. "우리가 보통 보편주의라고 부르는 것은 스스로를 보편주의라고 생각하는 특수주의이며 보편주의가 이와 다르게 존재한 적이 있는지 의심스럽다."라는 사카이 나오키의 지적처럼, 보편성을 주장하지만 그것은 특수성의 다른 이름이기도 하다. 하지만 '보편'으로 인식된 문명이 존재했고 그것이 당대를 추동했던 것 또한 역사적 사실이었다는 점을 간과할 수 없다.[26]

직면해 있는 아국(我國) 혹은 아한(我韓)으로 표현되는 근대적 자의식을 생성하는 자양분이 되었다. 근대적 문명은 실질적으로 국가적 차원에서 구현되었기 때문에 문명수용은 곧 우리도 그들처럼 문명한 자강국이 되겠다는 국가의식을 자극했다. 그래서 국권회복과 독립을 이룩하려면 문명화를 통한 자강이 선결과제라고 파악했던 지식인들은 일본의 문명지도를 받는 것까지 용인했다. 문명이 단선적으로 진보 발전한다면 동양에서 문명화에 성공한 열강 일본의 지도를 받는 것이 우리가 문명화되는 길이었기 때문이다.

　　소위 선진국으로서 동양문명 제일의 지위를 점유한 일본국이 한국에 해를 끼칠 일이 어찌 있으며, 또한 한국민의 원부(怨府)를 만들 일이 어찌 있으리오![27]

　　많은 자강론자가 위와 같은 이토 히로부미(伊藤博文)의 언급을 믿었으며, 문명지도론에 감추어진 제국주의 침략성을 자각하지 못했다. 대한자강회와 대한협회는 문명화를 최우선 과제라고 주장했던 대표적 단체다. 문명의 전범인 서구 열강 그리고 아시아의 문명국인 일본에 대한 인식은 이토 히로부미의 소개에서 여실히 드러난다. '동양평화'와 '상호부조'란 미명하에 을사조약 체결을 강제했던 이토 히로부미는 일본의 한국 지배 의혹을 불식하고 일본이 한국을 문명지도 할 것임을 천명했다.*

　　대한자강회는 이토 히로부미를 전폭적으로 신뢰하면서 일본의 보

---

* 『황성신문』은 일본 내에서 주전론이 비등했지만 이토가 주화론을 견지했다는 점을 염두에 두고 그를 "범속을 초월하여 사태를 꿰뚫어 보는 평화주의자"라고 평가했다.[28]

호국화를 문명지도론으로 받아들였다. 자강회 계열은 러일전쟁을 백인종과 황인종의 대결로 보고 일본을 동양평화의 수호자로 인지했으며, 청과 한국이 일본과 연대하는 것〔아시아연대론〕이 종국적으로 한국의 독립을 유지하는 길이라 판단했다.

특히 대한자강회와 대한협회 창립에 깊이 개입했으며 아시아연대론의 신봉자였던 오가키 다케오는 대한자강회 고문으로서 월보에 수차례 연설문과 기고문을 게재했다. 그는 동문동종론을 내세워 동양평화론과 일본문명지도론을 합리화했다.[29] 그는 동양의 영원한 평화라는 목표를 위해 한국의 문명부강을 바라며, 문명화 없이는 국권회복이 어렵기 때문에 일본의 문명지도를 받아들여야 한다고 주장하였다.[30] 또 일본은 한국의 국권회복에 장애가 아니라 문명화의 전범이며, 동양평화를 위한 협력자이지 침략국이 아니라고 강조했다.

대한자강회는 대체로 이토 통감과 오가키 다케오의 의도를 긍정적으로 평가하면서 문명론을 적극 수용하고자 했다. 윤효정은 일본의 문명지도에 적극 동조하여 문명부강을 도모해야 보호국 체제에서 벗어날 수 있다고 보았다. 일본에 비해 덜 문명화된 아한(我韓)이 근대적 진보와 문명에 대해 회의하거나 일본을 의심하는 것은 자신의 우매함을 드러내는 데 지나지 않는다고 주장했다. 또한 오세창은 일본이 문명지도자로서 의사라고 한다면 한국은 지도와 보호가 필요한 병든 자라고 비유하면서, 야만이라는 중병이 든 한국이 일본의 문명지도를 받는 것은 문명적 시혜이지 침략이 아니라고 했다.[31] 즉 국권상실의 위기에 처한 미개한 약소국에 지나지 않는 한국이 앞서 문명화를 이룩한 동양의 열강 일본으로부터 문명지도를 받는 것이야말로 가장 시의적절한 근대적 방책이라는 주장이다.[32]

근대문명 담론은 타자화를 주체화로 오인하게 했다. 단선적 진보사관에 의거한다면 약자인 한국이 강한 문명국인 일본보다 앞서 나간다는 것은 불가능했기 때문에 문명화를 선결과제로 삼는다면 문명지도는 당연했다. 이러한 문명화 담론은 일본 침략을 용인하는 친일로 자연스럽게 귀결되었다. 일본의 문명지도를 수용해야 한다는 주장은 청에 대한 인식에서도 고스란히 드러났다. 윤효정은 인종전쟁이었던 러일전쟁에서 일본이 승리한 것을 계기로 청국인들도 황인종인 아시아 인종의 전도(前途)에 할 만한 것이 있다고 확신하게 되어 서구 열강의 이권침탈로 생긴 백인에 대한 두려움을 떨치고 분발하여 이권을 회복하려고 노력한다고 보았다. 동양의 맹주인 일본을 같은 황인종인 청국의 각성에 도움을 주는 고마운 존재로 인식한 것이다.[33]

문명화론은 서구 근대문명을 문명다움의 전범으로 인식하고 일본의 문명지도를 기꺼이 수용함으로써 국권회복이라는 목적 달성을 할 수 없는 모순이 발생했다. 문명수용에 몰두한 자강론자들이 일본의 침략성을 투철하게 인식하지 못한 한계이기도 했지만, 보다 근본적인 문제는 서구 근대문명이 문명성과 침략적 야만성을 동시에 지닌 탓이었다. 대한자강회와 대한협회 계열처럼 문명화를 우선시한다면 그들의 문명성에 매몰되어 야만적 침략성을 비판적으로 인식할 수 없는 모순적 한계에 부딪히고 만다.[*][34] 야누스적 타자와 마주하여 근대적 주체성의 근간을 무엇으로 삼느냐, 그리고 서구의 근대적 문명성과 근대적 민족정체성 중 어디에 역점을 두느냐에 따라 근대 지식인의 사상적 갈래가 나뉘었다. 이것이 윤치호·윤효정·신기선과 박은식·신채호의 결정적 분기점이었다.

• 물론 당시 일본의 경제적 수탈과 지배에 대한 우려와 비판이 없었던 것은 아니지만, 그것이 문명지도론 자체에 대한 비판적 성찰과 저항으로 이어지지는 않았다.

03 문명화의
획일성

낡은 것과 새로운 것

'자강'은 근대문명화를 지향했다. 자강운동이 자본주의 체제 활성화[식산흥업]와 교육을 통한 근대적 인간주체 생성을 도모했다는 것은 곧 근대적 의식의 탄생을 의미하는 중요한 기점이라 하겠다. 그리고 무엇보다 강력하게 작동했던 것은 근대적 시공간 관념이었다. 근대적 시공간 관념은 새로운 삶의 양식을 창출하는 근본 토대가 되었다. 전근대적 삶의 양식은 여전히 근대적 삶과 공존하기도 했다. 하지만 근대적 삶은 전근대적 삶의 근간을 붕괴할 정도의 파괴력이 있었으며 그동안 삶을 지배해왔던 이념을 근본적으로 다시 생각할 계기를 제공했다.

17~18세기는 시간의 역사에서 볼 때 중요한 시대다. 시간에 대한 정밀한 측정은 수학적으로 측정 가능한 독립된 세계, 그러니까 과학이라는 특별한 세계에 대한 믿음을 가져다주었다. 근대적 시간 개념을 상징적으로 표상하는 기계는 시계와 기차였다.* 분초 단위로 근대인의 일상을 통제할 수 있었던 기계식 시간은 인간의 사고와 행위를 제어하는 역할을 수행했다. 기계식 시간은 공장노동자의 출퇴근시간 및 노동시간을 통제했으며 학교 또한 계획된 시간표에 따라 움직이게 했다. 산업혁명 이후 등장한 철도와 우편 등 근대적 제도 역시 표준시간을 요구했고 그리니치천문대를 중심으로 한 표준시가 제정되었다. 전 지구적으로 표준화된 시간은 근대적 삶 전반에 개입하여 그것을 통제했다.[36]

시계와 철도로 표상되는 근대적 시간 관념은 빠르게 한국인의 삶을 포섭해갔다.** 전근대적 삶을 송두리째 해체하고, 사회체계 변화는 물론 기존의 문화체계 전반에 대한 반성적 물음을 요구했다. 철도와 우편 등으로 인해 통일되고 규격화된 시간은 학교제도를 비롯한 근대적 제도를 통해 유포되면서 근대인의 일상적 삶을 통제했다.[38] 자강기의

● 1차 산업혁명과 관련하여 철도는 그 어떤 기술보다도 엄청난 물질적 진보를 구현했고, 그 과정에서 유럽과 그 밖의 모든 비서양 민족 사이에 벌어진 간격을 극적으로 보여주었다. 리오 막스가 말했듯 "시스템으로서의 철도"는 새롭게 출현하는 산업질서의 필수 요소들을 대부분 포괄했다. 종전의 목조 구조물을 대체한 금속 구조물, 기계화된 동력, 장대하게 확장된 지리적 규모, 놀라운 속도, 합리성, 비인격성, 전례를 찾을 수 없을 만큼 강조된 정확한 시간 등이 그것이다. 철도는 자연을 지배하는 과학적 사고의 효율성을 극대화해서 보여준 획기적 상징물이었다.[35]
●● 기차는 엄밀하고 표준화된 시간 의식을 지역과 국경을 넘어 세계로 급속히 퍼뜨렸다. 기차와 전차는 옛 시간 관념을 흔들어놓았다. 1899년 경인철도 개통식을 시작으로 근대적 교통수단은 대중의 시간 감각을 근대화하는 데 큰 영향을 미쳤다. 그런 의미에서 기차는 단순한 교통수단을 넘어 근대의 상징이었다.[37]

신문과 학술지 또한 철도망을 이용한 우편제도를 통해 전국 각지에 전달되었다. 근대적 교통망과 유통과정이 없었다면 근대적 사유의 급속한 전파 또한 기대할 수 없었을 것이다.[39] 근대적 시간은 한국인의 삶 깊숙이에 자리를 잡고 삶의 양식을 변화시켜갔다.

학문도 예외는 아니었다. 서양 근대문명을 새로운 전범으로 수용한다는 것은 곧 "그렇다면 우리에게 성리학은 무엇인가?"를 되묻는 것과 동일선상에 있다.

> 시대는 변천하기 때문에 수시변역(隨時變易)하여 신구이학(新舊二學)의 구분이 생겨났다.[40]

신구학론(新舊學論)[41] 이전에도 위정척사론의 정학(正學)과 사학(邪學), 개화론의 오도(吾道)와 서기(西器) 그리고 태서지학(泰西之學) 등 유학과 서양 학문에 대한 지리적·문명적 성격을 지닌 다양한 개념이 존재했다. 그럼에도 불구하고 '낡고 새로운'이란 규정이 필요했던 것은 근대적 삶의 양식과 시간 관념이 일상과 지식의 유통구조를 장악했기 때문이다. '신구학'이란 유학과 서구 근대학문을 근대적 시간 관념에 따라 재규정한 것이었으며, 동시에 '서양'이란 새로운 중심이 시공간적으로 보다 확고하게 자리 잡았음을 방증한 것이었다.

시계적 시간에 의한 근대적 삶의 방식은 전근대적 삶의 양식을 해체하면서 유학을 구학(舊學)이라 규정했다. 근대적 시공간에서 유학은 낡아서 버려야 할 이념으로 해체된 반면, 물 건너온 서양 근대문명은 새롭게 수용해야 할 전범으로 자리 잡았다. 오래되어 익숙한[舊] 것은 낯설고 새로운 것[新]에 대하여 "너와 마주하게 된 나는 무엇인가?"를 되물을 수밖에 없었다. 자강기의 신구학론은 오래되고 낡은 보편문명[구학)에 대한 근대적 해석과 함께 적극적 신학수용의 현실적 파장을 극명하게 보여주었다. 근대적 시공간 관념은 그 안에 존재하는 근대적 삶을 정의하고 제한하며 규정하고 통제한다는 점에서 강제된 시간이었다.[42]

근대적 시간 개념 도입은 유럽 중심의 시간성에 편입되는 것이며 동시에 "지나간 시간은 다시 오지 않는다."라는 직선적 시간관을 용인한다는 의미였다. 근대의 단선적 시간 관념은 인류역사는 시간이 지남에 따라 진보한다는 시간관으로서[*] 오래돼서 낡은 과거로 돌아갈 여지를 차단했다. 유학은 '새로운' 근대적 삶에는 쓸모없는 이념이 되었다.

> 구학이란 전래된 바가 오래된 것이다. (중략) 유학적 앎이 세상을 새롭게 하는 바가 없다.[44]

근대적 시간관에 따르면 구학은 현재적 시간과 단절되어 현실적 맥락을 상실한 이념이었다. 근대적 문명성이 부재했던 유학의 역사는 단지 고인(古人)의 업적을 묵수할 뿐 앎을 새롭게 창조하지 못하는 낡은 유산에 불과할 수밖에 없었다. 신구(新舊)는 단순히 시간적 선후를 의미하는 것이 아니라 대립적 가치 관념까지 담고 있었다. 즉 구학은 오래되어 낡은 것일 뿐만 아니라 진부하고 나쁜 것인 반면 신학은 새롭고 좋은 것일 뿐만 아니라 우리가 수용해야 할 진보적 가치를 지닌 것

• 19세기 들어 진보의식에 대한 믿음이 강해지면서 법률학 등의 학문을 이해하는 데 역사가 매우 중요하다는 의식이 생겨났다. 인류학자 E. B. 테일러(1832~1917)는 인간이 모든 분야에서 발전하는 데 필요한 전제조건은 지성이므로 결국 진보의 본질은 인간의 지적 발달이라 주장했다. 진보는 역사적으로 존재하며 시간은 결국 인간에게 이로운 개념이라는 사상이 깊숙이 자리 잡았다.[43]

으로 환치되었다.

근대적 시간 개념은 우리가 문명화 시기를 놓쳐버린 뒤처진 존재라는 자기인식을 심어주었으며, 동시에 우리도 그들처럼 되기 위해 그들을 뒤따라가지 않으면 발전·진보할 수 없다는 문명적 강박감을 갖게 했다. 자강기에 근대식 학교가 폭발적으로 증가한 것은 학교를 통해 문명화를 실현하려는 목적에서 비롯했다. 격물치지학을 비롯한 근대학문을 적극 수용하고자 했다는 것[45]은 근대적 시공간 관념이 단순히 학교와 철도 등 표면적 통제에 그친 것이 아니라, 서구적 근대를 이식하고 확산하는 지렛대 역할을 담당했음을 보여준다.

진보와 야만의 근대공간

지리적 공간 역시 단순히 물리적 차원에 국한된 것이 아니라 인간의 의식적 사고에 의해 규정되는 사회적 의미와 밀접한 관련이 있었다. 청일전쟁은 중국 중심의 중화질서가 붕괴되었음을 보여주는 역사적 사건이었으며, '서양'은 시공간적으로 새로운 중심이었을 뿐만 아니라 근대가 지향하는 새로운 가치를 표상했다. 근대 이후 세계는 문명한 서구와 미개하고 야만적인 비서구 지역으로 분할되었다.[46]

한국은 악습을 버리지 못하고 새 학문을 싫어하여 꿈에서 깨어나지 못하는 '동양'에 속했다. 이러한 자의식은 아한을 동아시아 한쪽에 치우친 주변으로 인식하게 했다.

아한(我韓)이 동아시아 한쪽에 치우쳐 있어 세계진화에 어두웠기 때문에 오늘날 이 지경에 이르렀다.[47]

아국(我國)은 아세아 대륙 동쪽 기슭에 치우쳐 있어 세계문명으로 진보하는 시기를 놓쳤다. 지금은 선진 문명국의 지도에 의거하여 국사를 정리하고 인문을 장려해야 한다. 또한 지금부터 국민이 협동 일치하여 문명을 흡수하고 시정을 개선함으로써 국가의 부강을 증진하여, 서구 열강과 어깨를 나란히 할 것을 기약하고자 한다.[48]

근대적 시공간 관념에 의하면 아한은 문명화할 시기를 놓쳐버린 변방의 야만이었다. 아한은 문명의 빛이 존재하지 않는 혼몽한 '밖'이며, 지리적으로도 '치우친' 지역에 위치했기 때문에 문명의 진보에 동참하지 못한다고 생각했다.

동양의 구학문과 서양의 신학문이란 이분법적 용어는 재편되는 시공간 관념과 지식구조를 명확하게 보여주었다. 신구학론은 지구적 세계인식을 토대로 한 근대 담론이었다.

오늘날은 육대주가 서로 교통하는 큰 변혁기이다. 학문도 더욱 뛰어나 구학문과 신학문이라는 구분이 있게 되었다. 구학문이란 동양지학이요 신학문이란 태서지학을 가리킨다. 신구학문은 서로 구분이 있어 합하여 하나로 할 수 없다. 아, 본디 신구학문의 다름이 있다.[49]

지구적 세계가 중심과 주변으로 이분되었듯 학문 또한 동양학과 서양학으로 구획되었다. 이것은 신학이 보편문명이 됨과 동시에 유학이 문명의 중심에서 벗어나 '밖'이 되는 문명적 전환이었다.

근대적 시공간 관념이 뿌리내림에 따라 근대적 사유와 문명성의 영향력은 더욱 확대되었다. 현세문명의 안팎은 '중심-앞선 문명', '주변-뒤진 야만'이란 이분법적 경계를 형성했으며 발전과 진보를 담보한 문명은 밖에서 와서 새로운 전범으로 자리 잡고 견고한 경계를 구획지었다. 이에 따르면 문명화의 적절한 시기를 놓친 아한은 '실시(失時)'해버린 시간적 간극을 메울 수 없는 변방이었다.

대한협회는 모든 사회가 문명하고 부강한 지역에 들어가는 것을 궁극적 목적으로 삼는다고 전제하고, 그 성취 여부에 따라 문명국과 야만국으로 구분한다고 했다.[50] 문명국에는 영국·미국·독일 등 구미 열강과 동양의 일본이 포함되며, 이들 국가는 문명과 부강이 제일 위에 있다고 했다.[51] 반면 아한은 반개와 미개의 사이에 있다고 진단했다.[52] 야만적 근대의 주체인 아한은 '뒤따라가야 할' 뒤처진 존재로서 이미 문명화를 이룬 선진 문명국의 지도를 받지 않을 수 없다고 자인했다.[53] 대한협회는 아한이 야만과 노예가 된 근본 원인은 바로 물품을 생산할 수 있는 기술과 제조를 천대하고 소홀히 한 탓이라고 진단했다.

우리 아한이 오늘날 야만족에 처한 까닭이 단순히 민회가 없는 탓만은 아니다. (중략) 우리는 그동안 기계를 만들거나 물품을 제조하는 사람을 천인이라고 홀대했다. 그래서 진취하는 사람이 없고 연구하는 힘이 없어져 오늘날 국내 제조는 극악극열(極惡極劣)하여 자국의 수용도 채우지 못할뿐더러 각종 이익을 모두 외국에 허용하니, 재정 상태가 바닥나버렸다. 이렇게 2천만 인심이 각자 암매한 지위를 자처했으니 '야만'이란 명칭을 어찌 면할 수 있으리오![54]

문명의 빛은 밖에서 와서 세계진화에 어두운 야만 상태를 적나라하게 드러내었다. 근대적 문명성은 기존의 것 안에는 존재하지 않았던, 그야말로 새로운 것들이었다. 따라서 우리는 새롭게 발명된 농업·공업·상업을 배워야만 현세문명의 가치를 따라갈 수 있었다.

아한이 동아시아 한쪽에 치우쳐 있어 세계진화에 암매했기 때문에 오늘날 이 지경에 이르렀다. 그 패적(敗積)한 원인을 연구하며 새롭게 발명된 농공상업을 습득하여 선진우방과 어깨를 나란히 하여 앞으로 나아가면 '현세'문명의 가치를 충분히 회복할 수 있을 것이다.[55]

대한협회는 한국 사회의 주요 문제점을 지적하면서,* 한국이 서양과 일본처럼 문명화를 통해 부국강병한 자주독립국이 되어야 한다고 주장했다.[57] 또 그들은 한국이 미개한 보호국이 된 근본 원인을 문명성 부재로 파악했으며, 문명화의 시작은 신학문 교육이라 진단했다.[58]

● 첫째 관리들의 부정부패 척결과 입헌제 도입 등과 같은 정치적 측면, 둘째 교육 혜택의 보급을 통한 국민적 수준의 향상, 셋째 산업과 저축심 결여라는 경제적 측면으로 정리할 수 있다. 이러한 주장들은 한국의 현실에 따른 것으로 볼 수도 있지만, 일본의 문명지도론 논리와 전혀 차이를 보이지 않는다. 신구학론과 문명성에 대한 인식의 상관성 또한 앞으로 다뤄야 할 논제다.[56]

04 장지연: 자강운동의 한계

의병활동처럼 일본의 제국주의 침략에 직접적으로 저항한 것은 아니지만 자강론도 국권회복을 통한 독립국 건설을 목표로 했다. 「시일야방성대곡(是日也放聲大哭)」이라는 논설로 널리 알려진 장지연(張志淵 1864~1921)은 대표적 자강론자였다. 하지만 언론활동을 통해 자강론을 전개했던 장지연을, 민족문제연구소는 『친일인명사전』에 올렸다.* 장지연이 친일로 규정된 이유는 무엇일까?

장지연은 친일파인가

장지연은 여느 자강론자들처럼 사회다윈주의의 영향을 받아 당시 국제사회는 국력의 강약에 따라 우열과 흥망이 결정된다는 인식을 가지고 있었다. 그러나 단순히 문명화가 서양 문명의 확대 과정에서 달성된다고 생각하지는 않았기 때문에, 개명(開明)을 위한 변화는 긍정하지만 무조건적 서양화와 열강의 침략에는 반대했다. 그는 국가 간 경쟁에서의 승패는 국력 차이에서 결정된다고 하면서 우리 국력이 빈약한 원인을 세 가지로 들고 있다. 첫째 산업자원을 개발하지 않고 방치하며 놀고먹는 자가 많다. 둘째 정치체제가 압제정치가 가능할 정도로 잘못되어 있다. 셋째 성리학이 중화주의와 형식주의에 빠져 현실을 이끌어갈 실질적 힘을 기르지 못하고 있다.

또 국제정세는 동서양의 황인종과 백인종 간의 대결로 인식했다. 따라서 서구 열강의 침입으로부터 국권을 보존하고 전통문화를 수호하려면 동양 삼국이 연대해야 한다고 보았다. 그러나 러일전쟁 후 일제의 침략이 본격화되면서 이런 논의는 쇠퇴할 수밖에 없었고, 보다 구체적이고 실제적인 정치·경제 개혁안과 국가사상 고취를 위한 국민교육을 주장했다.

이러한 노력에도 불구하고 을사늑약이 체결되자 「시일야방성대곡」이라는 논설을 통해 늑약의 굴욕적인 내용을 폭로하고 일본의 흉계를 통박하여 그 사실을 국민에게 알렸다. 장지연은 늑약의 체결로 동양 삼국의 평화가 깨질 것임을 지적하고 조약 체결의 부당함을 비판하면

● 민족문제연구소가 2009년 『친일인명사전』에 장지연의 이름을 싣자 위암 장지연 선생 후손 및 기념사업회는 이를 빼달라는 취지로 게재 및 발행금지 가처분신청을 했다. 그러나 재판부는 "『친일인명사전』에 장지연의 행적을 싣는 게 표현의 자유의 한계를 넘어 장지연과 유족 등의 명예와 인격권을 침해하는 것으로 보기에 부족하다."라는 사유로 기각 처리했다. 또 "장지연이 『경남일보』 주필을 역임하고 『매일신보』에 다수의 글을 실은 것은 역사적 사실이며, 연구소가 내부기준에 따라 이러한 역사적 사실에 대해 일정한 의견을 밝히거나 가치판단을 한 것이다."라고 덧붙여, 연구소가 장지연의 행적을 근거로 하여 친일파로 판단한 것에 정당성을 부여했다.

서 일본의 강압에 굴복하여 조약에 서명한 대신들을 짐승만도 못한 자들이라고 힐책했다.

> 이날에 목 놓아 통곡하노라. 지난번 이토 히로부미가 한국에 왔을 적에 어리석은 백성들은 서로 말하기를 이토는 평소 세 개의 솥발이 서로 의지해 안정하듯이 동양 삼국의 안녕을 스스로 걸머지고 주선하던 사람이니 이번에 온 것이 반드시 우리나라의 독립 기반을 굳게 다질 계책을 권하기 위함이라고 하여 인천항에서 서울까지 관민 상하가 더할 수 없이 환영했다. 그러나 천하에는 헤아리기 어려운 일도 많도다. 천만 뜻밖에 오 조약이 체결되었다. 이 조약은 비단 우리 한국뿐만 아니라 동양 삼국의 분열을 빚어낼 것을 조장할 것이다. 그러면 이토 히로부미의 본의는 과연 어디에 있겠는가?[59]

장지연은 망국 위기를 극복하는 방법으로서 민족의 단합과 자강운동의 강화를 주장하고 1906년 창립된 대한자강회에서 적극 활동했다. 그는 자강은 비분강개만 앞세우고 이론적 숙고나 물리적 힘의 준비 없이 국권회복을 부르짖어서는 아무런 소용이 없으므로 점진적으로 힘을 길러 국권회복을 하고 자주독립을 이루자고 주장했다. 이런 목표는 단시일에 이루어지는 것이 아니라 장기적이고 점진적으로 해결해나가야 한다고 했다. 교육과 식산을 더욱 장려하여 국력을 기르고 유학에 대한 반성을 통해 일상생활 습관과 국민정신을 개혁하여 적극적이고 자발적인 자강을 이룩하자는 것이다. 장지연은 점진적 방법을 주장했기 때문에 의병활동을 '실효성 없는 무력 투쟁'이라 규정하고 투쟁방법과 무리한 군자금 모집의 부작용을 비난하기도 했다.

장지연은 서양은 기독교를 근본으로 하여 문명을 발달시켰으므로 우리나라에서도 국교인 유교를 기반으로 국민을 교육함으로써 국기 (國氣)의 근본을 배양하고 동시에 신학문을 발전시키자고 했다.[60] 그는 부강해질 방법을 강구해야 부국강병을 이룰 수 있지만 사회를 안정시 키고 부강을 오래도록 보존하려면 예교(禮敎)의 교화가 먼저 확립되어 야 한다고도 하였다.[61] 유학은 제세경국(濟世經國)의 대도(大道)로서, 새 시대에 적합한 예를 정립하는 데 필수적인 사상이라고 파악했다. 그는 또 국세가 쇠퇴한 것은 유교의 죄가 아니라 유학정신을 제대로 실천하지 않았기 때문이라면서, 당시 주자학이 실용보다는 허례를 중 시하고 국망의 위기에 소극적으로 대처한 점을 극렬히 비판했다. 그는 또 유학이 본래 목적을 달성하려면 유생들도 구학만 고집하지 말고 서 양 학문을 적극 수용해야 한다고 주장했다.

이와 같은 자강기 활동에 근거한다면 그를 친일파로 단죄하기는 어 려워 보인다. 그리고 유학적 사유만이 유일한 보편이라고 주장하지 않 으면서도 유학적 사유를 부정하지 않은 점이 박은식과 유사하며, 여느 자강론자들처럼 사회다원주의의 자장으로부터도 자유롭지 않았다. 하지만 그 양상이 달라졌던 것은 문명화와 민족주체성을 어떻게 인식 했는가의 차이에 기인한다.

장지연이 점진적 문명화를 통한 독립을 지향했지만 단선적 진보사 관에 의거하면 우리가 그들보다 앞서 역사적 발전을 이룩한다는 것은 불가능했다. 또 문명화를 통해 독립국이 되고자 했지만, 문명화에 치 중하게 되면 몰주체적 주체를 양산함으로써 독립 불가능한 상태에 이 를 수밖에 없었다. 그는 조선총독부 기관지였던 『매일신보』에 "일본 은 아시아의 패왕"이라거나 "아시아를 제패한 전술로 볼 때 아시아의 독일"이라고 쓰는 등 친일 행위를 이어갔다. 이는 일제 강압에 의한 것 이 아니라 일본의 문명지도에 의한 독립과 진정한 문명화가 실현될 수 없었던 역사적 귀결에 따른 좌절 때문이었다. 이러한 양상은 식민기에 이르면 더더욱 내면화되어 보편타자에 조응하지 않는 주체는 상상할 수도 없는 지경에 이르게 되었다.

8장

신구학론과
격물치지학

01 구학〔유학〕의 근대적 해체

'낡은' 도덕적 이념성

신구학론은 서구적 근대문명성을 보편이념으로 수용하려는 인식지평을 반영한 담론으로서 적극적 신학수용을 전제로 하면서도 신학과 구학이 어떻게 만나야 하는지를 문제 삼았다. 즉 신구학론은 근대적 시공간 속에서 유학의 해체와 재정립은 물론 문명인식과 결합된 신학수용론의 문제의식을 고스란히 담고 있었다. 신학이야말로 근대적 실학(實學)으로서 '시대'에 맞는 시의성을 담보하고 있는데, 구학은 현실적 맥락을 상실했으면서도 낡은 이념성만 고수하는 병적 노예 상태에 빠졌다고 진단했다. 신구학론자들은 구학의 이념과 제도로는 서구 열강의 침략에 맞설 수 없을뿐더러 근대적 문명화도 이룰 수 없다고 비판했다. 그러나 구학의 정체성과 근대적 역할이 주요 쟁점이 되었던 것은 구학이 여전히 삶의 방식과 사유에 광범위한 영향을 미치는 현실을 역설적으로 보여준다. 한국의 근대가 신학수용을 통한 문명화만으로는 해결할 수 없는 중층적 문제에 직면해 있었던 탓이다.

근대적 시공간 관념은 유학적 이념을 실현할 현실적 기반을 앗아갔다. 이념을 실현할 시공간을 상실한 성명의리지학(性命義理之學)은 공허하고 부패한 사상으로 치부되었다.

오늘날은 6주(六州)가 서로 교통하고 5종(五種)의 인류가 섞여 서세동점의 약육강식 시대가 되었다. 과거와의 거리가 먼 풍조가 날마다 새로운 세계를 만났으니, 성명(性命)의 공담(空談)과 부패의 사상으로 생존할 희망이 어디에 있으리오. 이것은 수구파의 잘못이라고 할 수 있다.[1]

유학적 도덕문명과 서구적 근대문명이 '충돌'했던 개항기는 척사론에서 개화론 그리고 동학에 이르기까지 서양 근대문명과 충돌한 사태에 관한 서로 다른 시선이 공존했다. 개항기의 척사론이나 서기수용론은 적어도 유학이 지닌 도덕문명성의 가치를 인정하는 한도 내에서, 서학과 어떤 관계를 맺을 것인가를 물었다. 즉 낯선 타자와 마주 선 유학은 자신의 정체성을 재확인하고 논리화하는 작업을 시도했다. 그러나 자강기에 이르면 근대적 시공간이 일상화되고 제국주의 침략이 본격화되면서 서구적 근대의 자장 속으로 깊숙이 들어서게 되었다. 근대적 시공간의 일상화로 유학적 이념을 실현할 수 있는 현실적 맥락을 상실함으로써 유학이 낡고 쓸모없는[舊] 학문으로 전락한 것이 개화기와 자강기의 질적 차이였다.

유학이 신구(新舊)라는 대비적 수식어로 서구 근대학문과 조응하게 된 것은 삶의 양식이 단절되지 않고 근대와 겹쳐 있었기 때문이다. 즉 유학은 비록 근대사회를 추동해나갈 주도력을 상실했음에도 불구하고, 단숨에 사라진 것은 아니어서 여전히 삶의 전반에서 광범위한 영향력을 행사하고 있었다.* 이것이 '낡고 쓸모없는'이라는 가치판단과 연관되었음에도 불구하고 다시금 구학을 문제 삼게 된 근본적 이유였다.

김사설은 신구학이라는 구분을 전제하면서도 학문의 기본 목표는 동서양이 다르지 않으며, 유학적 도덕성은 보편성을 담보하기 때문에 구학을 폐기할 수 없다고 주장했다.

> 신구학문의 다름이 있다. 그러나 그것을 잘 배우고자 한다면 구학문이 없을 수 없는 것은 신학문이 없을 수 없는 것과 같으며 신학문이 없을 수 없는 것은 구학문이 없을 수 없는 것과 같다. 어찌 하나만을 주로 삼아 다른 하나를 폐할 수 있겠는가! 군신부자(君臣父子)의 윤리와 인의효제(仁義孝悌)의 본성은 고인(古人)이든 금인(今人)이든 동일하다. 동인(東人)이든 서인(西人)이든 동일하다. (중략) 학문을 불선(不善)을 목표로 하거나, 선의 실현에 극진하지 않는 것[부진(不盡)]을 목표로 하겠는가? 극진하게 해야 하기에 구학을 폐기하는 것이 불가하며 신학을 거절하는 것도 불가하다.[3]

김사설은 효제충신은 시공을 초월한 보편이념이기 때문에 근대적 시공간에서도 여전히 유효한 진리라고 주장했다. 또 성낙현은 유학의

---

* 국가의 인재선발 방식도 그러한 예에 속한다. 갑오개혁으로 과거제가 폐지되었지만, 성균관 경학과를 설치하고 경의문대(經義問對)를 시행했다. 이는 전국의 유생을 대상으로 경학과 시무를 겸비한 인재를 선발하려는 의도였다. 1897년 출제된 문제는 『중용』과 『대학』에 관한 것이었으며, 경의문대는 경술국치 이전까지 지속된 국가적 정규 시책이었다.[2]

도덕이 아니라면 인간과 금수의 차이를 말할 수 없다는 논리를 내세웠다. 인간다움〔仁〕은 인간을 금수와 구분 짓는 중요한 잣대이기 때문에 '인'의 현실적 구현이라 할 수 있는 효제충신은 시공을 초월한 보편이념이라고 주장했다.

> 구학의 도덕이 아니면 효제충신의 의를 잃게 되어 금수와 같아진다.[4]

성낙현 역시 근대적 맥락에서도 인간의 도리인 효제충신은 여전히 지켜져야 하기 때문에 신학을 수용하더라도 마땅히 구학을 먼저 닦지 않으면 안 된다고 주장했다. 이종하도 신구학이 보세치민(普世治民)이라는 동일한 목표를 가졌기 때문에 구별할 필요가 없다고 항변하기도 했지만,[5] 이러한 주장은 도리어 공허했다. 사회문화적 맥락을 상실했는데도 여전히 불변의 이념성을 묵수한다는 것은 오히려 이념을 형해화할 수 있기 때문이다.

왕조체제와 신분제에 기초했던 유학적 윤리규범을 고수하는 것이야말로 이미 낡아 쓸모가 없어졌다. 군신부자의 윤리와 인의효제의 본의를 실현하는 것이 보편이라면 근대라는 새로운 시공간에서 그 이념을 실현할 수 있는 구체적인 사회제도를 모색해야 했다. 구학에 대한 비판은 바로 이러한 현실적 맥락에서 이루어졌다.

> 시국에 통하지 않고 옛것에만 빠져 지금 것을 그르다고 여기는 태도는 옳지 않다. 〔유학자들은〕 본말이 어떠한지 논하지도 않고 그 득실이 어떠한지도 묻지 않고 태서인의 의견은 들어보지도 않고 무조건 "오학(吾學)이아니다."라고 말하니, 학이 어찌 피오(彼吾)가 일정하여 바꿀 수 없는 구분이 있겠는가? 지금 한갓 몇 천 년의 진부하고 쓸데없는 말을 고수하여 견

문을 넓히고 지식을 확장할 계책을 생각하지 않으니, 이것이 참으로 5주(五洲)를 알지 못하고 8성(八星)을 알지 못하는 것이다.[6]

시의성을 상실한 유학은 그야말로 낡고 진부한 이념일 수밖에 없었다. 효제충신이라는 전근대적 이념이 당대의 사회문화적 맥락에서 어떤 시대적 변화를 꾀할 것인가를 물어야 했었다. 그야말로 '시간'을 되돌릴 수는 없기 때문이다. 그런 측면에서 이른바 '구학'이라는 용어가 담고 있던 시대인식은 일정 부분 정당했다. 유학이념[時中]은 언제나 시대적 맥락에서 올바름을 실현하는 것을 지향했기에, 현재적 문맥에 대한 성찰이 없다면 효제충신의 논리가 보편타당성을 확보하지 못할 뿐만 아니라 제국주의 침략에 맞설 만한 시대정신을 담고 있었다고 평가하기 어렵기 때문이다.

구학의 병적 상태

신구학론은 신학의 효용성을 수용해야 한다는 전제에서 출발했기 때문에 구학의 병폐를 지적하는 데 치중했다. 김사설은 유학이 현실 문제와 괴리되어 성리설에 치중한 나머지 현실적인 문제에 대한 구체적 방안을 제시하지 못하고 있다는 점을 지적했다.

성리학자들은 다시 세사(世事)를 묻지 않는다. 설혹 세상에 나와 일을 한다고 할지라도 학자는 세상을 잊어야 한다고 말하니 어찌 성리학이 참으로 이와 같겠는가? 만약 참으로 이와 같다면 공자가 천하를 주유한 것도 부당하며 맹자가 제나라와 양나라에서 유세한 것도 부당하며 주자가 밤늦도록 잠 못 이룬 것도 부당하다.[7]

김사설은 유학이 현실 문제를 해결할 수 있는 이념을 제공하지 못한다면 본의를 상실한 것이라고 비판했다. 설태희도 조선시대의 성리학이 요순정치를 정체(政體)로 삼았지만 실제로는 그 본지(本旨)를 실현하기보다는 동포의 인권을 박탈한 정치를 했기 때문에 지금의 노예 상태에 이르렀으며, 신분제에 근거한 조선왕조의 전제정치는 내적 노예상태였다고 평가했다.[8] 그는 유학의 본의대로 한다면 공자의 도가 부강의 방도가 될 수 있는데도, 우매한 유학자들이 유학이 부강과 이해를 언급하지 않고 오히려 부강과 이해를 기피해야 할 것으로 오인했기 때문에 병적 상태에 이르렀다고 주장했다.[9] 옛것만 좋아하는 병적 상태야말로 유학의 가장 큰 문제라고 비판했다.

여병현은 유학자가 구습에 얽매여 근대적 실학에 힘쓰지 않았기 때문에 국권상실의 위기에 처한 것이며, 따라서 구학만 고집해서는 국권회복과 자주독립을 이룰 수 없다고 판단했다.

우리 대한에는 경학에 뛰어난 자가 많았지만 후세로 내려오면서 학문이 쇠퇴하여 독서지사가 오로지 사장(詞章)만을 숭상하고 실학에 힘쓰지 않았다. 그래서 문장으로 기록된 말은 많지만 마음속에는 실제적 책략이 없으니 어찌 조소를 면할 수 있으랴! (중략) 이웃나라의 병탄을 피하기 어렵게 된 죄과가 참으로 민을 인도함에 마땅한 바로써 하지 않고 민을 교화함에 그 구[구습과 구학]를 변화시키지 않은 데에 있다. 오늘날 전국 각지에서 "국권회복과 자주독립"을 말한다. 그러나 그 행하는 것은 옛날의 구습과 구학이며 자손을 교육하는 것 역시 구습과 구학이다. 이것으로 어떻게 국권회복과 자주독립을 할 수 있겠는가? 나는 구학으로는 국권회복과 자주독립을 이룰 수 없다는 것을 안다.[10]

국권상실의 근본적 원인이 서구 열강의 침략보다는 병적 상태에 빠진 구학에 있다면 국권회복과 자주독립을 위해서는 신학수용이 급선무일 수밖에 없게 된다.

지금 서인의 국가학인 물리학, 기화학에 관련된 서적과 사회법, 교육법, 식산법규에 관한 것은 모두 배우고 수용해야 할 것이다. 그런데 그대들이 머리를 자르고 서양 옷을 입는 것 때문에 이것까지 아울러 싫어하고 미워하여 함부로 "윤리도 없고 이치도 없다."라고 말하니 또한 과실이 아닌가?[11]

이기(李沂)는 유학의 시중지도(時中之道)를 실현하기 위해서라도 서인의 국가학을 배워 마땅하다고 주장했다. 그리고 신학이 비록 성리학의 이기심성론과 동일한 논리구조를 가지고 있지는 않지만 윤리와 이치를 갖추지 못한 야만이라 단정할 수는 없다는 점도 아울러 지적했다.

구학의 근대적 구현

유학이 근대적 맥락에서 시의성을 상실했다고 판단했다면 유학무용론을 전개하는 것이 옳을 것이다. 그런데 신구학론자들은 효제충신을 부정하지는 않았다. 김사설은 한결같이 군신부자의 윤리와 인의효제의 본성은 동서고금에 따라 달라지는 것이 아니라는 도의(道義)의 보편성을 주장했다.[12] 그렇다면 근대적 일상에서도 여전히 효제충신은 시공을 초월한 보편성을 담지한 도덕본체로서 실현해야 할 이념이라고 규정할 수 있게 된다.

사람이 한순간도 떨어질 수 없는 것이 효제충신의 도이다. 이 도는 곧 공맹의 가르침이니 동양에서 수천 년 동안 존숭해온 종교이다. 이 종교는 사람에게 원기가 있는 것과 같고 사람이 음식을 먹어야 하는 것과 같아 일상생활 속에서 늘 행해야 할 것이니, 만국이 모두 동일한 것이다. 하물며 우리나라라고 예외이겠는가? (중략) 또 천하만국이 각각 종교가 있으니 각각 그 종교는 반드시 자국을 주로 하니, 진실로 이 땅에서 태어났으면 그 누가 이것을 버리고 다른 데로 가겠는가?[13]

과학기술이 삶의 새로운 척도일지라도 부자관계나 군신관계 등 관계맺음이라는 삶의 기본 맥락이 소멸되지 않는 한 유학적 본체는 관계맺음에 관한 당위법칙으로서 여전히 유의미하다고 보았다. 이는 서구가 계몽된 '개인'을 국가의 주체로 상정했던 것과 달리, 이성의 역사를 경험하지 않았던 한국은 인간 삶에 관한 기본 영역을 여전히 유학적 사유방식으로 이해하려 했음을 보여준 것이라 할 수 있다.

하지만 신구학론에서 유학의 도덕적 본체를 사덕(私德)의 영역으로 신학을 공덕의 영역으로 양분하였다. 유학에 대한 긍정은 신학수용을 가능하게 하는 논리를 유학적 사유와의 연관 속에서 논의하려는 데 중점이 있었다. 유학적 사덕은 이미 충분하기 때문에 시급히 시행해야 할 것은 근대적 공공성과 과학이라는 점을 강조하고자 했다.

오동(吾東)의 정치와 학술은 다년간 지나(中國)에서 수입되었는데, 윤리학과 덕육(德育)과 체육은 개인의 사덕을 양성했으며 그것은 불완전하다고 할 수 없다. 부족한 것은 공덕과 격치지학(格致之學)이다. (중략) 공맹의 가르침으로 본체를 세우고 구미지학(歐米之學)으로 용(用)을 통달한다면 중용지도(中庸之道)가 설 것이니, 어찌 동서 양 문명의 회합의 일대기관

(一大機關)이 아니겠는가.[14]

자강론자들은 당대를 국가 간 경쟁시대로 규정했기 때문에 개인의 자유와 권리를 함양하는 것보다는 국가적 위기를 극복할 수 있는 '국민' 만들기를 시급한 과제로 인식했다. 개인의 개성이 서양의 과학 발달에 근간이 되었다는 점을 인정하면서도 개인사상을 극단으로 추구하면 국가가 망한다고 하여, 개인에게 국가와 사회의 발전을 위한 공덕과 공리에 힘쓸 것을 요구했다.[15] 그리고 개인〔私〕의 삶은 공리와 공익의 향상을 통해 보장받을 수 있으므로[16] 문명과 국가발전의 원동력인 공덕 함양을 개인의 중요한 임무라고 보았다. 따라서 유학적 사덕의 사회적 역할은 대폭 축소되었으며 시대정신이라는 중추적 역할 또한 박탈되었다. 유학을 도덕적 본체라 규정하면서도 그것을 사덕 영역에 국한시키고 사사로운 폐습의 근원으로 지목함으로써 본체가 그 본질을 상실하는 모순에 직면하게 되었다.

> 수구사상이 만약 공공적인 의무(義務)에서 나오면 옳겠지만, 지금은 사사로운 폐습(弊習)을 왕성하게 드러내니 이것이 어찌 옳겠는가! (중략) 여러분이 신세계의 문명을 받아들여 탐간(貪奸)의 구습을 통혁(痛革)한다면 위민위국(爲民爲國)의 공정사상이 자연히 감발(感發)할 것이다.[17]

변승기는 수구사상인 유학은 사사로운 폐습의 원인으로 탐간의 구습을 자행해왔다고 비판했다. 그러므로 이러한 문제점을 극복하고 신세계 문명에 맞는 공정사상을 새롭게 창조해야 한다고 주장했다. 이와 같이 국가적 공공성을 강조할 경우 유학은 공공성이 부재한 사사로운 폐습에 지나지 않으므로 궁극적으로 해체의 길을 걷게 되는 것이었다.

02 신학의 근대적 문명성

신학과 구학의 경계와 신학수용의 당위성

신학은 근대적 삶의 양식과 사유를 해명하는 새로운 패러다임이었다. 신구학론의 신학 및 격물치지학은 서구적 근대성이 새로운 전범으로 자리 잡아가는 사상적 전환을 여실히 보여주었다. 신학은 '문명화를 통한 자강'을 구현할 중요한 길이라고 인식했기 때문에 그것을 어떻게 효율적으로 교육할지를 문제 삼았다. 자강론에서 자본주의적 경제발전(殖産)과 함께 근대적 교육체계 구축과 확장이 강조되었던 것은 이 때문이었다.[18] 전근대사회의 정치이념이자 시대정신이었던 성리학이 보편문명으로서의 지위를 상실하고 사덕의 차원으로 그 영역이 축소된 반면, 과학적 사유에 기초한 근대적 학문은 수용해야 할 전범으로서 근대적 삶을 추동했다. 즉 신구학론은 서구 중심적 사유를 투영한 것으로서, 전근대와 근대를 구획 짓는 보편문명의 전이에 관한 담론이었다. 이것은 신학이 보편문명으로서 '중심'이 되는 반면 유학이 문명의 '밖'이 되는 자리바꿈이기도 했다.

자강론자들은 신학을 수용하지 않으면 문명국이 될 수 없을 뿐만 아니라 종국에는 식민지로 전락할 것이라고 주장했다.[19] '근대'라는 새로운 세계를 해석할 체계를 담지한 서구 근대학문은 근대적 문명성을 담보한 그야말로 '새로운' 학문[新學]이었으며, 신학을 수용하지 않고는 근대국가 건설이 불가능하다고 판단했다. 근대적 문명국이 신학의 효력으로 이루어졌다고 판단한다면 신학수용이야말로 근대적 문명에 이르는 지름길일 수밖에 없었다.

여병현은 구학으로는 국권회복과 자주독립을 도모할 수 없지만 신학에 힘쓰면 실현할 수 있다고 단언했다.[20] 이종린은 학문이 성리학이나 시문에 국한된 것이 아니라 신학인 정치·경제·자연과학 등 전반에 걸쳐 있음을 알아야 한다고 했으며,[21] 최병헌도 신구학의 허실을 분명히 살펴야 한다고 주장했다.[22]

구학은 고인의 서적이니 그 이치를 관찰해보건대 수제치평(修齊治平)의 도가 없는 것은 아니나 (중략) 오래도록 공부해도 한 가지 일도 이루지 못한다. (중략) 신학은 이와 다르다. 신학은 오늘날의 철인, 지사가 정열적으로 연구한 신지식이니 경제·정치·농학·공학·화학·이학 등등 신학의 분과는 매우 많다.[23]

신학은 서구 근대 분과학문으로서, 법률·경제·상업·공업·문학·의학·이학·농학[24] 혹은 물리·화학·수학·정치·법률·심리·의학·

공학·상학·병학·농학 등으로 분류하기도 했다.[25]

　신학의 저서를 보니 그 대강과 세목이 천인사물(天人事物)에 관한 이치와 일상생활에 필요한 방책 및 국가, 인민을 유지·발달시키는 것을 모두 갖추고 있다. (중략) 신학은 국가를 견고하게 하며 사람의 재기(材器)를 넓혀주고 식견을 길러주며 재예(才藝)를 지도하는 것을 모두 갖추었다. 그 범위는 광대하고 조리는 정상(精詳)하며, 진화의 정도와 유지하는 질서가 완전하고 아름답다고 할 만하다. 따라서 실제적이고 유용한 학문이라는 것은 한 사람의 사견이 아니다.[26]

　신학의 이치를 상찰(詳察)하면 만리(萬理)를 모두 파악할 수 있을 것이다. 오늘날 문명한 열강국이 된 것은 모두 신학의 효력이지 구학의 효력은 거의 없다.[27]

　신구학론자들은 만물의 이치에 관한 탐구 역시 신학을 통해 가능하다고 보았다. 최생은 신학이 천지만물의 이치를 모두 갖추었을 뿐만 아니라 그 조리가 상세하기 때문에, 신학의 과학적 탐구를 통해 모든 이치(萬理)를 파악할 수 있다고 했다.[28] 위 인용문들은 신학 연구를 통해 천지사물의 이치를 탐구해 마땅하며, 참된 이치는 과학적 연구방법을 통해 발견할 수 있다는 근대적 사유를 보여준다. 참된 앎은 과학적이고 객관적으로 검증되어야 할 것으로서, 기질 변화 등 인간심성 문제와는 별개의 것이 되었다. 그러므로 성리학의 즉물궁리를 통해 만리를 인식할 수 있는 것이 아니며, 참된 진리란 '천리체인'을 의미하지도 않는다. 이 같은 지적은 천리체인으로부터 과학적 탐구로의 사유의 전환을 담고 있다는 점에서 매우 중요하다. 즉 진리성은 천리에서 과학법칙*으로 옮아갔다. 신학수용은 자연과 인간에 관한 과학적 인식을 학문적으로 정초했다는 점에서 획기적이었다. 자강기의 사상적 변화는 바로 이러한 '과학성'에 근간을 두고 있기 때문이다.

신구학론은 근대적 지식구조를 내면화하는 반면, 성리학적 세계관 해체의 정점을 보여주는 근대 담론이었다.** 근대 과학지식이 가치중립적이라는 신념에 기초했다면 성리학은 존재와 당위를 유기적 관계로 해명했던 논리구조였다. 따라서 신학의 핵심이었던 격물치지학은 기존의 성리학적 격물치지설과 충돌했다. 근대공간에서 유학적 도덕문명성과 서구 근대문명성은 동일한 인식 지평에 설 수 없었다. 신학의 정수라고 여겼던 격물치지학은 이러한 서구 근대의 과학적 세계관을 고스란히 담고 있었다.

여병현은 격물치지학을 서양 근대의 자연과학 분야 전반을 포함하는 용어로 사용했다.[30) 이러한 격물치지학의 학문적 성과는 성리학적 격물치지를 통해서는 도달할 수 없는 지점이었다. 성리학의 천리는 모든 존재자의 본성〔性卽理〕이기 때문에 천리를 벗어나 존재하는 존재자

• 과학법칙이란 자연에 관한 객관적 이해로서, 자연을 양·속도·무게·질량·시공간적 위치 등 수량화가 가능한 물질적·기계론적 관점으로 이해하면서 자연의 기계론적 필연성을 법칙화하는 것을 말한다. 갈릴레오는 자연현상을 크기·형태·숫자 그리고 운동이라는 일차적 성질들로 환원함으로써 객관성을 확보하고자 했다.[29)

•• 한국 성리학의 대표 논쟁은 모두 인간의 심성을 이기론적으로 해명하는 작업이었다. 15세기 사단칠정논쟁이 마음〔心〕의 작용인 정(情)의 문제를 논의했다면 17~18세기 호락논쟁은 마음의 본체인 성(性)을 논의했다. 그리고 19세기 명덕논쟁은 마음 그 자체를 문제 삼았다. 개항기 심설논쟁은 명덕을 존리적 차원에서 적극 해명함으로써 서학이 사학(邪學)임을 입증하는 동시에 성리학적 이념을 공고화하려던 철학적 논쟁이었다. 한국 성리학이 심·성·정에 관한 치밀한 담론을 전개한 것은 도덕가치의 내면화와 그 실천을 통해 사회적 문제를 해결하려는 데 초점이 있었기 때문이다. 기존의 이기심성론에 관한 논쟁이 성리학 내적 측면의 이론 논쟁이었다면, 신구학론은 이질적 타자를 만나 유학의 근대적 정체성을 물었던 외적 논쟁이었다고 할 수 있다.

는 존재할 수 없다. 그러므로 즉물궁리하여 천리를 체인하는 것〔활연관통(豁然貫通)〕이야말로 학문의 정수였다. 그러나 근대적 맥락에서 학문의 목적은 인간심성과 만물의 본성인 천리를 체인하는 것이 아니라 자연현상에 대한 이성적 탐구에 있었다.* 객관사물은 천리체인의 대상이 아니라 자연자원으로서 존재하게 되었으며, 이러한 자연현상을 연구·이용하여 인간생활을 편리하게 하는 것이 보다 중요한 목표가 되었다.31)

자본주의 경제발전〔殖産〕이란 천연의 생산이 아니라 천지간 존재하는 만물에 인공(人工)을 가하여 유용성을 만드는 것으로, 생산성을 증가시키는 것이 식산의 목적이다.32)

자연은 인공과 기술의 대상으로서 천연물과 인조물로 구분될 뿐33) 천리에 내재한 사물이 아니었다. 즉 자연은 마땅히 자원으로서 존재해야 하며, 인간의 손과 기술을 거쳐 자연적 상태로부터 벗어난 자연이야말로 자연다운 자연이고, 인간은 자연을 자원화하는 능력을 배양할 필요가 있었다. 천연물에 인공을 가하는 노동은 인간과 하등동물을 구별 짓는 인류 특유의 활동이라고 파악했다.34)

격물치지학이 가치중립적 자연법칙을 탐구했다면 성리학의 격물치지는 천인합일적 천리를 체인하고자 했기 때문에, 신구학의 학문적 성

• 위정척사 사상가들이 서양의 근대적 사유를 받아들일 수 없었던 근본적 이유는 그것이 우주만물에 내재한 천리, 즉 소이연지고(所以然之故; 사실판단 영역)와 소당연지칙(所當然之則; 가치판단 영역)의 불가분성을 거부하고 천리체인을 무의미하게 만들기 때문이었다. 또한 서양의 편리한 물품이란 제거해야 할 대상인 인욕을 부추기기 때문에 양화(洋禍)라고 파악했다.

격은 현격한 차이가 있었다. 신구학론자들은 신학을 수용하지 않을 수 없는 근대적 삶의 맥락에서 구학의 문명성 부재를 비판했다. 신학수용론은 개항기 서기수용론이나 격물치지학과 관련해 이미 그 사상적 단초를 보였지만 자강기의 신구학론은 신학이 이미 확고한 영역을 구축했다는 점에서 질적 차이가 있었다. 서구 근대적 문명성이 과학기술 분야에 국한된 것은 아니었지만, 그 핵심은 격물치지학이라 판단했기 때문에 신학 가운데 특히 격물치지학에 주목했다. 회보에 근대 분과과학에 관한 내용이 많았던 것도 이에 기인한 것이라 할 수 있다.

사회다윈주의와 신학의 시의성

인간사회에 관한 근대적이고 과학적인 해석으로 기능했던 사회다윈주의는 인간은 물론 자연에 관한 과학적 탐구와 그 '진보'적 발전을 추구하는 것과도 긴밀한 관계가 있었다. 기술문명 발달이 곧 인류의 문명화였으며 곧 역사적 진보였다. 인류의 역사가 진보한다는 사회다윈주의적 신념이 가능했던 토대는 과학기술의 발전이었다.* 비록 사회다윈주의가 제국주의 침략을 정당화하는 이론으로 쓰이고 과학기술이 식민지 개척의 수단이 되었음에도 이를 거부할 수 없었던 것은 과학적 지식만이 객관적이고 유일한 참으로 받아들여졌기 때문이다. 사회다윈주의적 현실인식은 신학수용과 밀접한 관련이 있었으며 '과학성'은 이를 매개하는 중요한 요소였다. 사회다윈주의는 근대적 문명을 실현해야 한다는 열망과 신학수용을 당연한 것으로 받아들이는 과

---

* 허버트 스펜서는 인간발전의 핵심요소로 성찰적 의식(reflective consciousness)을 꼽기도 했지만, 특정 민족이 이러한 의식을 적용해 자연세계를 얼마나 통제할 수 있느냐 여부가 문명화된 상태를 향한 진보의 핵심적 요소라고 믿었다.[35]

학적 토대를 제공했기 때문이다. 서구 근대지식은 인간과 자연에 관한 '과학적' 탐구의 총체였으며 과학적 진리는 모든 학문의 지고한 목표가 되었다. 이러한 과학적 방법만이 '참된 앎'을 담보할 수 있다는 믿음은 모든 학문 영역으로 확산되어 모든 지식 유형이 과학적으로 탐구되어야만 했다. 과학적 지식에 기초한 기술과 기계는 전근대와 근대를 가르는 중요한 척도로 작용했다.*

서양에서는 자연에 관한 과학적 탐구가 실제 삶에 큰 영향을 미치면서 인간과 사회에 관한 과학적 탐구를 통해 세계에 관한 체계적 앎을 구축하고자 했다. 19세기 사회다원주의는 인간과 사회에 관한 객관적 '과학이론'으로 각광받았다. 자연과 인간에 관한 과학적 탐구야말로 '참된' 지식이었기 때문에 사회다원주의적 세계인식은 거부할 수 없는 객관적이고 보편적인 진리로 인식되었다.[37] 사회다원주의에 근거하면 인간사회는 자연과 마찬가지로 적자생존과 약육강식 원리에 의해 선택된 강자의 생존이야말로 과학적 진리였다. 사회다원주의를 인간사회에 관한 '과학적' 담론이라고 인식한다면 이는 검증된 진리이

• 과학적 사고방식과 발명 능력에 따른 유용한 산물들이 유럽인들을 다른 민족과 구별짓는 기본 속성으로 빈번히 등장했다. 19세기에는 선진 문명과 야만 그리고 미개한 문명을 구분하는 척도가 과학과 기술적 성취라는 점에 폭넓은 동의가 이뤄졌다. 과학과 기술적 성취가 더는 주변적인 것이 아니었고 그 사회의 근본 가치와 제도적 정비가 이루어졌음을 나타내는 징후로 간주되었다. 기계와 방정식의 유무 자체가 특정 사회가 획득한 발전 수준을 가리키는 지표가 된 것이다. 변화는 좋은 것일 뿐만 아니라 문명화를 위해 필수적인 무엇이었다. 반면 정체와 쇠락은 미개인, 원시적이고 개발이 빈약한 문화는 야만인과 각기 결부되었다. 문명화된 민족의 역사는 진보와 지속적 발전의 이야기였고, 미개한 민족의 역사는 쇠퇴와 복구가 끝없이 순환하는 비참한 연대기였다. 19세기 저자들은 경쟁하듯 이러한 대비를 가장 잘 표현하는 어휘를 만들어냈다. 존 R. 실리는 미래와 과거의 사회를 대조했다. 미국의 의사 찰스 콜드웰(1772~1853)은 발전과 정체를, 독일의 생리학자이자 박물학자 카를 카루스(1789~1869)는 낮·밝음과 밤의 민족을 대비했다.[36]

므로 거부하기가 쉽지 않게 된다. 즉 사회다원주의를 수용한다는 것은 약육강식 원리에 의거하여 한국의 현실을 인식하는 것일 뿐만 아니라 근대과학적 사유방식을 수용한다는 의미였다.

사회다원주의적 현실인식은 그들처럼 되는 것〔문명화〕만이 가장 시의적절한 선택인 것처럼 오도(誤導)하며, 더 나아가 강자〔서양과 일본〕의 지배를 받는 것은 과학적이고 합리적인 진리라고 강제한다. 사회다원주의가 인간과 사회에 대한 과학적 탐구로서 거부할 수 없는 '참'된 근대 지식이었기 때문이다. 덕성 함양을 통해 성인이 되는 것〔聖學〕은 이제 학문의 목표가 아니었다. 근대는 실험과 관찰을 통한 과학적 지식 탐구와 확장을 최우선 과제로 삼는 과학적 세계였다. 공중위생·교통·전신·근대적 생산관계 등 사회 전반에 걸친 근대적 변화는 과학기술과 문명화에 대한 신뢰를 더욱 증폭시켰다.

서유지학(西儒之學)은 이학과 문학으로부터 농공의(農工醫)에 이르기까지 학문을 넓혀 실사(實事)로써 학을 삼지 않음이 없으니 동유의 쓸모없이 너저분한 말〔무용췌언(無用贅言)〕과는 같지 않다. 이것이 바로 오늘날 강약이 나뉜 까닭이다. (중략) 지금 한갓 몇 천 년의 진부하고 무용한 말만 고수하여 견문을 넓히고 지식을 확장할〔博聞見廣知識〕 것을 생각지 않으니 이것이 참으로 세계를 알지 못하는 것이다.[38]

신학은 실사를 탐구하는 실용적 학문으로 인정받았다. 신학이 객관 사물에 대한 과학적 탐구〔博聞見〕를 통해 진리성을 담보〔廣知識〕했다면, 천리체인을 통해 보편성을 확보했던 유학은 유용성과 실학성을 상실한 비과학으로 전락했다. 『서북학회월보』는 구학에 대해 "부유진사(腐儒陳士)가 허명을 장식하여 시간을 낭비할 뿐이어서 인지발달의 결

과를 얻을 수 없다."라고 비판한 뒤 신학은 이와 다르다고 분변했다.[39]
『대동학회월보』도 신학의 '문명성'이야말로 시의성을 갖추었다고 주
장했다.

신학이란 문화와 인지가 점점 발전할 때 시의에 합당함과 혜보를 운용
함으로써 문명의 기운을 가졌다. 그래서 실용적 학업을 닦아나가 실상적
이치를 증거했다. 또 세인의 취심(醉心)을 각성시켜 몽경(夢境)을 부숴 허
탄한 풍속을 배척하고, 허령(虛靈)의 지각을 온전히 하여 학이시습(學而時
習)했으며, 실용적 학문과 실상의 이치를 궁구하고 실행했다. 이 때문에
신학은 문학(文學[學問])이 날로 증가하고 지식이 해마다 증가하여 오늘
날 문명의 큰 기틀을 이루었다.[40]

신학은 실용적 학문과 실상의 이치를 증거(證據)하고 궁구함으로써
비과학적인 환몽(幻夢)을 깰 수 있을 뿐만 아니라 실상의 이치를 궁구
할 수 있는 참된 학문이었다. 이러한 신학의 효용성은 이성에 의한 인
간주체의 각성과 인간과 자연에 관한 과학적 탐구의 결과였다. 과학과
기술은 근대적 '진보'를 가능하게 하는 핵심요소였다. 따라서 자연에
대한 신뢰할 만한 정보들을 축적해나가야만 결국 야만을 종식시키고
문명화를 실현할 수 있다고 믿었다.

격물치지학의 효용성

격물치지학('격치학')은 신학의 정수였다. 격치학을 소개하면서 격치학이 수학에 기초한 학문으로서 제기(製器)를 강령(綱領)으로 삼는다고 한 것을 보면 과학과 기술의 결합을 정확히 이해하고 있었다. 기계는 과학과 기술의 상호작용 결과로서 19세기 유럽의 산업화를 가능하게 한 근간이었다. 방적기와 철도 그리고 증기선은 바로 "자연의 이용을 나타내는 두드러진 시대적 상징"이었다.

격치란 사람에게 유익하여 여러 측면에서 실용을 실시할 수 있다. (중략) 오직 태서격치학인 천문·지리·산수를 살펴보면 제기를 강령으로 삼

고 제기 가운데 윤선을 가장 급선무로 여긴다.[41]

격물치지학은 자연과 인간에 관한 과학적 지식을 확장해줄 뿐 아니라 근대적 발명과 기술적 발전을 가능하게 하는 원천이었기 때문에 부국강병까지 실현시킬 만한 근대적 실학이 되었다. 여병현을 비롯한 자강론자들 대부분이 격치학을 통해 그들처럼 부강한 문명국가를 실현하자고 주장했다. 이때의 격물치지란 두말할 나위 없이 성리학의 즉물궁리와는 질적으로 다른 차원이다.

격물치지는 이용후생에 공효가 매우 크다. (중략) 최근 통상을 한 이후로 서양인들의 부강함이 격치지학(格致之學)을 근본으로 하지 않음이 없음을 보았다.[42]

태서신학은 정치·법률 등 각 분과가 모두 정밀하고 은미한데 격치지학은 더욱 필요한 것이다. (중략) 격치지학은 작게는 명리진성(明理盡性)할 수 있고 크게는 부국강병을 도모할 수 있다.[43]

김문연과 여병현은 격치학이 이용후생에 공효가 크며, 서양의 부강해진 근본이 격치학에 있다고 보았다. 그리고 여병현은 구주의 여러 격치가가 격치학에 관한 연구를 통하여 인생에 이용되는 다양한 기계를 발명했음을 상세히 설명했다.[44] 더 나아가 그는 격치학이 국가의 성쇠와 불가분의 관계에 있음에도 불구하고 우리나라의 격치학 발달정도는 매우 열악하다고 진단했다.

우리 대한은 몇 천 년 이래로 비록 유명한 유학자〔有名儒碩彦〕를 연이어

배출하여 이학지설(理學之說)로 경쟁하여 서로 높은 경지에 이르렀다〔相高〕. 하지만 그것을 추광(推廣)하여 실제적으로 활용할 줄 몰랐기 때문에 격치지학이 어떤 쓰임이 있는지 알지 못하게 되었다. 이것이 오늘날 국세의 부진과 민생이 곤궁하게 된 까닭이다. 오직 바라건대 우리 청년동포는 특히 격치지학에 주력하여 선인(先人)이 발전시키지 못했던 분야를 발전시키며 타국이 미치지 못한 바에 미쳐 훗날 국가의 융운과 인민의 복리를 기약하고 도모할지어다.[45]

여병현은 유학자가 실학에 힘쓰지 않아 마침내 이용후생의 효용이 끝났다고 종언을 고하고, 격치학의 효용성을 적극 제고해야 한다고 주장했다.[46] 대한협회는 격치학을 폐한다면 결국 나라가 망할 것이라고 극언했다.[47] 이와 같이 근대적 삶을 영위하게 할 실용성을 갖춘 격치학은 신구학론의 핵심이었다.

사회경제적 '효용성'은 가치판단의 중요한 기준이 되었다. 자연은 인간의 편리한 삶을 위한 유용한 자원으로서 인공이 가해지기를 기다리는 실험 관찰의 대상 이외의 의미를 갖지 못했다.* 인간도 예외는 아니었다. 인간의 몸도 자본주의 체제에 맞춰 노동할 수 있는 건강한 육체로 훈육되어야 했으며〔體育〕, 국가는 그 구성원인 개인이 건강하고 근면한 존재가 될 수 있도록 국가 차원에서 위생과 질병을 관리하고 근대식 교육체계를 도입하고자 했다.**

• 예를 들면 『대조선독립협회회보』(1896~1897)에는 중국 상하이의 격치서원에서 발행한 동양 최초의 월간 과학 잡지였던 『격치휘편』의 기사를 거의 대부분 그대로 인용 소개했다. 그 주요 내용은 공기 전기학, 화학 및 금광과 관련된 광물학에 대한 것이었다. 특히 광물학은 당시 부국강병을 위해 광산에 관한 지식이 필요했던 상황을 반영한 것이다.[48]

격물치지학과 진보

근대 과학기술은 세계관의 전환은 물론 사유방식도 바꾸어놓았다. 그리고 모든 기술은 사회제도와 밀접한 관련이 있었다.[50] 근대에는 과학적인 것만이 참이며 비과학적인 모든 것은 미신이거나 거짓이다. 과학·기술적 진보가 곧 인류의 진보요 발전이었다. 유럽 지식인들은 자신들의 문명과 여타의 문명을 구분 짓는 핵심적 차이가 과학과 기술의 업적이라 보았으며, 비서양 사회를 평가하고 분류하며 등급을 매기는 가장 중요한 척도로 간주했다. 그리고 이러한 관점은 과학과 미신, 진보와 정체, 산업사회와 산업화 이전 사회를 가르는 근본적 이분법과 결부되었다. 산업화된 유럽 문화 전체가 다른 문화와 구별되는 별개의 종류라는 생각이 점차 강화되었다.[51]

이러한 과학주의는 유럽중심주의의 또 다른 표현이었다. 18세기 이후 유럽인들은 유럽인이야말로 과학 탐구와 기계력의 적용을 통해 자연계를 정복하는 능력이 다른 모든 민족보다 우월하다고 믿었으며, 이것이 유럽 문명의 독특한 발전을 이룬 핵심이라 보았다.[52] 과학적 세계인식을 수용하는 한 서구적 근대가 유일한 보편이라는 사유로부터 결코 자유로울 수 없었다. 세계자본주의 체제에 편입된 이상 서구적 근대의 수용은 불가피한 일이기도 했다. 근대에 생성된 모든 가치 관념은 의식적이든 무의식적이든 유럽중심주의와 무관하지 않았다. 서구적 근대를 보편으로 수용하면서 한국 또한 과학기술적 진보와 발전

●● 자강기 학술지에 '위생' 관련 글이 많았던 이유는 국가권력이 위생과 질병을 관리하는 근대적 의학체계를 도입한 것과 밀접한 관련이 있다. 예를 들면 『서북학회월보』는 다른 학회지에 비해 과학 관련 글은 적은 편이지만, '위생부'를 고정란으로 설정하고 총 35편의 글을 게재했다.[49]

을 문명의 최우선 과제로 인식했다. 그러나 그것은 곧 식민지화와 불가분의 관계에 놓였다. 서구적 문명과 삶이 곧 진보요 발전이 되면서 전근대적 삶의 양식은 모두 낡은 것으로 치부되고 마는, 이른바 근대가 형성된 지점이다.

신학과 격치학은 근대적 '진보' 내지는 발전 그리고 문명 담론의 결합이었다. 자강론자들은 근대 영국을 비롯한 서구 여러 나라가 부강한 나라를 이룩할 수 있었던 것은 바로 격치학에 치중하여 신묘한 발명에 성공한 탓이며, 그들의 격치학이 천지의 조화를 빼앗을 수 있을 만큼 발전했기 때문에, 제국주의 침략도 가능했다고 보았다. 여병현은 이러한 서구 근대 자연과학 지식의 핵심 인물이 베이컨임을 지적하고 과학적 지식의 본질을 정확히 파악했다.

> 1660년 영국인 베이컨이 과학계[理學之界]에 특출하여 일부 격치지설을 편성하고 다시 스물여 동지와 학회를 창설하였는데, 그 취지는 신지식(新知識) 강구에 힘써 이용후생 지도에 도움이 되는 것은 모두 가려내어 실행에 옮기는 것이었다. 이 당시 영국 왕이 찬조금을 주어 수년간에 큰 발전의 효과가 있었다. 때문에 구주 여러 나라 가운데 러시아와 프랑스가 가장 앞서고 그다음 독일이 앞다투어 따라했기에 1820년에 이르러서는 전 유럽의 학자가 모두 격치지학이 급무임을 알고 이에 서로 호응하며 협심했다. (중략) 이로부터 격치지설이 태서에서 성행하고 오늘날 서구 열강이 격치지설로 말미암지 않음이 없으니, 격치학이 나라의 성쇠와 관계있는 것은 군말을 기다릴 필요도 없다.[53]

근대 한국인이 본 것은 기술문명의 현실적인 현상들이었다. 예를 들면 군함을 비롯한 근대식 물품, 생명을 담보로 하는 의학과 위생시설,

새로운 시공간을 제공하는 시계와 철도 등이었다. 개항기가 물리적이고 표면적인 현상들에 반응한 시기라면 자강기에는 그러한 물리적 현상의 원천이 무엇인지 보다 구체적으로 묻게 되었다. 이러한 현실적 변화는 세계와 인간에 대한 인식체계의 전환을 가져왔다. 인간과 자연에 대한 과학적 설명을 위해서는 성리학의 이기심성론적 개념을 필요로 하지 않았다. 그러한 사유구조 전환의 정점을 보여준 것이 바로 격물치지학이었다.

자강기 지식인들은 근대 자연과학이 서구 문명을 가능하게 한 원동력이라 파악했기 때문에 서양처럼 문명한 국가를 건설하려면 자연과학의 수용이 매우 시급한 과제라고 인식했다. 과학적 보편주의를 객관적 진리로 수용하게 되면 신학의 핵심이라 할 수 있는 격물치지학을 중심으로 근대식 교육을 강화하는 것이야말로 문명화의 첩경이 되는 셈이었다. 이 시기의 학술지에 격물치지학의 효용과 과학 분야에 관한 다양한 글이 소개되었던 이유가 바로 여기 있다.

문명성의 부재와 근대 교육

과학기술로 표상되는 근대문명성(civlization)은 '밖'에서 왔다. 박은식은 그 대표적 사례로 영국을 들면서 미증유의 근대문명이 물질학의 효력이라 보았다.[54] 그런데 문명성을 실현할 근대주체는 존재했는가? 한국은 서양과 달리 이러한 이성의 역사를 가지고 있지 않았으며, 유학의 도덕적 문명성은 낡은 것으로 거부된 상태였다. 그렇다고 이성적 판단과 실천이 가능한 계몽된 주체가 생성된 것도 아니었다. 자강기는 사상적으로 보편이념이 충돌하여 전근대적 이념은 해체당하고 근대적 문명성은 아직 미숙한 혼돈 상태였다. 따라서 서구적 근대학문에 관한 체계적 교육을 통해 문명성을 생성하는 것이 중요한 문제로 대두되었다. 서재필은 사서삼경을 버리고 실상학문(實狀學問)을 교육하지 않으면 안 된다고 주장했고,[55] 신채호는 사서삼경을 읽었지만 생존경쟁시대에 도움이 되지 않는다고 고백했다.[56] 따라서 근대식 교육제도를 도입하여 근대주체를 교육하는 것이 시급한 문제로 부각되었다. 자강기에 근대식 학교가 폭발적으로 증가한 것은 이러한 시대인식의 발로였다. 여병현은 문명국이 되기 위해 서구 열강과 일본처럼 신학을 교육하는 것이 마땅한 일이라고 주장했다.

오늘날 세계의 대세를 보건대 동서 열강이라 일컬어지는 일등 국가인 서양의 영국·미국·프랑스·독일·러시아 제국과 동양의 일본은 교민지도(敎民之道)가 인시제의(因時制宜) 아닌 것이 없으니, 남녀귀천을 막론하고 고등학교까지 의무교육을 실시한다. (중략) 인도·안남·이집트 등 여러 나라가 병탄(倂呑)을 당하며 강한 인접국에 겸제(鉗制)를 당하는 것은 곧 신학에 힘쓰지 않았기 때문이다.[57]

여병현은 우리나라 역시 사장(詞章)만을 숭상하고 실학에 힘쓰지 않아 실제적 책략이 없기 때문에 이웃나라〔隣國〕의 병탄을 피하기 어렵게 되었다고 결론지었다. 그리고 그 근본 원인은 구습과 구학을 고수한 데 있다고 진단했다.[58]

교육을 실행하지 않으면 생존을 얻을 수 없다. (중략) 승패강약(勝敗强弱)이 정치에 근본하고, 정치우열은 교육에 근본하고, 교육의 요체는 국민의 의무이다.[59]

신학을 교육하지 않으면 약육강식의 세계에서 생존할 수 없기 때문에 신학이 교육의 요체이며 국민의 의무라고 단언했다. 조완구도 유학적 교육방식을 거부하고 근대식 분과학문을 교육하는 것이야말로 '광명한' 세상을 여는 지름길이라고 주장했다.

> 오늘날 경쟁이 극렬한 무대에 처하여 〔옛 성인의 가르침이나 오류과 같은〕 단순한 교육방법으로는 천연계의 물경(物競)에서 승리하기 어렵다. 그러므로 농부는 농학을, 장인은 공학을, 상인은 상학을 배워야만 광명한 세계를 볼 것이다.[60]

유학의 지행합일적 공부론은 시대에 맞지 않는 공허한 교육방법에 불과하며, 개인과 국가의 생존을 위한 실용적 지식 습득을 요구했다. 근대식 교육을 통해 신학을 습득해야만 생존경쟁에서 강자가 될 수 있으며 광명한 문명세계로 진입할 수 있었다. 근대적 시공간과 함께 근대적 자연인식은 한국 근대인이 탄생할 현실적 터전이 되었다.

유럽중심주의와 과학기술

신구학론은 서구 근대문명이 과학적 보편이념으로서 확고히 자리 잡아가는 과정을 보여주는 근대 담론이었다. 신학수용을 전제한 신구학론은 과학적 세계인식과 사회다원주의에 기초하여, 우리도 서구 열강이나 일본 같은 근대적 문명국이 되려는 열망을 유학과 서구 근대학문의 만남을 통해 이론화한 것이었다. 그 목적은 과학기술과 경제 발전을 위한 이론의 체계화였다.

신학수용은 천리체인이라는 성리학적 학문 목표를 무의미하게 만들었으며 자연법칙에 관한 과학적 탐구만이 참된 지식을 발견하는 길이라는 근대적 사유를 생성했다. 실험과 관찰이라는 객관적 방법을 통해 발견한 과학적 지식이야말로 '참'으로, 진정한 진리로 받아들였다. 문명의 광풍은 모든 것을 '과학적' 가치로 환원했다. 그리고 그 중심에는 과학기술 발전에 힘입은 유럽중심주의가 자리 잡고 있었다.

신학이 담지한 서구적 문명성은 제국주의 침략이라는 근대적 폭력과 불가분의 관계에 있었으니 문명성은 수용의 대상이었지만 야만적 침략성은 저항해야 할 대상이었다. 과학기술은 군함을 앞세운 제국주의 침략의 수단인 동시에 문명화의 전령이었다. 과학적 현실인식은 맹목적 문명화론과 일본의 문명지도론을 '과학'과 '보편'으로 포장함으로써 이른바 근대적 폭력을 용인하는 결과를 초래했다. 사회다원주의적 현실인식에 따른 신학수용론이 지닌 근본 문제는 서구 중심적 세계인식을 곧 학문적 진리로 수용함으로써 서구적 문명화 이외의 길을 발견할 기회를 차단했다는 점과 열강의 제국주의적 침략을 비판할 만한 정당성을 발견할 수 없게 만들었다는 것이다. 만약 맹목적으로 서구적 문명성을 수용하게 된다면, 단선적 문명발전론에 얽매여 제국주의 침략 또한 문명의 시혜로 여기게 되기 때문이다. 그렇다면 이들이 주장했던 시의성은 과연 시의적절한 것이었던가? 당시 지식인들이 사회다원주의에 근거하여 신학수용을 통한 문명국의 실현을 시무(時務)라고 주장했지만, 그것이 '문명의 문명다움'을 실현하는 올바른 길이었는지는 되물어야 할 것이다.

과학적 유용성과 유학적 사유

또한 신학수용이 선문명화론(先文明化論)과 결합했을 경우에 야만적 침략마저 옹호할 위험을 담고 있었다. 따라서 문명화에 대한 비판 논리를 신학 내에서 도출하기란 불가능했다. 그런데 근대공간에서 유학은 맹목적인 서구적 문명화에 대한 도덕적·이념적 비판의 토대가 될 수 있었다. 하지만 본체로서의 구학은 이러한 사회적 차원에서 제국주의 침략의 도덕적 정당성 여부를 이론화하지 않고 오히려 사덕으로 국한함으로써 자기 스스로 근대적 역할을 축소하고 말았다. 반면 시의적절한 실학인 신학이야말로 문명화를 통한 자강을 달성할 수 있다고 봄으로써 서구적 보편주의에 매몰당하는 한계를 노정하고 신학수용론은 일본의 문명지도와 침략을 용인하는 결과를 초래했다.

신학수용론은 물리적 자연과 이성적 인간주체를 발견하는 계기를 마련하고 수학화된 자연세계를 구축함으로써 문명화의 수단이었던 과학기술의 발전을 도모했다. 과학기술은 자연에 대한 과학적 탐구를 통해 자연에 대한 지배력을 향상시켰지만 '바람직한 삶'에 대한 가치판단을 제공하지는 않았다.* 약육강식 원리와 문명화론에 매몰된다면 곧 서구적 문명성이 지닌 야만적 침략성을 비판하는 시선은 가질 수 없게 된다. 반면 과학적 유용성과 거리가 멀었던 유학은 일차적으로 낡고 쓸모없는 것으로 부정되었지만 이러한 과학적 보편주의는 유학적 사유를 '근대'라는 시공간 속에서 재음미할 수 있는 새로운 장을 제공하기도 했다.

역설적이게도 유학은 문명화가 무엇을 지향해야 하는지, 과학적 지식이 지향해야 할 바가 무엇인지 되물을 수 있는 여지를 제공했다. 유학은 비록 시대정신으로서 공적 영역을 갖지 못하게 되었지만 도덕에 관한 풍부한 자산이 있었다. 여러 학술지에서 신학수용을 전제하면서

• 서양에서도 두 가지 대립적 세계관, 즉 전통적 세계관과 기술적 세계관이 불안한 긴장 관계 속에서 공존했다. 기술적 세계관이 더 큰 이력을 가지고 있지만, 전통적 세계관도 여전히 존재했다.[61)

도 신구학에 관한 담론을 벌였던 근본적 이유가 여기 있었다. 신채호와 박은식 등은 신학수용을 인정하면서도 맹목적 문명화 문제를 직시하여 그것이 과연 무엇을 위한 문명화인가 되물었다. 이는 문명의 문명다움에 대한 물음이었으며, 유학이 근대공간에서 재해석될 수 있는 새로운 공간을 제공하는 것이기도 했다.

문명화가 '문명다움'을 담지한 것인지, 문명화가 지향해야 할 바가 무엇인지, 타자화된 주체인식이 갖는 근본적 문제는 무엇인지를 묻고자 한다면, 서구 근대문명의 궤도 밖에서 근대를 성찰해내는 또 다른 시선이 필요했다. 유학은 서구적 근대와는 다른 시선을 제공하는 토대로 작동할 수 있었다. 서구 중심적 주체성에 매몰되는 순간 우리는 결핍된 타자가 되어 주체성을 상실할 위험이 있었다. 근대적 보편타자와 마주 선 상황에서 유학이 그들과 다른 '우리'를 확인시키는 중요한 기제로 작동함으로써 '그들' 같은 '적자(適者)' 되기에 저항할 새 길을 열수 있었다.

9장

인간에 관한
과학적 탐구

01 몸과 맘 '사이'

수신〔修身〕과 알인욕〔遏人欲〕

'몸'은 문화적 · 역사적 경험의 총체로서 시대적 경험을 담고 있는 장(場)이라 할 수 있으며, 그런 차원에서 몸에 대한 이해방식은 당대를 이해하는 중요한 코드일 수 있다. 근대는 도덕적 요소를 전제로 했던 수신(修身)에서 생물학적 차원인 체육으로 몸에 관한 담론이 전환되던 시기였다. '체육'은 성리학적 인간관이 해체되고 근대적 인간주체가 생성되는 지점을 극명하게 보여주었다. 이것은 단순히 몸에 관한 시선의 변화에 국한된 것이 아니었다. 인간주체에 관한 이해는 곧 자연인식 및 세계인식과 불가분의 관계에 있을 수밖에 없었기 때문이다. 몸에 대한 인식 변화는 인간주체에 관한 이해방식의 전환을 파악할 수 있는 바로미터였다.

성리학은 몸이 천지만물과 마찬가지로 기(氣)로 형성되어 있으며 천리가 내재해 있다고 보았다.[1] 동일성의 원리(天理)가 내재해 있기 때문에 자연질서(元亨利貞)와 인간본성(仁義禮智)이 참(誠)될 수 있다. 또 만물 역시 나와 동일한 음양오행의 질서를 가지고 있으므로 천과 몸, 몸과 만물 간에도 같은 관계가 성립한다. 따라서 성리학에서는 우주 안의 모든 존재자가 참된 생명력과 도덕성에 기초한 거대한 관계망 속에 있다고 이해했다. 성(誠)을 추뉴(樞紐)로 한 우주적 관계 맺음은 인간주체의 참된 자아의식(仁)을 실현하는 것(誠之)이며, 더 나아가 인간주체가 관계 맺고 있는 타인과 만물을 바르게 인식하는 것을 의미한다.

성(誠)이란 자신을 완성(成己)할 뿐만 아니라 물도 완성하는 소이(所以)이다. 자신을 완성하는 것은 '인'이요, 물을 완성하는 것은 '지'이다.[2]

성기(成己)는 자신의 생물학적 자아, 즉 신체적 몸을 인식하는 차원을 넘어서 천도와 합일하려는 노력(성지(誠之))을 통해 천인합일의 경지에 도달하는 것이다. 그러므로 인간주체(人事)와 자연(萬物)은 주체와 객체로 대립적 관계에 놓여 있지 않고 천리를 동일하게, 본성을 저마다 참되게 실현해나가야 할 존재이다.

이러한 세계인식은 몸 이해와 직결되었다. 몸의 오장을 오행과 구체적으로 관련짓기도 했지만,* 몸(小體)은 천지만물은 물론 마음(大體)과도 밀접한 관련이 있다고 보았다.** 몸은 물질적 연장이 아니며 인간은 몸에 고립된 개체적 존재가 아니다. 천지만물의 질서, 즉 윤리적 질

• 간(肝)은 목(木)이고 인(仁)이며, 심(心)은 화(火)이고 예(禮)이며, 비(脾)는 토(土)이고 신(信)이며, 폐(肺)는 금(金)이고 의(義)이며, 신(腎)은 수(水)이고 지(智)이다.

서를 내재한 몸은 도덕을 실현하는 구체적 장으로서 마음의 주재를 받아 천리를 능동적으로 실현해야 하는 존재였다. 그러므로 몸에 관한 담론은 도덕적 본성을 구체적으로 구현하는 수양론에 중점이 있었다.

성함〔誠之〕을 통해 인도(人道)를 실현한 지성(至誠)이란 인간의 본래성을 회복한 성인(聖人)을 일컫는다. 그러므로 천도인 '성'의 경지에 도달한 지성한 성인만이 천지의 화육을 도울 수 있으며, 천지에 동참할 수 있다.[3] 성인이 치중화(致中和)를 통해 천지위만물육(天地位萬物育)할 수 있는 것[4]은 '모든 존재자의 본성이 인하다〔天理之本然〕.'라는 차원에서 동일성을 갖기 때문이다. 주자의 치중화[5]와 비은장(費隱章)에 대한 해석도 이에서 벗어나지 않는다.

성리학에서 몸이 지닌 신체적 욕구는 인욕으로 흐를 가능성이 농후하므로 절제의 대상이었지만 동시에 몸은 천리를 체인하는 수양의 현실적 주체로서 심성과 불가분의 관계 아래 놓여 있었다. 그래서 수신은 곧 성신과 정심의 의미를 함유하고 있었다. 몸은 천리를 내재하고 실현하는, 현존하는 구체적 실체라는 점에서 중요시되었다. 수신이란 천리를 보존〔操心〕하고 함양한다는 뜻이므로 양심(養心)이라 해도 의미가 상통한다. 성리학에서 성정을 통섭하는 마음〔心統性情〕은 몸과 불가분의 관계에 있었다. 심은 기로 이루어진 몸이 없다면 작용할 수 없기

●● 『중용』의 사유를 계승한 『맹자』 「고자(告子)」 상에서 맹자 역시 몸이 있기 때문에 느끼는 정서가 누구에게나 있지만 그것을 본성이라 하지는 않았다. 맹자는 인간에게 일반적 신체적 기호가 있는 것과 같이 마음 역시 이(理)와 의(義)를 즐겨 찾는 데는 성인과 범인의 차이가 없다고 보았다. 맹자는 감관에 의한 감각적 신체를 소체라 하고 덕성적 신체를 대체라고 했다. 소체의 욕구는 고자가 말한 식색의 성으로, 맹자는 이것을 본성이라 보지 않고 대체의 욕인 사단을 인간 본연의 성으로 인식했다. 하지만 몸은 심성을 체현하는 중요한 토대이며 성선은 몸의 구체적 정서〔사단〕로 직출된다는 측면에서 중요한 함의를 지닌다.

때문에 율곡은 심은 기[心是氣]라고 규정했다. 반면 퇴계는 도덕 실천의 주체성과 능동성을 확보하려는 의도에서 천리는 마음을 통해 발현될 수 있고 천리가 내재해 있기 때문에[性卽理] 마음이란 단순히 기적 측면만 가진 것이라 보기 어렵다고 했다. 심을 '심시기'로 이해하든 '심시리기지합(心是理氣之合)'으로 이해하든 성리학적 몸은 '알인욕'의 차원에서 논의되었다. 선과 불선은 기의 청탁에 기인한 것으로 보았기 때문에 몸과 인욕은 현실적 악을 해명하는 기제였다. 따라서 성리학적 몸[修身]은 정심(正心)과 밀접한 관련이 있었다. 몸은 수양의 대상이면서 동시에 마음을 바르게 하는 수단이기도 했다.

마음은 근원에 따라 인심과 도심으로 구분할 수 있다. 기질로 구성된 몸과 직접적으로 관련된 인심은 형기(形氣)의 사사로움에서 비롯했으며, 형기는 선악의 분기점으로 중절(中絶)하기 어렵기 때문에 인욕으로 흐를 가능성이 많았다. 따라서 인욕은 절제의 대상으로서 중요시되었다. 사욕이 제거되어 천리가 보존된 상태인 도심이 일신을 주재한다면 과불급이 없는 중용의 상태를 견지할 수 있다. 중용의 정일(精一)은 늘 도심 상태를 유지하여 모든 행위가 중용의 상태가 되도록 하는 것이었다. 이것이 극기복례(克己復禮)이며 대학의 수신으로서, 인을 실현하는 것이며 도심의 구현이었다.

천리인 성은 형이상학적 본체로서 무형무위하기에 심신을 통해 작용할 수밖에 없다. 인간본성이 순선(純善)하지만 심의 작용으로 직출(直出)되는 것은 아니니 도덕행위의 필연성 또한 현실적으로 보장되지 않는다. 따라서 심신의 수양이 중요한 주제가 되었다. 심이 도덕 실천의 주체로서 천리를 그대로 직출하려면 청수한 기질이 발현되도록 해야 하는데,[6] 그 구체적 방법이 성·경(誠·敬)이었다. 성·경을 통해 기질적 사사(私邪)를 소멸시키고 자신의 소체적 한계를 극복한다면 자기다움〔仁〕이 완성된다.

퇴계는 천리인 본연지성이 탁박(濁駁)한 기질의 영향을 받지 않고 그 대로 발현되는 성인이 되기 위한 방법으로 '경'을 강조했다. 경은 심의 주재성을 확보하여 심의식의 작용을 조절하는 것을 말한다. 퇴계가 함양의 경을 강조한 것은 경이 일심의 주재가 되면 순선한 마음의 주체 성과 능동성이 보장된다고 보았기 때문이다. 그래서 퇴계는 심은 일신의 주재이며 경은 심의 주재라고 했다. 반면 율곡은 마음을 맑히면〔澄心〕 그대로 본심이 발현한다는 교기질론(矯氣質論)과 성의(誠意)에 중점을 두었다. 퇴계가 천리의 자연스러운 주재에 초점이 있었다면, 율곡은 기질의 천리화에 중점을 두었다.[7]

정신과 육체의 이원화

근대는 이성적 주체와 함께 생물학적 몸을 발견했다는 점에서 획기적인 시대였다. 근대적 주체의 탄성에 지대한 영향을 미쳤던 데카르트는 정신과 몸을 사유하는 본체와 연장성(延長性)과 분할가능성을 가진 본체로 구분했다. 몸과 다른 정신은 곧 육체적인 것의 부정(否定)이요 몸은 정신과 관계된 것의 부정이었다. 데카르트는 '나'를 '정신'과 동일시하면서 정신과 육체의 이원성을 주장했다.[8] 이리하여 자기의식적 정신의 타자가 된 근대적 몸은 자연 일반과 더불어 '자기의식을 결여한' 기계론적 세계에 놓이게 되었다. 기계와 같이 단순히 물질적 연장성을 지닌 몸은 운동을 하는 하나의 기계적 신체로서, 사람들이 만들어낼 수 있는 어떤 기계와도 비교할 수 없을 만큼 질서가 잡힌 것으로 이해되었다.[9] 몸을 정신과 다른 차원의 물질로 이해한다는 것은 몸을 실험·관찰의 대상으로 바라본다는 것이면서 독립된 나름의 영역을 확보하게 된다는 의미였다.

자연현상과 마찬가지로 인간의 생물학적 육체〔몸〕역시 과학적 탐구와 발견의 대상이 되는 것이었다. 인간 몸에 대한 과학적 연구는 16세기들어 본격화되었는데, 해부학을 비롯해 관상학과 골상학 및 인종학 등이 그 실례였다.[10] 정신과 육체로 이분화한 인간이해는 심신의 유기적관계에 기초하는 성리학의 심성론과는 질적으로 다른 차원이었다.*

사람의 몸이나 짐승의 몸은 마치 만들어진 온갖 기계와 같아 몸에서 온기를 항상 밖으로 전파한다.[12]

인간은 물질적 신체와 정신작용을 가진 존재이며, 인체는 짐승의 몸과 같이 세포로 구성된 하나의 육체적 조직으로 파악되었다. 유길준은사람도 동물이며 내장은 증기기관과 같아서 기계가 손상되는 것처럼사람도 음식물을 지나치게 먹으면 내장이 손상된다고 주장했다.[13] 신체가 세포조직이라면 신체 역시 객관 대상물과 같이 타자화되어 인과법칙에 따라 분석·통제되는 대상이 된다.

인간신체도 일종의 물(物)이기 때문에 화학적 분석을 하면 각각 원소(元素)로 조성된 것을 알 수 있다. 인체는 크게 두부(頭部), 간부(肝部), 지부(肢部) 세 부분으로 구분할 수 있다. 인체는 동물성 관(動物性管)인 신경중추

---

* 서양의 생리학은 뇌와 뇌에 있는 신경체계가 사고를 만들어낸다고 봄으로써 육체와 정신을 분리한다. 뇌가 행하는 몇 가지 사고 및 지각 작용 외에도 인간에게는 수많은 정신활동의 영역(감정·정서 등)이 있다. 기독교적 사고체계를 가진 서구에서는 그러한부분을 '영혼'이 맡는다고 생각했다. 그러나 기독교적 전통이 없었던 한국은 영혼 개념이 없었다.[11]

와 식물성 관인 내장으로 구성된다. 인체의 작용은 소화작용·순환작용·호흡작용·배설작용·정신작용·생식작용이 있다. 이와 같이 인체는 다양한 기관으로 구성되지만 그 실상은 세포다. 다수의 세포가 집합하여 상호 연결되면 일정한 기관을 구성하고 다양한 기관이 인체를 조직한다.[14]

세포조직을 단위로 구성된 물질화된 신체는 개별적 존재로 인식되었다. 개별화된 신체는 개인을 고립적 존재로 규정하기 때문에 유학의 천인합일이라는 도덕적 관계망은 해체될 수밖에 없었다. 인간도 동물계에 속한 물이지만, 동물과 다른 인간의 고유 가치는 유용한 지식을 활용하는 데 있다고 했다.

'물'이란 지구상의 일정한 가치를 지닌 모든 것을 의미한다. 사람을 물이라고 규정한 것은 물의 총체인 동식물 가운데 동물계에 속하기 때문이다. 다른 종류의 물은 유형한 외질(外質)에 가치가 있지만 동물 중에 가장 영명한[最靈] 성질을 부여받은 인간은 무형한 지식에 그 가치가 있다. 따라서 인간에게 지식이 없다면 우수마발(牛溲馬渤)처럼 쓸모가 없다.[15]

근대적 신체를 구성하는 세포조직과 그 작용에 관한 과학적 분석과 함께 정신작용에 관한 강조가 뒤를 이었다. 신체를 기계적 물질이라 규정한다면 인간다움은 성(誠)이나 존천리가 아니라 정신작용에서 찾아야 했다. 홍정유(洪正裕)는 인간의 정신작용을 인간을 인간답게 하는 중요한 요소로 받아들였으며,[16] 이풍재(李豊載)는 신체는 정신작용의 명령에 복종해야 한다고 주장했다.

인간의 신체는 세포로 조직되어 오관의 민활한 능력을 갖추고 호흡의 신묘한 기관이 활동하여 활기찬 건강을 유지하며 도덕적 마음인 천군(天君)의 명령에 복종하는 유기물이다. 정신은 뇌두(腦頭)에 자리하며 신체가 있기 때문에 생기는 마음인 방촌(方寸)의 허령한 지각을 온축하여 만상의 복잡한 사리를 수응(酬應)하고, 외물(外物)의 선악을 변단(辨斷)하여 사지(四肢)의 기관을 지휘하는 무형한 작용이다.[17]

장응진(張膺震)은 "과학도 또한 심적 과학과 물적 과학이 적의하게 조화를 이루어 통일된 세계관을 갖도록 하는 것이 필요하다."라고 하면서 '심'에 관한 과학적 탐구를 촉구했다.[18] 또 "건전한 신체에 건전한 정신이 깃든다."라는 격언은 체육을 강조하는 글과 함께 여러 학술지에 빈번하게 등장했으며,[19] 건강한 신체와 명민한 정신은 새로울 것도 없는 근대적 명제가 되었다.

건강한 신체와 명민한 정신을 인간의 천부한 본질로 규정하고 자신의 정신을 사랑하는 동시에 자신의 신체를 겸애하여 무단히 닳아 없어지게 하지[耗損] 말며 완전히 수양하는 것이 필요하다.[20]

흥미로운 것은 이와 같은 육체와 정신의 분리, 육체의 물질화가 육체의 중요성을 부각시켰다는 사실이다. 몸이 분석·통제의 대상이 되면서 사람들은 몸을 과학과 의학의 주된 탐구대상으로서 주목하기 시작했다.[21] 특히 서구 근대의학이 호열자 같은 전염병을 치유하는 등 생명 유지에 직접적이고 막대한 영향력을 미치면서 세균학을 위시한 질병관리 체제는 인간에 관한 근대적 사유를 더욱 확산시켰다.[22] 게다가 사회다원주의 수용 이후 물질적 몸과 신체에 관한 생물학적 담론은 인종주의와 결합하면서 더욱 공고해졌다.

02 몸과 마음에 관한 과학적 탐구

몸에 관한 과학적 탐구: 생리학

신체와 정신에 관한 과학적 탐구를 통해 인간본질을 이해하려는 사유는 천인합일적인 성(誠)의 유기적 관계망을 무의미하게 만들었으며 성리학의 천리체인이나 격물치지의 본래 의미를 해체했다. 자강기 신구학론에서 유학이 구학으로 재규정된 것은 이러한 인간이해가 근간이 되었다. 근대적 인간이 생물학적 세포로 해명될 수 있는 존재라면 인간에 관한 과학적 탐구[23]야말로 적확한 인간이해의 지름길이었다.

인체학은 인종이 합성된 현상과 근본적 바탕을 배운다. 사람에게 가장 귀중한 뇌수(腦髓)에 이르러서는 그 본질이 어떠하며 직분과 관계는 어떠한가를 밝힌다. 뇌수는 두뇌의 골수이니, 뼈 가운데 연하고 부드러운 것이다. 사람이 슬기롭고 어리석으며 총명하고 미련한 것도 여기서 말미암으며 천만 가지 생각의 큰 공덕과 계획이 흘러나오는 근원이다. 그러므로 뇌수가 인체의 주인이다.[24]

뇌수가 인체의 주인이라 규정하고 인간의 사유작용과 성품 차이가 뇌수에 근원한다는 생물학적 몸 담론은 인식의 획기적 전환이었다. 인체의 각 조직기관은 해부의 대상이 되었으며 인체에 관한 과학적 탐구는 세 영역으로 세분되었다.

인체해부학은 인체 여러 기관의 위치·형상·구조 등을 연구하는 것이다. 인체생리학은 인체 기관의 생활 작용을 학문적으로 연구하는 것이다. 위생학은 인체 건강을 보위하는 여러 방법을 연구하는 학문이다.[25]

1900년대 몸에 관한 과학적 이해의 핵심이었던 인체해부학 등은 몸에 대한 관념의 변화를 가장 극명하게 보여주는 분야였으며, 위생 담론과 교육 담론을 연결해주는 중요한 매개 역할을 했다. 생리학은 건강한 생활을 하고자 하는 사람이나 위생에 주의하는 자에게 반드시 필요한 기초학문이었다. 생리학이란 넓은 의미로는 자연계[26]의 제반세력과 현상과 법칙을 세세히 논하는 과학으로 유기계와 무기계를 모두 포함하지만, 좁은 의미로는 생물에 관계된 과학으로 동식물의 기관의 조직과 기능 등에 관한 연구였다. 인간은 동물의 일부이기 때문에 인체생리학은 동물생리학의 한 부분이었다.

생리학적 지식은 교육과 밀접히 관련되었다. 교육은 유용한 지식 습득에 국한된 것이 아니라 정신과 육체를 함께 함양해야 한다고 보았기 때문이다. 류근(柳瑾)은 인간의 생리작용을 장양(長養)·운동(運動), 지각·생식[色慾] 계통으로 삼분하고, 그에 따른 교육방법론을 수립했다. 그는 신체에 관한 과학적·생물학적 이해에 기초하여 신체활동으로서의 체육을 강조했다.

유희·체조·수공(手工)을 통해 장양 계통과 운동 계통을 활발하게 하여 건강을 발달시키고 정신을 진작시키는 데 힘써야 할 것이다. (중략) 학교 위생을 통해 지각 계통과 뇌의 기능을 발달시키되 그 지혜와 덕을 진보시키는 데 방해가 될 만한 것을 없애서 정돈을 다할 것이다.[27]

최근에 생리학이 비상히 진보하여 소위 '생리적 심리학'이란 것이 있으니, 심신의 관계를 밝히는 바가 마치 하나의 사물의 두 측면과 같아서 몸이 과연 어떻게 발육함을 얻을 것인가 말하기를 반드시 사람의 몸과 여타다른 동물들을 비교하고 생리작용의 통례를 먼저 안 연후에 체육에 대해 말할 수 있을 것이다.[28]

몸을 기른다는 것 혹은 닦는다는 것은 도덕적인 성신(誠身)을 의미하는 것이 아니라 건강한 신체를 만들기 위한 육체적 활동 그 자체였다. 몸이 몸 그 자체로서 독자적 영역을 확보하게 된 것이다.

마음에 관한 과학적 탐구: 심리학

인체해부학·생리학·위생학이 인간신체에 관한 과학적 탐구라면 심리학은 인간의 정신작용에 관한 과학적 탐구였다.[29] 심리학은 생리적 차원과 구별된 심리현상에 관한 학문으로 규정되었다.[30]

심리학이란 물질계의 물리학에 상대되는 개념이다. 심리학은 인간 각 개체 내부를 보는 모든 학문을 위한 원칙을 제공한다.[31]

심리학이란 심을 연구하는 학문이다. 심리작용이 오관의 감응을 벗어나지 않으니 심리학은 심의 의식 상태를 기술하여 설명하는 학문이다.[32]

생리학과 대별되는, 정신작용에 관한 심리학의 연구 방법은 성신(誠身)이나 지경(持敬) 같은 수양론이 아니라 실험과 관찰이라는 과학적 탐구였다.

심리에 관한 과학의 연구법은 내성법과 관찰법, 실험 방법으로 삼분한다.[33]

심리학을 연구하는 방법은 내성적 방법과 실험적 방법이 있다. 자기의 식은 신체 이외의 외계현상과 달라 경험하는 것이 불가능하고 그 진상을 보기도 어렵다. 그래서 내성적 방법으로는 확연하게 알 수 없다. 내성법을 연구하는 수단으로서 19세기 이후에 발달한 실험적 방법이 있다. 오관작용뿐만 아니라 정신발달의 차서(次序)에 따른 아동심리학·비교심리학 등이 있고 범주에 따라 민족심리학·사회심리학 등이 있다.[34]

심리현상은 물질적 자연물처럼 수학화하기가 어렵기 때문에 이에 관한 실험적 탐구는 매우 중요하다고 파악했다. 특히 생리적 심리학은 생리학의 발달로 가능하게 된 분야로서 몸의 발육과 생리작용, 심리 등의 상관관계를 과학적으로 설명하는 분야였다. 심리학은 인간의 마음을 뇌와 신경체계 사이의 생리적 기전으로 설명하기 시작했다.[35] 마음 곧 정신이 머무는 곳은 뇌라고 생각했다.

심리학적 탐구 대상으로서 심은 '심통성정(心統性情)·일신지주재 (一身之主宰)'의 심과는 질적으로 달랐다. 성리학에서 '심'을 모든 사유 와 활동의 중심이라 이해하고 심신의 수양을 강조했다면,[36] 근대적 관 점에서 '심리'는 과학적 분석의 대상이지 수양의 대상이 아니다. 따라 서 인간의 정신작용을 모두 뇌수와 연관지어 해명했다.

> 정신은 형태도 없고 자취도 없어 명확히 말하기 어렵다. 구학문에서는 마음속에 있다고 말하고 신학문에서는 뇌에 존재한다고 말하여 그 논의가 서로 다르지만, 정신이 있는 곳을 편의상 바로 '심'이라고 한다. 그러나 구 학문은 심이 오장 안에 있는 줄 알고 신학문은 즉 뇌수로 안다. 만약 두뇌 가 장애물에 부딪히면 정신이 흐트러지므로 마음이 뇌수에 존재한다는 것 은 증거가 명확하다. 그 본래의 이상으로 궁구하면 정신이 존재하는 장소 는 두 개가 아니다. (뇌수가) 정신현상의 유일한 관문이 되고 또한 의식의 주체가 된다.[37]

인간의 사유와 의식 및 모든 신체활동을 뇌수와 신경을 중심으로 이해했다는 것은 이기론과 심성론의 와해를 의미했다. 그렇다면 성 리학적 맥락에서는 중요한 개념이었던 수양이나 성(誠)은 어떤 문맥 에서 사용되었는가? 김홍량(金鴻亮)은 국가의 흥망과 개인의 생사가 모두 성공과 승리를 목적으로 한다고 전제한 뒤 '지성의 힘'을 강조 했다.

> 우리〔吾人〕는 고결한 지성(至誠)을 가지고 있으면 죄악을 타파하고 하 위를 폐멸하고 '아(我)'의 자유를 모멸하는 자를 정복할 것이니, 아름답구

나 지성이여! (중략) 지성을 갖춘 사람은 행동을 경영하는 것이 매우 맹렬하여 전무적(戰務的) 관념으로 천직에 종사하며 진리를 위하여 역경 속에서도 분발하되 목적을 달성하지 않으면 그 노력을 그치지 않는다. 세계의 위대한 영웅호걸은 그 품성상에 주재자가 있지만, 지성의 일념이 결여된다면 좋은 품성은 공화(空華)한 환영에 불과하게 된다.[38]

'지성'은 영웅호걸이 갖춰야 할 미덕이지만 지성의 전범으로 제시된 인물은 요순이 아니라 화성돈〔워싱턴〕이었다. 또 지성이 보호국 체제하의 한국인들에게 필요한 덕목이라고 주장했지만, 지성가(至誠家)란 교육·경제·실업 등 직업적 경제활동을 성실히 하는 것을 의미했다.

건강을 지키는 방법은 신체를 적당하게 보호하는 데 있으니, 음식에 대한 욕망을 절제하며 청결함을 지키고 욕망을 통제하여 체력 소모를 막는 등의 일이 중요하다. 음식과 기타 육체적 욕망은 생리적으로 필요하지만 그에 대한 욕망에 맡겨두면 결국은 신체기능을 해쳐 병을 기르게 된다. 불결한 의복과 주거 등이 신체에 유해함은 재론할 것도 없거니와 한때의 욕망으로 방종하며 흥미로운 일에 지나치게 빠져 신체를 지나치게 힘들게 하는 것도 건강에 방해가 된다.[39]

근대적 신체는 건강한 육체를 기름으로써 노동력을 갖춘 국민이 되는 것을 중요시했기에 신체적 욕망은 '건강'을 위해 생리적 기능을 조절하는 차원에서 다뤄졌다. 용감한 정신이나 활발한 기상과 같은 정신을 발전시키기 위해서도 역시 신체를 단련해야 하며 덕육과 지육을 기름도 체육을 완전하게 하는 것이 전제되어야 한다는 문일평의 주장에서 볼 수 있듯이 근대적 신체는 독립된 영역을 확보했으며, 하나의 온전한 개체로서 개인에 귀속되었다.[40] 하지만 인간의 육체가 어떠한 방식으로 작동하는 기계인지를 탐구하여 그에 관한 지식이 풍부해질수록 육체가 권력에 순종하도록 만드는 규율도 교묘하고 치밀해졌다.[41]

03 개인의 신체와
국가규율

노동하는 건강한 신체

경제적 관점에서 근대세계의 체제는 자본주의로 일원화되었다. 근대국가가 자본주의 경제체제라는 토대 위에 성립된 것이었기 때문에 그 구성원인 '개인'의 모든 것도 자본주의와 직결되었다. 인간욕망은 국가적으로 유용한 노동력이라는 차원에서 이해되었으며 개인의 신체적 건강 또한 국가가 효율적으로 관리하는 체제가 구축되었다.

욕망을 적절히 활용하면 생활에 유용한 노동이 된다. 그런데 이런 욕망이 생기는 것을 내버려둔 채 제한하지 않으면 몸을 해치고 일에 방해가 된다. (중략) 청년이 성욕을 억제할 줄 모르면 신체의 건강을 해치고 정신활

동을 둔하게 하며 혹 생명을 단축하거나 쇠약한 사람이 되는 것을 면치 못한다.[42]

수신 교과서에서는 욕망을 억제하는 극기 방법으로 정신을 굳건히 하여 명리(名利)와 애정 같은 유혹에 빠지지 않도록 해야 한다고 가르쳤다. 하지만 여기서 극기란 개념은 극기복례위인(克己復禮爲仁)이라는 맥락에서 사용된 것이 아니라 노동효용성을 달성할 수 있는 건강한 육체라는 차원에서 차용되었다. 그러므로 몸다운 몸은 건강한 신체와 유용한 노동력 및 건전한 정신과 직결되었다. 노동할 수 있는 건강한 몸과 건전한 정신은 근대화 기획의 핵심 명제였다.[43]

근대적 몸은 사회적으로 '유용한' 것일 때라야 비로소 가치가 있기 때문에 성리학적 맥락을 탈각하고 거듭나지 않으면 안 되었다. 국가를 경쟁 단위로 하는 약육강식 시대에 개인의 신체는 국가를 구성하는 근본 요소로 규정됨으로써 국가적 관리대상이 되었다. 개별화된 신체가 고립적 상태로 개인에 귀속되듯이 개인은 사회적 유기체인 국가를 구성하는 하나의 세포처럼 인식되었다. 정부는 사람의 뇌와 같고 인민은 눈, 코, 귀, 입, 사지 같은 것으로 생각했다. 따라서 인민이 정부를 생각하지 않고 명령도 실행하지 않아 정부를 상하게 하면 사람이 질병에 걸리듯 정부도 병에 걸려 죽음에 이를 수밖에 없다고 판단했다. 오관과 오장육부가 온전하고 그 맡은 바 책임을 다했을 때 건강한 사람인 것처럼 군주·정부·인민이 각기 그 맡은 바 임무를 제대로 수행해야만 부강한 국가가 될 수 있다고 보았다.[44] 즉 근대적 신체란 개인적 차원보다는 문명한 국가를 건설하기 위한 구성요소로 간주되었고 국가적 의무를 실행할 것을 요구받았다.[45]

개인의 몸은 근대국가체제 권력 담론의 자장에서 유용한 의미를 지녔다. 국가가 개인의 체력과 위생을 관리하는 것은 노동력과 군사력을 증강할 목적으로 관리하고 통제하는 통치행위였다. 인간됨은 천리체인이나 알인욕을 통해 구현되는 것이 아니라 근대국가와 자본주의 체제에 맞게 몸을 통제하고 근대적 생활규율을 익힘으로써 달성할 수 있었다. 수기치인(修己治人)이라는 성리학적 일원구조는 해체되었다.*

'노동하는 몸'을 통제하는 것 역시 근대적 시간이었다. 분초 단위로 분절된 시계적 시간은 공장과 학교, 병원, 군대 등 근대적 삶을 실현하던 공적 공간과 더불어 근대적 삶을 기획했다. 공적 공간에서 시간 단위로 지급되고 계산되는 자본**은 무수한 일상적 규제들을 만들어냄으로써, 규칙성과 효율성을 추구했다. 복종하면 복종할수록 유용해지는 인간, 감시가 내면화된 인간, 스스로 시간적 통제에 훈련됨으로써 근대적 지배체제를 내면화한 인간이야말로 신과 절대권력의 통제가 사라진 근대의 주인이자 생산물이었다.[46] 학교와 군대, 공장처럼 '함께' 집단적으로 움직여야 하는 영역이 많아졌다. 집단을 효율적으로 관리 감독할 규율이 필요하게 되었다. 효율적 노동을 잘 수행해야 하는 '국민'의 신체는 마땅히 위생 담론을 비롯한 근대적 제도와 일상적 규율로 포획되어야 했다. 시간엄수 수신론과 위생 담론은 집단과 국가 등에 대한 책무에 충실하라는 지침을 내렸다. 개인의 위생과 건강 그리고 사회 및 국가의 발전을 위해 개인의 육체를 훈육할 필요가 제기되었다.[47] '체력은 곧 국력'이라는 구호가 낯설지 않은 시대가 도래했

• 성리학적 사유구조 해체를 어떻게 이해할 것인가는 중요한 사상적 문제로 대두되었다. 이 문제를 구체적으로 다룬 것이 자강기 신구학론이었다. 논의의 초점은 신학과 과학의 수용을 어떻게 이론화할 것인가에 있었지만 이는 곧 근대 공간에서 유학을 어떻게 이해하고 그 사회적 역할을 어떻게 재정립할 것인지를 묻는 것이기도 했다.
•• "시간이 금이다."라는 명제가 당연하게 받아들여진 것은 시간을 기준으로 임금이 지급되었기 때문이다.

으며, 개인은 국가적 제도에 맞추어 자신을 규율화해야 했다.

위생 관리와 '체육[國育]'

위생과 청결이 그 어느 때보다 강조되었다. 질병의 원인이 세균에 있고 청결은 세균을 제거하는 행위였기 때문이다. 이는 몸을 구조와 형태를 갖는 물질적 존재로 보는 과학적 의학, 특히 독일 의학으로부터 이식받은 일본의 세균학과 위생학에 영향을 받았다. 세균학의 영향력은 막강했는데, 세균학은 위생 담론을 통해 개인의 신체를 규제하는 객관적 규범을 제도화하는 토대가 되었다. 앞서 살핀 바와 같이 개인은 국가의 구성단위였기 때문에 신체의 건강은 개인뿐 아니라 가정과 국가적 차원에서도 이익이라고 설명했다. 개인의 위생과 청결을 위하여 단발과 흰옷보다는 문명의 색인 검정색이나 색의(色衣) 착용을 종용하는 등 개인의 신체에 관한 국가권력의 규제와 감시가 일상 속으로 파고들었다. 질병을 예방하고 치료하려면 엄격한 격리·검역 등 개인적·국가적 차원의 위생이 중요한 문제라는 인식이 대두했으며 이것이 전혀 낯설지 않았다.

전염병과 생명을 관리하는 생체권력은 개별적인 몸과 국가적 몸[人口]을 동시에 지배했다. 국가는 의료적 관리체계를 통해 근대적 몸을 만들었다. 개인의 몸과 체력을 국가가 관리하는 것은 백성에 대한 시혜가 아니라 국가가 노동력과 군사력을 증강할 목적으로 관리·통제하는 통치행위였다. 특히 학교의 위생교육은 근대적 몸을 체계적으로 만들어나가는 훌륭한 장이었다.

고종은 1895년 발표한 '교육입국조서(教育立國詔書)'에서 덕양·체양·지양을 강조했다.[48] 지덕체론의 강조는 일일이 열거하기 어려울

정도로 확산되었다.[49] 민지(民智) 계발이나 지력 양성이 강조되기도 했으나, 지덕체론을 논의할 경우 강조점은 대체로 체육에 있었다.[50] 체육이 스스로 육체적 힘을 길러 세계 속에 우등하고 강한 민족으로 살아남기 위해 가장 시급하고 긴요한 일로 여겼기 때문이었다.[51] 이동초(李東初)는 교육이 체덕지의 다양한 분야가 있지만 신체가 건강하지 않으면 지덕을 함양하는 것도 불가능하기 때문에 체육이 국가 부강의 근인이며 인간 행복의 원거(源據)라고 특히 강조했다.[52] 김희선(金羲善)도 같은 주장을 하면서,[53] 체육활동이 개인적 차원에서는 개인의 건강과 행복을, 국가적 차원에서는 강부우승(强富優勝)을 달성하는 방법이므로 "체육이 곧 국육(國育)"이라고 주장했다.[54] 즉 개별화된 개인의 신체는 근대국가체제의 한 요소로서 유용한 의미를 지녔다. 국가적 체력〔國育〕으로서 체육이 강조되면서 체육은 유학의 문약을 비판하는 준거가 되었고,[55] 도덕적 수신(修身)은 문약(文弱)의 상징이요 야만의 원인으로 비판받았다.

> 나는 크게 "아방(我邦) 교육에 체육이 결핍되었기 때문에 지금 〔결핍된 타자로서의〕 나와 〔문명이 부재한 야만의〕 우리나라가 되었다."라고 말하겠다.[56]

유학의 수신은 극기로서 개인적 욕망을 절제하는 것을 내용으로 했으므로, 체육과 같이 몸을 도덕과 무관한 '기름'의 대상으로 삼지 않았다. 수신이 천인합일의 착수처였다면 체육은 지덕의 기인(基因)이며 국육으로서 부국강병의 원기(元氣)로 받아들여졌다. 개인의 체력이 곧 국력으로 환치되었다. 체력 양성은 근대국가체제 및 세계인식과 맞닿아 있었다. 제국주의 침략이라는 약육강식 시대에 세계평화란 곧 '위력적 평화'에 지나지 않는다고 판단했다.[57) 즉 근대적 인간은 민족과 국가의 독립과 생존을 위해서는 부국강병적 자강을 도모할 수 있는 건강한 신체를 길러야 했다.

10장

진아론(眞我論)을 통한 유학문명의 재건

─ 박은식

박은식의 '진아론'

'주체'는 근대의 가장 핵심적인 철학 주제였다. 주체는 스스로 "나는 누구인가"라고 묻기도 하지만 타자가 던진 "너는 누구인가"라는 물음을 통해서도 규정된다. 주체는 고립되어 홀로 존재하는 것이 아니라 '타자와 마주 선' 존재라는 점에서 이 두 물음은 맞닿아 있는 것이다. 한국 근대는 강력하고 이질적인 타자와 마주 섬으로써 주체에 관한 물음을 던져야 했던 시기이다. 한국 근대주체의 생성은 전근대사회를 탈피하여 세계적 지평에서 근대국가를 구축해야 하는 시대적 요청에 부응하는 철학적 과제였다. 박은식은 주자학에서 양명학으로의 사상적 전환을 통해 보편타자와 마주 선 '주체' 인식을 정립하고, 그 토대 위에서 당면한 시대문제를 해결함으로써 유학이 지향해야 할 방향을 제시한 사상가였다. 그런 측면에서 '진아(眞我)'는 그의 사상의 중심 개념이라고 할 수 있다.

박은식의 진아론은 유학적 사유구조를 근대적 방식으로 재건한 유학문명론이었으며 서구 중심적 근대문명과는 질적으로 다른 차원을 개척한 것이었다. 진아는 서구적 보편성에 대응할 유학적 보편성과 함께 민족적 주체성과 정체성을 담지한 근대적 주체였다. 그러나 진아는 이성적 주체와 달리 타자에 대한 배제와 차별의 원리는 아니었다는 점에서 근대적 경계를 향유하면서도 근대 너머를 지향했다고 하겠다.

근대 초기 포르투갈이나 에스파냐 같은 주변국이 힘들고 위험한 상황에서도 과감히 해외팽창사업을 주도하여 '해양의 시대'를 열었던 것처럼,[1] 시대의 한계를 돌파하는 원동력은 대개 중심권보다는 변경에서 시작되었던 역사를 상기할 필요가 있다. 우리가 문명의 문명다움을 성찰하되 오롯이 서구적 이성에만 기댈 수 없다면 박은식의 양명학적 사유를 재평가할 필요가 있다. 박은식이야말로 전근대와 근대 그리고 근대 이후의 경계를 넘나들기 위한 중요한 통로를 제공할 수 있으리라 생각한다.

근대와 양명학의 만남

근대적 주체에 대한 물음은 곧 '근대'란 삶의 새로운 공간에서 전근대사회의 지도이념이었던 유학의 정체성을 되묻는 지점에서 시작되었다. 유학에 대한 반성적 물음은 서구적 근대문명의 무비판적 수용에 대한 비판과 맞닿아 있었다. 박은식은 근대적 격변을 경험하고 사상적 전환을 하지 않을 수 없었다고 토로하기 이전에는 주자학이 유일한 진리라고 생각했다. 하지만 그는 주자학으로 해명되지 않는 근대, 성리학의 형이상학적 체계가 해체되는 그 지점에서 양명학으로 사상적 전환을 단행했다.

박은식의 사상적 전환에 영향을 미친 것은 일본 근대양명학과 량치차오(梁啓超)였다.* 량치차오가 일본에 망명해 있을 때 일본의 양명학자들이 메이지유신 성공에 일정한 역할을 담당했다고 판단하고, 일본의 대표적인 양명학자로 거론되었던 요시다 노리가타(吉田矩方)의 생애 및 일본 근대양명학을 중국에 많이 알렸던 것에 비춰보면, 근대 동아시아 삼국의 양명학이란 결국 근대라는 역사적 격변을 전통철학 내에서 담아낼 논리를 발견하려는 동일한 목적을 갖고 있었던 셈이다. 근대 동아시아 삼국의 양명학적 사유는 메이지유신에 대한 인식과 밀접한 관련이 있었다. 일본은 강력한 타자인 서양에 대한 대응논리로서 메이지유신을 단행했다. 그리고 당시 중국과 한국은 메이지유신을 근대화 모델로 삼았다. 서구 근대 과학문명을 수용하여 근대화를 꾀했으나 서구화에 대한 저항과 반성의 차원에서 '동양의 도덕윤리로서 양명학'에 주목했다.

박은식은 메이지유신 시기 일본 양명학자들의 역할을 매우 긍정적으로 평가했다. 또한 그는 장지연에게 보낸 편지에서, 『왕양명실기』를

• 한국 양명학을 전공하는 학자 중에는 박은식의 양명학을 강화학파(江華學派)와 관련짓고자 하는 경우가 있지만, 직접적 연관은 없다고 봐야 할 것이다. 일단 『박은식전서』에서 강화학파와 관련된 직접적 자료를 찾을 수가 없다. 「학규신론(學規新論)」의 서문을 쓴 김택영은 오늘날 연구자들이 강화학파로 분류한다. 그런데도 박은식의 저술에서는 김택영과 양명학을 관련짓는 언급이 없는 것으로 보아, 박은식이 당시 한국의 양명학적 계보와는 직접적 관계가 없다고 봐야겠다. 심지어 박은식은 「몽배금태조(夢拜金太祖)」(1911)에서도 장유(張維, 1587~1638)를 단지 문학전문학과의 한문 교사로 추천하고 있을 뿐 조선시대의 대표적 양명학자인 정제두(鄭齊斗, 1649~1736)에 대해서는 아무런 언급이 없다.[2]

저술하는데 다카세 다케지로(高瀬武次郎)의 『양명상전(陽明詳傳)』을 참고했음을 밝혔다.[3] 그리고 일본 양명학이 메이지유신에 긍정적 역할을 담당했으며, 양명의 지행합일이 당대에 매우 시의적절할 뿐 아니라 서양 철학자(소크라테스·칸트·버클리)의 학설과도 부합한다고 역설하면서 양명학을 긍정적으로 평가했다.[4] 그는 또 요시다 노리가타는 왕학의 활기로 메이지유신의 업적을 창조했는데, 우리나라 유자(儒者)는 일찍이 이러한 것이 없었다고 했다.[5]

또한 박은식은 당시 일본에서 발행되었던 『양명학(陽明學)』이라는 잡지를 읽고 그 주간인 히가시 게이지(東敬治)에게 서신을 띄울 만큼 당시 일본 양명학계에 해박했다.* 당시 양명학회 주간을 맡았던 히가시 게이지는 양명학 진흥을 통한 시세구제(時世救濟)를 목적으로 기관지 『양명학』을 발행했다. 그는 당대와 같이 번다한 현실에서는 주자학의 격물치지처럼 방대한 경서연구와 심원한 이치를 강구하기에는 시간이 부족하다고 보고, 양명학의 심학(心學)과 같이 바로 심의 본체인 양지에 근거하여 시세의 폐단을 구하는 것이 가장 적절하다고 주장했다.[6] 박은식은 일본 양명학계가 메이지유신 이후 일본의 현실 문제에 적극 대처한 것과 같이 우리도 직면한 문제를 해결하는 데 양명학을 적극 활용할 수 있다고 보았다.

그런데 박은식은 일본 양명학계와 량치차오의 사상적 영향을 받았지만 그들과는 다른 양상을 보일 수밖에 없었다. 제국주의 침략국과

• 요시모토 죠(吉本襄)가 편집·발행했던 잡지 『양명학』은 메이지 32년(1989) 5월 제79호와 제80호를 합본하여 간행하는 것으로 끝이 났지만, 당시 탁월한 양명학자로 평가받았던 히가시 게이지가 그 뜻을 이어받아 메이지 39년(1906) 3월 명선학자(明善學者)들이 『왕학잡지(王學雜誌)』를 편집·발간했다. 『왕학잡지』를 발간했던 명선학자들은 그 후 양명학자회로 개명해 메이지 41년(1908) 잡지 『양명학』을 발행했다.

반식민지 상태였던 나라와는 달리 당시 한국은 망국과 식민지배를 경험하고 있었기에 양명학적 대응 또한 달랐다. 박은식은 주자학 이외의 학문을 배척한다거나 주자학과 양명학의 동이에 관한 변론을 학문의 주제로 삼는 것은 무의미하다고 전제했다. 그리고 주자학적 격물치지설〔견문지(見聞知)의 영역〕은 서양 근대과학이 이미 앞선 것임을 확인했기 때문에 유학의 근대적 역할은 양지학(良知學)을 통해 새로운 근대적 주체를 확립하고 당면한 현실 문제를 해결하는 것이라 여겼다.[7]

박은식이 주자학보다는 양명학이 근대사회에 보다 적합하다고 판단한 이유는 『양명학』지 주간에게 보낸 글에서 알 수 있다. 첫째, 그는 급변하는 현실에 대처하려면 주자학만 고수하던 학문 풍토에서 벗어나 개방적 태도로 양명학을 비롯한 서구 사상을 수용할 필요가 있다고 생각했다. 이것은 조선이 주자학만을 허용했던 역사적 현실에 대한 비판으로 볼 수 있다. 둘째, 그는 양명학이 간이직절(簡易直切)하여 시세의 폐단을 구하는 데 적절하다 보고 양명학을 통해 일반민중의 원기를 회복하자고 주장했는데 이는 당대가 평등사회를 지향한다는 인식과 맞물려 있었다. 셋째, 그는 물질문명에 대비되는 도덕으로서의 양명학을 제시하면서 양명학을 통해 도덕을 밝히자고 주장했다.[8]

자가정신(自家精神)의 주체성

한국의 근대적 민족주체성은 중국과 서양 그리고 일본이란 타자에 대한 인식 속에서 생성되었다. 중국중심주의에 대한 반성은 폭력적이고 강력한 타자에 맞선 자기의식의 출발점이었으며, 이는 서구중심주의의 부상 및 일본제국주의의 침략이란 세계질서의 재편과 맞물려 있었다. 당시는 중화주의가 붕괴하고 서구적 중심을 재생산한 일본이 이른바 '동양' 패권을 획득한 상황이었다. 중심축의 이동과 함께 망국이라는 민족적 위기에 직면한 한국은 세계를 어떻게 인식할 것인가를 중요한 문제로 받아들였다.

이런 상황에서 한국은 두 가지를 자문해보지 않을 수 없었다. 첫째, 서구 근대문명으로 인해 이미 해체되었음에도 불구하고 여전히 굳건한 타자로서 자리매김하고 있는 중국중심주의를 어떻게 평가할 것이며, 근대 세계질서를 어떻게 수용할 것인지를 묻지 않을 수 없었다. 둘째, 서구 근대문명이 새로운 문명의 전범으로 급부상했지만 그 야만성까지 무비판적으로 받아들일 수는 없는 것이 한국의 상황이었다. 그러므로 우리도 문명화가 필요하지만 도대체 '문명화'가 우리에게 어떤 의미인지 성찰하지 않을 수 없었다. 박은식은 전통적 사유체계의 완고함도 탈피하면서 우등한 서구 문명의 거친 파고 속에서 민족주체성을 확립하고자 했다. 한국의 민족적 생존 문제는 중국중심주의나 서구중심주의로는 해결할 수 없었기 때문이다. 따라서 그는 자가정신*을 준거로 양명학을 활용하여 서구 문명의 수용 문제 및 한국 독립의 나아갈 방향을 모색했다.

근대적 주체의식 정립은 중국중심주의에 대한 비판적 성찰에서 출발했다. 박은식은 한학(漢學)에 매몰되어 자가정신〔주체정신〕을 잃어버

• 『심경부주 석의(心經附註 釋疑)』에서 퇴계는 '자가(自家)'란 자기자신을 가리키는데, "혹은 주체〔我〕로부터 타자〔人〕를 가리켜 말하기도 하고, 혹은 타자〔人〕로부터 주체〔我〕를 가리켜 말하기도 한다."라고 주석했다. '자가'에 관한 퇴계의 주석은 자가가 주체의 자기이해이지만 동시에 타자와 마주 설 때라야 비로소 성립 가능한 개념이라는 점을 잘 지적했다고 하겠다. 박은식은 주체란 곧 타자와 '마주선' 관계에 있지만, 자가정신은 주체의 자기인식에서 비롯한다고 보았다. 따라서 근대적 자가정신은 유학적 보편이념을 근대적 맥락에서 구현하는 것과 밀접한 관련이 있었지만, 중국중심주의를 해체하는 데서 시작하지 않을 수 없었다.

리는 우를 다시는 범하지 말아야 한다고 주장했다.[9] 박은식은 세계 모든 나라 사람이 자국을 중심으로 세계를 이해하고 대처해나가기 때문에, 우리도 중국 중심의 지역적 중화주의에서 벗어나야 한다고 보았다. 만약 중국중심주의에서 벗어나지 못한다면 자국정신(自國精神)의 소멸을 초래할 것이라고 내다보았다.

조선 유생이 주창하는 중화주의는 무엇을 말함인가? 세계 만국의 모든 사람이 모두 자기 나라를 존중함을 의리로 삼는 까닭에 중국인은 존화양이를 주장한다. 오늘날 조선인은 자기 나라가 아닌 다른 나라, 즉 중국을 존중하는 것으로 큰 의리로 삼으니 이는 자국정신을 소멸케 하는 것이 아니고 무엇인가?[10]

그가 자국정신의 소멸을 문제 삼은 것은 유학이념의 보편성을 부정하지는 않더라도 한국적 관점에서 재음미할 필요성을 인식했다고 이해할 수 있다. 박은식은 한국이 중국에 예속되어 평등한 지위를 잃어버렸기 때문에 국권상실 위기에 제대로 대처하지 못했다고 진단하였다. 따라서 한국은 인도적 평등주의를 준거로 하여 세계 어느 나라와도 평등한 자격을 갖춰나가야 한다고 했다.

조선은 이미 오래전부터 다른 나라에 예속되었기 때문에 평등한 지위를 잃어버리고, 오늘날과 같은 망극한 치욕과 무한한 고통을 겪게 되었다. 그러므로 마땅히 뜻이 있고 혈기 왕성한 남자가 나라를 구하기 위한 신념으로 동포들에게 인도적 평등주의를 널리 알림으로써 동포로 하여금 하등(下等)의 지위에서 벗어나 상등의 지위로 나아가게 하는 데 온 힘을 쏟아야 할 것이다.[11]

박은식은 한국이 다른 나라와 같이 평등한 지위를 향유해야 하지만 인도주의를 근간으로 하지 않으면 안 된다고 전제했다. 인도주의에 근거하지 않은 자가정신은 배타적 국수주의로 변질될 우려가 있어 일본 군국주의에 대한 저항의 정당성을 확보하기가 어렵다고 판단했다. 박은식이 제창한 자가정신은 인류 전체가 보편적으로 추구해야 할 이념에 위배되지 않으면서도 한국적 주체성 정립의 정당성을 확보했다.

진아(眞我): 한국 근대주체의 정체성

이성과 마주 선 양지(良知)

서구 시민사회는 합리적 판단이 가능한 자율적 개인을 근대주체로
상정했는데, 이때 '주체'란 자유와 평등이라는 인간해방의 기치를 내
걸었던 계몽주의적 이성주체를 말한다. 서구 근대문명이 이성과 개인
의 가치를 발견한 것은 의미 있는 진전이었다고 할 수 있다.* 그런데

---

* 근대주체는 '고립적인' 개인이었지만, 항상 타자와 마주 선 존재였다는 점에서 타자를
전제하지 않고는 성립할 수 없다. 주체는 이성적 능력을 갖지 못한 타자라 할지라도 타
자와 마주 서 있기에 비로소 주체가 될 수 있었다. 즉 유럽 중심의 이성주체는 비서구
의 야만적 타자를 전제하지 않고는 성립하지 않았다. 그렇다면 근대 세계사를 이성적
주체로 한정하여 논의하는 것은 온당하지 않으니, 근대에 관한 새로운 시각이 요구되
는 시점이라고 하겠다.

박은식 또한 '근대'라는 새로운 시대를 이끌어갈 주체를 정립하고자 했지만 그것이 서구와 같은 '개인'의 발견은 아니었다. 근대 한국은 이성의 역사를 경험하지 않았으며, 근대주체가 직면한 역사적 현실 역시 동일하지 않았기 때문에 이성적 주체를 한국 근대의 주체로 상정할 수 없었다. 더욱이 서구 근대주체의 '이성'이라는 동일성 원리는 비이성의 역사인 비서구를 배제하는 원리이기도 했으며, 유럽적 보편주의를 비서구 지역에 강제하는 차별적 폭력으로 작동했다. 따라서 이성적 주체의 배제와 폭력을 넘어설 수 있는 한국적 근대주체는 이성이라는 동일성 원리 내에서는 생성될 수 없었다. 박은식은 서구와 마주하면서도 결핍된 타자로서의 자기인식을 넘어설 수 있는 주체가 요구된다고 파악했다. 박은식은 '양지'를 폭력적 이성과 마주 선 주체로 옹립했다. 도덕적 보편성을 지닌 진아는 서구적 보편성과 차원을 달리했으며, 민족적 위기에 직면하여 시대 문제를 명확히 인식하고 해결할 수 있는 역사성을 담지했다.

유학은 관계 맺음에 관한 탁월한 사유체계로서, 유학에서 강조하는 인(仁)이나 충서(忠恕) 내지 오륜(五倫)이 모두 사람 사이의 관계성을 규정하는 덕목들이다. '양지' 역시 고립되고 개별화된 개인에 국한된 개념이 아니었다. 박은식은 시비 판단의 준칙과 실천성을 담보한 양지의 근대적 구현체인 '진아'를 한국 근대주체로 상정했다. 그는 우리의 신성한 주인옹(主人翁)이며 공정한 감찰관인 영명(靈明)한 양지[12]는 시비 선악을 판단함에 항상 모든 존재물의 실상을 드러내고 구체적인 상황에서 자신이 마땅히 해야 할 일을 밝게 깨달을 수 있다고 했다.[13] 즉 '양지'는 즉각적으로 다양한 상황 변화를 판단하고 대응할 수 있기 때문에 수시변역(隨時變易)*이 가능하다고 했다.

양지는 수시변역의 뜻이 있으니 때에 따라서 마땅함을 제정할 수 있다. 천지의 진화가 무궁하기 때문에 성인의 응변(應變)이 또한 무궁하니 때에 따라 마땅함을 제정하여 천하의 시무(時務)를 이룬다.[14]

'양지'는 도덕적 보편성과 함께 시중성(時中性)을 담지한 개념이다. 그러므로 진아는 한국 근대라는 역사적 맥락에서 주체로서의 자기 역할을 담당할 수 있다고 판단했다.

'진아'란 사심·사욕·사의 같은 사사로운 자아의식이 없으며, 양지의 본능을 주재(主宰)로 삼아 영욕화복을 시비 판단의 기준으로 삼지 않는 도덕적 주체다. 만약 사적인 영욕화복을 염두에 두었다면 그것은 위선(僞善)이지 양지의 발현이 아니라고 단언했다.

진아가 되기 위해서는 양지의 본능으로써 주재를 삼아야 한다. 그래야만 복잡하고 변환하는 사물 가운데 처하여 능히 이끌리지 않고 사역당하지 않으며 모든 것을 명령하고 제재할 수 있다.[15]

인간의 입심(立心)과 행사(行事)가 참됨[眞性]에서 나와야 하늘의 도움과 신의 도움이 있으니, 참됨으로 선을 행하는 자는 영욕과 화복의 관념이 없다. 만약 영욕과 화복의 관념으로 선을 행하면, 이는 위선이다.[16]

'양지'의 근대적 구현체인 '진아'는 서구적 이성과 구별되는 도덕적 보편성을 담지했지만, 한국 근대가 직면한 시대적 상황에도 적극적으

• 이는 양명이 양지를 역(易)이라고 하여(『전습록』 하下: 良知卽是易), 끊임없이 생생 불식한다고 한 것[『전집』 권7, 「석음설(惜陰說)」: 天道之運, 無一息之或停, 吾心之良知, 亦無一息之或停, 良知卽天道]과 같은 의미다.

로 대처하며, 동시에 근대적 폭력에 대한 도덕적 성찰을 통해 근대 넘어서기를 모색하는 주체였다.

'진아'와 신국민

박은식은 한국의 근대주체 '진아'는 도덕적 보편성과 한국의 근대라는 시대를 반영하는 특수성을 동시에 담보할 수 있다고 보았다. 그렇다면 진아는 '양지'를 어떻게 구체적으로 실현하는가? 박은식은 "때에 따라 묘응(妙應)하는 양지"를 강조하면서, 단지 옛 문화만으로 세상을 밝히고자 하는 자는 신문화(新文化)와 충돌하므로 개진하기가 어렵다고 보았다. 그래서 그는 옛 문화를 견지하려는 자보다는 무문자(無文者)가 오히려 새로운 문화를 잘 받아들여 발전시킬 수 있다고 보았다.[17] 즉 그는 주자학을 맹종하여 전근대체제를 고수하려는 구습에 젖은 유림보다는 본래의 허령(虛靈)한 양지를 가지고 있으면서 구습에 젖지 않은 일반민중의 근대적 자각과 실천에 주목한 것이다.

박은식이 무문자에 주목할 수 있었던 것은 양지의 두루 응하여 막힘이 없는 범응불체(泛應不滯)한 특성과도 관련이 깊다. 양지는 언제 어디서나 시비와 선악을 판단하고 분별할 수 있으며, 어느 상황에서든 막힘없이 모든 변화에 역동적으로 대처할 수 있다. 그러나 보편적 진리는 시공을 초월해 존재하지 않고 언제나 '지금 여기'라는 시공간에서 구현되듯이 양지는 현재성과 시중성(時中性)을 가진다. 그러므로 양지는 주체가 처한 상황에서 막힘없이 시비를 판단하고 실천할 수 있으며, 외재적 타율이나 형식을 행위의 준거로 삼지 않더라도 천하의 절목(節目)과 시변(時變)에 자유자재로 대응할 수 있다.[18] 그러므로 보편적 양지가 주재성을 발휘한다면 근대적 사회 변화에 역동적으로 대처해나갈 수 있을 것으로 전망했다.

그리고 박은식이 양지를 성인과 우민의 차이가 없다는 '성우무간 (聖愚無間)'으로 규정한 것은 도덕적 평등성의 의미도 있지만, 평등 시대에 일반대중의 역할과 중요성에 주목한 것이라고 할 수 있다. 그가 근대사회를 모색함에 있어 일반 대중의 역할과 중요성을 강조한 것은 무엇보다 그가 우민관(愚民觀)에서 탈피한 측면도 있지만, 유학이 평등 시대를 이끌어가는 이념으로 거듭나야 한다는 주장을 담고 있는 것이었다.＊

박은식이 제창한 '진아'는 자강기에는 신국민(新國民)으로 현현했다.

조국과 민족의 앞날을 위하여 바라는 것은 오직 청년을 교육하여 신국민을 양성하는 것이다.[19]

새로운 정신이 머릿속에 들어가지 않는 것은 곧 옛날 근성이 남아 있기 때문이니 그러한 사람은 신국민의 자격이 없다.[20]

그는 신국민이 되려면 무엇보다 먼저 노예적 근성을 버리고 자가정신을 가질 것을 요구했다. 박은식은 국권상실의 시대에는 교육과 식산의 실천이 곧 양지를 구현하는 하나의 방법이라고 생각했으며, 경술국치 이후에는 독립을 위한 사심 없는 실천을 양지의 구현이라 보았다.

＊ 독립협회와 대한자강회를 이끈 윤치호는 조선인을 결핍과 부재의 주체로 상정했기 때문에 조선인이 근대적 사회 변화와 문명을 창조해나가는 것은 불가능하다고 단정 지었다. 따라서 우리보다 앞서 문명화를 이룩한 서구와 일본의 문명지도를 받아 그들처럼 되기를 좇는 것 이외의 길은 애초 존재하지 않는다는 열등의식과 패배감에 사로잡혀 친일 노선을 견지할 수밖에 없었다.

충국애족(忠國愛族)하는 자들이 참화(慘禍)를 입고 매국화족(賣國禍族) 하는 자들이 복락(福樂)을 누리는 것 같지만, 실은 천리와 인욕의 대소(大 小)를 분별하지 못하고 영혼과 육체의 경중을 가리지 못한 데서 오는 오해 이다. 또 영욕화복(榮辱禍福)의 관념으로 선을 행한다면 그것은 이미 선 (善)이 아니라 위선(僞善)이다. 진성(眞誠)으로 선을 행하는 자는 도리어 영욕화복의 관념이 없다.[21]

박은식에게는 국권상실과 경술국치로 치닫는 민족의 현실에 대한 올바른 판단과 대응이 곧 양지의 구현이었으며, 이를 실천하는 이가 곧 근대민족국가를 건설할 신국민이기도 했다.

그는 사회다원주의를 차용하여 친일행위를 하거나 사욕을 채우는 자강운동가들에게 도덕적 반성과 함께 진아로 거듭나라고 촉구했다. 부국강병을 이룩하기 위한 문명화와 단체결성이 요구되지만, 진정한 애국과 식산이 무엇인지에 대한 도덕적 성찰이 필요하다고 했다. 즉 자강활동은 국가 구성원 각자의 주체적 자각과 강한 도덕성 및 능동적 실천에 기초하지 않으면 제대로 이루어질 수 없다는 측면을 강조했다.

오늘날 우리나라의 일반인사들이 모두 애국과 식산을 말합니다. 그러 나 애국의 의무를 실행하지 아니하는 자는 애국을 바로 안다고 말하지 못 할 것이며, 교육과 식산과 사업을 실행치 아니하는 자는 이것들을 바로 안 다고 말하지 못할 것입니다.[22]

박은식은 시대 변화 속에서 옳음을 자각하고 그것을 실천함으로써 만 현실 문제를 제대로 해결해나갈 수 있다고 했다.

국혼(國魂)과 문화적 정체성

강력하고 폭력적인 타자와 조응한 주체는 "너와 마주 선 나는 누구인가?"를 되물어야 했다.* 한국의 근대주체는 서구적 시선에서 본다면 이성적 주체가 아니라는 점에서 '결핍된 타자'이기도 했다. 이성이 부재하기에 그들처럼 될 수는 없으나 그러한 결핍이 타자에 맞설 민족적 주체에 대한 열망을 더욱 강렬하게 했다.

박은식은 사회다원주의의 영향으로 당대를 국가경쟁 시대로 파악하기도 했으며, 기본적으로 근대적 삶이 국가를 단위로 했기 때문에 민족정체성을 확립하는 것은 매우 중요한 문제라고 인식했다.** 동국(東國)의 역사가 아닌 '국사(國史)'라는 개념조차 낯설었던 시대에 자기인식의 기원을 역사적으로 기술하고, 그에 기초한 민족국가를 건설하고자 했으며, 망국의 위기에 봉착해서는 국혼이라는 개념으로 문화적 정체성을 확보하고자 했다.

박은식의 국혼이나 신채호의 국수(國粹, nationality)는 서양 근대문명과 이성적 타자의 현현인 제국주의에 대한 대항 개념이었다. 민족정체성의 정신적 고유성과 역사성을 통해 그들과 다른 주체임을 인식함으로써 스스로 결핍된 타자가 아님을 선언했다. 국혼은 19세기 서구 열

• 여기서 '나'란 천리체인을 목표로 삼는 성리학적 인간은 아니었다. 성리학적 사유체계는 격물치지학(science)을 수용하고 과학자를 '격물군자'라고 번역하면서 해체되기 시작하였다. 또 자강기 근대교육의 기본교재였던 여러 수신 교과서의 '수신(修身)'이 대학 8조목의 맥락을 벗어나 근대의 국가체제에 걸맞은 '국민 만들기'의 일환으로 정착되면서 본격적으로 해체되었다.

•• 베네딕트 앤더슨의 주장처럼 민족적 공동체가 근대 국가체제의 안정화를 위해 요청된 개념이라는 측면이 있었고, 근대적 민족정체성은 기억을 복원함으로써 생성된 상상의 공동체라고 할 수 있다. 그러나 근대라는 지평에서 민족적 정체성은 생존과 직결된 문제로 인식되었다는 점에서 실제적이었다.

강에 의한 제국주의 확산과 일본의 한국 침략에 대항하기 위해 요청된 민족의식과 관련이 깊었다. 망국에 직면했던 박은식은 "국가가 망하면 민족도 필멸한다."[23]라는 시대인식에 기초하여 국혼으로 문화적 정체성을 밝히고자 했다. 이는 보편 '타자'에 맞설 수 있는 저항적 정체성을 확립하는 차원이었다. 민족적 정체성은 주체의 시공간적 기원을 재구성하는 작업일 뿐 아니라 문화적으로 '한국적'인 것을 특화함으로써 그 정체성을 보장받고자 했다. 국백(國魄)은 이미 제국에 포획당했지만, 역사와 언어 그리고 유학과 같은 국혼 구성요소를 이론화함으로써 민족적 자기의식을 기억·유지하는 길을 택했다.

박은식은 각 나라는 자국 특유의 민족정신을 가지고 있으며, 독일·이탈리아·미국·일본 등이 모두 그 나라 특유의 정신 덕분에 부강한 나라가 되었다고 보았다. 한국도 이와 같은 정신이 있는데 이를 대한정신(大韓精神)·국혼·대한혼[24] 또는 국성·국수[25]로 명명했다. 그는 역사의 기억을 통해 시공간적 연속성을 공유한 민족적 삶의 본질을 발견하고자 했으며, 국혼론은 망국을 계기로 더욱 강화되었다. 국혼은 국교·국학·국어·국문·국사 같은 정신적 요소로 구성되며, 국백은 전곡(錢穀)·졸승(卒乘)·성지(城池)·함선(艦船)·기계(器械) 등과 같은 제도와 문물로 구성된다.[26] 박은식은 국백을 지킬 수 없다고 할지라도 국혼을 잘 보존한다면 국권을 회복할 수 있다고 진단하고, 그 중심에 역사를 놓았다.[27] 국혼의 중요 요소로 역사를 강조한 것은 민족역사의 기억을 통해 민족적 정체성을 상실하지 않으려는 방책이었는데 그 주된 내용으로 유학적 전통을 꼽았다. 그는 국혼이 있었기 때문에 4천년 동안 국맥을 유지할 수 있었다고 보고, 유교적 전통이 국혼의 중요한 요소라고 강조했다.

대개 우리 민족은 조상의 신성한 교화를 계승하여 유교를 지키고 예의를 숭상하여 충렬의 혈기가 역사에 끊이지 않았다. 진실로 이러한 것이 없었다면 어찌 4천 년간 국맥을 지킬 수가 있었겠는가?[28]

역사적·문화적 동질성을 기초로 생성되는 국혼은 비록 유학적 요소가 많지만, 그것이 국맥과 유기적 연관 속에서 역사적 현실을 추동해왔다는 점에서 보편적이며 동시에 특수한 생명력을 갖는다. 유학의 도덕성은 보편성을 갖지만 이는 구체적 상황에서 실현되어야 할 이념이었다. 자가정신의 주체성과 국혼이라는 문화적 정체성을 갖춘 한국 근대의 민족적 주체인 '진아'는 근대라는 시공간하에서 주어진 시대문제를 해결하는 근대주체라는 점에서는 역사적 주체였지만, 도덕적 본성인 '양지'를 실현하는 주체라는 측면에서는 보편적 주체이기도 했다.

03 대동사상(大同思想):
열린 주체와 비폭력성

사해동포주의(四海同胞主義)

서구든 비서구든 근대는 국가를 단위로 세계적 팽창을 지향했고 한 국은 식민지가 되었다. 그런 상황에서 민족국가의 경계를 넘어서서 세계적 대동과 평화를 논의하는 것은 비현실적인 일로 보일 수 있었다. 그런데 박은식은 진아론과 만물일체지인(萬物一體之仁)을 토대로 국가와 민족의 문제를 간과하지 않으면서 사해동포주의를 전개했다. 이성적 주체가 타자에 대한 배제의 원리로 작동했던 것과 달리, 유학적 도덕의식에 기반한 '진아'는 타인·사회·국가, 더 나아가서는 세계 전체와 관계 맺음을 해나가는 존재였다.

진아는 주체와 타자의 경계를 확인하면서도 그 경계를 넘어서는 열린 주체성을 가지고 있었으며, 한국의 근대주체인 동시에 사해동포주의를 실현해나갈 역동적 주체였다. 진아의 삶은 개인적 삶이면서 곧 국가적·민족적 삶이요 세계적 지평을 아우르는 삶이다. 개인에서 국가로, 국가에서 세계로 차원을 확대하여 인도와 평화를 실현해나가는 것〔萬物一體之仁〕이 바로 유학의 방법적 차별애이다.[29] 그래서 박은식은 한국의 당면과제는 강권(強權)의 제국주의를 이겨내고 평등주의를 실현하는 주체가 되는 것이라고 파악했다.*

박은식은 양명학의 핵심을 '만물일체지인'으로 이해했으며,[30] 이를 사해동포주의 및 대동사상과 연계하여 체계화했다.[31] 그는 '만물일체지인'이야말로 제국주의적 경쟁의 폐해와 근대적 차별주의를 극복할 수 있는 이념이라고 주장했다.

> 성인은 만물을 하나로 삼고 사해를 일가로 삼아 경계와 울타리가 없게 합니다.[32]

> 하늘이 사람을 낳음에 성분의 영능(靈能)과 직분의 권리를 부여함은 동양·서양과 황인종·백인종이 같다.[33]

만물일체지인이 경계와 차별을 제거하여 국가 간의 반목과 침략을 종식시킬 수 있는 이념이기 때문에 국가적 경계가 갖는 폭력성을 뛰어넘을 수 있다고 보았다. 뭇 생명을 사랑하는 인(仁)의 경지에서 보면 모든 사람은 능력에 따른 직분의 차이는 있으나, 인종적 차별은

---

* 캉유웨이(康有爲)의 대동사상처럼 주체가 해체되고 나면 인도와 평화를 실현할 구심점이 사라질 위험이 있었다.

있을 수 없었다.

> 상제는 지극히 크고 지극히 공평하여 모든 것을 똑같이 사랑하십니다.
> (중략) 그래서 각종 인종을 비롯한 모든 존재자를 함께 살게 하고 함께 길
> 러지게 하여 서로 눌리거나 피해를 보는 일이 없도록 하십니다.[34]

> 대개 하늘의 도는 뭇 생명을 생육하되 후박(厚薄)의 구별이 없다. 도덕
> 가는 이것을 근본으로 삼아 만물일체지인을 실현하여 천하의 경쟁을 그치
> 게 하는 것으로 구세주의(救世主義)를 삼아야 한다.[35]

박은식은 공평무사한 양지의 발현을 통해 사해의 경계를 무너뜨려
생민(生民)의 화란(禍亂)을 구제할 수 있으며, 경쟁의 폐해를 그치게 할
수 있다고 했다.[36] 문명적 경쟁이 적자만을 위한 것이었다면 방법적
차별애는 인종적 차별과 강자·약자의 경계를 넘어 대동적 삶을 지향
했다 하겠다. 박은식은 양지에 근거하지 않고서는 한민족의 공동체적
삶은 물론이요, 인류 전체의 발전과 행복 또한 불가능함을 강조했다.

대동평화사상(大同平和思想)의 제창

그가 양명학을 주창한 것은 인류평화의 근본을 세우기 위함이었
다.[37] 대동평화는 경쟁원리에 기초한 제국주의적 침략이나 보편문명
의 폭력적 강제를 통해 구현되는 것이 아니라, '진아'가 사해동포주의
와 대동주의를 실현해나갈 때 가능하다고 보았다. 이것은 경쟁과 제
국주의 그리고 군국주의라는 근대적 폭력에 대한 비판적 성찰이었다.
그는 경술국치 이후 사회다원주의의 폐해를 강력히 비판했으니, 사회

다원주의는 약자에 대한 강자의 지배를 합리화하는 강권론이며, 강권론에 의해 지배되는 제국주의는 타도해야 한다고 주장하기에 이르렀다.[38] 박은식은 당시 강권자와 우승자의 권리만을 보장하는 문명경쟁은 인류 전체를 위해 바람직하지 않으며, 20세기의 병폐를 해결할 방법은 제국주의적 경쟁 논리에서 나오는 것이 아니라 대동의 원리에서 나온다고 보았다.

> 세상의 문명이 더욱 진보하고 인간의 지식이 발달할수록 경쟁의 기회와 살벌(殺伐)의 소리가 더욱 극렬하여 소위 국가경쟁이니 종교경쟁이니 또 정치경쟁이니 민족경쟁이니 하는 허다한 문제가 첩첩이 생기고 나타나 세계에 전쟁의 역사가 그치지 않음은 물론이요, 더욱더 팽창하여 100년 전의 전쟁은 지금으로 보면 그저 아이들의 놀음같이 되어버렸고, 10년의 대전쟁도 지금에는 아이들의 연극같이 되고 말았습니다. (중략) 약육강식을 공례(公例)라 하고 우승열패를 천연(天演)으로 인식하여 나라를 멸망시키고 종족을 멸망시키는 불법부도(不法不道)로써 정치가의 책략을 삼으니, 소위 평화재판이니 공법담판이니 하는 문제는 강권자와 우승자의 이용물에 불과할 뿐입니다. 따라서 약자와 열자는 그 고통을 호소하고 원통함을 풀 곳이 없으니, 상제(上帝)의 일시동인(一視同仁)과 성인(聖人)의 만물일체에 근거할 때 유감이 없을 수 없습니다.[39]

박은식은 경쟁원리가 강권자의 권리만을 인정하여 약자와 열자의 고통을 도외시했으며, 전쟁과 군국주의를 보호할 뿐이었다는 점을 지적했다. 그는 강자와 약자 간의 경쟁이 과연 공정한지 묻고, 제국주의적 경쟁은 '생민의 화'를 가중시키므로 종식되어야 한다고 보았다.[40] 앞에서 살핀 바와 같이 대동사회는 방법적 차별애를 통해 실현될 수 있다. 그러므로 진아의 독립운동은 이러한 제국주의의 비인도적 침략을 제거하고 세계평화를 실현할 구심점을 확보할 수 있는 교두보라고 이해했다.

> 우리가 오늘날 적과 싸워 이기는 능력은 오직 우리의 인도주의로써 적의 군국주의를 성토하여 우리의 인을 가지고 적의 폭력을 치며, 우리의 바른 것을 가지고 적의 간사한 것을 정벌하면, 결코 승리를 얻지 못할 이치가 없다. 왜냐하면 오늘날 세계의 인도주의로써 군국주의를 제거하고자 하는 것은 인류 대다수의 의향이기 때문이다.[41]

그는 힘에 의한 상하관계가 아니라, 개인·국가·민족이 모두 함께 길러지는 사회를 지향했다. 박은식에게 대동평화를 이룩하는 단위는 개인만이 아니라 국가가 될 수도 있다. 그는 개인은 물론 국가와 인류 전체의 발전이 '양지'의 실현을 통해 이루어질 때라야 진정한 대동사회를 이룩할 수 있다고 보았기 때문이다. 즉 세계평화는 '양지'의 도덕성을 동심원적으로 확장해 나아감으로써 실현된다.

물론 당시 대동평화사상을 실현할 수 있는 현실적 토대가 구축되지 않았기에 이는 단순한 이상주의일 수 있으며,[42] 우리나라 민지(民智) 발달의 정도로 보면 국가주의나 개인의 권리를 논의하는 것이 적합하다는 점을 모르지 않았다. 하지만 그가 국가주의나 개인권리의 주장이 대동주의라는 인도적 평등주의로 나아가야 한다는 방향성을 제시한 점은 높이 평가할 여지가 있다. 서구적 근대성을 재생산했던 일본주의와 일본에 의해 제창되었던 동양주의가 종국에는 일본 제국주의 침략을 지지하는 이론적 기반을 제공했던 것과 비교하면 민족주의적 과제를 도외시하지 않으면서도 제국주의와 군국주의의 한계를 벗어나 세계평화를 지향했다는 것은 의미있는 진전이었다.

오늘날은 세계의 큰 기운이 평등주의로 기우는 시대이다. 하등사회를 끌어 상등사회로 나아가게 함은 천지간의 이치인 진화 발전에 순종하는 것이니, 이를 실현하기 위해 노력하는 것이 또한 자연스런 추세이다.[43]

즉 평등과 인도주의를 지향하는 것이 인류 역사 발전의 방향이며, 이는 자연스러운 추세라고 했다. 당시는 강권주의가 평등주의로 교체되는 전환기로, 강권론과 제국주의가 날로 극렬해짐을 말기적 현상으로 보고 평등주의가 부활할 날이 멀지 않을 것으로 내다보았다. 이와 같은 역사 발전 추세에 근거하면 한국 독립의 당위성과 독립투쟁은 정당성을 확보할 수 있다. 그는 "만일 일본이 여전히 한일 양 민족의 구원(久遠)한 이익과 세계 인류의 자유와 평등을 무시하고 우리 대한민국의 영토를 계속 점유하면 우리 민족에게는 오직 최후의 혈전이 있을 뿐이다"[44]라고 하여 한국의 독립은 반드시 이루어져야 하고, 그를 위해 최후의 한 사람까지 끝까지 투쟁할 것을 천명했다.

시세의 동기를 가지고 말한다면 첫째 전 세계 인류의 사상이 모두 전제주의를 미워하고 강권을 질시한다. 자유·평등의 풍조가 장차 시대를 바꾸어 새롭게 하려고 한다. 그러니 대세의 전진 앞에 전제주의와 강권은 제지당하고 말 것이다. 이것이 천의의 자연이며, 인도의 공통이다. 우리나라 인민이라고 해서 어찌 홀로 감옥생활이 편안해서 자유와 평등의 행복을 추구하지 않겠는가? 이것이 일본과 병합할 수 없는 이유이다.[45]

박은식은 한국이 일본과 병합할 수 없는 것은 그것이 전제주의와 강권의 산물로서 인도주의에 어긋나기 때문이며, 한국인이 일본의 전제주의에 저항하는 것은 그것이 바로 자유와 평등을 실현하는 길이기 때문이라고 했다. 그리고 이러한 시대 변화에 가장 극심한 압제를 받고 있는 한국이야말로 인류세계의 진운에 따라 세계평화를 실현할 주체가 될 수 있다고 보았다. 즉 근대적 폭력의 한가운데에 서 있으므로 평화를 실현할 수 있는 사상을 모색할 주체가 될 수 있다고 보았다.

> 이른바 20세기에 들어와서 멸국멸종(滅國滅種)을 공례로 삼는 제국주의를 정복하고 세계 인권의 평등주의를 실행하는 데 있어 우리 대동민족이 그의 선창자가 되고 또 주맹자가 되어 태평의 행복을 온 세계에 두루 미치게 한다면 참으로 무량한 은택이요, 더없는 영광이겠습니다.[46]

박은식은 한국 민족의 당면 과제는 강권의 제국주의를 이겨내고 인권의 평등주의를 실현하는 주체가 되는 것이라고 주장했다. 그러한 이상의 실현은 대동평화사상을 중심으로 이뤄져야 한다고 했다.

> 유교는 세계평화를 지향한다. 『논어』의 충서(忠恕)와 『중용』의 중화위육(中和位育), 그리고 「예운(禮運)」의 대동이 모두 평화의 본원이며 평화의 극공(極功)이다. 또 『춘추(春秋)』에는 천하열국으로 하여금 경쟁을 쉬게 하고 난리를 그치게 하고 강신수목(講信修睦)하여 대동평화를 이루는 것을 종지로 한 내용도 있다. 이런 주의가 경쟁 시대에는 적합지 않은 듯하지만 장래 사회 경향이 평화에 기울면 우리 유교의 큰 발달을 확연히 기약할 수 있다. 우리나라의 유교여, 유교의 형식에 구애되지 말고 유교의 정신을 발휘하여 세계동포로 하여금 대동평화의 행복을 균일하게 향유하게 해야 할 것이다.[47]

박은식은 전제적 강권주의를 물리치고 세계평화 시대를 열어가려면 대동사상에 주목해야 한다고 했다. 평화를 지향하는 것이 경쟁 시대에는 적합지 않고 아무런 힘을 발휘하지 못할 것처럼 보이지만 강권을 이기는 참된 근원은 인도주의이며, 이러한 평화적 인도주의는 양명학의 '양지'와 '대동사상'의 실현을 통해 구현될 수 있다고 보았다.

04 성리학 해체의
뒤잇기

    근대 한국의 민족적 주체성은 강력한 타자에 맞설 수 있는 정체성을 확보하려는 차원에서 생성되었다. 주자학에서 양명학으로 사상적 전환을 했던 박은식은 근대철학의 핵심 주제인 '주체'를 양지 실현을 통해 정립하고자 했다. 박은식의 근대주체 인식은 유학적 보편문명 의식과 서구적 문명 인식에 대한 비판적 성찰에서 출발했다. 그것은 주자학과 사대주의를 비판함으로써 중국 중심의 유학문명권과 일정한 거리를 유지하였으며, 동시에 서구 근대문명성을 수용하여 근대주체를 정립함으로써 근대국가 건설 및 세계평화 구현의 구심점인 진아론을 체계화했다. 역사와 문화의 정수(精髓)를 전제로 했던 진아론은 유학적 보편성과 민족적 특수성이 접맥된 것이었다. '양지'의 근대적 구현체인 '진아'는 유학적 보편성을 담지한 도덕적 주체이면서 동시에 한국 근대라는 역사적 특수성을 구체화한 근대적 주체였다.

시대와 호흡하는 유학을 위하여

앙드레 슈미드의 지적처럼 민족주의와 식민주의는 본질적 동일성을 가진 쌍생아였다.[48] 그것은 서구적 근대문명이 유일한 보편으로서 자리매김하는 것과 함께 전 지구적 차원으로 자본주의가 확산된 것과 궤를 같이한다. 박은식의 '진아론' 역시 이러한 기반으로부터 자유롭지 않았다. 그 역시 서구 문명의 수용과 사회다원주의의 경쟁원리 자체를 부정하지 않았으며, 민족 단위의 근대국가 건설을 위한 독립운동을 했다는 점에서 근대적이었다. 그러나 서구적 근대성에 매몰되지 않고 자기 삶의 토양에서 당대를 인식하고 자신이 직면한 시대 문제를 해결할 철학적 체계를 정립했으며, 그것이 서구 근대성에 대한 일정한 비판의식을 담았다는 점에 주목할 필요가 있다.

최근 학계는 유럽중심주의 및 서구적 근대성에 대한 비판적 성찰을 통해 문명의 문명다움을 되묻고 있다. 새로운 미래를 열어갈 '문명다움'에 대한 구체적인 합의가 이루어진 것은 아니지만, 적어도 서구적 근대성만이 유일한 보편이념일 수 없다는 데는 동의하고 있다. '문명의 문명다움'은 인종적 편견이나 근대적 인간중심주의에 기초해서는 불가능할 것이다. 그러나 유럽중심주의 비판이 또 다른 중심의 재건으로 중심성의 폭력을 재생산하는 작업이 되어서도 안 될 것이다. 이 지점이 바로 우리가 박은식 사상의 재음미를 통해 문명다움을 되물을 수 있는 중요한 길목이라고 생각한다.

박은식이 양지와 만물일체지인을 기반으로 생성한 한국 근대주체는 중화사상 복원이나 유학적 보편도덕을 이용한 친일논리 계발을 목표로 하지 않았다. 박은식의 '진아'는 도덕적 자율성을 본유한 주체로서 모든 존재와 관계 맺음을 하고 있는 열린 존재이며, 한국의 독립과 세계평화를 구현할 근대주체였다. 박은식의 근대양명학은 단순히 유학 문명을 재건한 것이라기보다는, 유학이 늘 시대와 함께 호흡하면서 시대적 문제를 고민하는 시대정신의 역할을 담당해야 한다는 역설(力說)을 담고 있다. 그렇다면 이 시대에 유학은 무엇을 말해야 하는 것일까? 이것이 '지금 여기'의 우리에게 던져진 질문이라고 생각한다.

11장

'고유한 조선'의
근대주체 '아(我)'

─신채호

유학 비판과
국수보전론
(國粹保全論)

신채호는 반(反)유학자인가?

흔히 그를 저항적 민족주의자로 한정짓거나, 유학자에서 애국계몽
운동가로 변신했다가 다시 아나키스트로 사상적 격변을 거친 인물로
평가한다. 신채호에 대한 논의는 주로 민족주의 사상과 아나키즘에 집
중되어 있었는데, 특히 1920년대 그의 아나키즘 수용을 민족주의 범위
안에서 이해할 것인가 아니면 민족주의의 한계 극복으로 보아야 할 것
인가에 대한 논의가 분분했다. 그런 탓에 그의 사상적 출발점이요 기
저라 할 수 있는 유학사상에 대한 연구는 상대적으로 미비할 뿐만 아
니라, 아직 체계적 검토가 이루어지지 않은 실정이다. 신채호의 유학
사상은 그 자체가 그의 학문 여정과 관련될 뿐 아니라 그의 사상적 변

천 과정 및 국수론과도 연관성이 깊다.

그런데 신채호의 유학사상을 다뤘던 글조차도 대부분 그가 유학을 어떻게 비판했는지를 주로 다루면서 유학을 부정적으로 인식한 측면에 주목하였다. 기존 연구 가운데 그의 사상을 반유교적(反儒敎的)이라고 평가하는 대표적인 경우는 신일철이다. 신일철은 단재의 주자학 비판은 곧 유교적 '천하(天下)' 관념에 대한 비판이라고 보았다. 유교적 천하 관념을 부정하려면 근본적으로 그 관계를 규정하는 정통론이나 사대적 명분질서 및 그것을 정당화시켜주었던 이념을 부정해야 한다고 전제하고, 유학을 비판하지 않으면 민족사적 자국 중심의 국사상(國史象)은 그 성립 터전을 갖지 못한다고 보았다. 그리고 유학적 천하관에 기초한 사대주의를 비판함으로써 자기중심화, 즉 주체화 작업을 전개할 수 있으며 민족정신 및 애국심을 고취할 수 있다고 보았다.[1] 신일철의 논리에 따르면 유교적 전통을 부정함으로써 비로소 자기중심적 주체가 성립되는 것이다. 그렇다면 단재가 정립하고자 했던 '아(我)=고유적(固有的)·주체적(主體的) 조선(朝鮮)'의 기저와, 애국심 고양으로 국권회복을 도모하도록 만든 그 사상적 기반은 무엇인가? 신채호는 당시 많은 자강론자가 무조건적 문명개화 논리에 빠져 한국의 주체성을 확립하지 못한 점을 맹렬히 비판했으며, 민족적 정체성을 기초로 새로운 근대국가를 건설하고자 했다. 따라서 신채호는 한국 역사와 문화적 전통 속에서 민족적 정체성 및 사회적 행동의 연속성을 확립하고 그 위에서 한국적 주체성을 정립하고자 했다. 그렇다면 그가 오랜 유교적 전통 전체를 부정하면서 국수를 근대적으로 재현하기란 매우 어려웠을 것이다.[2]

윤사순은 「신채호의 유교관」에서 신채호의 유교인식을 체계적으로 분석해내고자 시도했다. 그는 신채호가 유교에는 망국의 책임도 있지만 구국적 사상을 담고 있는 한 결코 부정할 수 없다고 보았기 때문에 그 점은 긍정적으로 평가해야 한다고 보았다. 즉 그는 신채호의 유교에 대한 평가 기준은 망국과 구국 여부로 집약된다고 했다. 물론 그런 측면이 없는 것은 아니지만 신채호의 유학인식을 단순히 구국의 논리로만 보면 유학인식이 그의 일관된 문제의식과 어떤 관련이 있는지 분명히 드러나지 않는다. 이러한 문제점은 김기승의 글에서도 드러난다. 김기승은 단재사상 형성에 유교가 어떤 역할과 기능을 수행했는가를 고찰했는데, 단재가 서양 근대사상을 수용하면서 유교를 재해석했고 재해석된 유교가 또다시 그의 새로운 사상 형성에 토대로 작용했다고 보았다. 그런데 신채호가 유교를 재해석했다는 근거가 무엇인지는 구체적으로 밝히지 않았다. 다만 유교가 함축한 비현실적 요소를 신채호가 끊임없이 비판했으며, 비판의 여과를 거친 유교적 관념과 가치가 서구의 근대적 관념과 관련되면서 현실적합성을 지닌 새로운 사상을 형성하는 토대로 작용했다고 평가했다.[3]

그런데 김성국은 신채호가 자유로운·주체적·고유적 조선을 갈구했다고 전제하고, 하기락의 제안처럼* 신채호의 실용주의 및 아나키즘의 맥락은 특히 실학적 전통으로부터 탐구할 필요가 있다고 주장했다.[4] 김성국은 단재사상이 유학사상과 지속적 상관성이 있다고 했으나 구체적 근거 제시를 통한 논증 및 그에 대한 체계적인 논의는 보여주지 못했다. 다만 신채호의 사상을 일관된 흐름 속에서 파악하고자 하였으며, 유학에 대한 비판과 계승을 '고유한 조선'에 주목하여 파악하고자 한 점은 진전된 논의라고 할 수 있다.

전근대적 유산의 타파

신채호의 중심주제는 조선[••]의 근대적 주체[我]의 정립이었다. 따라서 유학에 대한 비판도 이러한 문제의식에 기초했다. 대한제국 선포는 왕조체제에서 벗어나 근대국가로서 면모를 갖추는 계기가 되었으며, 왕조와 국가를 구별하는 의식도 생겨났다.[•••] 왕조와 구별되는 국가의식에 기초한 국권회복운동은 근대국가 건설 문제와 동일선상에 있었다고 하겠다. 당시 신채호의 시대인식은 세계정세가 제국주의의 침탈로 국권상실 위기에 처했으며 민족이 생존하기 위해서는 근대국

● 김성국이 인용한 것은 하기락의 『탈환(奪還): 백성(百姓)의 자기해방의지(自己解放意志)』이다. 하기락은 이 글에서 실학이 누적된 전 근대사회의 모순을 해결하기 위해 토지제도 개혁을 제시했다고 평가했다. 특히 다산의 여전제(閭田制)는 만인의 생존권 보장과 사람마다의 자유의사를 원칙으로 하는 제도로서, 다산에서 농민의 자기해방 이데올로기를 발견할 수 있다고 보았다. 여전제와 「탕론(湯論)」은 농민의 자기해방적 자각을 이론화한 것이었고, 이러한 사상을 실천에 옮긴 것이 갑오농민전쟁이었다고 한다. 이러한 사상적 배경하에 현대 아나키스트운동은 3·1운동 후 중국으로 망명한 투사들과 일본으로 건너간 유학생과 노동자 사이에서 태동했는데, 그 대표적 인물이 신채호와 박열이라고 보고 있다. 그리고 「조선혁명선언」은 갑오농민전쟁의 이념적 계승이요 3·1운동의 연속이라고 했다. 하기락이 이 책에서 단재사상을 직접적으로 다산과 연관지어 논의하고 있지는 않다. 그런데 김성국은 신채호 사상이 실학 특히 다산과 연관된다고 보았다. 이러한 김성국의 주장을 하기락이 단재가 「조선혁명선언」에서 혁명의 주체를 민중에서 구했다고 평가한 맥락에서 이해한다면 이른바 '농민의 자기해방의지'와 연결된다고 하겠다. 하지만 신채호와 다산의 사상이 어떻게 구체적으로 계승되었는지를 해명한 것은 아니다.
●● 여기서 '조선'은 이성계가 세운 조선왕조를 일컫는 것이 아니라, 단군조선 이래로 여러 왕조가 이어져 내려온 시간적·공간적 개념의 조선을 말한다(『단재신채호전집(丹齋申采浩全集)』 상, 「조선상고문화사」, 359~369쪽 참조). 그는 「독사신론(讀史新論)」에서도 '동국민족 단군후예(東國民族 檀君後裔)'라는 표현을 쓰고 있다.
●●● 『대한자강회월보』 제3호(1906년 9월)에 실린 「국가와 황실의 분별」에서는, 비록 18세기 프로이센의 계몽 군주 프리드리히 2세의 입을 빌리기는 했으나, 임금을 국가의 '상등(上等) 공용인(公用人)'으로 정의하고 있다. 더 나아가 『대한매일신보』(1908년 7월 30일)의 논설 「민족과 국민의 구별」에서는 국가와 민족을 구별하고 있다.

가를 건설해야 한다는 것이었다. 그리고 성리학이 급변하는 근대의 사회 변화에 능동적으로 대처하지 못할뿐더러 고유한 조선의 선천적 실질과 후천적 형식을 새롭게 창조할 능력도 갖추지 못했다고 진단했다. 그는 유학사상만으로는 세계정세에 적극적으로 대응할 수 없을 뿐만 아니라 고유한 조선의 생존 문제를 해결할 수 없다고 보았다.[5]

하지만 그것은 유학의 본질적인 문제라기보다는 유학이 시대적 변화를 제대로 읽고 대응하지 못한 탓이라고 보고, 근대사회에 걸맞게 변화할 필요가 있다고 했다. 그는 무엇보다 먼저 유교가 기존에 왕조체제의 정치이념이었다는 측면을 비판했으니, 이는 당시 근대적 국가의식이 싹트고 있던 시대 상황을 반영한 것이었다. 신채호는 왕조체제가 붕괴된 현실에서 충군(忠君) 윤리는 적합하지 않다고 판단했다.[6]

그는 전제시대의 충군 윤리로 대표되는 전근대적 유학 윤리를 '구(舊)국민의 도덕'이라 규정하고, 유학이 개인 간의 사덕(私德)만을 중시하고 민족과 사회에 대한 공덕(公德)은 없다는 점을 지적했다.[7] 심지어 삼강오륜이 붕괴되지 않을 수 없는 도덕이 되었다고까지 단언했다.[8] 삼강오륜은 조선왕조를 뒷받침했던 윤리이면서 정치철학의 핵심이었다. 이는 유학의 도덕이 전근대체제에 함몰되어 새로운 시대를 역동적으로 이끌어나가지 못하는 실정에 대한 비판이었다. 그가 20세기 도덕으로서 평등을 중시한 것 역시 신분제가 해체된 근대사회의 현실을 반영한 것으로, 유학 비판과 밀접한 관련이 있다.

그런데 그가 보다 본질적인 문제로 지적한 것은 '정신 없는 형식'이었다. 유학의 본지를 구현하려는 실제적 노력보다 형식적 예의에 사로잡혀 현실적 맥락을 놓쳤다는 지적이었다.

조정암, 김충암 등 기묘사화에 연루된 선현이 서로 왕래한 서찰과 그들의 행사(行事)를 보면 수천 년 구습을 소탕하고 공자 교화의 이상국을 건설하려던 진성(眞性)과 세력은 흠복할 만하다. 그러나 세월이 오래되어 그 정신은 없어지고 형식만 남아 누구 마누라의 상사(喪事)인지 알지 못하고 통곡하는 충비(忠婢)도 있었다 하거니와 눈물 한 방울도 없이 3년 시묘(侍墓)하는 효자도 없지 않았다. 그리하여 한성말년(漢城末年)에는 집집마다 효자요 사람마다 충신인 사회였지만, 마침내 소수의 적신(賊臣)을 주멸(誅滅)하지 못한 것은 '정신 없는 형식'이 현실적인 문제를 해결하는 무기가 되지 못한 까닭이다.[9]

신채호는 당대에 진심으로 유가도덕을 실천하고 유문(儒門)의 법규를 지키는 자가 오히려 드물다면서, 유교의 정신은 없고 그 형식만 남았다고 진단했다. 형식만 중시하여 구미 문명과 대적하려 한다면 유교는 물론 한국도 같이 망한다고 했다.[10]
이러한 '정신 없는 형식'과 함께 타파해야 할 것으로 가족주의를 들었다. 신채호는 당시 조선을 가족적 관념은 있지만 민족적 관념은 없으며, 지방적 관념은 있지만 국가적 관념은 없는 상태로 파악했다.[11] 가족적 관념은 소가족적(小家族的) 관념으로 자기 가족만 사랑하는 것이므로 국가의 발달을 위해서는 가족적 관념을 타파하고 국가를 사랑하는 '대가족 관념(大家族觀念)'을 실천해야 한다고 했다.[12] 그는 유학이 전제군주의 이데올로기로 이용되거나 편협한 가족주의에 함몰되어 근대를 이끌어갈 시대정신이 되지 못하는 현실을 비판했다.
또한 그는 유학이 지나치게 지나숭배주의(支那崇拜主義)에 사로잡혀 '유학을 위한 유학'이 되었기 때문에 조선의 문제를 주체적으로 해결하지 못하고 있음을 지적했다.[13] '존화주의를 위한 조선'은 주체적 자각을 유지할 수 없는 심각한 사태라고 받아들였다. 자신에 대한 주체적 자각이 없다면 조선〔我〕은 선천적 실질을 보존하지 못함은 물론 후천적 형식마저 상실할 위기를 초래할 것이기 때문이었다. 따라서 중국중심적 세계인식의 사상적 기저인 유학은 조선의 생존과 독립을 위한 사상으로 탈바꿈할 필요가 있다는 점을 분명히 지적했다.

지나친 중국중심주의가 주체성 상실을 가져온 측면을 강하게 비판했다. 그리고 중국중심주의는 몰주체적 노예성에서 비롯한 것이므로 비주체적 노예사상 역시 극복의 대상으로 간주했다. 신채호는 전제시대의 충근(忠勤)과 공경(恭敬)을 도덕이라 하여 윗사람이 불의를 해도 아랫사람이 풍간(諷諫)하는 것 외에는 할 것이 없어 세상을 노예로 만드니, 그런 풍토에서 충신과 구유(狗儒)는 나겠지만, 새 시대를 열 혁명가는 나지 못한다고 했다.[14]

총명한 사람이 태어나도 가정과 사회의 풍습에 오염되어 고거(考據)와 모방(模倣)을 잘한다. 정자(程子)가 무엇을 말하면 나도 따라서 그것을 말하고 주자(朱子)가 무엇을 말하면 나도 따라서 그것을 말하며, 퇴계가 무엇을 말하면 나도 따라서 그것을 말하며 율곡이 무엇을 말하면 나도 따라서 그것을 말한다. 그러니 입은 내 입이지만 오직 고인의 말만 옳다고 말하며, 뇌는 나의 뇌지만 오직 고인의 사유만 옳다고 생각하여, 마침내 나의 언어, 행동, 모습 등이 고인과 비슷하면 사람들이 '선생'이라 하며 후세에 높여서 '유현(儒賢)'이라 한다. 이와 같이 제일등(第一等) 노예 자격을 양성하면 제일등 대우를 받을 수 있다.[15]

노예사상의 문제점은 옛사람〔故人〕의 사유에 사로잡혀 자신이 처한 상황에 대한 주체적 판단을 할 수 없다는 것이다. 이러한 비주체적 태도에 대한 비판은 단순히 유학에 국한된 것은 아니라고 했다. 그는 조선에 무슨 주의(主義)가 들어와도 조선의 주의가 되지 않고 주의의 조선이 되는 현실을 비판하면서 '주의를 위한 조선'이 되어서는 안 된다고 강조했다. "염불시대(念佛時代)에는 전 사회가 석가가 되고 유교시대에는 전 사회가 공자가 되는" 주체성 상실의 맹점을 꼬집어 비판했다.[16]

'근대' 공간에서 유교의 역할

신채호는 비록 시대정신으로서 제 역할을 하지 못하고 중국중심주의에 사로잡혀 노예성을 드러낸 유학의 한계를 비판했지만 한국은 '유교국가'이기 때문에 유교 전체를 부정하면서 고유한 조선의 주체성을 유지하기는 어렵다고 판단했다. 따라서 유교의 본지(本志)를 근대사회에 맞게 구현한다면 고유한 조선의 주체를 확립하는 데 기여할 수 있다고 주장했다.

> "오호라! 한국은 유교국가이다. 오늘날 한국의 쇠약이 여기에 이른 것은 유교를 신앙한 까닭이 아닌가?" 〔대답하기를〕 "아니다. 어찌 그러하며 어찌 그러하겠는가! 유교를 신앙했기 때문에 쇠약해진 것이 아니라 유교의 신앙이 그 도를 얻지 못했기 때문에 쇠약하게 되었다."[17]

신채호는 한국을 유교국가라 전제하고, 우리가 쇠약해진 원인은 유교의 본지를 제대로 실현하지 못했기 때문이라고 파악했다. 신채호는 유교의 본지를 충군애국(忠君愛國)과 구세행도(救世行道)라고 하였다.[18]

> 군주의 현신을 위하여 죽는 자가 충신이며, 황실의 운조(運祚)를 위하여 죽는 사람이 충신인가? 그렇지 않다. (중략) 어찌하여야 진충(眞忠), 대충

(大忠)이라 하겠는가? 마음속에 국가만 있고 안중에도 국가만 있어 생전의 공혈로 국토를 장엄하게 하며 사후의 혈로 국사를 빛나게 하는 자라야 충신이라 할 수 있다.[19]

그렇다면 근대사회에서 충군애국과 구세행도의 구체적 내용은 무엇일까? 그는 국권회복과 근대국가 건설이라는 시대적 과제를 도외시하고 시의성을 상실한 채 실질은 버리고 허상만 추구하는 것은 유학의 본지를 모르는 것이라며 강력하게 비판하고,[20] 한국이 부흥하려면 유림이 시세와 시무를 연구하는 일이 반드시 필요하다고 주장했다. 그것이 국가와 유교를 살리는 길임을 강조하였다.[21] 이것은 단순히 입헌공화국 건설이라는 정체(政體)를 말한 것이라기보다는 유학이 도덕적 평등성을 뛰어넘어 근대적 인권과 한국의 민족적 정체성을 정립해나가도록 해야 한다는 방향성을 제시한 것으로 볼 수 있다.

신채호 당시만 해도 유학은 사회 전반에 여전히 많은 영향을 미치고 있었기 때문에 그 역시 유학의 본지에 입각하여 문명의 풍조를 일으키는 것에 대해서는 긍정적으로 보았다.

수백 년 이래로 한국에 유교의 세력이 발발(勃勃)하여 인정(人情)에도 유교가 많고 풍속에도 유교가 많고 습관에도 유교가 많다. 이 교(敎)를 유일(唯壹)한 국교로 만들기에 이르렀기 때문에, 지금 유교의 세력을 확장하여 문명의 풍조를 환영(歡迎)하면 민국(民國)의 행복을 실현하는 데 그 효과가 참으로 적지 않을 것이다.[22]

신채호가 한국을 유교국이라고 거듭 밝힌 것은 국수보존론과 연계되어 있었다. 그는 조선의 고유한 선천적 실질을 무엇보다 강조했는데, 선천적 실질은 조선의 고유한 정신에 해당한다. 유학은 국수의 중요한 위치를 점유하고 있기 때문에 이를 통해 문명의 새 풍조를 일으킬 수 있다고 주장했다. 유교국인 한국이 당시 강력한 타자인 서구 문화의 외압에서 고유한 조선의 주체성을 지키려면 유교의 본지를 확장하는 것이 필요하며, 이는 궁극적으로 조선의 국수를 발전시키는 일이라고 할 수 있다.

그는 유교 확장의 도는 유교의 진리를 확장함을 원칙으로 해야 하며, 참으로 유교를 확장하고자 하면 허위를 버리고 실학에 힘쓰며 소강(小康)을 버리고 대동(大同)에 힘써 유교의 광명을 우주에 비추어야 한다고 했다.[23] 그러므로 유교 개혁의 급선무는 맹목적 존화주의나 완고사상(頑固思想) 등의 허위의식을 버리는 것과 친일매국에 앞장서는 것을 금지하는 일이라고 했다. 매국노의 추행으로 황금과 벼슬을 취하고자 한다면 그것은 국가의 적이요 동시에 유학의 적이라 규정했다. 그리고 유학자 가운데 우국지사가 많지만 신교육을 주장하는 쪽에서는 도리어 애국자가 많지 않다고도 했으며,[24] 유학자들의 애국·의병 운동도 긍정적으로 평가하였다.[25] 신채호는 새로운 사회 변화와 시대적 문제에 대한 건설적 대안을 모색하는 과정에서 일정 부분 유교를 비판한 동시에 유교를 근대적으로 계승했다. 유학의 본지가 그의 삶에 내면화되어 일제 침략이라는 불의에 대한 저항과 독립운동의 실천을 통해 드러났다고 볼 수 있다.

02 아(我): '고유한 조선'의
근대주체

'아'의 본위(本位)

서양에서는 데카르트의 '생각하는 나(cogito)'로부터 출발하여 이성을 가진 자율적 개인을 근대적 주체로 상정했다. 내적으로는 이성적 판단에 근거하여 기존의 권위와 전통을 거부한 절대적 개인이 주체의 능동성과 자율성을 극대화하면서 근대문명을 발전시켰다. 외적으로는 서로 다른, 통합할 수 없는 타자를 강제적으로 동일화하고 통합하는 억압적 지배를 정당화했다. 그러나 서구 근대의 이성적 주체는 비서구의 비이성적 타자를 마주하지 않고는 존립할 수 없었다. 영국 방적기가 인도 면화를 수입하지 않고는 면직물을 생산할 수 없었던 것과 같이 비서구 지역이 원료 공급지와 소비지 역할을 담당하지 않았다면 전 지구적 차원의 자본주의화는 이뤄질 수 없었다. 마찬가지로 사상적으로 이성의 역사를 가지지 못한 비서구 지역을 야만이라고 타자화하여 배제하지 않고는 이성적 주체의 문명성과 우월성은 해명될 수 없기 때문이었다.

근대체제는 국가를 단위로 했기 때문에, 타자와 관계 맺는 주체로서 개인보다는 민족국가 건설을 보다 중시했다. 민권운동이 활발히 전개되던 독립협회 시기에도 개인이나 시민은 주요한 쟁점이 되지 못했으며, 러일전쟁 후 급부상한 민족 담론에서도 민족을 구성하는 개별 구성원들의 자유나 민권 문제는 중요하게 다루어지지 않았다. 당시 많은 지식인이 그 시대를 '민족 간 경쟁 시대'로 파악했으며, "국가가 있으면 인민이 있고 국가가 없으면 인민도 없다."라는 논리가 설득력을 가졌다.

신채호는 중심과 주변, 보편과 야만, 서구와 비서구, 침략자와 비침략자, 제국과 식민이라는 그 선명한 근대적 경계를 아(我; 주체)와 비아(非我; 타자)라는 개념으로 명쾌하게 통찰했다. 고유한 조선의 근대주체인 대아(大我)는 신채호 사상의 핵심 개념이라 할 수 있다. 그는 먼저 당시 세계정세를 '제국주의 시대'라고 보았다. 그는 제국주의를 영토와 국권을 확장하는 것으로 정의하고, 제국주의의 본질을 다음과 같이 설파했다.

20세기의 세계는 군국세계이다. 강한 군대가 향하는 곳에 정의가 영험이 없으며, 대포가 이르는 곳에 공법(公法)이 쓸모없게 되어, 오직 강권(强權)이 있을 뿐이다. (중략) 이 세계는 경제싸움의 세계이다. 저 열강이 문명은 날로 번창하고 인구는 날로 늘어 자기 나라의 토지만으로 그 생활을 하기가 어려우며, 자기 나라의 생산물만으로 그 발전을 꾀하기 어렵게 되었다. 이에 나라 밖으로 영토를 확대하고 이익을 얻으려고 미발달 지역을 개척하여 자신의 욕망을 채우려 한다. 자기보다 열등한 나라는 물론 동등한 힘을 가진 나라에 대해서도 경제싸움을 걸어 승부를 겨루며, 강국이 약국을 대할 때 반드시 경제권 장악을 먼저 한다.[26]

그는 강력한 타자인 서구 열강이 제국주의를 숭배하여 아시아와 아프리카를 침략했다고 인식하고, 이러한 열강〔非我〕에 대항할 주체로서 '아'를 설정했다. 이는 곧 근대국가의 주체를 어떻게 확립하느냐 하는 문제였으며, 동시에 타자를 어떻게 인식하느냐 하는 문제와 맞물려 있었다. 그는 인류역사 전체를 '아'와 '비아'의 투쟁이라고 했지만, 그것은 주체의 존립을 위한 것이지 비아의 잔멸(殘滅)을 목적으로 하지는 않는다. '아'는 본질적으로 '비아'와 마주 선 존재이기 때문이다.

신채호는 '아'란 주관적 위치에 서서 자기 본위를 유지하는 주체라고 규정했다.

'아'란 주관적 위치에 선 자를 말하며 '비아'란 '아' 이외의 것을 말한다. 예를 들면 조선인은 조선을 '아'라 하고 영국이나 미국 등은 '비아'라고 하지만, 영국과 미국 등은 또 제 나라를 '아'라 하고 조선을 '비아'라고 한다. 무산계급은 무산계급을 '아'라 하고 지주나 자본가 등을 '비아'라고 하지만, 지주나 자본가는 각기 제붙이를 '아'라 하고 무산계급을 '비아'라고 한다. (중략) 즉 무엇이든지 본위인 '아'가 있으면 따라서 '아'와 대치한 '비아'가 있다.[27]

신채호는 타자와 구별되는 특성을 지닌 '아'는 자기 이외의 '비아', 즉 타자와의 경계를 확인하지만, 그들과의 관계 속에 있을 때라야 자기만의 속성을 가지며, 동시에 상속적·보편적* 역사행동을 통해서도 자기 속성을 유지할 수 있다고 했다. '아'〔고유한 조선의 근대적 주체〕는 결코 '비아'〔타자-강권의 제국주의〕의 현전을 무시할 수 없기에, '아'의 고유한 사고와 사회적 행동방식은 '아'의 독자성에서 오롯이 잉태되는 것이 아니라 '아'와 '비아'의 상호작용 속에서 발전한다. 이러한 '아'와 '비아'가 서로 대치하는 긴장관계를 '선천적 실질'과 '후천적 형식'을 가지고 다음과 같이 고찰했다.

> 무릇 선천적 실질로부터 말하면 '아'가 생긴 뒤에 '비아'가 생긴 것이지만, 후천적 형식으로 말하면 '비아'가 있은 뒤에 '아'가 있다. 말하자면 조선민족〔아〕이 출현한 뒤에 조선민족과 상대되는 묘족, 지나족 등〔비아〕이 있었으리니 이는 선천적인 것에 속한다. 그러나 만일 묘족, 지나족 등〔비아〕의 상대자가 없었더라면 조선이라는 국명을 세운다, 삼경을 만든다, 오군을 둔다 하는 등의 작용이 생기지 못했으리니 이는 후천적인 것에 속한다.[29]

실제적으로는 선천적 실질과 후천적 형식은 불가분의 관계에 있지만, 논리적으로 말한다면 선천적 실질이 보다 선재한다. 아가 지닌 고유한 특성인 선천적 실질은 본디부터 있지만 비아가 없으면 아의 주체적 자각이나 작용이 있을 수 없으니 '아'와 '비아'는 배타적인 동시에 상호적인 관계에 있다. 아가 본유(本有)한 선천적 실질을 자각하는 것은 비아와의 관계 맺음에서 비로소 드러나며, 배타적 아의 작용은 비

---

* '상속적'이라는 것은 시간적으로 생명이 연속되는 것이며 '보편적'이라는 것은 공간적으로 영향이 파급되는 것을 의미한다.[28]

아와의 만남 속에서 후천적으로 형성된다. 따라서 '아'가 '비아'와의 관계 속에서 주체성을 잃지 않고 일정한 형식을 유지하려면 주체적 정신의 확립이 요구된다. 그리고 아가 새로운 환경에 적응하는 과정에서 후천적 형식이 생겨난다. 즉 아의 선천적 실질과 후천적 형식은 비아와의 관계 속에서 성장 발전한다. 그래서 신채호는 고유한 정체성과 함께 주체가 딛고 선 삶의 현장으로서의 후천적 형식도 주체를 정립하는 중요한 요소로 파악했다.

정신의 확립으로 선천적인 것을 호위하며 환경에 대한 순응으로 후천적인 것을 유지하되, 둘 중 하나가 부족하면 패망에 이르게 된다.[30]

선천적 실질(정신의 확립)과 후천적 형식(환경의 순응)은 아의 주체성을 유지하는 주요한 요소이다. 따라서 아의 주체성을 유지하려면 아의 선천적 실질을 자각함은 물론 아와 마주한 비아에 대한 적확한 인식과 그에 대한 적절한 대응이 필요하다.

선천적 실질과 국수론

강력한 타자인 서양 열강 및 일본 제국주의 침략에 직면하여 신채호는 고유한 조선의 주체성을 바탕으로 주체적 문명화와 주체적 근대국가를 건설하고자 했다. 그는 '개인과 사회의 관계'도 고민했지만,[31] 민족정신으로 구성된 유기체인 국가[32]를 '비아'와의 경쟁 단위로 설정했다. 신채호는 국가를 '정신상 국가[추상적 국가]'와 '형식상 국가[구체적 국가]'로 분류했다.

정신상 국가라 함은 무엇을 말함인가. 그것은 민족이 독립할 수 있는 정신, 자유할 정신, 생존할 정신, 국위를 떨칠 정신, 국광을 밝힐 정신 등을 말함이다.[33]

정신상 국가와 짝을 이루는 것이 형식상 국가였다. 형식상 국가란 강토·주권·대포·육군·해군 등 실제적 요소의 집합체였다. 그런데 정신상 국가가 먼저 있고 그런 뒤에야 형식상 국가가 비로소 있게 되며, 정신상 국가는 형식상 국가의 어머니라고 보았다. 그가 이와 같이 정신상 국가를 논리적으로 형식상 국가보다 선재한 것으로 규정하고 중요하게 여긴 것은, 아의 선천적 실질을 유지해야만 주체성을 상실하지 않을 뿐 아니라 독립을 실현할 수 있다고 판단했기 때문이다. 그는 아의 정신성과 주체성을 제대로 인식하려면 조선민족의 속성을 알아야 하며, 조선민족의 속성을 알기 위해서는 아의 생장발달 과정 및 아의 상대자인 사린각족(四隣各族)과의 관계를 파악하는 것이 중요한 관건이라 했다.

'아'의 생장발달 상태를 알려면 최초 문명의 기원과 역대 강역(疆域)의 신축(伸縮), 그리고 각 시대사상의 변천과 민족적 의식의 성쇠 및 '아'의 동족들이 어디로 분리되어갔는가를 살펴야 한다.[34]

신채호는 아의 생장발달 과정을 알고자 한다면 조선의 언어와 문자·종교·학술·기예를 비롯하여 정치제도의 변천까지 역사와 문화의 상속성과 보편성을 파악해야 하며, 이러한 인식을 통해 아의 주체성이 정립된다고 했다. 그가 정신이 없는 형식과 노예성을 강하게 비판했으며 무정신의 역사는 무정신의 민족을 생산하며 무정신의 국가를 만든다면서 정신의 역사를 강조한 것은 모두 아의 주체성 정립과 긴밀한 연관성을 지녔다.[35] 정신상 국가를 이루는 요소인 '국수'가 매우 중요한 요소인 것은 두말할 나위가 없으며 국수를 모르면 진정한 애국을 실천할 수 없다고 했다.

국가에도 국가의 미(美)가 있으니 자국의 풍속·언어·습관·역사·종교·정치·풍토·기후 등 온갖 것에 그 특유한 아름다움을 뽑아 국수라고 한다. 즉 국수란 국가의 아름다움이니 이 아름다움을 모르고 애국한다고 한다면 빈 애국이다.[36]

신채호는 국수를 국민의 혼(魂)[37]이라 표현하기도 했는데, 조선의 주체로서 자긍심과 정신이 없다면 결코 민족국가를 건설할 수 없다고 보았기 때문에 국수의 보존과 불멸을 강조했다. 신채호는 외국 문명을 수입하지 않을 수는 없지만 단지 그것에만 의지하다가는 명령교육(螟蛉敎育)에 그쳐 몰주체적 주체를 양산할 수 있다고 염려했다. 즉 국수 보존은 문명개화를 추진하는 근간이 되기 때문에 매우 중요하다고 보았다. 그래서 그는 국수를 보존할 방법으로 민족문화의 보존 및 발전을 제시하고, 그것이 기록되어 있는 구서(舊書)의 수집과 간행을 주장했다.[38] 영국이나 독일의 강성은 단순히 금전이나 광산, 대포에서 나오는 것이 아니라 서적을 간행하여 부강의 기초를 마련했다면서 근대사회에 필요한 신서적(新書籍)을 수합(收合)하는 일이 시급하다고 했다.[39] 이러한 국수의 강조는 곧 후천적 형식과 밀접한 관련이 있는 서구 문화를 어떻게 수용해야 할 것인가 하는 문제와 그 맥락이 닿아 있었다.

신채호 역시 사회다원주의를 받아들였기 때문에 문명화를 통한 부국강병의 중요성을 강조했다. 그러나 그는 비주체적 세계인식과 맹목적 문명화에 대해서는 날카롭게 비판했으니, 이것이 신채호의 사상적 출발점이며 여느 자강론자들과 다른 점이었다. 그는 문명화를 추구해야 하지만 그렇다고 서양과 일본을 맹목적으로 추종해서는 안 된다는 점을 강조했다. 미국이나 독일처럼 부강해지려고 무조건 광산을 개발하고 공장을 세우고 군대를 강하게 하자고 하면 이는 외국 문명의 숭배에 지나지 않는다고 했다. 사상적 측면에서도 루소의 민약론(民約論)과 다윈의 물경론(物競論)을 수용하여 자유와 평등을 찾자고 하거나 경쟁에 이겨 도태되지 말자는 주장을 일삼는 것은, 비록 그 의도가 애국하는 의무심(義務心)을 인식시키는 것이라 해도 단지 사회의 불평(不平)에 대한 파괴성을 격발시키는 수단일 뿐이라 보았다.[40]

지금은 서구 문화나 북구 사상이 세계사의 중심이 되었다. 그렇다면 아조선(我朝鮮)은 그 문화 사상의 노예가 되어 소멸하고 말 것인가? 아니면 그 문화와 사상을 깊이 이해하여 신문화를 건설할 것인가?[41]

신채호는 서양의 경제·법률·상업 및 부국도 결국 그들의 애국심과 국사에 대한 사상에 기초한다고 보았다.[42] 그러므로 맹목적으로 외국 문명을 숭배하기보다는 그들의 사상과 문화를 주체적으로 수용함으로써 조선의 고유성을 상실하지 않는 문명화를 이룩해야 한다고 주장했다.[43] 문명화가 시급한 과제인 것만 알아 서양 사상과 제도를 무비판적으로 받아들여서는 안 되며, 조선의 특유한 국수와 정신적 정체성[44]을 바탕으로 애국심을 고취하고 산업과 교육을 육성하는 것이 바람직하다고 판단했다.[45] 신채호는 서구 문화가 세계사의 중심으로 자리 잡은 현실에서 선천적 실질을 상실하면 결국 후천적 형식마저 지킬 수 없게 되어 그들의 노예가 되고 말리라고 내다보았다.

'대아(大我)'와 신국민(新國民)

신채호는 기본적으로 아의 단위를 조선이라 하였기 때문에 진정한 '아' 관념을 확장하려면 '소아(小我)'를 버리고 '대아'를 살려야 한다고 보았으며,[46] 아관념을 확장해야 한다고 주장하였다.

'소아'는 육체적·물질적 '아'로서 '진아'가 아니라 '가아(假我)'이며 '대아'는 죽지 않는 정신적 '아'로서 영생하는 '아'이다. 우리 민족은 '아' 관념을 확장하여야 한다.[47]

신채호가 대아를 확장하려는 것은 이를 바탕으로 국권을 회복하고 타자와 구별되는 고유한 조선의 근대국가를 건설하기 위함이었다. 그러므로 친일론자들이 외국 사회를 모방하고 맹목적 문명화를 주장하는 논의에 대해서는 '동화적 사상'에 지나지 않는다고 비판했으며, 당시 개인의 부귀영화를 위한 매국행위는 물론 일진회나 대동학회 등의 친일 세력도 배격했다. 신채호는 문명개화를 위해 친일(親日)해야 한다는 자들의 해악은 내부정신을 해치는 것이며, 민족정신이 죽으면 장차 국권을 잃게 된다고 했다. 맹목적 문명화를 목적으로 하는 그들의 친일논리는 "타력(他力)을 빌려 독립을 구하면 이는 곧 물을 끌어들이면서 빠지지 않기를 바라는 것과 같다."라고 하여, 그 허구성을 비판했다. 조선의 국권회복과 독립이 타국의 힘에 의한다면 결국 그들의 노예가 되고 말 것이라고 예견했다.[48]

또한 당시 많은 자강론자가 아시아연대론과 동양평화론을 긍정적으로 평가했지만 신채호는 "동양주의는 동양제국이 일치단결하여 서력의 동점(東漸)을 제어한다고 하나 이는 일본이 동양주의를 이용하여 국혼을 찬탈하는 것이니 경계해야 하며, 국가는 주(主)요 동양은 객(客)인데 동양주의에 편승하는 자는 주객이 전도되는 것"이라고 보았다.[49] 또 "국가는 이미 망했으니 인종을 보존하는 것이 옳다."라고 주장하는 보종론(保種論)도 백인종에 대한 황인종의 단결과 투쟁을 유도하는 논리라고 이해하고, 보국론(保國論)의 입장에서 이를 단호히 배격했다.* 신채호는 나라가 보존되지 않은 상태에서 인종의 보존만을 구하면 나라도 보존할 수 없을 뿐 아니라 그 인종도 따라 망하게 된다고 보았다. 설사 보종을 하여 생존을 얻는다 하여도 그것은 노예 상태이니 살아도 죽은 것이라고도 했다.[50] 즉 보국을 우선하지 않으면 보종도 할 수 없다는 논리로, 진정한 보종은 보국에서 출발해야 가능하다는 것이다. 이와 같이 신채호는 '고유한 조선'의 주체적 입장에서 타자 중심적 현실인식이 갖는 문제점을 날카롭게 비판했다.

자강기 신채호는 고유한 조선의 근대적 주체인 '대아'를 '20세기 신국민' **이라고도 표현했다. 신국민은 근대적 공간에서 아의 자각과 생존을 도모할 조선의 고유한 근대적 주체였다. 신국민은 누구에 의하여 새롭게 만들어진다는 그런 주체가 아니라, 모든 국민이 주체적 각오로 새로워진[日新] 국민을 말한다. 신채호는 한국이 주체적으로

• '보종론'에 대해서는 「여우인절교서(與友人絶交書)」에서도 상세히 논하고 있다. 그는 "저들은 '당시를 인종전쟁 시대'라고 말한다. 황인종이 융성하면 백인종이 쇠잔하고, 백인종이 흥성하면 황인종이 멸망한다. 우리는 황인종이기 때문에 '동양'이 서로 연대하되, 최강인 일본을 맹주로 추대하고 한국과 청은 뒤를 따라야 한다고 한다. 아! 저들의 논의가 취중담인가 꿈속의 말인가?"라고 했다.

•• 이호룡은 1910년에 발표한 것으로 알려진 글 「20세기 신국민」이 신채호의 저작으로 보기에는 문제가 많다고 지적했고 조동걸도 「단재 신채호의 삶과 유훈」, 『한국사학사학보』 3집에서 같은 의문을 제기했다고 한다(이호룡, 「신채호의 아나키즘」, 『역사학보』 제177집, 2003, 역사학회 70쪽). 하지만 신채호 사상의 전체적 맥락에서 보았을 때 '아', '대아' 혹은 '신국민' 그리고 '민중' 개념은 신채호 사상의 변천과 맞물려 논리적으로 크게 모순되지 않는다고 이해할 수 있다.

근대국가를 건설하지 못하는 근본적 원인을 '신국민'이 되지 못했기 때문이라 분석했다. 신국민의 상대적 개념인 구국민(舊國民)은 자신만 알며 가족만 알지 국가는 어떤 존재인지 알지 못하는 국민이다. 즉 가족관념은 있지만 민족관념은 없으며, 지방적 관념은 있지만 국가적 관념은 없는 상태이다.[51] 자기 가족만 사랑하는 소가족적 관념을 타파하여 국가를 위하고 사랑하는 대가족 관념을 길러야 국가가 발달한다고 주장했다.[52]

국가정신과 국민능력을 가진 신국민은 전제군주 시대의 신민이 아니라 국민주권체제의 국민을 가리킨다. 그는 근대국가의 발전 원동력은 호걸의 개인적 능력이 아니라 국민 전체의 실력에 달렸다고 보아, 영웅 중심적 역사인식에서 탈피해 국민 중심적 국가의식을 갖고 있었다. 그는 오늘에 이르러 일국의 흥망은 국민 전체의 실력에 달렸지 한두 호걸에 있지 않다고 단언했다.[53] 또 이러한 신국민은 강자와 약자, 부자와 빈자, 직업과 지위 등에 관계없이 사람이란 점에서 동일하며 이들의 인격과 인권은 모두 평등하다고 했다.[54] 이러한 평등주의가 행해지는 서구는 반드시 흥했고 불평등주의를 행한 폴란드나 인도 같은 나라는 반드시 망했기 때문에, 국민의 불행을 낳는 것으로 불평등보다 더한 것이 없다고 보았다. 그러므로 민족 간·국민 간·적서 간의 계급주의는 망국멸민(亡國滅民)을 초래하므로 반드시 제거하여 신국민의 인권과 평등을 보장하는 국민주권체제를 이루어야 한다고 했다.

민중의 발견

식민기에 이르러 신채호는 제국주의 침략에 맞서 조선민족의 생존을 보지할 주체로서 '민중'을 주창했다. 이는 '2천만의 생명'으로 혹은

'우리 조선민족'으로 표현되기도 했는데, 단순한 혈통적 차원의 동포
나 원초적 민족 개념과는 일치하지 않았지만 자강기 민족적 대아 개념
과 별개의 것은 아니었다. 민중 개념에서 분명한 것은 반일본화(半日本
化)되어 노예 상태에 빠진 조선인은 조선민중에 포함되지 않는다는 점
이다. 이것은 그가 일본 강도정치(强盜政治)하에서 문화운동을 비롯하
여 생존의 적인 강도 일본과 타협하려는 모든 행위를 강렬하게 비판했
던 것과 궤를 같이한다.[55] 신채호는 주체적 정체성을 상실하고 자신이
직면한 문제들에 대하여 적극적으로 대처하지 못하는 무력자(無力者)
는 금전과 철포를 가진 유력자의 노예이며, 노예는 사람이 아니라고
했다.[56] 신채호는 사욕을 희생할 줄 아는 군자나 열사를 바람직한 인
간상으로 제시했다.

개신(個身)의 생존만 구하다가 전체의 사멸을 이루면 개신도 따라 사멸
하나니, 그러므로 군자는 개신을 희생해서라도 전체를 살리며 하며, (중
략) 열사는 적국과 싸우다가 (중략) 멸망을 할지언정 노예로 구차히 살지
는 않는다.[57]

어느 나라이고 시대의 조류를 안 밟으랴마는 그러나 무슨 주의 무슨 사상이
매양 그 사회의 정황을 따라 혹은 성하고 쇠하거늘, 우리 사회는 그렇지 않아
발이 아프거나 말거나 세상이 외씨버선을 신으면 나도 외씨버선을 신는다. 이
는 노예의 사상이다. 사람이 이미 사람노릇을 못할진대 노예와 괴물 중에 무
엇이 더 나으랴? 나는 차라리 괴물을 취하리라.[58]

그가 제시한 민중은 보편타자의 사상에 매몰된 사상적 노예가 아니
었다. 식민기 민중은 노예적 삶(소아)보다는 민족적 생존과 자유 등 전

체적 삶을 선택할 수 있는 주체였다는 점에서 자강기의 '대아'와 동일했다. 민족적 생존과 이해를 도외시하고 일신의 생존을 구한 자도 민족적 민중이 아니었다. 예를 들면 일본의 삼대충노(三大忠奴)[59]와 같은 매국노는 민중이 될 수 없었다. 소아적 주체의식의 한계를 극복하고 정신적 · 전체적 생존을 추구하는 것이야말로 인간주체가 가야 할 바른 길이라고 여겼다면, 그 길은 민중의 직접혁명을 통해 구현해야 할 것과 별개는 아니었다.

> 생존을 유지하기 위해 시비를 묻지 않고 이해만 볼진대, 매국자도 일신의 생존을 위하고 염탐꾼도 일신의 생존을 위함이니, 이도 죄가 없다 할까? 아니다. 나의 이른바 생존이란 개인의 생존이 아니라 전체의 생존이며, 구각(軀殼)의 생존이 아니라 정신의 생존이다. 구각과 개신의 생존만 알면 이는 금수요, 정신과 전체의 생존을 알아야 이를 사람의 생존이라 한다. 나는 사람의 생존을 위하여 이해를 가리라 함이요, 금수의 생존을 위하여 이해를 가리라 함이 아니다.[60]

신채호는 민중은 민족 전체의 자유와 정신이나 계급의 평등을 위하여 개인적인 생존을 도모하지 않으며, 전체를 위한 생존이나 정신적인 어떠한 이익 등 보다 적극적이고 실제적인 의미의 이해타산을 판단할 능력을 가지고 있다고 했다.[61] 즉 민중은 민족적 대아의식을 자기의식[아됨]으로 전유(專有)하여 보편타자에 포획당하지 않은 주체이며, 동시에 자각된 주체성과 도덕성을 본유함으로써 비로소 타자와 동등하게 마주 서 연대할 수 있는 열린 주체였다.

이제 [조선은] 송곳못조차 박을 땅도 없이 타인에게 빼앗기고 말았다.

소수의 소상업가들은 선진국 생산품의 수입을 소개하는 중간에 떨어지는 밥풀을 주워 먹게 되고, 경찰들과 군대가 끊임없이 위압을 주고 있다.[62]

민중은 제국주의 침략에 저항하는 주체였다는 점에서 민족적이었으나 제국주의적 침략자들을 비롯하여 그들의 하수인과 대척점에 있었다는 점에서 그들과 구별되었다. 그리고 민중은 제국주의 침략을 파괴하고 자유와 평등의 이념을 실현하는 조선을 건설하고자 했다는 점에서 민족적이었으나 동방 식민지 민중의 연대는 물론 세계적 차원의 민중연대, 더 나아가 인류평등을 실현할 주체적 연대를 자각하고 실천할 수 있다는 점에서 근대국가적 경계를 넘어설 수 있는 주체이기도 했다.

03 아와 비아의
관계 맺음

아와 비아의 생존적 투쟁

'비아'와 마주 선 존재인 '아'는 정형화된 실체를 지닌 주체는 아니다.[63] 또 '와' 중에 '아'와 '비아'가 있다는 것이 끊임없는 자기분열 과정을 의미하는 것은 아니다. 이는 아가 역사적·영토적·국가적으로 고정된 본질주의적 실체가 아니라 후천적 형식과 만나면서 끊임없이 역동적으로 변화, 생성됨을 밝힌 것이다. 식민기 조선의 아는 일본제국이라는 보편타자(비아)와 마주 섰다. 제국주의적 비아와 마주 선 민중의 삶은 개인과 국가 그리고 세계체제와 유기적 연관 속에서 이해되었다. 아의 '아됨'을 확인하는 작업은 주체의 삶의 총체를 보지하려는 생존적 투쟁으로 나타날 수 있다. 이는 보편타자에 매몰된 몰주체적 주체화에 대한 저항을 담고 있었으며, 일제의 동화정책에 의한 주체성 왜곡에 대한 강한 거부이기도 했다. 신채호는 아와 비아의 접촉이 빈번할수록 각자의 생존을 위한 투쟁 역시 격렬할 수밖에 없다고 했다.

> '아'에 대한 '비아'의 접촉이 번극(煩劇)할수록 '비아'에 대한 '아'의 분투가 더욱 맹렬하여 인류사회의 활동이 그칠 사이가 없으며, 역사의 전도가 완결될 날이 없다.[64]

신채호는 제국주의 침략에 의해 아의 생존이 위협받고 있기 때문에 비아인 일본 강도정치 곧 이족통치가 조선민족 생존의 적임을 분명히 했다.[65] 일본의 문명지도론이나 동화정책 등은 침략의 은폐에 지나지 않으며, 일본 침략을 막지 않으면 자존할 수 없기에 이에 저항하는 것은 정당하다고 주장했다.[66] 더 나아가 일제와 타협하려는 문화운동이나 자치는 물론 외교론도 모두 미몽에 지나지 않는다고 했다.

> 우리는 혁명수단으로 우리 생존의 적인 강도 일본을 살벌함이 곧 우리의 정당한 수단임을 선언하노라. (중략) 우리 생존의 적인 강도 일본과 타협하려는 자나 강도정치하에 기생하려는 주의를 가진 자나 다 우리 적임을 선언하노라. (중략) 우리는 외교론·준비론 등의 미몽을 버리고 민중 직접혁명의 수단을 취함을 선언하노라.[67]

제국주의 침략은 단순히 물리적 차원의 폭력에 그친 것이 아니라 서구 근대성을 '보편'으로 강제한 사상적 폭력이기도 했으며, 문명화와 근대국가체제 이외의 길은 상상조차 할 수 없게 했다는 점에서 역사적 폭력이기도 했다. 이러한 세계체제적 폭력은 주체의 자존과 생존을 위협하므로 이에 저항하며 토멸시키는 것은 근대적 폭력구조를 극복하는 일이었다. 이런 측면에서 폭력과 파괴라는 민중 직접혁명의 수단은 정당성을 갖는다고 주장했다. 신채호가 폭력과 파괴라는 저항수단에 깊이 동조한 것은 의병운동이나 3·1운동 등에 대한 반성에서 비롯했다.[68] 그는 식민체제가 거대하고 강고한 체제임을 절감했다. 그는 3·1운동이 평화회의와 국제연맹에 대한 과신의 선전이 도리어 2천만 민중의 의기를 타소(打消)하는 매개가 될 뿐이라면서, 민중이 민중 자기를 위하여 하는 민중직접혁명이 아니고서는 강도 일본을 구축(驅逐)할 방법이 없다고 했다. 이는 식민지배의 억압과 비인간화에 대한 주체적이고 구체적인 실천이었다.

그러나 신채호가 모든 폭력을 용인한 것은 아니다. 목적이 무엇이든 폭력은 정당화될 수 없는 것이 정도(正道)이다. 하지만 삶을 전방위로 압박하는 부당한 폭력에 저항하는 폭력은 권도(權道)로서 용인될 수 있었다. 그는 폭력의 대상과 목적을 분명히 함으로써 폭력을 저항의 수단으로 정당화하고 그 성격을 제한했다.

> 암살·파괴·폭동 같은 직접적 폭력을 행사하여, 조선총독부 및 천황, 관공리와 매국노는 물론 적의 일체 시설물 등을 구축해야 한다.[69]

더욱 중요한 것은 신채호가 단순히 폭력의 폭력화를 주장한 것이 아니라 파괴가 곧 '건설'이라 봄으로써 폭력을 넘어 평화와 연대를 지향하는 하나의 과정으로 파악했다는 점이다. 따라서 이것은 제국주의에 대한 비타협주의적 실천이라고 평가할 수 있다.*

> 파괴만 하려고 파괴하는 것이 아니라 건설하려고 파괴하는 것이다. 건

설할 줄 모르면 파괴할 줄도 모를 것이며 파괴할 줄 모르면 건설할 줄도 모를 것이다.[71)

　　우리가 일본 세력을 파괴하려는 것은 이족통치·계급특권·경제 박탈 제도·사회적 불평등·노예적 문화사상을 파괴하고자 함이다. 반면 고유한 조선·자유로운 조선민중·민중적 경제·민중적 사회·민중적 문화를 보유한 조선을 건설하기 위함이다. 따라서 2천만 민중은 일치로 폭력파괴의 길로 나아갈지니라.[72)

　　신채호가 제시한 '폭력파괴의 길'은 주체의 고유성과 자유 그리고 생존을 저해하는 모든 것에 대한 저항을 담고 있었다. 주체를 타자화하는 동일화 정책과 주체의 생존을 위협하는 제국주의 침략에 대한 대응책이었다는 점에서 폭력적 비폭력이었다. 이것은 세계 무산대중의 생존과 자유3평등을 지향점으로 삼았다는 점에서도 근대적 폭력의 한계를 극복하려는 지향성을 담고 있었다.

'아'와 '비아'의 민중적 연대

　　일차적으로 아와 비아의 마주 섬은 서로 다름을 확인함으로써 생존을 위한 투쟁적 관계를 형성하지만, 대아적 생존은 단순히 '아'의 항성(恒性)과 생존을 고집하는 데서 구현되지 않는다. 투쟁과 함께 '비아' 속의 '아'와의 '연대' ** 역시 '아'와 '비아'가 만나는 하나의 양식이라

● 신채호는 간디의 사회운동이 종교적 비폭력 논리에 의존하는 것에 반대하고 제도권 종교의 기만성을 공격했지만, 신채호가 정립하고자 하는 '아'를 폭력적 주체로 단순화해서 볼 수는 없다.[70)

고 신채호는 파악했다. '소아'가 양심의 본연을 회복함으로써 대아가 되듯이 '대아'는 인류 전체의 자유와 평등과 같은 보다 보편적인 이념의 실현을 위해 민족국가적 삶의 경계를 넘어 세계적 민중연대를 지향해야 한다고 보았다. 도덕적 시의성(時宜性)은 '아'의 '아됨'의 각성과 민중적 자각을 가능하게 하여, 소아에서 대아로, 대아에서 민중연대로 동심원적 확장을 가능하게 하는 근본 토대였다.

선각한 민중은 도덕적 시의성을 판단할 수 있는 자각 능력이 있으므로 사적 차원의 이해타산에 집착하지 않고 민족적 차원의 생존과 세계적 차원의 보편적 가치를 추구할 능력이 있다고 했다. 그러므로 선각한 민중은 민중을 위하여 민족국가적 이해를 넘어 세계적 연대까지 모색할 수 있는 판단과 실천이 가능한 주체였다.

민중의 자유를 위하여 혹은 민족의 자유를 위하여 혹은 계급의 평등을 위하여 (중략) 미래의 실제상 혹 정신상의 어떠한 이익을 취하는 것은 (중략) 적극적인 방면에서 타산(打算)한 이해(利害)이다.[74]

신채호가 추구한 '이해'란 개인이 목전의 부귀영달을 추구하는 소극적 이해타산이 아니라, 민족의 자유나 계급의 평등 등 미래의 실제상 혹은 정신상의 이익을 취하는 적극적인 이해타산이었다. 즉 이해는 '대아'의 생존과 보지를 위한 주체적 인식과 적극적 실천을 의미했다.

●● 연대 개념이 사회학 용어로 자리 잡은 것은 19세기이며, 정치적 의미를 가지면서 오늘날 통용되는 의미로 자리 잡은 것은 19세기 중엽 이후의 노동운동과 사회운동 덕분이었다. 일반적으로 연대란 사회안정과 결집에 기여하는 도구적 가치를 갖는 개념으로 쓰인다. 연대는 공동의 목표(억압구조 타파)를 이루기 위한 운동 구성원들 사이의 정서적 결합과 상호협력을 의미했다.[73]

그러므로 이해는 도덕과 주의의 준거만이 아니라 대아적 차원을 넘어 인류 전체의 생존과 자유와 평등을 실현하기 위한 민중연대를 가능하게 하는 원리가 될 수 있었다. 다만 주체가 처한 시대와 상황이 다르기 때문에 병에 따라 약을 쓰듯 망국이라는 급박한 상황에 처한 조선의 대아 혹은 민중은 일제의 침략을 파괴하고 조선의 독립을 우선할 수밖에 없지만 그것이 단순한 국가주의에 그쳐서는 안 된다고 보았다.

> 민중이 민중을 위하여 일체의 불평등·부자연·불합리한 장애부터 타파함이 곧 민중을 각오케 하는 유일 방법이다. 즉 선각한 민중이 민중의 전체를 위하여 혁명적 선구가 됨이 민중 각오의 제일 길이다.[75]

자각한 민중의 자율적 연대가 국경에 국한되지 않는다는 점에서 신채호의 '연대'는 민족적이면서도 민족 담론을 넘어서 있었다. 특히 그는 세계 무산대중 가운데 식민지 민중에 주목했다.

> 우리의 세계 무산대중! 더욱이 우리 동방 각 식민지 무산대중의 생존을 위협하는 자본주의의 강도제국 야수군(野獸群) (중략) 아, 세계 무산민중의 생존! 동방 무산민중의 생존! 소수가 다수에게 지는 것이 원칙이라면, 왜 최대 다수의 민중이 최소수인 야수적 강도들에게 피를 빨리고 고기를 찢기느냐?[76]

세계적 차원의 민중연대가 민족의 자유나 계급적 평등 같은 보편이념을 지향한다면 폭력과 파괴와는 모순된 것으로 보인다. 하지만 제국주의 침략이라는 폭력체제에 대한 저항이라는 측면에서 이를 정당화했으며, 연대가 대다수 민중의 생존을 위하여 생존을 위협하는 일체를 파괴하는 것에서 시작해야 한다고 했다. 대다수 민중의 생존이 최소수의 비민중적 강도들의 이해와 공존할 수 없는 탓이었다.

저들이 존재를 잃는 날이 곧 우리 민중이 열망하는 자유·평등의 생존을 얻어 무산계급의 진정한 해방을 이루는 날이다. 동방 각 식민지 반식민지의 무산민중은 서구 열강을 비롯한 일본 등 자본제국의 경제적 착취와 정치적 압력에 짓눌려 있은즉 동방 민중의 혁명이 진행되지 않는다면 동방 민중은 그 존재를 잃어버릴 것이다.[77]

그는 동방 민중이 민중적 혁명을 통하여 경제적 착취와 정치적 압박에서 벗어나 자유·평등의 생존을 얻어 무산계급의 진정한 해방을 이루어야 한다고 했다. 그러므로 민중이 생존할 수 있는 길은 혁명뿐이었다.

강도 일본의 통치를 타파하고 우리 생활에 불합리한 일체 제도를 개조하여, 인류로써 인류를 억압하지 못하며, 사회로써 사회를 해치지 못하는 이상적 조선을 건설할지니라.[78]

민중직접혁명이라는 방법을 채택하지 않을 수 없는 상황에 직면했지만, 그것은 제국주의 폭력을 타파하고 일체의 불합리를 제거하며, "인류로써 인류를 억압하지 않는" 자유를 지향했다. 신채호의 근대적 민중혁명은 민족적 정체성을 해체하지 않으면서도 민족적 경계를 넘어서는 연대를 모색했다는 점에서 높이 평가할 만하다.

신채호는 폐쇄적·배타적 민족주의로 귀결하지 않고 민중을 발견함으로써 아시아주의를 내부에서 허물어뜨리면서 동시에 제국주의에 저항하는 기제를 발견했다.

> 동양평화를 말하고자 한다면 조선의 독립을 능가할 상책이 없다. 조선
> 이 독립하면 일본은 사방을 경영하던 힘을 수습하여 자신의 영토를 보존
> 할 것이요, 러시아 볼셰비키는 약한 민족을 돕는다는 구실을 빙자하기 어
> 렵게 되어 북쪽에 웅크릴 것이며, 중국 역시 혁명으로 혼란한 국면을 정돈
> 할 기회를 얻는다. 이것이 동양평화의 요의(要義)이다.[79]

그는 진정한 동양평화는 일본의 제국주의 침략에 대한 저항을 통해
실현할 수 있다고 보았다. 조선의 독립은 동양평화 구현의 핵심처이며
민중연대는 세계평화를 실현하는 첩경이었다.

04 신채호와
민족

신채호는 한국 근대사상사에서 중요한 위치를 차지한다. 그는 유럽 중심주의가 세계적 보편으로 자리 잡았던 근대라는 시공간을 사상적 토대로 삼았으며, 국가 간 생존경쟁이 치열한 제국주의 시대에 자국 보존과 민족 생존을 선결 과제로 인식했다. 그리고 그런 사유의 중심에 조선의 주체인 '아'를 자리매김했다. 그가 제시한 조선의 고유한 주체 아는 현전하는 비아와 마주 선 주체였으며 비아와 관계 맺음을 하지 않을 수 없는 상호적 주체이기도 했다. 특히 민중은 보편타자의 폭력에 저항하지만, 동시에 타자와 만나고, 또 '비아' 속의 '아'와 연대하고자 했다. 따라서 신채호 사상을 단순히 투쟁과 저항의 민족주의로 국한시켜 이해해서는 안 된다.

신채호가 주장했던 '대아'는 국가주의적 근대체제를 전제로 했으며 개인의 자유와 평등보다는 애국심과 제국주의 침략에 대한 저항을 강조했다는 점에서 민족집단적 주체이기도 했다. 이것은 보편타자의 제국주의 침략에 맞서 저항할 수 있는 길이 제한적이던 시대 상황에 기인한 면이 강하다. 그런데 그는 '아'의 '아됨'이 민족의 역사적 영속성을 갖는 것으로 전제했지만, 폐쇄적 배타주의로 귀결되지는 않았다. 그는 국가적 경계를 확인했지만 민중의 연대를 발견함으로써 새로운 지평을 보여주었다. 주체적·도덕적 자각이 가능한 민중은 부당한 권력에 저항할 줄 알면서도 연대를 모색해나갈 능력을 가졌다는 것이다.

민족주의에 대한 비판적 재성찰

민족을 배제하고 근대 이후의 역사를 말할 수 있는가? 근대 이래로 민족주의는 한국인의 삶을 추동하고 경계를 짓는 중요한 잣대로 작동했다. 그런데 민족주의는 타자와 구별되는 정체성을 형성하는 데 긍정적 영향을 미치기도 하지만 또한 그것이 타자에 대한 배타적 경계와 차별되기도 함을 고려해야 할 시점이 되었다. 우리 '밖'의 타민족과 어떤 관계를 맺을 것인가도 문제이지만, 우리 '안'의 타자에 대한 차별 역시 우려할 만한 수준이기 때문이다. 그렇지만 민족주의 해체가 현실적 대안이 될 수 없는 것도 현실이다. 따라서 민족주의에 대한 비판적 재성찰이 필요하다. 강렬한 민족의식과 함께 '파괴적 건설'을 주창했던 신채호를 깊이 읽는 일이 요구되는 것도 이러한 현재적 문제의식과 무관하지 않다.

오늘날 한국은 여전히 강대국의 대립적 이해관계가 첨예하게 집중되는 분단국가로서 세계적 문제의 중심에 서 있다. 민족적 주체성이 자국이기주의에 매몰되거나 획일화된 정체성을 강요하는 기제로 작동해서는 안 될 것이다. 그렇다고 민족을 해체하는 것이 곧 평화를 구현하는 지름길이라는 보장도 없다. 타민족과 구별되는 민족의식에 기초하지 않고 통일 문제를 비롯한 국제적 문제에 대응하는 것은 현실적으로 불가능하다. 한국의 독립이 세계평화와 민중연대에 초석이 된다고 갈파했던 신채호의 사상적 의미를 재음미할 필요성이 여기 있다.

IV

식민지의 모든 문제는 그들〔帝國〕과 우리〔植民〕 사이에 있었다. 식민지인은 제국에
대한 열등감, 그들처럼 되고자 해도 될 수 없는 현실적 괴리감, 그들과 다른 민족적 주
체성 사이를 혼란스럽게 왕래했다. 일본이라는 문명한 '보편타자'는 조선을 가리켜
문명이 부재하며 근대를 추동할 역량을 갖지 못한 결핍된 타자라고 했다. 조선인(朝
鮮人)을 일본어로 발음한 '조센징'은 바로 보편타자에 의해 규정된 야만적이고 미개
한 식민지 조선인을 가리켰다. 물론 그 '조센징'에 대항하여 그들과 다른 조선인을 생
성하려는 노력도 없지 않았다. 앞서 살핀 바와 같이 박은식과 신채호의 경우는 타자
와 주체의 경계를 선명하게 인식하고 주체적 대응을 보여주기도 했다. 하지만 이광수
와 최남선 그리고 수많은 친일파 인사는 '주체'를 해체하고 타자에 동화되어 스스로
를 무화(無化)시켰다.

타자의 시선에 매몰되어 타자화해버린 주체는 식민성을 재생산했다. 이광수와 최
남선은 제국적 시선으로 우리 스스로를 볼 때 나타나는 '허구적 주체'를 극명하게 보
여주었다. 이광수의 민족개조를 통한 근대적 '문화 기획', 그리고 최남선의 '신대한,
조선문명화 기획'은 바로 이러한 식민적 자장 속에서 만들어진 것이다. 이들의 문화
(culture) 기획은 일제의 '조센징 만들기'와 불가분의 관계에 있기도 했다. 우월한 타자

식민기, 제국과 '조센징'의 조응

성에 포섭당한 조센징, 개조 대상으로서의 민족 그리고 일제 문화정치의 파장 안에서 이루어진 조선문화 기획은 결핍된 타자로서의 자기인식이라는 공통의 시선에서 생성된 것들이었다.

주체의 정체성 확립은 근대 기획에서도 중요한 문제였다. 근대성을 담지한 지식인은 민중보다 상위 계층이었으며 문화운동의 중추를 담당하였다. 근대성의 담지 그 자체가 도시적 삶의 양식으로 드러났다. 근대적 교육과 중추 지식인 양성, 도시문화 창조 등은 이광수 글의 핵심이었다. 이광수는 지식인이 지도자로서 국가의 중추적 역할을 담당해야 한다고 본 반면, 민중은 지식인의 지도를 받아 개조되어야 할 피동적 존재로 파악하였다. 민중은 국가의 구성원으로서 집단적 정체성을 지녔지만 '열등한 조센징'과 가장 가까운 주체였다.

식민기에는 모두가 조선의 근대주체를 말했지만 그들이 말하는 '민족'이 동일한 내용을 담고 있지는 않았다. 이는 식민주의와 민족주의 그리고 제국주의가 서로 다른 모습이면서 동시에 한 가지 모습이었기 때문이다. 더불어 이 시기에 새롭게 발견한 '계급' 개념은 민족에 관한 새로운 담론의 장을 열었다.

12장

문화와 민족의
이중주

01 근대적 민족 개념의 수용

조선왕조체제의 붕괴

유럽의 경우 시민의 공동체의식이 국가체제를 지속적으로 안정시키는 도구적 역할을 담당하는 과정에서 민족주의가 발전했다. 하지만 한국은 역사와 문화를 공유한 정서적 · 문화적 공동체의식이 주어진 상태였다. 이러한 원초적 민족의식이 근대라는 세계체제하에서 근대 국가를 건설하는 정치 이데올로기로 작용하였다. 근대 민족주의는 서구적 보편타자로부터 생성된 자기의식을 문화적 · 정치적으로 담아내는 중요한 존재양식이었다.

'민족'을 조선인의 정체성을 인식하는 개념으로 처음 사용한 때는 1904년 무렵이지만, 혈연관계를 강조하는 동포 개념보다도 더욱 빈번히 쓰인 것은 1907년경이었다. 『황성신문』에서 사용했던 '4천여 년을 전수해온 민족' 혹은 '2천만 민족', '아민족(我民族)'이라는 집단적 표현은 국수(nationality)라는 개념과 밀접한 관련 속에서 이해되었다. 또 『황성신문』은 "이때를 당하여 우리 민족의 남녀노소가 분과 한을 삼키고 하늘과 땅에 기도하여 고유한 국민성을 발휘하고 엄정한 대의를 선명(宣明)해야 한다."라거나,[1] "누가 우리 동포가 아니며 누가 우리 평등한 종족이 아니랴!"[2]라고 하여, 동포나 민족 개념이 혈연적 동질성에 기초한 것으로 이해되기도 했다. 한편 '조선혼'이라는 표현도 등장했는데 이는 대화혼이나 중국혼과 대비되는 차원에서 사용되었으니,[3] '조선혼'은 일본의 대화혼이나 중국의 중국혼과 마찬가지로 한국의 근대적 민족의식을 담는 중요한 개념이었다.

근대의 역사적 경험 가운데 갑오개혁은 중요한 의미를 갖는데, 신분제 해체로 인해 신분질서를 기반으로 하던 기존의 왕조체제가 실제적으로 붕괴되었기 때문이다. 양반을 중심으로 한 신분제와 과거제가 해체된 것은 조선왕조체제의 실질적 해체를 의미하였으며, 이는 다시금 근대적 사회체제를 어떻게 구축할 것인가 하는 문제로 이어졌다. 동포 혹은 민족은 이러한 근대국가체제로의 편입과 맞물려 근대적 자의식을 담아내는 개념이었다. 이런 개념은 신분적 차별이나 남녀노소 등의 구분을 벗어나 '국민 만들기'에 차용되었으며, 이에 걸맞은 집단적 역사의식과 단합력 등 국민의식을 요구했다.[4]

민족은 혈통과 역사적 동일성 그리고 오랫동안 동일한 공간에서 거주하며 계승해온 종교와 언어 등 문화적 동질성을 담고 있는 것으로 이해했다.

민족이란 것은 동일한 혈통을 가지며, 동일한 토지에 거주하며, 동일한 역사를 가지며, 동일한 종교를 섬기며, 동일한 언어를 사용하면 이것을 동일한 민족이라고 한다. 국민은 이와 다르다. 국민이란 것은 그 혈통·역사·거주·종교·언어가 동일한 것 외에 또 반드시 동일한 정신을 가지며, 동일한 이해를 느끼며, 동일한 행동을 하여 그 내부의 조직이 일신의 골격과 서로 같으며, 그 대외의 정신이 한 부대의 군대와 같이 서로 같아야 이를 국민이라고 말한다.[5]

식민기의 다양한 민족 담론

자강기가 근대적 민족의식이 싹튼 시기였다면, 식민기의 다양한 민족담론은 망국과 식민통치에 대한 대응 양상을 담고 있었다. 박은식이나 신채호와 같이 저항적 독립운동에 참여했던 이들은 민족적 정체성과 주체성을 강조하면서도 국민국가의 폐해를 극복할 수 있는 사상을 모색했다. 반면 문명한 사회를 건설하고자 했던 최남선이나 이광수 같은 이들은 탈정치적인 '문화-민족'을 발견했지만 결국에는 친일로 귀결되고 말았다. 안창호의 영향을 받았던 최남선은 강자가 되기 위한 필수조건은 문명과 역사적 진보이므로 문명적 개조를 무엇보다 우선시해야 한다고 보았다. 최남선은 '무실역행', '힘', '자각' 등을 중시하면서 근대문명을 이룩하기 위한 근면한 노력과 끈기를 강조했다. 이들은 3·1운동으로 발견한 '민족'의 힘을 완성시킬 보호책으로 '조선주의'를 제창했다. 그러나 이들이 '문화-민족'의 독자성과 우월성을 강조한 것은 일본의 동양주의라는 보편타자를 전제로 한 담론이었다. 이러한 담론이 1930년대에는 한국과 일본의 문화는 그 뿌리가 같으므로 조선이 '일본문화화'해야 한다는 논리에 이르렀다.

민족을 계급과 관련지어 성찰했던 아나키즘과 사회주의 계열도 있었다. 아나키즘은 자유롭고 평등한 공동체적 연대인 '자치공동체'를 이상으로 했다. 한국 아나키즘은 신채호·유자명·이회영 등을 중심으로 반제국주의적 혁명운동 혹은 민족주의적 독립운동의 성향을 강하게 띠었다. 박열은 일본에서 활동한 아나키스트로서 제국주의의 원흉인 천황 암살을 시도하기도 했다. 한국 아나키즘은 식민지 체험과 해방이라는 특수성으로 인해 민족주의적 성격을 띠었다. 또 이동휘·김약수 등의 사회주의자는 러시아혁명 이후 공산주의를 민족해방운동 이념으로 수용했다. 중국 임시정부의 국무총리였던 이동휘 일파는 한인사회당을 결성했고 상당수 민족주의자들이 이에 동조했다. 국내와 일본에서도 공산주의를 연구하는 단체를 비롯하여 사회혁명당, 재일본조선인공산단체 등이 조직되었다.

문명개화론을 계승한 식민기의 '문화−민족'은 우월한 서양과 열등한 동양, 우월한 일본과 열등한 조센징이라는 프리즘을 통과한 것이었다. 이는 일본의 한국 지배를 합리화하는 식민주의를 내면화한 것이기도 했다. 일본의 문명지도론을 받아들여 우리도 그들처럼 문명화하는 것이 역사적 진보라고 여긴다면 그들의 식민지 침탈은 침략이 아니라 문명의 시혜가 되고, 친일파는 반민족행위자가 아니라 민족적 선각자요, 항일운동은 시대착오적 문맹에 지나지 않게 된다.

'문화−민족' 개념은 한국이 유럽과 일본처럼 근대적 문명성을 담지하지 못하고 있다는, 다시 말해 문명성의 부재와 결핍을 재확인하고 그들처럼 되고자 하는 열망과 결코 그들이 될 수 없는 현실적 한계에 좌절하는 열등한 주체의식에 지나지 않았다. 최남선의 '소년−청년', 그리고 조선학과 불함문화론은 주체의 정체성을 확립함으로써 타자에 맞서고자 기획된 것이었다. 그러나 타자의 보편성을 내면화하는 순간 주체는 해체의 길을 걸었으니, 주체의 정립과 해체 사이에서 보편과 특수 사이에서 어지럽게 자기분열 과정을 겪었다.

02 식민주의 자장 속의 민족:
'개조'의 대상

보편타자와 개조의 준거

자강기 신구학론을 통해 신학문을 비롯한 서양 근대문명은 보편문명으로 자리를 잡아갔다. 1920년대에는 이런 의식이 더욱 확산되면서 이른바 신문화·신교육·신여성 등등 '새로운〔新〕' 것이라면 무엇이든 조선인이 추구해야 할 새로운 전범으로 여겨졌다. 서구적 근대성을 보편으로 삼아 '그들'의 시선에 의거해 조선인을 규정하고 바꾸려는 계열의 대표적 인물로 이광수와 최남선이 있었다. 이광수는 서구 근대문명과 기독교 그리고 자연과학을 보편문명으로 인식했으며, 서구 열강을 모방한 일본 제국주의가 생산한 논리 역시 자연스럽게 받아들였다. 근대적 진보사관에 의거하여[6] 당대를 인식했던 이광수는 '문명한 생활'을 가장 근본적이고 핵심적인 과제로 삼았다. 그에게 문명이란 곧 해방을 의미했다.

문명은 어떤 의미로 보면 해방이다. 서양은 종교에 대한 개인의 영적 해방, 기족에 대한 평민의 해방, 전제군주에 대한 국민의 해방, 노예 해방이다. 무릇 어떤 개인 혹은 단체가 다른 개인 혹은 단체의 자유를 속박하던 것은 그 형식과 종류를 다 해방한 것이 실로 근대문명의 특색이다. 여자 해방도 구미 제국은 어떤 정도까지 실현되었지만, 우리 땅에서는 아직 꿈도 꾸지 못한다.[7]

서구적 근대성이 보편문명이라면 조선은 문명성이 부재한 야만 국가인 반면 영국은 문명성을 담보한 문명국가이다. 영국은 자유와 민권을 보장하는 입헌국으로서, 산업 발달은 물론 식민지배까지 도모할 수 있는 문명국이라고 이광수는 평가했다.

앵글로색슨족은 자유를 좋아하고 실제적이고 진취적이며 사회적인 국민성을 지녔다. 반면 중국인은 이기적이요 개인주의적 민족성을 지녔다. (중략) 영국은 세계에서 가장 처음이요 또 가장 발달된 입헌국이니, 자유 민권이란 사상은 실로 영국에 그 근원을 두고 발달했다. (중략) 영국인의 근본 성격은 매우 실재적이고 점진적이다. (중략) 영국의 상업이나 식민지 정책도 또한 그러하다. 그중에서도 식민지 정책을 보면 그 주인의 종교, 습관, 기타 생활방식을 존중하여 그 자유로운 발달에 맡긴다.[8]

이광수의 사유에 근거한다면, 문명성이 부재한 조선인은 '그들처럼 되기' 이외에는 다른 길이 없었다. 그는 신문명 수용을 적극 주창했던 독립협회를 두고 '민족개조운동의 첫소리'였다고 평가했다.

독립협회가 주장한 것은 혁구취신(革舊就新)할 것, 서양 문화를 수입할 것, 계급사상을 타파하고 자유평등사상을 고취할 것, 군주전제나 벌족전제주의를 타파하고 민주주의를 세울 것 등이다. 이는 미국의 감화를 받은 서재필 일파의 사상을 당연히 반영한 것이다.[9]

식민기에는 유럽중심주의를 재생산한 동양주의가 삶의 새로운 준거가 되었다. 물질문명이 발달한 서구는 1차 세계대전이라는 한계를 노정했기 때문에, 동양의 정신문화로서 그들의 물질주의에 대한 대립각을 세워야 한다는 주장이 설득력을 가졌다.[10] 하지만 이것 역시 일본 학자의 논리를 그대로 수용한 데 불과했다. 보편타자에 의해 굴절된 자기의식은 신채호와 극명하게 대비되었다. 신채호는 서양 열강과 역사적·문화적 배경이 다를뿐더러 직면한 문제가 다르기 때문에 서양중심주의에 입각한 자기인식은 노예성을 양산할 위험이 있다고 갈파했다. 하지만 이광수는 이러한 지적은 인류역사의 방향을 모르는 자의 오류라고 치부했다.

혹자는 "그들과 우리가 역사가 다르고 따라서 국정(國情)도 다르니, 우리가 반드시 그들을 본받지 않으면 안 된다는 법이 있겠는가?"라고 하겠지만, 이것은 인습(因襲)에 아첨하는 자의 말이 아니면 인류역사의 방향을 모르는 자의 말이다.[11]

이광수는 민족성 개조를 통한 문명화가 조선의 유일한 살길이라 판단하고, 각각의 개인이 의식적 개조를 통해 문명인이 될 것을 요구했다.

문명인의 가장 큰 특징은 자기가 자기의 목적을 정하고 목적을 이루기 위하여 계획한 진로를 밟아 노력하면서 시각마다 자기 속도를 측량하는 데 있다. 문명인은 본능이나 충동을 따라 행하지 않는다. (중략) 원시민족과 미개민족은 자연하거나 우연히 변천하지만, 고도의 문명을 가진 민족의 목적을 가진 변천은 의식적 개조의 과정이다.[12]

이광수가 조선민족을 개조의 대상이라고 단정한 것은 보편타자에 의한 자기부정적 인식을 내면화한 탓이다. 그는 조선민족 쇠락의 근본 원인을 타락한 민족성에 있다고 진단했기 때문에,[13] 그 타개책으로 민족개조와 실력양성을 제시했다.[14] 그는 각 개인이 의식적 개조를 통해 '문명한 생활'을 경영할 만한 실력을 갖춘 후에 비로소 자신의 운명을 자기 의견대로 결정할 자격과 능력이 생긴다고 주장했다.

민족개조와 문화운동

민족이 개조의 대상이라면 무엇보다 먼저 민족의 정체성에 대한 이해가 전제되어야 한다. 그래야만 정체성 가운데 무엇이 문제이며 무엇을 개조할 것인지 파악할 수 있기 때문이다. 이광수는 민족을 '영원한 실재(實在)'로 파악했기 때문에, 조선민족은 혈통의 동질성과 함께 환경의 영향에도 변하지 않는 성격적 운명을 가진 공동체라고 규정했다. 특히 민족의 본질적 요소로 문화, 특히 언어와 국선도(國仙道) 등을 들었다.[15] 민족적 본질은 실재하므로 개인은 민족을 초탈할 수 없는 운명이라고 단정했다.[16]

식민기, 제국과 '조센징'의 조응 | 4부

그는 민족성을 근본적 성격과 부속적 성격으로 양분했다. 그는 불가변적인 근본적 성격이 좋지 못한 민족은 개조가 불가능하지만 가변적인 부속적 성격이 좋지 못한 민족은 개조가 가능하다고 했는데, 적어도 조선민족은 개조는 가능하다고 판단했다. 그는 민족성은 아주 단순한 한두 개의 근본도덕으로 결정된다고 보고,[17] 도덕적 개조와 정신적 개조가 민족개조의 근본이 된다고 했다.* 그는 조선이 문명성 부재의 야만이 된 근본 원인으로 허위와 나타(懶惰), 비사회성, 경제적 쇠약, 과학의 부진을 제시했다.[19] 그리고 허위적이고 공상과 공론만 즐겨 나태하며, 신의와 충성심 및 용기가 없고 이기적이어서 사회봉사심과 단결력이 없고, 거기다가 지극히 빈곤하기까지 하다고도 했다.[20] 이광수는 조선민족의 이러한 열등성 때문에 개인이나 민족이나 열패자(劣敗者)가 될 수밖에 없다고 진단했다. 하지만 근본적 성격의 반면(半面)인 부속적 성격은 개조가 가능하므로, 조선민족은 병적인 상태를 벗어나 '문명하고 부강한 생활'이 가능하도록 개조할 수 있다고 했다.

하지만 민족의 근본적 성격이 이미 열등하다면 이를 개조하는 것이란 지난한 일일 수밖에 없었다. 특히 문명과 야만이라는 이분법적 인식이 현실적으로는 제국주의 침략과 불가분의 관계에 있음에도 불구하고, 그는 민족개조가 문명한 생활의 경영에 있지 정치적 독립을 목적으로 하지 않음을 분명히 함으로써 현실과 더욱 괴리되었다.

• 그는 조선민족은 근본적으로 인, 애인, 예의, 존중, 염결(廉潔), 자존심〔자주와 독립 관념이 항상 부속됨〕, 독립, 자주의 기풍(氣風), 쾌활(快活)〔한자로 표현한다면 인(仁), 의(義), 예(禮), 용(勇)이고, 현대식 용어로 말한다면 관대, 박애, 예의, 금욕적 염결, 자존, 무용, 쾌활〕 등의 긍정적 성격을 가졌다고 제시했다. 반면 그와 대조를 이루는 배타적 애국심을 가지기 어렵고 이민족 영토를 침입할 야심이 없으며, 부를 이루는 방법〔致富之術〕이 졸렬하여 상공업이 발달하지 못하고, 허위의식이 많고 공고한 단체조직의 어려움 등이 있다고 평가했다.[18]

이제부터 우리가 근본적으로 할 일은 민족개조요 실력양성이다. 조선인이 각 개인으로 또 한 민족으로 문명한 생활을 경영할 실력을 가지게 된 후에야 비로소 그네의 운명을 그네의 의견대로 결정할 자격과 능력이 생길 것이니, 그때야 동화를 하거나 독립을 하거나 자치를 하거나 세계적 의의를 가진 대혁명을 하거나 그네의 의사대로 자처할 것이다.[21]

그는 민족개조란 곧 그 민족을 조성하고 있는 각 개인의 개조라고 정의했기 때문에,[22] 민족개조는 개인개조에서 시작되며, 개인개조는 개인의 문명에 대한 의식적 자각에서 비롯한다고 보았다.

민족개조의 첫걸음은 민족 중에서 어떤 한 개인이 개조의 필요를 자각하고 그 자각에 의하여 개조의 신계획을 세우는 것이다. 그 제일 개인이 제이 인(第二人)의 동지를 얻는 것이다. (중략) 그리고 이러한 동지들이 모인 개조단체의 개조사상을 일반민중에게 선전해야 한다. 즉 민중의 여론을 대표하는 중심인물이 나서서 그 사상으로 민중의 생활을 지도하는 것이다.[23]

그는 개인이 자각적 개조를 하면 '신' 성격의 근본이 될 사상을 찾을 수 있지만, 단순히 신사상만 있다고 신성격이 되는 것이 아니라 실천적 노력이 뒤따라야 한다고 했다.[24] 그래서 민족개조의 근본은 의식적 자각이지만 그에 못지않게 무실(懋實)과 역행(力行)이 중요하다고 했다.[25]

개인이 개조의 필요성을 자각하여 개조되었다면 개조한 개인 간의 동맹은 단체생활을 통해 가능하다고 보았다. 그는 단체생활을 가능하게 하는 근본동력은 각 구성원 간의 신뢰이며[26] 동지의 규합과 사상적 선전을 통해 단체가 확장된다고 주장했다.[27] 하지만 일반민중은 개조

식민기, 제국과 '조센징'의 조응 │ 4부

된 중추계급에 의해 선전당하거나 지도받아야 하는 집단으로서 개조의 주체가 아니라 개조의 대상이라고 했다. 민중이 수동적인 개조의 대상이라면, 이른바 개조된 개인과 민중은 괴리될 수밖에 없다. 민중은 주체적 정신활동이 불가능하므로 민족 전체의 개조는 더욱 요원하게 된다.

특히 그가 주장했던 민족개조는 '신'사상에 기초한 '문명'한 민족생활에 국한되었기 때문에 민족독립과는 거리가 멀었으며, 민족개조를 도덕적·문화적 차원으로 국한했기 때문에 개인적 수양과 문화사업에 주목할 수밖에 없었다. 식민지배가 세계적 차원의 정치적·경제적 문제였으며, 한국인의 삶을 근본적으로 규정짓는 터전이었음에도 불구하고 개인의 정신적 수양을 강조하는 것 자체가 비현실적이었다.

〔민족개조운동은〕 절대적으로 정치와 시사에 관계하지 않고 오직 각 개인의 수양과 문화사업에만 종사하기 때문에 정부에 의해 해산당할 염려가 없을 것이다. 그러므로 규칙 엄수와 정치, 시사 문제 불간섭은 개조단체의 생명을 영원하게 하는 원칙이다.[28]

그는 개조의 내용으로 지덕체와 사회봉사심의 함양 그리고 부의 축적을 제시했다. 개조의 내용이 충족된다면 어떤 주의를 가졌는지는 전혀 상관이 없으며, 현재 민족의 성격을 개조한 뒤에야 건전한 제국주의자, 자본주의자가 될 수 있다고 했다.

하지만 그의 주장처럼 조선인은 이미 소중화의식으로 주체성이 상실된 상태이며[29] 열등한 민족성을 본유하고 있다면, 자각한 조선인은 애초에 생성될 수 없는 것이다. 또한 신사상이 곧 서구적 근대성을 의미한다면 서구적 근대성이 곧 조선민족의 부속적 성격을 변화시킨다는 의미일 것이다. 하지만 이는 부속적 성격의 '변화'가 아니라 서구적 근대성을 내면화하여 그들에게 동화되는 데 불과했다. 부속적 성격이 곧 근본적 성격의 반면이라면, 민족개조를 통해 민족의 근본적 성격과 모순되지 않는 개조된 성격의 생성 또한 논리적으로 불가능했다.

신생활론과 친일

1920년대의 민족개조론은 1930년대에는 신생활론으로 계승되었다. 그는 1930년대에도 조선에는 아직 지도단체가 형성되지 않았다고 판단했다. 그러므로 민족을 이끌어갈 근대주체, 즉 개조된 개인 및 중추계급이 형성되지 못해 문명한 생활로의 진입은 여전히 불가능했다.

> 지도단체와 지도자를 가지지 못한 오늘날의 조선민족은 민족운동을 가지지 못한 민족이라고 아니할 수 없다. 강력한 민족의 중심이 없기 때문이다. 조선민족이 합리적이고 강력한 중심지도단체가 생기는 날이 진실로 조선민족이 민족적 신운동·신생활의 신기원을 여는 날이다.[30]

신생활이란 곧 변화를 의미한다. 변화는 낡은 것(구(舊))에 대한 의식적 성찰[31]과 비판에 의해 달성할 수 있다. 따라서 개개인이 인위적 진화의 이상을 의식하여 진화를 촉진해야 한다고 주장했다.

> 조선은 지금 신생활에 들어가는 중이다. 과거 실패한 생활방식을 벗어나 생기 있는 신생활에 들어가는 중이다. 구생활방식을 답습하는 것은 우리의 멸망을 의미한다. 현재의 빈천(貧賤)과 우매를 벗어나 부귀와 지혜로움(지(智))의 경역에 들어갈 수 있는지 여부는 오직 신생활방식을 잘 취하느

냐 여부에 달려 있다.[32)]

위의 구생활방식은 곧 '유학'으로 환치할 수 있었다. 그는 유학을 "진보가 전무(全無)"한 낡은 이념으로서 조선 쇠망의 일차적 원인으로 지목했다. 그는 공맹지도로 일관했던 조선은 그 해석도 정주(程朱)를 묵수했을 뿐이었으며, 양명을 통하여 전한 유교는 일본을 학문적으로 융성하게 한 반면 주희를 통하여 전한 유교는 조선을 쇠하게 했다고 했다. 따라서 조선유학은 우리 정신의 모든 기능을 소모시키고 마비시킨 죄책을 면할 수 없다고 단언했다.[33)]

> 조선도 유교가 침염(浸染)한 이래로 유풍(遺風)을 묵수하여 민족의 진취적 활동을 완전 방알(防遏)했다. 변천은 악이요 묵수는 선이라고 생각하여 진보가 전무했으며, 사상의 원천이 고갈되고 이성과 감정이 마비되어 목우(木偶)와 같이 되었다.[34)]

이광수는 때와 장소의 형편에 따라 구제의 도를 달리해야 하는데, 우매하고 비열한 선인들은 그것을 몰라 공맹을 그대로 실천하지도 못하고 도리어 해독(害毒) 많은 부분만 떼어다가 자신이 실행하고 후손에도 실행을 강제했다고 평가했다.[35)] 또 숭고(崇古)와 존중화(尊中華), 경제 경시와 형식주의에 지나지 않는다고 비판했다. 그리고 기독교가 급속히 전파된 것 역시 유교가 민족적 신앙과 이상을 완전히 삼제(芟除)해버리고 이를 대신할 만한 것을 주는 데 실패하여, 민중들이 이상과 신앙이 없는 암흑기에 신음하게 했기 때문이라고 했다.[36)]

이광수의 민족개조는 개인적 차원의 문명한 생활로 귀일(歸一)함으로써 제국주의 침략이라는 현실과 괴리되었고, 결과적으로는 친일로 귀결되었다. 그는 개인적 일상의 문명한 '신생활'을 주장했지만 그것의 최종목표는 야마토(大和) 민족이 되는 것이었다.[37]

조선병합 이래 조선인이 일본인이 되었음은 말할 것도 없지만, 내선일체는 은근히 문화 단위로서 민족관념을 지지해왔던 것이다. 문화적으로 민족 단위를 계속 유지하면서 일본제국의 구성요소가 되자는 것이다. 조선인은 민족이라는 관념을 청산하고 단지 일본 국민이 되는 것에 멈추지 않고 야마토 민족이 된다.[38]

문명화는 내선일체로 귀결되어 '조센징'이라는 열등한 신민을 양산할 수밖에 없었다. 그가 주창한 문명한 일상이란 궁성요배(宮城遙拜)와 일본식 식사예절과 복종 등으로 현실화되었다. 문명화된 조선인은 제국의 신민으로 거듭나야 했으니 그것은 민족의 개조가 아니라 해체였다. 일본 맹주의 동양주의에 매몰된 그의 민족개조론은 친일로 귀결되었으며, 개인은 물론 민족이 소멸하는 데 이르렀다. 그의 민족개조와 문화-민족은 근대 서구적 문명성의 보편성을 전제했으며, 정치적이고 문화적인 것은 물론 그 어떤 것에서도 그들과 같은 우월한 지위를 점할 수 없었다. 하지만 문화를 통한 동일화를 선택함으로써 그들과 동일한 지점을 획득하고자 했다. 그의 문명론이 서구 중심적 세계인식에서 다시 일본 중심적 세계인식으로 전환된 것은 독립을 포기한 종속적 문화개조와 열등한 자의식의 자발적 내면화에 지나지 않았다. 이광수의 문화-민족은 '문명을 통한 지배'라는 힘의 논리에 따른 것이었으며, 제국주의의 재생산이었지 민족주의는 아니었다.

03 문화민족의 허상:
조선학

최남선의 '조선스러움' : 식민지적 정체성

최남선의 세계인식에 결정적 영향을 미친 것은 일본 유학(留學)이었
다. 그의 모든 사유와 활동의 중추였던 '조선학'은 조선의 문화 가운데
일본에 영향을 미쳤던 것에 한정되었다. 전근대에는 일본보다 조선이
문화가 앞섰고 그 문화가 일본에 전파되었음을 강조한 것은 최남선의
한국역사 서술에서 일관되게 등장했다.•39) 그는 1910년대 중반부터

• 반면 일본은 식민지로서의 조선역사를 서술하고자 했다. 일본 관학자(官學者)들은
  한·일 고대사에서 일본이 문화적·군사적으로 우위에 있었음을 강조했으며, 조선의
  고적·유물 등 조선문화를 비문명적인 것으로 규정하고자 했다. 따라서 조선학은 일본
  의 '식민지 조선문화'에 대한 대응이면서 반작용이었다.

누구보다 먼저 조선학 연구의 필요성과 중요성을 천명하면서 조선의 정체성을 확인하고자 했지만 민족구성원에게 조선적 주체성을 찾는 작업은 항상 타자와 보편을 염두에 둔 것이었다.[40]

최남선은 우리가 문명화를 이룩하려면 새로워져야 한다고 주장했다. 그러나 그가 제시한 '새로움[新]'과 주체의식은 타자를 보편으로 전제했을 때라야 가능했다는 점에서 비주체적이며 허위적인 주체의식이었다. 그가 주창한 근대주체[소년]와 신대한(新大韓) 역시 민족적 색채를 강하게 띠었지만 그보다 선재(先在)한 것이 보편타자로서의 서양과 일본이었다는 점에서 반민족적이었다. 최남선의 모든 행위는 식민정책의 테두리 안에서 이루어졌다. 주체적 정체성을 중심으로 타자와 마주 선 현실에 직접 대응하기보다는 보편타자에 대한 반작용으로서 제기된 조선학과 문화민족론은 타자성의 재생산에 불과했고 그런 측면에서 그의 친일은 당연한 귀결이었다.

조선주체는 열등함에도 불구하고 타자와 명확히 구별된 채로 실존하기 때문에 조선인이라는 자기의식은 학문적·역사적으로 해명되어야 했다. 이러한 자의식을 연구한 것이 그의 조선학이었다. 자강기의 최남선은 『소년(少年)』 등을 통해 서구 문명과 함께 한국의 역사와 전통도 소개했다. 그는 조선인의 사상과 감정을 정직하게 담아내는 조선 시조(時調)의 방향은 조선스러움을 찾는 데 있다고 하면서,[41] 조선심(朝鮮心)을 강조했다. 또 조선인을 역사적 동일성을 본유한 역사적 존재로 규정하고,[42] 부여인으로부터 고구려인으로 연결되는 계통을 중심 줄기로 삼았다. 그는 조선심과 함께 중국과 경쟁했던 고구려의 화려한 과거를 강조했으며, 비참한 당대는 조선시대의 모화사상(慕華思想)인 성리학에서 비롯한다고 이해했다.

하지만 보다 중요한 것은 우리가 보편타자처럼 되어야 한다는 전제였다. 그는 우리의 물질문명이 그들보다 뒤진다는 판단 아래 정신성을 강조했다.

> 정신부터 독립할 것이다. 사상으로 독립할 것이다. 학술에 독립할 것이다. 특별히 자기를 호지(護持)하는 정신, 자기를 발휘하는 사상, 자기를 규명하는 학술의 상으로 절대한 자주, 완전한 독립을 실현할 것이다. 조선인의 손으로 '조선학'을 세울 것이다.[43]

조선학은 조선인의 정신을 발휘하는 문화적 총체로서 조선스러움의 정수였으며, 조선문화란 조선민족의 문화적 독자성을 규명할 수 있는 수단이었다. 하지만 세계적인 보편성 속에서 특수로서의 조선문화였고, 조선문화 연구라는 측면에서 조선학은 동양학이라는 보편타자를 염두에 둔 것이었다.[44] 또한 조선적인 것의 민족적 우월성은 한편으로는 보편타자인 일본에 의해 규정된 열등한 타자성을 부인하는 방편이기도 했다. 그는 이집트, 지나와 인도가 고대문명이 발달한 지역이라지만 한국도 이미 그때부터 문명의 정도가 국가와 제도 및 군장이 필요할 만큼 진보한 상태였다고 주장하거나,[45] 우리 민족이 세계에서 가장 먼저 일신교의 진리를 영각(靈覺)했다고 단정지었으며,[46] 단군조선에 관한 연구를 통해 민족역사의 독자성을 확립하고자 하기도 했다.[47]

보편타자의 시선에서 보면 지극히 특수했던 조선학은, 1920년대 중반에는 불함문화론으로 계승되었다. 일본의 동양학이란 일본을 아시아 정신문화의 중심에 두고, 그것이 고대 아시아 문명의 두 축이었던 중국 문명과 인도 문명의 정수를 실제적으로 구현했다고 주장한 것이었다. 그는 동양학의 정신성을 조선문화를 통해 재구축하고자 하였다.

진정한 의미의 동양학이라는 것은 숨었던 동방 고대의 정신적 일대 표식을 가르쳐주는 조선의 고전설을 중심으로 하여 마땅히 개축되고 완성될 것이다.[48]

최남선은 문명시대의 조선문화는 무형의 부를 독창적으로 실현할 수 있는 시발로 이해했다. 하지만 이것은 당대의 조선이 문명의 유형(有形)적인 차원에서 빈궁한 위치에 있다는 다른 표현이기도 했다.

우리가 빈(貧)임도 사실이다. 그러나 부(富)임도 사실이다. 다만 빈은 유형적(有形的)인 것이요 부는 무형적(無形的)인 것이며, 빈은 공간적(空間的)인 것이요 부는 시간적(時間的)인 것이다. 무형의 부로써 유형의 빈을 몰아내 소멸시키고 시간적 부로써 공간적 빈을 제거할 방법은 없을까? 말하건대 있다. 세계문명의 대조류(大潮流)에서 너희들의 독창력을 발휘할지어다.[49]

그는 서구 근대문명을 유형적인 부로, 문화적 우수성을 지닌 조선을 시간적인 부로 구분하고, 학예·도덕·재능 등의 무형적 유산을 토대로 근대라는 공간에서 발명력과 창조력을 발휘하여 서구와 같은 문명을 이루자고 주장했다. 그가 완성하고자 했던 조선학이 서양과 일본이라는 보편타자와의 차이를 발견함과 동시에 문명부재의 결핍을 충족시킬 대체물이었다는 점에서 여전히 식민지적 한계를 벗어나지 못했다.

일본맹주론과 마주 선 불함문화론

1차 세계대전(1914~1918)은 최남선의 세계인식에 큰 전환을 가져왔다. 그는 이를 통해 서구 근대문명이 절대선이 아니며 대규모 전쟁을 초래한 결함이 있음을 경험했다. 서구 문명이 전쟁을 초래한 근본적 원인이라는 문제의식을 가졌던 최남선은 문명(civilization)보다는 문화(culture)에 주목했다.* 그는 서구 문명을 영미의 가치관으로 한정하면서 그것이 물질주의·이기주의·권력주의·차별주의·착취주의적 세계관이라고 규정했다. 그리고 이에 대응하는, 일본을 맹주로 한 동양적 가치관은 정신주의·공존공영주의·도의제일주의적 세계관이라고 긍정했다.[50]

최남선은 이러한 동양주의에 비추어 보면 독창적인 조선문화가 세계문화를 선도할 수 있다고 인식했다. 일본패권을 용인하는 동양학 내지는 대동아공영권의 자장 속에서 문화 혹은 조선학 연구는 '동방, 불함권'으로 확장되었다. 불함문화론은 민족 단위가 아닌 동방 지역이라는 공간의 문화를 보편으로 상정한 이론이었지만, 단군을 그 중심에 놓았다는 점에서 여전히 민족 담론의 다른 이름이었다. 즉 단군은 극동문화의 옛 모습을 조망할 수 있는 유일한 관건이요, 따라서 이를 통해서만 극동문화의 옛 모습을 조망할 수 있기에, 지극히 중요한 동양학의 초석이라고 주창했다.[51] 동양문화권이 일본 중심적 보편 권역이었다면, 조선학과 불함문화권은 특수한 영역이었다. 『불함문화론』(1928)에서 "동북아 공간 속에서의 문화 중심이 조선에 있다."라고 하였지만, 그 논조는 동양학의 자장 속으로 더욱 깊숙이 빨려 들어갔다. 즉 그의 조

---

* 문명과 문화는 모두 유럽 근대문명의 우월성을 상징하는 근대적 개념이었다. '문명'이 영국과 프랑스의 민족적 자긍심을 드러내는 개념이었다면 '문화'는 독일의 민족적 우월성을 표현하는 개념이었다. 1차 세계대전 이후 독일의 영향을 강하게 받았던 일본은 문명보다는 문화를 강조했고 서구 근대문명이 물질주의인 반면 일본의 동양주의는 정신주의라고 특징지었다. 최남선은 당시 일본 학계의 이러한 경향을 전폭적으로 수용했다.

선학과 마찬가지로 불함문화론 역시 보편타자를 전제로 한 보편과 특수의 결합물이었다. 이러한 그의 주장이 민족적 특수성을 정립했다는 측면에서 민족 담론이라 평가할 수도 있겠지만, 이중으로 굴절되고 타자화된 주체의식을 민족의 주체적 정체성이라고 평가하기는 어렵다.

그의 관심은 민족 중심에서 인종학적 역사학으로 이동하였으며 이에 따라 불함문화권의 중심도 조선에서 일본으로 이동했다. 불함문화론으로 대표되는 조선민족을 중심으로 한 동북아문화권은 만주사변과 중일전쟁을 거치면서 일본에 황인종 내지 동북아문화권의 중심 자리를 내주기에 이르렀다. 그는 「신의 뜻 그대로의 옛날을 생각함」(1933)에서 중국문화권, 인도문화권과 구별되는 아세아북계문화권이라는 개념을 사용하면서 조선과 일본이 종족적으로 동원관계(同源關係)는 아니지만 문화적으로 긴밀한 관계가 있다고 주장했다. 그는 동방에는 하나의 공통된 신도(神道)가 있었는데, 일본신도가 그것을 지켜왔고, 동방민중이 이러한 정신적 최고 문화가치를 함께 지켜야 한다고 보았다.[52]

1930년대 후반 서양은 보편의 지위를 상실하고 특수한 것으로 치부되었으며, 일본을 중심으로 한 동양이 보편의 지위를 획득했다. 이에 따라 그의 일본 중심적 세계인식은 더욱 강화되었으니, 「조선문화 당면의 과제」(1937)라는 글에서 일본문화의 독자성과 우위를 강조했다. 그는 세계 문명사회에서 유일한 제정일치국가인 일본이 독자적 문화를 가지고 있으며 그 핵심은 황도(皇道)라고 했다.[53] 그는 조선문화의 당면 과제로는 근대화, 일본화, 전통과의 관계가 있는데 이 가운데 전체를 관통하는 문제의 핵심은 조선문화의 일본화에 있다고 보았다.[54] 당시 일본은 만주 지역에서 일본인, 조선인, 중국인, 만주인, 몽골인 등이 참여한 오족협화(五族協和)를 주장했다. 그러나 각 나라 각 민족별 구성원 사이에 민족적 긴장관계 혹은 서열화가 존재했다. 최남선은 일본 '제국'의 일원으로서 조선인이 오족협화의 선두주자가 되려면, 만주에 거주하는 조선인은 만몽 지역에서 일본인과 함께 문명화의 사명을 담당하는 민족이 되어야 한다고 촉구했다.[55]

나아가 문화권의 논리 속에서 북방민족에 포함되지 않는 중국에 대해서는 일본과 협력체계를 만들기 위해 인종적 대결의식을 적용했다. 그는 중일전쟁을 두고, 일본을 맹주로 하여 일대 대동단결을 만들어 백색인종에 대하여 우리 동양의 역사와 생활과 영광을 확보할 좋은 기회라고 평가했다.[56] 그는 동아에서 대동아로 공간의식이 확대되는 역사적 과정에서 조선 민족은 일본을 중심으로 한 동양 인종과 융합하는 길을 모색해야 한다고 했다.

04 근대 '문화-민족' 담론의 한계

　식민기 '문화'와 결합한 '민족'은 개인[개조된 개인 혹은 인텔리겐치아, 소년 혹은 청년)과 정신을 중점으로 하는 근대적 문명화를 지향했다. 하지만 '문화-민족'의 주창은 비정치화를 선언함으로써 일제 침략에 대한 무저항을 승인했고, 민족적 정체성을 정립하기보다는 보편타자의 논리에 포획당함으로써 일본의 내선일체 논리를 우리 안에서 재생산했다. 그들이 주창한 문화-민족은 유럽중심주의와 일본중심주의[동양주의)를 내면화한 것이었으며, 도리어 민족의 주체성과 정체성을 왜곡하는 한계를 드러냈다. '조셴징'과 이광수·최남선이 주창한 '문화-민족'은 문명성이 부재한 결핍된 타자로서의 자기의식이었다는 점에서 동일했다.

결핍된 타자로서의 자기의식

이광수의 민족 담론은 근대적 문명성과 동양주의라는 '동일성'에 기반을 두고 성립했다. 민족개조가 일본이 강요한 동일화에 대한 저항에서 비롯된 측면이 없지 않았다 하더라도, 서구적 근대문명을 보편으로 절대화하는 순간 그들처럼 될 수도 없고, 저항하는 것 역시 쉽지 않았다. '동일화(내선일체)'는 불가능한 어떤 것이었다. 불가능함에도 불구하고 가능하게 만들고자 했던 그의 민족 담론은 그 자체가 모순이었고 또 비현실적이었다. 일본은 이광수에게 밖이면서 동시에 깊은 내면으로서 존재하고 작동했다. 밖으로서의 일본은 조선은 일본이 될 수 없다는 그 차이를 확인해주는 대상임을, 즉 거기에 속하지 않음을 일깨우는 계기로 작용했다. 내면으로서의 일본은 그들처럼 되고자 하는 '조센징'의 열망으로 표출되었다. 결국 이광수가 주창했던 '개인'은 그들에 속하면서도 속하지 않는, 이중적인 자기부정이었다.

최남선이 주창한 '조선스러움'이라는 주체성은 서양과 일본제국주의(보편타자)의 시선을 전제하지 않으면 성립할 수 없으며, 보편타자가 생산한 열등한 주체성에 대한 반작용이었다. 그렇다면 최남선이 발견한 조선 정체성은 주체적인 '조선스러움'일 수 있는가? 문화정책의 테두리 안에서 생산 가능한 주체성이란 결국 보편타자의 자장을 벗어나기 어려웠다. 조선학은 타자화된 주체의식이었으며, 일본제국의 지식 구조와 사유방식에 의해 굴절될 수밖에 없었다.

세계인식의 준거가 보편타자에 있었다면 찬란한 문화유산을 통해 '구성된', 이미 제국주의 문명에 압도된 조선학과 단군학은 어떻게 재평가할 것인가? 조선의 고문명(옛 조선과 그에 담긴 민족의 정수)은 신문명과 어떤 관계에 있는가? 그들의 시선을 빌어다 우리(조선)를 재건하는 것 자체가 이미 그들의 시선에 함몰된 것은 아닌가? 또한 최남선이 기획하고 이루고자 했던 '신문명화'는 서구적 근대 닮기 내지 그것을 내면화한 것이었다. 타자의 보편성을 내면화한 주체를 정립하려는 순간 주체는 해체될 수밖에 없었다. 그는 주체의 정립과 해체 그리고 보편과 특수 사이에서 자기분열 과정을 겪었던 것이다. 이광수와 최남선을 흔히 우파민족주의자 혹은 타협적 민족주의자라고 평가한다. 그러나 민족을 말했다고 해서 다 민족주의자라고 할 수는 없다. 그들이 말한 '문화-민족' 담론은 식민주의의 내면화 혹은 반동이거나 허구적 본질주의에 지나지 않았다.

13장

제국과 '조센징'의
조우

01 다카하시 도루(高橋亨)의 요청된 타자: 조선인

원시적 조선과 문명한 일본

다카하시 도루가 조선인을 학문적으로 탐구하도록 역사적 분기점을 제공한 것은 3·1운동이었다. 다카하시 도루는 3·1운동 이후 조선을 어떻게 이해할 것인가 하는 문제를 문화정치를 내세운 식민정책과 연관해 해명하고자 했으며, 조선이 열등한 민족이므로 일본의 문명적 시혜를 받는 것이 타당함을 논증하고자 했다. 그는 일본문화가 조선문화보다 몇 단계 위에 있다고 믿고, 문화정치란 조선인에 대한 교화사업과 사물에 대한 개척사업을 실시해 조선문화를 진보시키는 것이라고 주장했다.[1] 즉 문명적으로 진보한 일본이 문화적 스승으로서 원시적인 야만인 조선을 교화함으로써 궁극적으로 내선일체를 실현하고자 했다.

그는 '조선' 개념을 한민족의 역사와 문화 전체를 통시적으로 지칭하는 데 쓴 동시에 조선왕조와 동일시하여 사용했다. 이것은 조선왕조의 시대정신이었던 유학에 관한 부정적 시각을 통해 조선의 문화와 역사를 통시적으로 부정 왜곡하려는 의도에서 비롯되었다. 그는 여러 측면에서 조선의 문화와 사상을 다루지만, 그 핵심은 성리학에 관한 부정적 평가를 통해 조선의 원시성을 논증하는 것이었다. 이러한 조선 평가는 곧 '문명적으로 우월한 일본'을 전제하고 있었고, 이러한 전제를 부각시키는 데 목적이 있었다. 일본인의 조선인식이 식민정책과 불가분의 관계 속에서 형성된 것은 비단 그에게만 해당하는 것은 아니었고, 당대 일본인의 일반적인 인식이기도 했다.[2]

다카하시 도루는 조선의 예술과 문학의 형식과 사상은 모두 중국 모방으로 일관했으므로 자못 빈약할 뿐만 아니라, 조선민족의 심미적 특성과 정신을 나타냈다고 할 만한 것이 없어 독창성이 결여되었다고 했다.[3] 그는 조선의 유학만 봐도 그러한 독창성 결여가 사상의 종속성과 고착성과 일치함을 알 수 있다고 주장했다.

> 형식주의는 유교의 특색이다. (중략) 조선은 유교의 이점과 폐해 모두 중국 것을 그대로 받아들였으므로 도덕 또한 예의의 외형을 요체로 하여 인심의 심오한 데 도의의 뿌리가 있다는 사실을 잊고 말았다. (중략) 조선인은 오로지 형식을 좇는 데만 고심하여 순수한 도의심의 자연스러운 표현이 가로막혀 있다는 것을 알지 못한다.[4]

그는 조선유학을 사상적 고착성과 종속성 및 형식주의의 결정체로 보았으며,[*] 조선정치사는 당쟁사로 요약했다.[6] 사회의 도덕이 쇠함에 따라 형식주의가 더욱 만연했으며, 형식만 좇아 도덕의 외형만 유지하는 형식주의는 사회적 부도덕과 연결되었다고 했다. 그리고 도덕의 형식주의와 한가지로 이성의 형식주의를 중히 여기는 현상도 있어 새로운 원리 연구나 발명에 뜻을 두지 않고 기존의 원리를 믿는 데 만족한다고 했다.[7] 도덕성과 이성의 부재, 그리고 고착성으로 인한 새로운 변화나 이성적 원리의 탐구 불가능은 곧 조선인은 스스로 근대사회를 생성할 수 없기 때문에 일본의 문명적 지도와 식민주의가 필요하다는 논리로 귀결되었다.

이러한 사상적 원시성 때문에 조선은 단시일 내에 문명화할 가능성이 낮을 뿐만 아니라, 그것이 우월하고 문명한 일본과 근본적 차이를 발생시키는 원인이라고 판단했다.

사상의 고착과 종속, 즉 사대주의란 조선인의 가장 근본적인 두 가지 특성이라 하겠다. 이 특성은 천 년 이상 일관되게 항상 조선의 사상과 신앙에 특색을 부여해왔다. 이것은 조선인이 조선반도에 사는 한 영원히 지속될 특성이다. 설령 일시적으로 외래세력으로 인해 동요하여 일본인처럼 항상 신기함을 탐구하는 듯이 보이더라도 그것은 결단코 일시적 풍조에 불과할 것이다. 머지않아 새로운 사상 가운데 어떤 것을 선택하여 그것에 집착하고 고수하면서 또 몇 백 년이 지나갈 것이다.[8]

• 조선유학에 대한 이러한 인식은 비단 다카하시 도루의 개인적 견해에 국한되지 않았다. 《경성일보》(1922. 5. 5)에는 "유교는 형식적인 종교로서 덕성을 순화하는 데 불과했다. 그런 까닭에 인간만사 모든 것이 형식으로 치우쳤으며, 번문욕례(繁文縟禮)의 폐단이 생겨 아무 일에서나 형식만 존중하기에 이르렀다."라고 했으며, "대체로 조선의 도덕교육은 형식적인 유교와 소극적인 유교의 감화력에 있다. 그 결과 형식적인 도의만을 따르는 소극적인 존재가 된다."라고 하여 유학을 형식주의로 평가했다.[5]

그는 조선인의 열등성이 지질적 환경에 기인한다고 함으로써 그것이 본질적으로 영원할 것이라고 논증했다. 또한 중국의 '동이(東夷)'인 조선의 고유한 문명 수준은 매우 낮은 정도였던 반면 일본은 조선과 다르다는 점을 강조했다.

조선이 대륙과 연속된 지리적 특징과 민족의 사상이 없었던 사정으로 인하여 중국 문명 수입 이후 나라정세는 일본과 판연히 달랐다. 오로지 자기를 버리고 중국을 모방하는 데 이르러, 사상적으로 조선의 특색을 잃어버린 채 두 번 다시 되살리지 못하게 되었다.[9]

그 예로 언어와 문학, 과거제 등은 말할 것도 없이 한자를 비롯한 중국의 제도를 묵수했을 뿐만 아니라 조선인은 오직 외래의 것만을 학문으로 여겼으니, 불교는 중국불교사의 소규모에 불과하고 조선유학은 저급한 주자학사라고 단정했다.[10] 즉 조선은 남의 것을 나의 것으로 동화시킬 능력이 없어 중국에 매몰되었으며, 종국에는 제 것을 잃고 말았지만,[11] 일본은 조선과 달리 중국을 배운 후 일본화에 성공했다고 평가했다.[12] 이 같은 차이가 발생한 근본 원인으로 대륙과 연속되어 있는 지리적 원인과 중국에 정치적으로 종속된 점, 독창성과 연구심 부족, 그리고 민족의 중심사상이 부재했던 점을 들었다. 그는 이를 근거로 단순하고 원시적인 조선인은 자존자립할 능력이 부재하여 자발적 진보발달을 이룰 수 없다고 결론지었다.

조선은 무엇보다 정신적 개조가 선행되어야만 비로소 사회적 진보의 가능성을 지닐 수 있기 때문에,[13] 순수한 종교성과 고원(高遠)하고 유현(幽玄)한 교리를 갖춘 일본불교를 포교해야 한다고 보았다.

문화란 인간의 정신적·물질적 생활의 개선과 향상을 의미한다. 일본인이 지닌 문화는 조선인이 지닌 문화보다 훨씬 높은 경지에 있다고 믿고, 일본인의 높은 문화로 조선인의 문화를 진전시키는 것이 곧 문화이기도 하다. 문화정치란 첫째 일본인이 조선인에 비해 우월한 학문적·도덕적·예술적·정치적·경제적 능력으로 조선인을 계몽시키는 것이다. 둘째 조선의 자연을 개척하여 마침내 조선인의 도덕·학문·예술·정치·경제의 능력을 일본과 같은 수준으로 평준화하고 자연의 생산력을 내지〔일본〕와 같은 수준에 이르게 하는 것이다.[14]

그가 문화적 측면을 통하여 열등한 조선과 우등한 일본을 논증하고자 한 것은 일본의 문화정책과 궤를 같이했으며, 일본 식민통치의 본질을 왜곡하려는 의도도 담고 있었다.

일본의 문명지도론

다카하시 도루는 사상과 문화의 원시성과 종속성을 곧 근대적 문명화의 결핍으로 환원하였다. 그는 문명적 차이는 가난에 대한 자각의 차이에서도 고스란히 드러난다고 전제하고,[15] 조선은 가난에 길들었기 때문에 대다수의 조선인은 아무리 일을 해도 부유해질 수 없는 처지에 놓여 있다고 했다.

실로 조선의 시골 광경은 일본의 촌락에 비해 삭막하고 황량하여 결코 아름답다고 할 수 없다. 그리고 그것은 마치 일본 촌락의 부유함과 조선 시골의 부유함 사이의 차이를 나타내는 것 같기도 하다.[16]

그는 생존경쟁이 치열한 문명사회의 시선으로 본다면 조선인의 낙천성이란 마치 세상의 근심을 모르는 듯 우매한 정신 상태를 보여주는 것이며,[17] 그러므로 조선은 스스로 문명사회를 실현할 수 없기 때문에 일본의 문명적 지도는 정당하다고 주장했다.

구한국시대에는 인민의 생명과 재산 보호가 극히 일부분에 한정되었다. (중략) 총독정치 이후 각 분야 관리 및 경찰관 제도를 완비시켰을 뿐만 아니라 각 관리가 복무규율에 따라 책임지게 했다. 특히 경찰제도를 방방곡곡에 잘 설립해 인민의 생명과 재산 보호에 힘썼다.[18]

문화정치 이전에는 전무했던 문명적인 것들이 총독정치를 통해 가능해졌다고 주장함으로써 식민정책이 곧 문명화 조치임을 강변했다. 위생과 교통 및 증기선과 우편국 등 근대적 문물 역시 구한국시대에는 전혀 찾아볼 수 없었던 시설로서 일반대중의 예찬을 받았다고 했다. 더나아가 교육을 비롯한 각종 산업에도 획기적 발전을 이룩했다고 했다.

한국병합 전후 10년의 진보의 정도를 비교해보면 병합 이후 '문명적 진보'가 뚜렷함을 일반이 알게 되었다. (중략) 작년 천황은 '일시동인(一視同仁)'으로 조선민족을 애무해 민중의 힘을 발전시키고 복리를 증진시킬 것을 유념해 은혜로운 조서를 발표했다.●[19]

그는 천황의 조서가 곧 '문명정치'를 천명한 것이며, 문화정치가 조

● 그 조서 내용은 일본인과 조선인 간의 차별 철폐와 교육의 보급 및 위생기관 확대 그리고 경찰력을 확충하고 태형(笞刑)을 폐지하는 것이었다.

선통치에서 가장 진보하고 공명한 통치 방법이라고 평가했다. 일본 근대문명은 곧 조센징의 열등함을 반증하는 준거였으며, 조센징의 열등함은 곧 일본인의 우등함과 문명성을 논증하는 것이었다. 원시성과 문명성이라는 이러한 대비는 곧 제국주의 침략을 조센징에 대한 문명적 지도로 미화시키는 논리적 근거가 되었다.

내선일체: 동화와 배제의 모순

다카하시 도루는 조선인이 근본적으로 문명사회를 건설할 가능성이 현저하게 낮은 야만인이므로 개조의 대상이라는 점을 증명하고자 했다.•[20] 그는 사상적 고착성과 종속성을 가장 근본적인 원인으로 제시했지만, 역사발전적 차원에서도 조선은 '일본과 같이' 문명국으로 진입할 수 없다는 점을 대비적으로 제시하고자 했다. 그는 일본이 건국 이래 상무(尚武)의 나라였던 반면 조선은 상문(尚文)의 나라였는데, 문을 숭상하고 무를 천시하는 것은 유학의 가장 큰 결점으로서 중국이 이미 그 폐해를 드러낸 바 있다고 했다.[21] 문약한 조선의 유학은 '일본과 같은' 상무정신이 부재하여 중앙집권 약화와 병권 분할에 도달하지 못했다고 판단했다. 이러한 평가는 근대를 '반봉건(反封建)'으로 규정했기 때문이었다. 유럽이 반봉건을 통해 근대사회를 건설했던 것처럼 일본도 막번체제를 해체하고 근대사회를 건설했던 반면, 조선은 '반봉건'을 할 수 있는 봉건제도를 본디 갖추고 있지 못했기 때문에 자생

• 그는 조선인의 본질이 사대주의이기 때문에 중국에 대한 사대주의를 취했던 것처럼 미국에 대한 사대주의를 취하고 있으며, 이것이 조선 통치에 위협이 된다고 진단했다. 그리고 천 년 이상 일관된 이러한 본질은 '조선인이 조선반도에 사는 한' 영원히 지속될 것이라고 전망했다.

적으로 근대사회를 건설할 수 없다고 했다.

봉건제도가 일어나기 위해서는 중앙집권 약화와 병권의 분할 두 가지가 필요한데, 조선은 문만 숭상하는 바람에 무신 세력이 약하여 봉건제도가 생겨나지 못한 가장 큰 원인이라고 했다.[22]

조선은 주체적으로 근대사회를 열어갈 능력과 독창적인 문화창조 능력이 부재하므로, 일본인이 유학을 대신할 사상을 부여하지 않을 수 없다고 했다. 일본의 문명적 지도와 통치를 통해 열등한 조선인의 야만적 특성은 해를 거듭할수록 사라질 것이라고 기대했다. 그러므로 일본인은 우수한 일본민족의 감화로 조선인의 어두운 성질을 씻어내 일본인에게 동화시키는 동시에 조선민족을 향상시킬 의무를 자각해야 한다고 주장했다.

그는 끊임없이 조선인의 열등함을 일본인의 문명함과 대비하여 논증하고자 했다. 조선인의 불변적 본질이 설령 외래 세력 때문에 동요하여 '일본인처럼 항상 신기함을 탐구하는 듯' 보이더라도 일시적 풍조에 불과할 것이라고 했다. 심지어 '일본인이 결여한' 조선인의 아름다운 자질로 꼽았던 관용과 위엄·순종·낙천성은 일본의 문명지도로 인해 결국 사라질 것이라고 했다.*

다카하시 도루는 조선은 유치한 사회여서 세계개조에는 들어가지도 못했으며, 조선사회의 진보 정도는 아직 개조를 제기할 만한 수준도 되지 못하므로 개조 문제를 제기하지 않은 것이 마땅하다고 평가하

---

* 그는 조선인의 특성으로 순종성을 꼽았다. 그런데 3·1운동에서 드러난 저항성을 경험하고 순종성은 조선인의 특성에서 제외하기에 충분하다고 평가했다.[23]

였다. 반면 일본인은 조선인을 동화시킬 만한 충분한 자격을 지니고 있다고 믿었다. 따라서 일본의 조선통치는 지적 계몽에 중점을 두는 대신 감정적 교화에 역점을 두어, 이른바 마음문명을 촉진하는 정책을 세워 일본에 대한 감정을 융화하고 이로써 감정적으로도 독립을 포기하여 '내선일체의 근본적 의의에 귀의'하게 지도해야 한다고 하였다.[24] 그러나 지리적·문화적 측면에서 근본적 한계가 있을 뿐만 아니라 문명화 정도 역시 현격한 차이가 있기 때문에 조선인을 일체화시킨다는 것은 요원할 수밖에 없다고 보았다.

> 문명 정도가 낮은 민족이 정도가 높은 민족과 접촉할 때 단점을 취하는 경우가 많은 것은 문명 정도가 높은 민족의 장점은 오랜 세월에 걸친 수양과 노력의 결과이기에 하루아침에 모방할 수 없는 까닭이다.
> 조선인이 일본인에게 동화하여 일본인의 장점을 취하기 전에 결점과 단점을 본받아 가장 낮은 등급의 일본인이 될까 매우 우려한다.[25]

그는 조선의 지식계급이 일본인보다 높은 문화를 지니고 있다는 문화적 자부심이 대단하다고 하였다. 그러나 그것은 일본의 정신문화에 비할 바가 아니었다. 일본은 중국이나 인도의 정신문화의 정수를 향유하고 있을 뿐만 아니라, 서양의 문화와 문명에 대해서도 그들과 다른 특수한 문화와 문명을 지니고 있다고 주장했다. 일본 정신문화의 우수성은 일본인의 도덕적 특색과 예술적 특색을 통해 알 수 있다고 했다.[26] 내선일체를 위해서는 조선인의 정신적 개조가 선행되어야 하며, 그 출발점은 문화적 교화에 있다고 보았다. 그는 문화정치를 통한 조선교화사업과 개척사업이 궁극적으로 국민화(nationalization)의 기능을 실현해야 한다고 믿었다. 비록 일본과 조선이 국어·종교·인종적 차이가 있지만 국민화정책이 실행되어야 하는데, 그 시행 방책의 중심은 공통교화라고 하였다. 이러한 교화정책을 통해 국민이 정부의 제도와 법규에 복종하도록 만들 수 있기 때문에 국가주의가 국민화정책에서 가장 중요하다고 했다.[27] 즉 교화정책을 통한 문화정치는 곧 식민지배에 대한 복종을 목표로 하고 있었다.

> 조선인이 당분간 어떠한 수단과 방법을 다하더라도 도저히 일본인과 같은 지능발달을 이룰 수 없다는 사실은 증명되었다. (중략) 조선인은 일본인과 같은 높은 수준의 총명함에 이를 수 없고, 따라서 내선 관계의 근본적 해결에 대한 진정한 이해는 더욱 먼 후대까지, 그러니까 점차 조선인의 사회적 상식 수준이 높아져서 그들의 선천적 이해력의 모든 자격이 크게 향상될 때까지 기다려야 한다.[28]

조선인의 본질이 변화할 수 없다면 일본의 식민지정책은 존립할 수 없다. 조선인의 본질이 변화할 수 없다면 조선인을 일본인처럼 문명화하는 일이란 불가능하기 때문이며, 이것은 일본이 표면적으로 내세웠던 일본식민정책에 반하는 것이었다. 그는 문화정치로 긴 세월 후에는 진정한 공존공영 즉 천황의 신민으로서 내지인인 일본인과 외지인인 조센징이 융화를 이루는 일시동인 내선융화(一視同仁 內鮮融和)를 실현할 시대가 올 것이라 믿는다고 했다. 그러나 내선일체란 올 수 없는 미래였으며, 오지 않을 미래이기도 했다.

02   타자화된 주체의식: '신소년 – 청년'과 '개인'

최남선의 신대한의 신소년 – 청년

최남선은 신소년 – 청년을 조선민족의 근대적 주체로 상정했다. 신문명을 창조할 소년은 조선의 정체성을 담지한 주체로서, 근대국가를 건설할 주체이기도 했다. 『소년』의 독자로 상정된 '신대한의 소년'은 여성이나 노인과 달리 활동적이고 활발한 기상을 지닌 인간이었다. 최남선은 조선민족의 모든 것이 이 신소년에게 달렸다고 보고, 이 잡지의 간행에 즈음한 취지문에서 "우리 대한으로 하여금 소년의 나라가 되게 하라."라고 했다.[29]

지금 우리 모든 것의 고통이, 소년인 우리의 손에 쥐어 있으니, 깨우침

이나 베풂이나 빛냄이나 똥칠함이나, 다 우리 하기에 달려 있는 것이라.[30]

오직 소년이라야 우리가 능히 할 수 있는 일을 할 것이며 좋은 일에 힘쓸 것이라고 단언했다. 그는 개인의 진보 총합이 국가의 진보이며 자조하는 개인은 큰 단체인 국가의 자강과 자주를 이루는 소분자라고 주장하면서, 개개인 특히 소년-청년의 적층된 노력으로 조선의 신문명을 성취해야 한다는 점을 강조했다.

> 우리 청년이야말로 실로 국가의 중추이며 주된 동력이니라. (중략) 나는 정적인 것을 좋아하는 부녀자가 아니라 동적인 것을 좋아하는 남자이며, 나는 남은 날이 며칠 안 남은 늙은 노인이 아니라 내일 바야흐로 성장할 신청년이다.[31]

또 근대 영웅들이 발명과 탐구를 위해 겪은 고난을 강조하면서, 개개인, 특히 신소년-청년의 노력으로 조선의 신문명을 성취해야 한다는 점을 지적했다.

'신소년'인 '나'는 조선의 현재와 미래를 좌우할 유일한 주체인 반면, 이른바 '선인(先人)'은 직분을 잘 몰라 사회의 살활(殺活)에 대해 아무런 권리도 없으며 하고자 할 염치도 없는 파괴자로 규정했다. 최남선은 실력으로 경쟁하는 현대문명사회에서는 양반이 인습의 구몽(舊夢)을 벗어나 실업에 종사하여 실력경쟁에 나서야 한다고 했다. 실지(實地)와 실업(實業)을 천히 여긴 양반사상은 신문명의 싹을 고사시킨

● 최남선은 자신이 번역한 『자조론(自助論)』의 주된 독자층이 『소년』의 독자층과 겹친다고 인식했다. 즉 소년은 '자조론'을 귀담아 듣고 실천해야 할 주체이기도 했다.

고질적인 병폐라고 지적했다. 그러므로 양반심(兩班心)을 제거해야만
문명적 진보를 달성할 수 있다고 주장하였다.[32]

아등(我等)은 아직 문명에 대한 독실한 정성과 진보에 대한 투철한 노력
이 부족함을 알며, (중략) 아등의 근심이 시대정신과 공중정신의 비문명
적·비진보적인 데 있다고 믿는다. (중략) 일체의 비문명·비진보적 기풍
의 원천인 양반 사상의 삼제(芟除)가 오인(吾人)의 문명상 기궐(起蹶)을 결
하는 문설주[楔子] 됨을 확신한다.[33]

그는 모든 비문명·비실지적 행위의 원천인 양반사상을 통거(痛袪)
하여 무실역행(懋實力行)의 기력이 충실토록 해야 한다고 했다.[34] 그리
고 장래 사회의 주축이 될 신소년-청년은 스스로 양반사상의 병폐를
깨치고 각자의 재능과 능력을 각자의 길에서 발휘할 수 있도록 자각을
요구했다.[35]

저는 저니라. 저 밖에 제가 없으며, 저 아닌 제가 없을 것이 마땅히 그럴
것 아니냐. (중략) 먼저 저를 알지니라, 저란 것이 있는 줄을. 다음 저를 볼
지니라, 그 저가 어떠한 것을-얼마-어떠-어찌. 다음 저를 붙들지니라,
아무 데 아무 때 아무래도 놓으려 하여도 못 놓도록.[36]

신대한의 소년으로 깨달은 사람 되고 생각하는 사람 되고 아는 사람 되
어, 하는 사람 되어서, 혼자 어깨에 진 무거운 짐을 감당케 하도록 교도하
고자 함이다.[37]

소년의 근대적 자각은 선인과 단절된 채로, 이전의 역사적 경험과도

일정한 거리두기를 해야만 가능한 것이었다. 하지만 소년은 조선의 정체성을 담지한 주체이기도 했다. 찬란한 문화유산을 통해 '구성된' 조선학과 단군학은 고유한 역사적 문화정체성이었다. 그리고 이러한 정체성을 자각한 신소년–청년을 통하여 타자에 맞서고자 하였다. 조선의 고문명〔옛 조선과 그에 담긴 민족의 정수〕은 곧 소년에게 체화되어야 마땅했다. 그런데 소년은 동시에 신문명도 건설해야 할 주체였다.

> 금일의 세계는 문명의 세계이니, 오직 문명인만이 생존의 권리를 향유하며, 오직 문명강인(文明强人)만이 존영(尊榮)과 위권(威權)을 보유하는 세계라. (중략) 화복이 유별한 것은 영성은 동일하게 품부받았으나〔同稟〕 문야(文野)가 판이하게 다른 까닭이다.[38]

그가 실현하려던 '신문명'을 창조할 근대적 주체인 소년은 유럽·일본 문명을 보편적 준거로 삼았다. 그가 살고 있는 '세계'는 문명한 강자만이 생존할 수 있는 공간이었기 때문이다.

앞서 살핀 바와 같이 서구적 근대의 문명성을 보편으로 전제하면서 동시에 '특수'한 조선학과 단군학을 옹립하고자 했던 것이 바로 최남선의 모순된 자의식이었다. 최남선이 기획했던 '신문명화'는 서구적 근대 닮기요 내면화였는데, 보편타자를 내면화하는 순간 주체는 결핍된 타자가 되는 것이었다. 그들의 시선을 빌려다 우리〔조선〕를 재건하는 것 자체가 이미 그들의 시선에 함몰되는 일이었다. 그의 식민지적 사유는 보편과 특수 주체의 정립과 해체 그리고 양자 사이에서 겪는 자기분열 과정이었으며, 그런 측면에서 그가 제시한 신소년–청년은 비주체적이고 허구적인 주체였다.

비록 최남선이 신문명국가로서 조선의 정체성을 만들기 위해 힘의 논리와 차별화 지점을 발견하고자 노력했다 할지라도, 이미 타자적 보편성에 함몰되었다면 그가 말한 '소년'과 '조선'은 친일화할 맹아를 내재했다고 보아야 할 것이다. 결핍된 타자로서의 주체는 조선 청년의 정신적 자각과 자조가 불가능한 한계를 지니고 있었다.

이광수의 부르주아적 '개인'

이광수는 식민지인으로서의 자기의식을 가장 극명하게 보여준 식민기 지식인이었다. 그는 조선인은 오래도록 정신생활을 할 능력을 상실했으며, 조선은 조선의 것이라고 할 만한 것이 아무것도 없다고 진단했다.[39]

> 나는 조선인의 역사를 상고했다. 부끄러운 말이거니와 우리의 철학이라 할 철학과 우리의 종교라 할 종교와 우리의 문학이라 할 문학이 없었다. 세계 민족 중에 철학을 산출한 자는 인도·희랍 그리고 부족하나마 중국에 불과하고, 영국·독일·프랑스와 같이 당대 쟁쟁한 민족들도 철학을 산출하지 못했다.[40]

이광수도 우리 것이 부재한 민족이 된 결정적 원인으로 조선유학을 지목했다. 그는 소중화의식에 매몰된 조선유학 때문에 조선인은 이미 죽었다고 사망선고를 내렸다.

> 이 모양으로 타자(他)를 주체(己)에게 동화시키는 대신 주체가 타자에게 동화됐다. '소중화'라는 부끄러운 명칭은 실로 중국인이 미련한 조선인에 하사한 것이니, 이 명칭을 받는 날이 즉 조선인이 아주 조선을 버린 졸

업일이라, 이때에 조선인은 죽었다.[41)]

또한 이광수는 조선은 비문명화된 사회일 뿐만 아니라 도덕적으로도 부패한 사회이며, 조선민족은 이미 파산한 주체라고 선언했다. 그는 조선민족이 이미 경제적·도덕적·지식적 파산 상태이기 때문에 민족적 생활을 영위할 능력이 없고 이미 쇠락이 극에 달했다고 했다.[42)]

이광수는 이러한 현실인식에 근거하여 파산 상태인 조선을 구할 새로운 주체를 발견하고자 했다. 조선의 근대주체는 민족적 개조를 통해 천 년의 정체성을 극복할 수 있는 개인을 양성하는 것에서 시작되어야 한다고 했다. 개조의 필요성을 자각한 선구자가 민족개조의 중심인물〔지도자〕이었다. 조선을 구할 힘 있는 선구자로서의 '개인'에 대한 그의 열망은 간절했다.[43)] 그는 무솔리니·레닌·손문 등을 '우리 시대가 목격하는 위대한 역사 운전수인 개인'으로 예시하면서 '조선 사람들도 위대한 개인을 기다린다.'라고 했다.[44)]

민족개조를 담당할 중추계급으로서의 개인은 근대적 지식을 갖춘 지식인계급을 의미했다.[45)] 정신생활 개조와 도덕적 개조를 이끌 능력이 있다는 것은 곧 신문명에 대한 이해와 신학문을 비롯한 과학적 지식과 함께 자유·평등 같은 인격까지 갖추는 것이라고 했다. 이는 서구 근대적 '개인〔부르주아〕'의 탄생을 의미했다. 서구적 근대성을 준거로 삼는다면 비로소 한국에서도 근대라는 '신(新)'시대를 맞이한 셈이었다. 그는 결핍 상태에서 벗어나게 할 민족의 중심주체는 근대적 지식을 갖추고 신문명을 창조해나갈 근대적 민족주체 '개인'이라고 했다. '개인'은 개조된 문명인이며, 민중을 지도할 능력을 갖춘 근대적 지식과 인격을 갖춘 지도자로서, 구체적으로는 정치가·관리·상공업자·학자·교육자·예술가·종교가 등이었다.

오늘날 조선에는 이 (중추)계급이 결핍됐습니다. 금후 민족적 생활을 기획하고 짊어질 만한 계급, 정치적 생활을 담당할 만한 인재의 질과 수학자·공업가·교육가·은행가·종교가·예술가·전신기수(電信技手)·기차운전수·바다에 배를 부릴 만한 자·도로나 교량의 설계나 공정을 맡을 자가 모두 결핍합니다.[46]

이러한 민족인재로서 부르주아적 개인은 유학자나 민중과는 확연히 구분되는 중심주체였다.[47] 일반 민중은 선전과 지도의 대상이지 문명화를 창조할 주체적 주체는 아니었다. 그리고 중심계급의 계몽을 받아들일 줄 모르는 민중은 불쌍한 민중이라고 했다.[48]

그는 중추계급이 여전히 심각하게 결핍된 상태지만, 민족적 인재가 자기부터 개조하여 전 민족을 개조한다면 무력하던 민족이 유력한 민족이 될 수 있다고 했다. 그러므로 '개인 되기'는 이광수의 사상적 중심이자 토대였다. 그는 개조가 개인적 차원에 그치지 않고, 전 민족의 개조를 이끌 중심인물인 근대적 지식인[49]은 인격적 덕행과 사회적 직무를 감당할 학식과 기능 및 경제적 독립이 가능한 직업을 갖춘 자로서 사회 각 방면에서 중추적 지위를 점령할 뿐만 아니라 문화운동을 목적으로 삼는다고 했다.[50]

이광수는 민족개조를 문화운동 차원에서 실현하고자 했으며, 그러한 문화운동의 주체로서 '인텔리겐치아'를 제시하기도 했다.

인텔리겐치아는 명확한 개인생활과 민족생활의 이론을 가지고 있으며 공동체에 대한 의무를 존중한다. 학술이나 기예를 완전히 수득(修得)하여 견실한 직업을 가지고 있다. 단결의 규율과 자기가 정한 지도자의 지도에 복종한다. 조선과 조선민족을 사랑하되 자기 개인 이상으로 여겨야 한다.[51]

이러한 인텔리겐치아는 농민과 노동자를 '계몽'하고 '생산력을 향상'하는 역할을 담당해야 한다고 보았다. 즉 이들은 최대 다수인 농민과 노동자에게 필수적인 과학지식과 사회기구에 관한 지식을 가르칠 뿐만 아니라 노동대중에게 소비조합·생산조합·위생조합·체육조합 등 '정치와 전혀 관계없는' 단결훈련을 해줄 필요가 있다고 했다.[52]

이광수는 문명과 민족 그리고 개인을 민족개조로 귀일시킴으로써 사상적 체계를 완결했다. 그는 개조란 본능과 충동에 따른 자연한 변천과 달리 자기의식과 목적의식이 뚜렷한 발달과정으로 파악하고, 민족개조는 민족의 방향 전환과 목적 및 계획이 근본적이요 조직적인 변경이 되어야 한다고 전제했다. 그러나 이광수의 개조된 개인과 민족은 식민주의의 반작용에 지나지 않았다는 점에서 반민족적이고 허구적인 민족주체였다.

03　조센징과 '문화 – 민족'

내선일체의 모순

식민기의 가장 큰 특징은 사유의 실제적 토대를 제공할 '국가'를 상실했다는 점이다. 더는 국권이나 정체(政體)를 말할 수 없는 상실감은 부정적 자기의식과 정신과 문화라는 새로운 민족적 지형을 발견하게 했다. 식민지의 모든 문제는 그들〔帝國〕과 우리〔植民〕 사이에 있었다. 강력한 타자는 타자와 주체의 경계를 보다 선명하게 드러냄으로써 그 차이를 인식시키기도 했지만 도리어 주체를 해체하고 동화시키기도 했다. 망국민은 제국에 대한 열등감, 그들처럼 되고자 해도 될 수 없는 괴리감, 그들이 아닌 타자로서의 결핍감 속에서 자기부정의 주체를 발견했다. 최남선과 이광수도 이러한 식민지적 지평으로부터 결코 자유롭지 않았다. 식민기 주체의식은 자기부정과 왜곡, 그리고 제국 신민 되기로 요약할 수 있다.

일본은 식민사관을 통해 조센징의 부정적 역사를 그려내고 이를 바탕으로 결핍된 타자로서의 '조센징'을 만들어갔다. 조센징은 망할 수밖에 없는 요인을 내재하고 있었으니, 그에 따르면 조선이 망한 것은 유학과 당쟁 때문이지 일본 침략 탓이 아니었다. 조선은 '한반도'로서 대륙과 해양문화 사이에서 중화문명을 수동적으로 받아들이는 아류에 지나지 않으며, 고대부터 일본의 지배를 받았기 때문에〔內鮮一體論〕일본으로부터 독립을 주장하는 것은 무의미하다는 주장을 유포함으로써 독립투쟁을 무력화하고 더 나아가 한국인을 내지인화(內地人化)하고자 했다.

그러나 내선일체 즉 일본〔內地〕과 조선〔外地〕, 내지인과 외지인이 하나〔일체〕라는 명제는 모순 그 자체였다. 일본과 조선이 고대부터 일체였다면 일본과 조선이 일체라는 주장을 굳이 할 필요가 없었을 것이고, 식민지배를 원활히 하기 위해 내선일체를 강제하였다면 내지인과 외지인이 본디 하나일 수 없는 차이를 더욱 선명하게 드러낸 것이었다. 문명성을 담지한 공간으로서의 내지(內地)는 열등한 황국의 2등 신민인 조센징은 결코 도달할 수 없는 공간이었기 때문이다. 일본이라는 물리적 공간을 점유한다고 한들 조센징은 결코 문명한 일본인이 될 수 없었다는 점에서 황국신민화는 허구였다. 현실적으로 내지인과 외지인은 동시대를 살았지만 결코 동일한 시점에 서 있지 않았다. 문명적으로 앞선 내지인과 뒤처진 외지인의 간극은 메워지기 힘들었다. 그 간극의 원인을 지리적·역사적 특성을 들어 본질적인 것이라고 규정했기 때문이다. 그것은 조센징이 내지인처럼 유창하게 국어(國語; 내지어)를 말한다 해도 모국어가 될 수 없는 것과 마찬가지였다. 근대적 시공간과 언어는 그런 점에서 권력적이었다.

일그러진 주체

한국은 서양과 일본에 의해 굴절되면서 서구와 비서구/제국과 식민이라는 이분법적 사유의 경계를 중층적으로 오갔다. 서구 문명적 시선, 즉 제국적 시선으로 우리를 보게 되면 나타나는 일그러진 주체를 극명하게 보여주는 것이 바로 식민기 주체의식이었다. 조선민족은 지도의 대상이거나 스스로 황국 '신민'으로 거듭날 수 없는 피동적 주체, 조센징으로 존재했다. 이광수가 말한 핵심적 가치, 즉 근대성을 담지한다는 것은 근대적 교육과 중추 지식인 양성, 도시문화 창조를 의미하였다. 근대성의 해설자로서 근대주체는 외국 유학이나 외국어 해독 능력을 갖춘, 혹은 도시적 삶의 양식을 향유할 줄 알아야 한다고 믿었다. 그에게 민중이란 개조와 지도의 대상일 뿐 역사를 추동할 주체는 될 수 없었다. 최남선의 소년-청년, 그리고 조선학과 불함문화론 또한 주체의 정체성을 확립함으로써 타자에 맞서고자 기획된 것이었다. 그러나 타자의 보편성을 내면화하는 순간 주체는 도리어 해체의 길을 걸었으니, 주체의 정립과 해체, 보편과 특수 사이를 어지럽게 오가며 자기분열 과정을 겪었다.

이광수의 민족개조를 통한 근대적 '문화 기획', 그리고 최남선의 '신대한'이라는 조선 신문명 창조 기획은 바로 이러한 식민지적 자장 속에서 이루어진 것이었다. 이들의 문화 기획은 일제의 조센징 만들기와 불가분의 관계에 있기도 했다. 우월한 타자성에 포섭당한 조센징, 개조 대상으로서의 민족, 그리고 일제의 문화정치 파장 안에서의 조선 문화 기획은 결핍된 타자로서의 자기인식이라는 공통된 시선에서 생성된 것들이었다.

일본은 문화정치와 동화정책을 통해 한국인을 조센징으로 비하하거나 황국신민화하여 식민규율권력 아래 묶어두고자 했으며, 이에 적극 동조하는 친일세력도 있었다. 최린은 일본통치체제 아래서 국가발전을 도모하는 자치운동으로 정치참여를 제한했다. 이광수는 「민족적 경륜」(1924)에서 '현재의 식민체제가 허용하는 범위 안에서 행동하도록 촉구'함으로써 문화운동이 곧 타협주의임을 스스로 밝혔다. 즉 자치운동이나 문화운동은 일본의 동화정책과 문화정치라는 식민주의를 용인할 때라야 실현할 수 있는 것들이었다.

제국주의의 비극은 식민지에서만 일어난 것은 아니었다. 일본이 내세운 동양주의는 유럽중심주의를 재생산한 일본중심주의였다. 아시아연대론, 동양평화론, 대동아공영권은 동일화와 차별화의 모순을 극명하게 보여주었다. 일선동조론(日鮮同祖論), 동종동문동주론(同種同文同州論)은 동일화를 구성하는 내용이었다. 그리고 일본맹주론, 탈아론, 지나론, 만선사관 등은 일본의 우월성을 드러내는 동시에 다른 아시아 국가와 그 문화를 비하하는 차별적 시선을 담고 있었다. 하지만 아시아의 영국이 되고 싶었던 일본의 문명적 열망〔脫亞論〕과 중국을 제치고 아시아의 맹주가 되고 싶었던 '동양주의'는 결코 동시에 충족시킬 수 없는 분열된 욕망이었다. 그 욕망은 대내적으로 만세일계(萬世一界)의 우월한 천황을 정점으로 한 국가주의로 표출되었다. 이러한 굴절된 욕망은 대외적으로 주변국의 식민지화와 세계대전으로 귀결되었다. 흔히 일본의 근대화를 표상하는 메이지유신이 성공했다고 평가한다. 하지만 그 '성공'이 동아시아 근대 역사의 장에서 무엇을 했는지 반추해보면, 그들은 과연 성공했는가?

결론 **근대문명에 대한
비판적 성찰**

근대문명 넘어서기

지난 세기는 역사적 격변기요 문명적 전환기였다. 유학적 도덕문명
에서 서구적 기술문명으로, 중국 중심적 중화주의에서 전 지구적 세계
체제로, 신분제에 기초한 왕조체제에서 법치주의에 기반한 민주주의
체제로, 철학적으로는 유학적 인간 담론〔도덕적 인간, 즉 성인 되기〕에서
서양 근대철학적 인간 담론〔이성적 혹은 생물학적 인간 되기〕으로 중심축
이 이동했다. 이러한 문명적 전환은 삶의 양식 전반을 변화시켰다.

그동안 우리는 이분법적 사유에 의거하여 근대를 이해해왔지만, 근
대는 이분법적 사유로 온전히 해명될 수 없는 지점이 있다. 주체와 타
자/열림〔세계〕과 닫힘〔일국〕/문명과 야만/개인과 민족/전통과 근대 등

은 선명한 경계를 가진 것처럼 보이지만, 실상은 복합적이고 중층적인 구조를 가지고 있다. 예를 들면 문명은 수용의 대상이자 저항의 대상이었으며, 선진 문명국은 제국주의 침략이란 야만을 저질렀다. 특히 비서구를 주변화하고 억압함으로써 구축되었던 유럽 중심적 세계인식은 그야말로 하나의 보편이념을 강제했다는 점에서 폭력이었으니, 세계인의 삶을 동일한 잣대로 획일화하는 건강하지 않은 방식이었다.

역사적으로 이성적 주체는 타자와 마주 서지 않은 적이 없었다. 조센징의 야만성이 곧 일본 신민의 문명성을 반증하는 기제로 악용되었듯, 근대적 맥락에서 타자는 주체의 문명성을 드러내는 데 반드시 필요한 또 다른 주체였다. 이성에 기반한 서구적 근대문명이 긍정적인 측면도 갖고 있었지만 이성적 주체인식이 지닌 타자에 대한 배제와 차별로 작동하였다면, 근대를 이성이란 잣대로 그리고 유럽적 시각에서 이해하는 것은 심각한 문제가 있다. 서구적 근대가 비서구 지역에 끼친 영향은 매우 컸으며, 여전히 하나의 이데올로기로서 작동하고 있다. 서구 근대적 시각에서 보면 식민지로서의 한국 근대는 '문명 부재'의 실패한 역사일 뿐이다. 우리는 그들을 모방하고 번역할 수는 있으나 그들과 다른 길을 창조할 수는 없는 수동적 주체에 지나지 않게 된다. 그들과 같은 이성적 주체가 될 수 없기에 그들처럼 수준높은 문명화를 실현할 수도 없다.

또한 서양이 야누스적 타자로서 수용과 극복의 대상이었다는 것은 곧 우리의 근대가 서구적 근대와는 다른 근대임을 뜻한다. 그렇다면 이른바 또 다른 하나의 '한국적 근대'를 체계화하는 일이 급선무가 아닐 수 없다. 이제라도 '우리'의 시선에서 우리를 인식하고 우리가 직면한 문제를 해결하려는 새로운 시선을 모색해야 할 것이다. 단순히 유럽중심주의를 모방하거나 재생산하는 것을 통해서는 '근대 넘어서기'

를 하기 어렵다. 식민주의적 시각에서 탈피하여 우리의 역사적 경험과 현재적 문제를 인식할 수 있는 주체적 시각을 가질 필요가 있다. 그 첫걸음이 바로 서구적 근대성에 대한 비판적 성찰이며, 이를 통해 오늘날 문명의 '문명다움'이 무엇인지에 대해 제대로 답할 수 있어야 할 것이다.

삶의 방식은 다양하다. 개인적 차원에서도 그렇고 문화적 차원에서도 그렇다. 서구적 근대문명성은 하나의 문명이지 유일한 문명은 아니며, 그들과 우리는 역사적 경험이 다르기 때문에 서로 동일하게 될 수도 없으며 동일해져서도 안 된다는 것을 근대 역사를 통해 알 수 있었다. 그럼에도 불구하고 우리는 여전히 서구 학문을 이식하는 데 집중할 뿐 한국적 현실에 기초한 한국철학을 생산하지는 못하고 있는 실정이다.

민족주의의 폭력성에 대한 재고

'망국'은 민족적 생존을 위협했기 때문에 민족적 생존을 도모한 저항적 민족주의는 근대 세계체제의 지배논리에 대한 대응체제로서 유의미했다. 하지만 해방 이후에는 남북 분단과 이념적 대립 속에서 민족의 이름으로 온갖 반민족적 행위가 자행되었다. 게다가 남과 북의 정치권력에 의해 민족주의가 이데올로기화하고 거기에 통일 문제가 더해져 민족 문제는 더욱 복잡한 양상을 띠게 되었다. 이러한 역사적 경험 때문에 한국학계는 민족을 중심주제로 삼지 않을 수 없었다.

그런데 근대를 일국적 차원에서 논의하기보다는 민족적 차원을 넘어서서 보다 넓은 지평에서 볼 필요성이 있다는 주장도 있다. 예를 들어 임지현은 민족주의를 신화로 규정하고 민족주의에 대한 신화적 담론*이 한반도의 이념적 지형을 심각하게 왜곡한다는 판단 아래 '민족 신화 부수기'를 학문적 목표로 제기했다. 그리고 일국사적 관점에서 벗어나 새로운 연대를 모색할 때라고 주장한다. 그런데 민족주의가 이데올로기적 한계를 지닌다고 해서 그것을 그저 하나의 신화로만 치부해 부수는 것이 현실적 대안이 될지는 의문이다. 삶의 실질적 장(場)에서 보면 민족해체가 현실적 대안이 되기는 어렵다. 세계시민이나 지역공동체에 관한 논의가 활발해지는 만큼이나 영토분쟁 혹은 자원민족주의 등 민족적 경계의 공고화 역시 더욱더 강력한 힘을 발휘하고 있기 때문이다.

우리는 여전히 국가의 경계 안에서 민족적 삶을 살아간다. 특히 세계 유일의 분단국으로서 강대국들에 둘러싸인 채 생존해야 하는 우리에게 민족 문제는 여전히 가장 큰 화두다. 아울러 초국적 자본주의시대에 민족적 경계가 여전히 삶의 중요한 경계로 작동하고 있는 것도 현실이다. 따라서 지금이 탈국가 시대가 아닌 것은 분명하다. 민족주의는 근본적으로 중심주의적 성향을 가질 수밖에 없으며, 그런 점에서 근본적으로 한계를 지닐 수밖에 없다.

그렇다면 이 시대의 민족주의가 지향해야 할 방향으로 국수적·폭력적 민족주의에 대한 비판적 성찰을 요구하는 것이 더 현실적인 대안이라 하겠다. 무엇보다도 민족주의가 체제를 옹호하는 권력의 이데올로기로 악용되었던 역사에 대한 냉철한 반성이 선행되어야 할 것이다. 또한 민족이라는 수사 아래 개인의 인권과 자유를 침해하는 것도 지양

• 베네딕트 앤더슨의 『상상의 공동체』에서 논증한 바와 같이, 민족은 상상의 공동체라는 주장은 민족 개념이 갖는 신화적·허구적 요소에 천착하면서 결국 민족이란 해체되어야 한다고 전망했다. 이러한 비판의식은 해방 이후 권력과 결탁하여 민중적 삶을 억압하는 폭력적 민족주의에 대한 통렬한 자기반성이라는 측면에서는 매우 긍정적이다.

해야 함은 두말할 나위가 없다. 남북 문제를 비롯하여 양성평등과 다문화가족 등 '우리 안의 타자'를 향한 차별로 작동하는 현실 역시 직시해야 한다. 단군의 자손이라는 혈통적 순수성을 강조하거나 한반도나 남북 등의 지리적 영역을 중요한 경계로 삼는 등 '하나'의 정체성을 강제하는 순간, 민족주의는 차이와 다름을 무시한 정체성의 폭력이 될 위험이 높다. 단일민족이나 통일된 민족국가라는 거대 담론 속에서 민족주의란 이름으로 또 다른 억압이 논리적으로 정당화될 수 있다는 점을 경계해야 한다.

내선일체를 강요받았던 우리의 근대 경험에 비추어 본다면 타자를 동일성 원리로 포획하는 것은 그 자체로 폭력이었다. 또한 타자와 일체가 되는 것은 불가능한 일이기도 했다. 주체와 타자가 마주 선 존재임을 인정하고 서로의 다름과 공존을 받아들일 때라야 비로소 연대와 공생이 가능하다. 신채호의 지적처럼 아와 비아가 마주 선 존재이며 서로 소통함으로써 서로 변화해나가야 하는 관계라면, 타자는 고정된 실체가 아니라 자기성찰과 연대의 '계기'로 이해되어야 한다. 그래서 타자란 동일성의 외부에 위치하나 대화와 소통의 관계를 맺고자 하는 대상으로 존재하며, 그와 동시에 견고한 동일성의 내부를 성찰하고 변화시키는 기제로서 작동해야 한다.

한국인의 정체성이 지향해야 할 지점은 혈통적 순수성이나 문화적 우월성 등 단일한 민족적 정체성을 강제하기보다는 혼성적 정체성 혹은 복수의 정체성 등 차이를 인정하는 열린 정체성이다. 그래야만 한국 내부의 타자를 비롯하여 남북한을 아우를 만한 정체성을 모색할 수 있을 것이며, '조선'의 고유성을 문제 삼았던 신채호처럼 독립에서 통일로 이어지는 민족적 문제와 정체성의 상관성 역시 발견할 수 있을 것이다. 더 나아가 오늘날과 같은 지구화 시대에는 민족정체성이 세계와 어떻게 관련되는지도 열린 자세로 성찰할 수 있을 것이다. 동일성 원리를 강제하기보다는 차이를 인정하면서 조화를 이룰 '화이부동(和而不同)'의 자세가 필요하다.

'참나(眞我)' 되기와 인(仁)

주체란 자기가 선 자리에서 세계를 바라보고 사유하며, 자신의 언어로 자신의 삶을 말할 수 있는 존재다. 그리고 철학함이란 주체가 서 있는 바로 그 지점에서 행한 자신의 삶에 대한 성찰이다. 인간 삶 자체가 시공간적 · 역사적 · 문화적 · 언어적 · 경제사회적 특수성을 기반으로 한다. 그러므로 지금 선 자리에서 자신을 성찰하지 않고는 철학함이란 결코 가능하지 않으며, 보편적 이념은 삶의 맥락을 배제하거나 초월해서는 실현될 수 없다. 역사적 정체성은 자기성찰의 출발점이다. 하지만 보편적 진리가 국경과 국가주의에 국한된다면 그것은 진정한 보편일 수 없다.

그렇지만 비서구인이 서구인을 전범으로 삼는 순간 비서구인은 '결핍된 존재'가 되고, 근대를 넘어서는 새로운 가능성을 스스로 닫아버리는 결과를 초래할 수 있다. 우리는 그들과 같은 문명의 역사를 공유하지 않았기 때문에 그들 문명(civilization)을 달성하려면 일차적으로 우리의 주체성은 부정되어야 했다. 즉 계몽된 인간이 되려면 무엇보다 이성적 사유를 통해 전통과 결별할 뿐만 아니라 모든 권위를 거부하는 독립된 개인으로 서야 했다. 그러나 그런 개인적 인간이란 하나의 관념에 불과하니, 인간의 삶은 언제나 누군가와 관계 맺음을 하는 가운데 놓여 있기 때문이다. 우리는 스스로 우리가 되어야 하며, 그들이 될 수는 없으나 그들과 소통해야 한다.

'참나' 혹은 '우리 되기'를 위한 하나의 방법으로 전근대 유산을 재음미할 필요가 있다. 즉 전근대 유산을 서구적 근대의 폭력성과 비주체적 근대인식의 한계를 넘어서는 하나의 방법으로 다시 읽는 것이다. 이런 시도는 박은식에 의해 나름 개진되기도 했다. 박은식은 야만적 침략성에 대한 비판이 그들 시선 안에서는 불가능했기 때문에, 평등과 인도주의에 입각한 민중 중심 유학으로 거듭남으로써 그들과 다른 근대를 모색하였다. 그는 닫힌 민족주의에서 벗어나 인도적·평등적 이념을 실현할 수 있는 대동사상을 제시하여 그들과 새롭게 만날 길을 열었다. 그렇다면 우리의 새로운 길은 거기에서부터 시작되어야 할지도 모른다.

유학은 전근대와 근대를 가로지르며 부지불식간에 한국인의 삶에 지대한 영향을 미치고 있다. 물론 근대적 시공간에서 유학이 시대이념으로서 제 역할을 충분히 하지 못했던 부분은 비판받아 마땅하다. 그러나 이광수와 다카하시 도루의 사상에서 살펴본 바와 같이 한국유학에 대한 부정은 자기부정의 주체인식을 합리화하는 논거로 작동했다. 그렇다면 '근대 넘어서기' 차원에서 전근대 유산으로서 한국 유학에 대한 재평가를 시도하는 것 또한 의미 있는 하나의 작업이 될 수 있다.

'지금 여기'는 단순히 과거의 축적이거나 과거나 미래와 단절된 파편으로 존재하지 않는다. '지금 여기'는 오래된 현재이자 미래일 수밖에 없다. 지금은 무엇보다 먼저 강자〔우등한 적자〕의 이데올로기적 관점을 넘어설 인간다움에 관한 윤리적 기획이 필요한 시점이다. 윤리와 도덕은 홀로 사는 조건에서는 필요하지 않다. 인(仁)이란 인간관계 맺음을 통해 구현되는 이념이며 도덕이란 인간이 마땅히 걸어가야 할 길을 걸어갈 때 마음에서 체득해가는 것이다.[1] 우리가 걸어갈 길은 '지금 여기'에 있기 때문에, 그 길〔道〕을 걷는 주체적 삶〔德〕은 현실적 맥락을 상실하고서는 구현될 수 없다. '지금 여기'라는 현실적 지평이 변했다면 도덕 또한 변해야 할 것이다. 그렇다면 지금 유학의 도덕 담론은 무엇을 말해야 하는가? 그것은 '문명다운 문명'이라는 새로운 지평을 열어가기 위한 열쇠가 되어야 할 것이다.

'한국적' 근대의 철학적 핵심은 문명·민족·주체였다. 한국 근대에 대한 철학적 탐구는 결국 주체에 대한 성찰을 통해 타자와 건강한 관계 맺음을 하기 위한 것이다. 타자와 만날 때는 타자를 억압하고 강제하는 기제가 아니라 주체와 타자의 소통과 연대를 지향해야 할 것이다. 이런 측면에서 한국적 주체는 서구적 주체와 다르면서 동시에 탈식민주의적인 새로운 인간주체로 거듭나야 하는 시점에 있다고 하겠다.

우리가 근대로부터 물려받은 문제적 유산은 문명과 민족 그리고 평화라 할 수 있다. 그러므로 우리는 근대문명에 관한 성찰을 통해 "한국의 철학함이 어떻게 평화로운 공존과 상호주체성을 이루어낼 수 있는가?"에 답해야 한다.

I 근대, 세계사의 시작

▶ 1장 제국주의의 팽창과 서구적 근대성

1) 주경철, 『문명과 바다』, 산처럼, 2009 참조.

2) 이병천, 「세계사적 근대와 한국의 근대」, 『모더니티란 무엇인가』, 민음사, 1997, 309~310쪽.

3) 조현범, 『문명과 야만』, 책세상, 2005, 21~22쪽.

4) 스튜어트 홀 외, 「자유주의 맑스주의 민주주의」, 『모더니티의 미래』, 현실문화연구, 2000, 26쪽.

5) 이성환, 「근대와 탈근대」, 『모더니티란 무엇인가』, 민음사, 1997, 156쪽.

6) 김성기, 「세기말의 모더니티」, 앞의 책, 15~22쪽.

7) 이성환, 「근대와 탈근대」, 앞의 책, 159쪽.

8) 김성기, 「세기말의 모더니티」, 앞의 책, 16쪽, 23쪽.

9) 피터 차일즈·패트릭 윌리엄스, 『탈식민주의 이론』, 문예출판사, 2004 참조.

10) 나인호, 「문명과 문화 개념으로 본 유럽인의 자기의식(1750~1918/19)」, 『역사문제연구』 제10호, 2003, 24쪽.

11) 나인호, 앞의 글, 22쪽 재인용.

12) 박지향, 『일그러진 근대』, 푸른역사, 2004, 62~66쪽 참조.

13) 스벤 린드크비스트, 김남섭 옮김, 『야만의 역사』, 한겨레신문사, 2003, 91~93쪽.

14) 박지향, 『일그러진 근대』, 푸른역사, 2004, 61~62쪽.

15) 리하르트 반 뒬멘, 최윤영 옮김, 『개인의 발견』, 현실문화연구, 2007, 참조.

16) 피터차일즈·패트릭 윌리엄스, 앞의 책, 381쪽에서 재인용.

17) 스벤 린드크비스트, 앞의 책, 38~39쪽.

18) 스벤 린드크비스트, 앞의 책, 217쪽.

19) 휘트로, 이종인 옮김, 『시간의 문화사』, 영림카디널, 1998, 283~296쪽 참조.

20) 이재봉, 「근대적 '시간' 관념과 문학의 존재방식」, 『한국문학논총』, 제37집, 2004, 106~109쪽 참조.

21) 윤효정, 「대한협회(大韓協會)의 본령(本領)」, 『대한협회보』 1, 47쪽.

22) 함동주, 「러일전쟁 이후 일본의 한국식민론과 식민주의 문명론」, 『동양사학연구』, 제94집, 동양사학회, 2006, 185쪽, 189쪽.

23) 「자연의 경제를 전 지구화하라」, 『교수신문』, 2007년 5월 28일자 참조.

24) 정용화, 「근대 한국의 동아시아 지역 인식과 지역질서 구상」, 『국제정치논총』, 제46집, 2006, 한국국제정치학회, 62쪽 참조.

▶ 2장 한국 근대, 무엇이 문제인가?

1) 임현진, 「우리에게 근대란 무엇인가」, 『한국의 '근대'와 '근대성'』, 역사문제연구소 창립 10주년 기념 학술심포지엄, 1996, 17쪽.

2) 이성환, 「근대와 탈근대」, 『모더니티란 무엇인가』, 민음사, 1997, 153~154쪽.

3) 김철, 『복화술사들: 소설로 읽는 식민지 조선』, 문학과지성사, 2008, 9쪽.

4) 윤해동 외 엮음, 『근대를 다시 읽는다』, 1권, 역사비평사, 2006, 31쪽.

5) 김흥규, 「한국 근대문학 연구와 식민주의」, 『창작과 비평』, 2010 봄, 통권 147호, 308쪽.

II 개항기, 한국의 세 갈래 길

▶ 3장 문명적 자긍심으로 야만과 마주 선 위정척사사상

1) 이항로(李恒老), 『화서선생문집(華西先生文集)』, 권25, 「이기문답(理氣問答)」: 凡一事一物 其合理氣則一也; 권25, 「격치설증류치정(格致說贈柳穉程)」, 24면: 天地間只有理與氣而已矣.

2) 『화서선생문집』, 권15, 「계상수록(溪上隨錄)」 2: 理本尊而無對者也 氣本卑而有對者也.

3) 『화서선생문집』, 권25, 「이기문답」: 理爲主氣爲役 則理純氣正 萬事治而天下安矣 氣爲主理爲貳 則氣强理隱 萬事亂而天下危矣.

4) 『화서선생문집』, 권16, 「계상수록」 3: 今之說理說氣 不就一物上分看 欲覓出一物於一物之外 而喚做理 喚做氣 則天下本無是物 非獨看理字不出 亦看氣字不出.

5) 『화서선생문집』, 권25, 「재물위리처물위의설(在物爲理處物爲義說)」: 愚按物有物之宜 卽在物之理也 我有應物之宜 卽在我之宜也 物雖有理 而處之失宜 卽非義也 在我者雖無私心 而處之不合於物理 卽亦非義也 此所謂合內外之道也.

6) 『화서아언(華西雅言)』, 권12, 「이단(異端)」 권34: 絶物而觀理者 禪學也 絶理而論物者 俗學也 卽物窮理者 聖學也.

7) 『화서선생문집』, 권14, 「계상수록」 1: 性卽理也 有何形象摸捉 格物致知是性明之功.

8) 『화서선생문집』, 권14, 「계상수록」 1: 格物而到十分極至處 是達可行於天下之道 每事每物皆然.

9) 『화서아언』, 권7, 「조차(造次)」 제19: 大學曰致知曰誠意曰正心曰修身曰治國曰平天下 一切以攻己之惡 無攻人之惡也.

10) 『화서선생문집』, 권16, 「계상수록」 3: 君子格物窮理 當問其邪正 不當問其有無 存心處事 當視其善惡 不當視其能否.

11) 『화서아언』, 권4, 「생지(生知)」 제11: 蓋事事物物 自有形氣 自有道理 形氣不可不問 道理不可不審 然二者之間 自有主客輕重之分焉 如言孝則口體心志皆當奉養 而其輕重之分 又不可不知也 如言忠孝則服事陳善皆當盡心 而其大小之分 又不可不知也. 至於一事一物 亦有兩條路子 一從形體上去 一從義理上去 一從

形體上去則路窮而不通 一從義理上去則路通而不塞 如飮食之膏粱芻豢形體也 充飢養生主宰也 衣服之綺紈錦繡形體也 掩體正容主宰也. 朱子所謂硯上也有天理人欲 墨上也有天理人欲 正謂此也.

12) 『화서선생문집』, 권21, 「인심도심설(人心道心說)」: 形氣身體有象之物也 性命道義無形之理也 有象也故易見易知 無形也故難見難知 易見易知則得失利害切近而緊急 難見難知則是非存亡迂遠而緩歇.

13) 『화서선생문집』, 권25, 「이기문답」: 曰合理氣則一也 其以理爲主以氣爲主則不同也 理爲主氣爲役則理順氣正 萬事治而天下安矣 氣爲主理爲貳則萬事亂而天下危矣.

14) 『화서선생문집』, 권17, 「용문잡지(龍門雜識)」: 宋子曰心有以理言 有以氣言 愚謂以理言者 心之本體也 以氣言者 心之形體也.

15) 『화서선생문집』, 권9, 「여금치장(與金穉章)」 21면: 心氣也物也 但此物此氣上面指其德則曰理也 聖賢所謂心 蓋多指此也.

16) 『화서선생문집』, 권12, 「답류치정(答柳穉程)」 6~7면: 凡性情之主宰者 心也 心得主宰 則理明而氣不亂矣 心失主宰 則氣蔽而理不行矣 安有氣主宰之時乎 主宰二字 本不當移用於氣字上矣 主宰者一而已 (중략) 蓋理有能主宰與不能主宰之時矣 氣有拘蔽與不拘蔽之時矣.

17) 『화서아언』, 권10, 「존중화(尊中華)」 제30: 天有陰陽 地有剛柔 人有男女 統有夷夏 此天地之大分界也.

18) 『화서아언』, 권10, 「존중화」 제30: 尊中華 攘夷狄 窮天地之大經 (중략) 夷夏之分 天下之大勢也.

19) 김평묵(金平默), 『중암선생문집(重菴先生文集)』, 권38, 「잡저 어양론(雜著 禦洋論)」 참조.

20) 『화서아언』, 권10, 「양화(洋禍)」 제35: 中國之道亡 則夷狄禽獸至 北虜夷狄也 猶可言也 西洋禽獸也 不可言也.

21) 『화서아언』, 권10, 「양화」 제35: 西學謬處 本不識太極爲萬物根源 却將有形有象認作造成天地 而以樂簡喜利之心 割斷倫理 掉廢禮節 其源不過如斯而已.

22) 『화서아언』, 권12, 「이단」 제34: 吾儒千言萬語 以克去氣障爲主.

23) 『화서아언』, 권12, 「이단」 제34: 正學異端 互相盛衰 其源實由人之一心 天理人
欲 互相消長 其源實關天運之陰陽淑慝 世道之昇降治亂 天下之物 只是一理而已
故救亂世 莫先於闢異端 闢異端莫急於明正學 明正學 只在一心辨別天理與人欲
而已.

24) 『화서아언』, 권10, 「양화」 제35: 西學謬處 本不識太極爲萬物根源 却將有形有象
認作造成天地 而以樂簡喜利之心 割斷倫理 掉廢禮節 其源不過如斯而已.

25) 『화서선생문집』, 권25, 「벽사록변 – 성현공장득명부동변(闢邪錄辨 – 聖賢工匠得
名不同辨)」: 聖賢之所養 養心志也 工匠之所養 養形體也.

26) 『화서선생문집』, 권25, 「벽사록변 – 서양역법여요순역법부동변(西洋曆法與堯
舜曆法不同辯)」: 則可見西洋曆法 非不精細詳密 但大本不立.

27) 『화서아언』, 권10, 「양화」 제35: 人雖多能於陪奉形氣之事 而不以道德義理爲主
則不免爲小人.

28) 『화서아언』, 권12, 「양화」 제35: 西學謬處 本不識太極爲萬物根源 却將有形有象
認作造成天地 而以樂簡喜利之心 割斷倫理 掉廢禮節 其源不過如斯而已.

29) 한국사상사연구회, 『조선유학의 자연철학』, 예문서원, 1998, 115~117쪽.

30) 『화서아언』, 권10, 「양화」 제35: 今之學者 能知西洋之禍 則善邊也. 西洋之說 雖
有千端萬緒 只是無父無君之主本 通貨通色之方法.

31) 『화서아언』, 권10, 「양화」 제35: 通貨之禍 與通色無少差等 而又有甚焉. (중략)
至於食貨不然 自人物墮地之初 口之欲食 體之欲溫 容有一刻休歇之時乎? 漸次
支蔓 推衍張大 直至氣絶 方始休了. 此又較重較難於色者矣.

32) 『화서선생문집』, 부록 권5, 「어록(語錄)」: 西洋亂道最可憂. 天地間一脈陽氣在吾
東, 若幷此被壞 天心豈忍如此 吾人正當爲天地立心 以明此道 汲汲如救焚, 國之
存亡 猶是第二事.

33) 유인석(柳麟錫), 『우주문답(宇宙問答)』: 其言文明 爲其有百技千巧之臻其極 而其
極之歸趣 不過濟珍食侈衣壯居强兵等事也. (중략) 競爭以爲文明 唐虞三代崇治
之時 非文明 而春秋戰爭之世 爲文明乎 且競爭文明 是相反之極者 如之何其相

混而並稱也.

34) 유인석, 『우주문답』: 舍我有可 從彼不可 如之何其可也.

35) 『화서아언』, 권10, 「존중화」 제30: 修身齊家而治國 則洋物無所用之 而交易之事
絶矣. 交易之事絶 則彼奇技淫巧不得售矣.

36) 『화서아언』, 권10, 「양화」 제35: 人欲不期滋而日滋 天理不期消而日消.

37) 『독립신문』, 1896년 5월 26일자, "잠을 깨세 잠을 깨세 4천 년이 꿈속이라. 만
국이 회동하여 사해가 일가로다. 구구세절 다 버리고 상하동심 동덕하세."

38) 김영호, 「실학과 개화사상의 연관 문제」, 『한국사연구』 8집, 1972, 675쪽.

39) 이이화, 「위정척사론의 비판적 검토: 화서 이항로의 소론(所論)을 중심으로」,
『한국사연구』 18집, 1997. 이 외에도 진덕규, 신용하, 유초하 등이 위정척사를
부정적으로 평가했다.

40) 한국사연구회, 『한국사연구입문』 제1판, 지식산업사, 1981, 위정척사에 대한
평가 참조.

41) 오석원, 『19세기 한국 도학파의 의리사상에 관한 연구』, 성균관대학교 박사학
위 논문, 1991; 최영성, 『한국유학사상사 Ⅴ』, 아세아문화사, 1997 참조.

42) 박성수, 「위정척사사상과 한국의 민족주의」, 『화서의 철학사상과 화서학파의
독립운동』, 제5회 화서학회 학술회의, 2006년 12월 발표문, 28쪽.

43) 박성수, 앞의 글, 22~23쪽.

44) 한국사연구회 편, 『제2판 한국사연구입문』, 1987, 지식산업사, 415쪽.

45) 『박은식, 『박은식전서』 하, 「문약지폐 필상기국(文弱之弊 必喪其國)」, 93~96쪽,
「구습개량론(舊習改良論)」, 9쪽; 문일평, 『호암전집』 권3, 83~84쪽 참조.

46) 『화서선생문집』 부록, 권5, 「어록」: 西洋亂道最可憂 天地間一脈陽氣在吾東 若
幷此被壞 天心豈忍如此 吾人正當爲天地立心 以明此道 汲汲如救焚 國之存亡
猶是第二事.

47) 유재건, 「근대 서구의 타자 인식과 서구중심주의」, 『역사와 경계』 46집, 부산경
남사학회, 2003, 37~40쪽 참조.

48) 닐 포스트먼, 『테크노 폴리』, 궁리, 2005, 70쪽, 264~285쪽 참조.

49) 『중용(中庸)』: 道並行而不相悖 小德川流大德敦化 此天地之所以爲大也.

▶ 4장 문명한 새 세상 열기

1) 김기정, 「세계자본주의 체제와 동아시아 지역질서의 변동」, 『동아시아의 지역 질서』, 창비, 2005, 141쪽 참조.

2) 한국근현대사회연구회, 『한국 근대 개화사상과 개화운동』, 신서원, 1998, 10쪽.

3) 김윤식(金允植), 『속음청사(續陰晴史)』: 此云開發變化者 文飾之辭也. 所謂開化者 卽時務之謂也. 趙武靈欲伐中山 遂爲胡服 自漢以來 屢塚公主中於單于 皆迫於 時也. 亦可謂之開化乎? 當今之時雖使聖人復起未必創造奇巧 以制西夷之器械 籍使有之 此非聖人能事. 其制之之道 無他 君明其德臣勤其職官得其人民安其業 通商許可則許之而謹守條約 器械可崇則崇之 而不作無益推誠柔遠 新孚豚魚 沛 然德敎溢乎四海 四海之國必相率而來 執壤尊稱 爲有道之國; 「시무설송육생종 륜유천율(時務說送陸生鍾倫遊天律)」: 所謂時務者何也. 卽當時所當行之務也. 有病 者之於藥皆有當劑 雖有神異之方 不可人人服之也…… 今之論者 以倣效泰西之 政治制度所謂時務 不量己力 惟人是視是 猶不論氣稟病症而服他人經驗之藥 以 求其霍然之效 蓋甚難矣.

4) 한국근현대사회연구회, 『한국 근대 개화사상과 개화운동』, 신서원, 1998, 51쪽.

5) 신기선, 『농정신편』 서문: 盖中土之人明於形而上者 故其道獨尊於天下 西國之 人明於形而下者 故其器無敵於天下 以中土之道行西國之器 則環球五洲不足定 也 乃中土之人不惟不能行西國之器 並與中土之道而德徒名無實 委靡將墜 此所 以日被西人之侮而莫之禦也 苟能擧吾之道則行彼之器 亦猶反掌爾若是乎 道與 器之相須而不離也.

6) 스테판 다나카, 『일본 동양학의 구조』, 문학과지성사, 2004 참조.

7) 이완재, 『초기개화사상연구』, 민족문화사, 1989 참조.

8) 장남호 외, 『화혼양재와 한국 근대』, 윤소영, 「근대 한일의 화혼론과 국혼론」, 어문학사, 2006 논문 참조.

9) 김윤식, 「명덕설(明德說)」: 聖人之道 雖若高遠難行 其實不過日用常行之面前道

理也…… 夫明德者 儒者之所雅言 而非有深義於其間 蓋謂其盛德至善 著於行事
而爲光明之德也.

10) 신기선, 『신기선전집(申箕善全集)』, 『유학경위(儒學經緯)』「이기(理氣)」, 395쪽:
理者凡物所以然之故與其所當然之則也. 冲漠無朕萬象備具 具於物而不雜於物
載於氣而不雜於氣 渾全微妙 不可名狀 以其在裏而精者故謂之理.

11) 신기선, 『유학경위』「이기」 395쪽: 理字在經傳不多見.

12) 신기선, 『유학경위』「이기」 396쪽: 濂溪所謂無極云者卽以太極本無形狀故更名
之曰無極爾.

13) 신기선, 『유학경위』「이기」, 409쪽: 是故聖人罕言性命而今之儒者開口更說理氣
其所謂見理者 不過模倣彷佛 懸空說夢而已非實見也. 高談大言連紙累牘 辨同詰
異 執端角勝 以爲問學之要諦 斯文之能事 縱使億中猶無益於實學.

14) 신기선, 『유학경위』「이기」, 408쪽: 以氣而論則善者爲善 而惡者爲惡 局而不通
矣. 以理而論則物皆有本善之體 惡者可變而爲善 局者可通而爲一.

15) 신기선, 『유학경위』「이기」, 406쪽: 天下之理無有不善 氣原於理 故其本也亦無
有不善. 然氣者動物也. 往來流行錯綜萬變於是乎. 有過不及之差而不善者生焉.
是故氣有清濁 物有妍醜 人有善惡 天時有乖和 人事有吉凶 世有治亂之異 道有邪
正之分 其初也由於氣之差而及其旣差也 理亦隨而變焉 (중략) 然則善惡之分 自陰
陽肇判而是矣. (중략) 夫惡之所由生則不過日善之過不及而已 非善惡何從生.

16) 신기선, 『농정신편』 서문: 噫是不知道與器之分也. 夫古窮宙而不可易者道也 隨
時變易而不可常者器也. 何謂道 三綱五常孝悌忠信是已 堯舜周孔之道炳如日星
雖之蠻貊之邦不可棄也. 何謂器 禮樂刑政服飾器用是已. 唐虞三代尙有損益於數
千載之後乎. 苟合於時苟利於國 雖夷狄之法可行也.

17) 신기선, 『신기선전집』「성리원위(性理原委)」: 道者凡物所當然之則也 卽理下一
半也 以其爲人生日用當行之路 故謂之道也.

18) 신기선, 『농정신편』 서문: 吾道所以正德也 效彼之器所以利用厚生也. 此所謂竝
行而不悖者此也.

19) 신기선, 『농정신편』 서문: 盖中土之人明於形而上者 故其道獨尊於天下 西國之

人明於形而下者 故其器無敵於天下 以中土之道行西國之器 則環球五洲不足定
也 乃中土之人不惟不能行西國之器 並與中土之道而德徒名無實 委靡將墜 此所
以日被西人之侮而莫之禦也 苟能擧吾之道則行彼之器 亦猶反掌爾若是乎 道與
器之相須而不離也.

20) 신기선, 『유학경위』 「이기」, 399쪽: 泰西人有火水土氣之論 雖與吾儒說不同 亦
各有見智者旁通而取捨焉可也.

21) 신기선, 『유학경위』 「천지형체(天地形體)」, 21쪽: 西人推測之學 屢千百年 積費
智巧 至於今日 號稱定論者 不應無據而醜差也. (중략) 東方書籍未廣 不得其說之
詳 象緯之家 亦未有專心究此者.

22) 신기선, 『기호흥학회월보(畿湖興學會月報)』 제9호, 「흥학연구(興學硏究)」, 1909년
4월 25일: 測八星環日之躔度 瞭四時寒暑之原因 認空氣之滋育萬物 辨各素之分
合千變 推之以算術 無微不析 無遠不燭 窮天地之妙 盡事物之變者 天文地理算
數之學也.

23) 신기선, 『사의원소명소(辭議員召命疏)』, 1894: 夫所謂開化者 (중략) 開利用厚生之
源 盡富國强兵之術而已 安有毀冠冕 從夷狄之俗然後 爲開化也哉; 주진오, 「19
세기 후반 문명개화론의 형성과 전개」, 『서구 문화의 수용과 근대 개혁』, 태학
사, 2004, 29쪽 재인용.

24) 이에 관한 구체적 논의는 박정심, 「개항기 위정척사사상의 격물치지설과 타자
인식의 상관성에 관한 연구」, 『국제판 유교문화연구』 제12집, 2009; 유교문화
연구소, 「개항기 격물치지학(science)에 관한 연구」, 『한국철학논집』 30집, 2010,
한국철학사연구회 참조.

25) 주진오, 「19세기 후반 문명개화론의 형성과 전개」, 『서구 문화의 수용과 근대
개혁』, 태학사, 2004, 31쪽.

26) 니시카와 나가오, 한경구·이목 옮김, 『국경을 넘는 방법: 문화, 문명, 국민국
가』, 일조각, 2007, 119쪽.

27) 니시카와 나가오, 한경구·이목 옮김, 앞의 책, 205쪽.

28) 주진오, 「19세기 후반 문명개화의 형성과 전개」, 『서구 문화의 수용과 근대 개

혁』, 태학사, 2004, 32쪽.

29) 『대조선독립협회회보(大朝鮮獨立協會會報)』 13호, 「독립론(獨立論)」에 자강독립을 위한 10조목 가운데 〈무개화(務開化)〉가 있다.

30) 『고종실록(高宗實錄)』, 고종 32년 5월 20일; 김도형, 「대한제국 초기 문명개화론의 발전」, 『서구 문화의 수용과 근대 개혁』, 태학사, 2004, 33쪽 재인용.

31) 유길준, 『유길준전서(兪吉濬全書)』 Ⅲ, 『역사편』, 1971, 33쪽.

32) 유길준, 『유길준전서』 Ⅲ, 『역사편』, 35쪽.

33) 유길준, 『유길준전서』 Ⅰ, 『서유견문』 「개화의 등급」, 395쪽.

34) 유길준, 앞의 글, 395~396쪽.

35) 유길준, 앞의 글, 400~401쪽: 개화는 실상과 허명의 분별이 있다. 실상개화란 사물의 이치와 근본을 궁구하여 고량(考諒)하여 그 국가의 처지와 시세에 합당한 것이며, 허명개화란 사물에 지식이 부족하되 타인의 경황을 보고 부러워하든지(欽羨) 두려워하든지 간에 전후를 추량하는 지식이 없으면서 시행하기를 주장하여 재화를 소비하는 것은 적지 않으나 실용은 그에 맞는 적정 수준에 도달하지 못하는 것을 말한다.

36) 유길준, 『유길준전서』 Ⅰ, 『서유견문』 「학업하는 조목: 기계학」.

37) 유길준, 『유길준전서』 Ⅰ, 『서유견문』 「학업하는 조목」: 서양 학문의 주된 경향은 만물의 원리를 연구하고 효능을 발명하며 인류의 생활에 편리를 도모하고자 하는 데 있다. 여러 학자가 밤낮으로 고심하는 경륜이 실상은 인류의 이용후생 및 이로 인하여 사회적 기강(덕)을 바르게 하고자 하는 데 있으니 학술의 효능과 교화가 어찌 크다고 하지 않을 것인가!

38) 이광린, 「『한성순보』와 『한성주보』에 대한 일고찰」, 『역사학보』 제38집, 1968 참조.

39) 길진숙, 「『독립신문』 『매일신문』에 수용된 '문명/야만' 담론의 층위」, 『근대 계몽기 지식 개념의 수용과 그 변용』, 소명출판, 2004, 65쪽.

40) 『한성순보』, 1884년 2월 17일, 「각국근사: 태서의 운수론(運輸論)」, 221쪽: 태서의 운수(運輸)가 부국강병을 성취하게 하고 문명개화로 나아가게 하는 근원이

기 때문에 운수의 편리함이 없다고 한다면 재권(財權)과 이원(利源)이 모두 일어
날 수 없을 것이며, 만풍융속(蠻風戎俗)도 변경할 수 없을 것이다.

41) 『한성주보』, 1886년 9월 13일, 「논개광(論開礦)」, 816쪽.

42) 『한성순보』, 1884년 1월 30일, 「각국근사: 주식증권(株式證券)이 시전(市廛)의 해
(害)가 됨」, 174쪽.

43) 『한성순보』, 1884년 6월 4일, 「부국설(富國說) 하」, 450쪽.

44) 『매일신문』, 1898년 12월 24일, 논설.

45) 『한성순보』, 1884년 3월 27일, 「각국근사: 이태리가 날로 성해지다」, 300쪽.

46) 『한성순보』, 1884년 5월 25일, 「부국설 상」, 433쪽; 『한성순보』, 1884년 4월 25
일, 「하문(廈門)에 박문서원(博聞書院)을 설립하다」, 371쪽.

47) 『한성순보』, 1884년 5월 25일, 「부국설 상」; 『한성순보』, 1884년 6월 4일, 「부국
설 하」; 『한성순보』, 1884년 3월 27일, 「각국근사: 미국일성(美國日盛)」.

48) 『한성주보』, 1886년 2월 1일, 「논학정(論學政) 제이(第二)」, 723쪽.

49) 『한성주보』, 1886년 2월 15일, 「논학정 제삼」, 728쪽: 우리나라는 성명과 의리
의 학문에서는 그 법이 완비되었다고 말할 수 있지만, 전곡·갑병(錢穀·甲兵)의
기술과 농(農)·공(工)·상고(商賈)의 설에 대해서는 고루 갖추었다고 할 수가 없
다. (중략) 그렇다면 우리나라도 응당 학교를 설립하여 언문으로 학생을 가르쳐
야 한다. 또 공맹 성현의 책에서 유럽인의 식화술(殖貨術)에 이르기까지 모두 언
문으로 번역하여 가르쳐야 한다.

50) 『독립신문』, 1896년 5월 26일, 「안주 이중원」.

51) 『매일신문』, 1898년 4월 15일, 논설.

52) 유길준의 개화론에 의하면 이는 '학술의 개화'에 해당한다.

53) 『한성순보』, 1884년 7월 3일, 「치도론(治道論)」, 507~508쪽 참조.

54) 『한성주보』, 1886년 2월 1일, 「논학정 제이」, 723쪽.

55) 길진숙, 「『독립신문』『매일신문』에 수용된 '문명/야만' 담론의 층위」, 『근대 계
몽기 지식 개념의 수용과 그 변용』, 소명출판, 2004, 65쪽.

56) 『한성주보』, 1886년 10월 11일, 「광학교(廣學校)」, 849쪽: 인재를 배양하여 저들

의 방패를 공격하려면 저들의 창을 사용해야 할 것인데 서학을 폐해서야 어찌
되겠는가? 더구나 서학이 다만 서양 사람들의 학문만이 아닌 데에야 더 말할 것
이 있겠는가. 이름이 서학이라 해서 유자들은 같은 유(類)가 아니라고 여겨 부
끄럽게 생각하지만, 만약 그 근본이 중국의 학에서 나왔음을 안다면 유자는 알
지 못하는 것을 부끄럽게 여기게 될 것이다.

57) 『한성순보』, 1883년 10월 31일, 「지구론(地球論)」, 10쪽.

58) 『한성순보』, 1883년 10월 31일, 「지구론」.

59) 『한성순보』, 1884년 9월 29일, 「각국근사: 방아조법론(防俄助法論)」, 684~685쪽.

60) 『한성주보』, 1886년 5월 24일, 「사의: 논서일조약개증안(論西日條約改證案)」;『한
성주보』, 1886년 10월 4일, 「사의: 논외교택기임(論外交擇其任)」 등.

61) 역사학회 엮음, 『한국사 자료 선집』, 52쪽: 雖有萬國公法 均勢公義 然國無自立
自存之力 則必致削裂 不得維持 公法公義 素不足以爲恃也. 以歐洲文明强大之
國 亦見敗亡 況亞洲未開弱小之邦乎.

62) 『한성순보』, 1884년 1월 8일, 「중서시세론(中西時勢論)」, 138쪽.

63) 『독립신문』, 1899년 2월 23일, 논설.

64) 유인석, 『우주문답(宇宙問答)』: 或曰以中國之道爲體 以外國之法爲用 是則語不
成理. 體用自是一原 豈以彼此爲一原.

65) 브뤼노 라투르, 『우리는 결코 근대인이었던 적이 없다』, 갈무리, 2009 참조.

▶ 5장 동학사상과 민중운동

1) 至氣今至 願爲大降 侍天主 造化定 永世不忘 萬事知.

2) 『동경대전(東經大全)』, 「수덕문(修德文)」 참조.

3) 『동경대전(東經大全)』, 「논학문(論學文)」: 守其心 正其氣 率其性 受其敎.

4) 「동학사」, 『동학농민전쟁사료총서』 1, 510~511쪽.

5) 김영작, 『한말내셔널리즘연구』, 청계연구소, 1989, 327쪽.

III 자강기, 국권회복 프로젝트

▶ 6장 사회다원주의 수용의 파장

1) 윌슨이 1975년에 쓴 『사회생물학: 새로운 종합』의 마지막 장 「인간: 사회생물학에서 사회학으로」 참조.
2) 김영환·임지현 엮음 『서양의 지적운동 Ⅰ』, 지식산업사, 2004, 567쪽 재인용.
3) 김덕호, 앞의 책, 569~570쪽.
4) 정연교, 「진화론의 윤리학적 함의(含意)」, 『철학적 자연주의』, 철학과현실사, 1995, 277쪽.
5) 피터차일즈·패트릭 윌리엄스, 김문환 옮김, 『탈식민주의 이론』, 문예출판사, 2004, 381쪽 재인용.
6) 스벤 린드크비스트, 김남섭 옮김, 『야만의 역사』, 한겨레신문사, 2003, 91~93쪽.
7) 박지향, 『일그러진 근대』, 2003, 61~62쪽.
8) 피터차일즈·패트릭 윌리엄스, 앞의 책, 381쪽 재인용.
9) 스벤 린드크비스트, 앞의 책, 38~39쪽 재인용.
10) 스벤 린드크비스트, 앞의 책, 217쪽 재인용.
11) 벤저민 키드의 『사회진화』(1894)는 다윈 진화론을 통해 인종주의를 정당화하려는 사람들이 즐겨 찾는 대표적인 책이다.
12) 『대한매일신보』, 1909년 8월 11일, 논설.
13) 유길준, 『유길준전서』 정치경제편 「경쟁론」, 일조각, 1971, 47쪽.
14) 『독립신문』, 1899년 6월 17일, 논설.
15) 『독립신문』, 1899년 9월 11일, 논설.
16) 『독립신문』, 1897년 6월 24일, 논설.
17) 『독립신문』, 1899년 4월 7일, 논설: 아시아 각국도 서로 같은 대륙에 사는 직무와 정의 들을 생각하여 서로 도와주고 서로 북돋아주어야 할 것이다. 특별히 대

한과 일본과 청국은 다만 같이 아시아 속에서 살 뿐만 아니라 같은 종자이기 때문에 신체모발이 서로 같고 글을 서로 통용하며 풍속도 같은 점이 많이 있다. 이 세 나라가 특별히 교제하여 서로 보호하고 서로 도와주며 아무쪼록 구라파 학문과 교육을 본받아 하루 빨리 동양 삼국이 능히 구라파의 침범을 한마음으로 막아야 동양이 구라파의 속지(屬地)가 되지 않을 것이다.

18) 『대한협회회보』 제6호(1908), 「육파(六派)의 습관(習慣)을 벽파(劈破) 연후(然後)에 가이자보(可以自保)」, 457쪽.

19) 『제국신문』, 1900년 2월 9일, 논설.

20) 『독립신문』, 1899년 1월 28일, 논설 「부끄러운 일」에서 대한의 수치를 분석하고 있으며, 1897년 6월 18일자 논설 「못된 버르장머리」에서는 대한 사람의 성품에 병통이 있다고 진단했다. 또 1899년 1월 18일자 논설 「대한 사람의 병통」에서는 "거짓말 잘하고 의심 많고 천하에 잔약하면서 객기를 부리는 사람이 많다."라는 등 야만의 징표들을 자세히 제시했다.

21) 『독립신문』, 1899년 2월 23일, 논설.

22) 『독립신문』, 1896년 10월 10일, 논설.

23) 『독립신문』, 1896년 10월 10일, 논설에서는 조선이 강하고 부유하며 외국으로부터 대접받기 위해서는 신학문을 배워 구습을 버리고, 백성이 무명옷을 아니입고 모직과 비단을 입고, 말총으로 얽은 그물을 머리에 동이지 않고 남에게 잡히기 쉬운 상투머리를 없애는 등 세계 각국 인민과 같이 머리부터 우선 자유롭게 해야 한다고 주장했다. 또 1898년 8월 25일자 논설을 보면 밥보다 빵을 먹어야 하는 이유는 밀가루가 사람 몸에 가장 유익한 곡식이며 쌀을 먹는 동양인이 잔약한 것만 보아도 밀과 벼의 우열을 알 수 있다고 했다.

24) 가토 히로유키, 『인권신설(人權新說)』, 와타나베 마사오, 『일본인과 근대과학』, 전파과학사, 1992, 113쪽 재인용. 1882년에 출판된 『인권신설』을 1908년 김찬이 번역한 것을 보면 일본으로부터 사회진화론을 꾸준히 수용했던 것으로 볼 수 있다.

25) 허동현, 「1880년대 개화파 인사들의 사회진화론 수용양태 비교 연구」, 『사총』

55, 2002 참조.

26) 유길준, 『유길준전서』 역사편 「세계대세론」, 27~33쪽.

27) 유길준, 『유길준전서』 정치경제편 「경쟁론」, 59쪽.

28) 김도형, 「대한제국 초기 문명개화론의 발전」, 『서구 문화의 수용과 근대개혁』, 태학사, 2004년, 53쪽 참조.

29) 『윤치호일기』, 1893년 4월 8일조.

30) 고미숙, 『한국의 근대성, 그 기원을 찾아서: 민족 · 섹슈얼리티 · 병리학』, 151~152쪽.

31) 『대한매일신보』, 1906년 10월 9일, 논설.

32) 『독립신문』, 1897년 12월 23일, 논설.

33) 『매일신문』, 1898년 5월 28일, 논설.

34) 『윤치호일기』, 1889년 12월 9일조와 1892년 11월 20일조, 418~419쪽.

35) 『윤치호일기』, 1893년 4월 15일조.

36) 『윤치호일기』, 1893년 11월 1일조.

37) 『윤치호일기』, 1894년 11월 27일조.

38) 『독립신문』, 1899년 11월 9일, 논설.

39) 『독립신문』, 1899년 11월 9일, 논설.

40) 장인성, 「인종과 민족의 사이: 동아시아연대론의 지역적 정체성과 인종」, 『국제정치논총』 제40집 4호, 2000, 128쪽.

41) 김상태 편역, 『윤치호일기: 1916~1943』, 역사비평사, 2001, 1938년 1월 20일조.

▶ 7장 생존경쟁에서 살아남기

1) 윤명철, 「한말 자강사학에 대하여」, 『국학연구』 제2집, 국학연구소, 1988, 12쪽.

2) 박찬승, 『한국 근대정치사상 연구』, 역사비평사, 1997, 18쪽.

3) 노관범, 『대한제국기 박은식과 장지연의 자강사상 연구』, 서울대 박사학위 논문, 2007, 9쪽.

4) 노관범, 앞의 논문, 9~11쪽.

5) 「대한자강회 취지서」를 보면 그들의 목표가 '자강'이었음이 분명하게 드러난다.

6) 박찬승, 「한말 자강운동론의 각 계열과 그 성격」, 『한국사연구』 제68집, 1990.

7) 김구성, 『항일선언·창의문집』, 서문문고, 199쪽; 박성수, 『독립운동사 연구』, 창작과비평사, 1980, 89쪽에서 재인용.

8) 박성수, 앞의 책, 88~91쪽 참조.

9) 『독립운동사 자료집』 2, 622쪽, 박성수, 앞의 책, 279쪽에서 재인용.

10) 박성수, 앞의 책, 279~280쪽 참조.

11) 김릉거사(金陵居士), 『대한자강회월보』 3호, 1906, 「물우한국무전(勿憂韓國無錢)」, 212~213쪽; 김성희, 『대한자강회월보』 6호, 1906, 「문명론」, 409~410쪽 참조.

12) 여병현, 『대한자강회월보』 2호, 1906, 「식산부(殖産部)」, 94~96쪽; 김성희, 『대한자강회월보』 6호, 1906, 「지치(知耻)와 자신력의 주의(主義)」, 416~418쪽.

13) 조중응, 『대동학회월보』 1호, 1908, 「회설」, 16~18쪽 참조.

14) 오가키 다케오, 『대한자강회월보』 1호, 1906, 「본회 취지로 고문(顧問) 오가키 다케오씨(大垣丈夫氏)가 연설하되」, 29~30쪽.

15) 이기주, 『대한자강회월보』 8호, 1906, 「기서(寄書)」, 74~75쪽.

16) 김성희, 『대한자강회월보』 11호, 1906, 「교육의 종지(宗旨)와 정치의 관계」, 267쪽.

17) 윤효정, 『대한협회회보』 1호, 1908, 「축사」, 8쪽: 심의성은 회보가 4천 년 조국의 사상과 2천만 동포의 정신을 보도할 것이며 이 사상과 이 정신은 억만 년 동안 강건할 것이라고 축사했다. 심의성, 『대한협회회보』, 1호, 1908, 「축사」, 12쪽.

18) 『대한자강회월보』 1호, 1906, 「대한자강회취지서」, 14쪽.

19) 윤효정, 『대한자강회월보』 1호, 1906, 「본회의 취지와 특성」, 26쪽.

20) 윤효정, 『대한자강회월보』 5호, 1906, 「금일국민지감념여하(今日國民之感念如何)」, 377~378쪽.

21) 윤효정, 『대한자강회월보』 5호, 1906, 「국가적 정신을 불가불발휘(不可不發揮)」, 355쪽.

22) 윤효정, 『대한협회회보』 9호, 1908, 「아회(我會)의 본령」, 244쪽. 이 글에서 윤효

정은 문명부강의 주체로서 근대적 교육을 통해 자본주의 발전을 도모할 수 있
는 중등 이상의 인격과 중등 이상의 종교사상을 함유한, 이를테면 신(新)저작
가, 신번역가, 신문가, 잡지가, 소설가, 학생, 망명정치가, 사립학교 설립자 및
교수, 은행원이나 상무원 등 정견과 학문과 자산을 가진 신사나 학사, 지사를
상정했다.

23) 윤효정, 『대한협회회보』 1호, 1908, 「대한협회의 본령」. 51쪽.

24) 오가키 다케오, 『대한자강회월보』 1호, 1906, 「본회 취지로 고문 오가키 다케오
씨가 연설하되」, 29쪽.

25) 윤치호, 『윤치호일기』, 1938년 9월 5일조. 이런 논리에 따르면, 윤치호가 일본
제국의 신민이 되어 내선일체를 실현하는 것이야말로 조선 민중의 유일한 진로
라고 주장한 것은 자연스러운 귀결이었다.

26) 사카이 나오키, 후지이 다케시 옮김, 『번역과 주체』, 이산, 2005, '5장 근대성
속의 비판' 참조.

27) 『대한자강회월보』 11호, 1906, 「이토 히로부미(伊藤統監)의 연설」, 328쪽. 이토
히로부미의 연설에 대해 조양루 주인(朝陽樓主人)이라는 사람은 "이번 이후(李
侯)의 연설은 명경(明鏡)처럼 일본 황실과 정부의 진의(眞意)를 철저하게 밝혔다.
그러므로 우리 관민은 이전보다 더욱 정신을 차리고 정치와 실업에 힘써 조금
이라도 머뭇거리거나 물러서려는 생각을 단호히 제거해야 할 것이다."라고 평
가하였다. 『대한자강회월보』 11호, 1906, 「독(讀) 이토 통감 연설(演說) 유감(有
感)」, 326쪽.

28) 『황성신문』, 1903년 2월 2일, 「기서(奇書)」 참조.

29) 『대한자강회월보』 2호, 1906, 「본회 회보: 연설 – 한국 삼대 병원 중 한 병원(一病
源)」, 118쪽; 『대한자강회월보』 2호, 「본회 회보: 연설 – 외국인의 오해」, 140쪽.

30) 함동주, 「대한자강회의 일본관과 '문명론'」, 『동양정치사상사』 제2권 2호, 동양
정치사상사학회, 2003, 157~158쪽.

31) 오세창, 『대한협회회보』 5호, 1908, 「대조적(對照的)의 관념」, 305~306쪽.

32) 윤효정, 『대한협회회보』 9호, 1908, 「아회의 본령」, 222쪽: 지금 우리나라 정치

는 일본 대표자가 지도·감독을 하고 있는데 그 진의가 과연 우리 민국의 문명 부강을 계발하는 데 있다고 말하니, 우리 국민 일반이 그 진의를 하루빨리 철저하게 이해하는 것이 옳다.

33) 윤효정, 『대한자강회월보』 10호, 1906, 「청국의 각성」, 170쪽.

34) 장지연, 『대한자강회월보』 2호, 1906, 「숭재만필(嵩齋漫筆)」, 98~99쪽 참조.

35) 마이클 에이더스, 『기계, 인간의 척도가 되다』, 산처럼, 2011, 289~290쪽 참조.

36) 휘트로, 이종인 옮김, 『시간의 문화사』, 영림카디널, 1998, 283~296쪽 참조.

37) 최규진 엮음, 『근대를 보는 창 20』, 서해문집, 2007, 234~238쪽 참조.

38) 곽한칠, 『대한유학생학보(大韓留學生學報)』 2호, 1907. 4, 「시간경제의 설명」, 394~396쪽. "근대생활의 모든 부분이 시간경제를 알지 않고서는 일사(一事)도 이루어지지 않는다. 우주 삼라만상 중에 사람이 인공(人工)을 가하여 이용할 만한 것을 외계재화(外界財貨)라고 하는데, 이것이 시간경제라는 용어의 기원이다. 현재 시간경제는 분절된 시간을 말함이니, 예를 들면 미국이나 일본 학교의 시간표를 보면 알 수 있다. 전근대의 시간과 근대적 시간의 간극은 역마와 전화, 전신의 우열양부(優劣良否)의 차이와 같다. 오늘날의 시간은 일정하여 일 분만 늦으면 화륜거를 탈 수 없고 십 분만 늦으면 사람 사이의 약속도 지킬 수 없다. 신학문이나 사회개명과 같은 각종 사업이 모두 이런 시간을 활용하는 데 있다."라고 하여, 근대적 시간 개념이 자본주의 체제하의 공장 및 학교 그리고 전신, 전화, 철도 등 일상 깊숙이 파고든 기계들과 밀접한 관련이 있음을 보여주고 있다.

39) 이재봉, 「근대적 시간 관념과 문학의 존재방식」, 『한국문학논총』 제37집, 2004, 106~109쪽 참조.

40) 『대동학회월보』 2호, 1909, 「신구학 관계(新舊學關係)(속)」, 104쪽.

41) 신구학론에 관한 역사학계의 선행 연구는 이광린, 「구한말 신학과 구학과의 논쟁」, 『동방학지』 23·24 합집, 1980; 백동현 「대한제국기 신구학 논쟁의 전개와 그 의의」, 『한국사상사학』 19집, 2002가 있다. 그런데 이 선행 연구는 신구학론이 그 이전 유학과 서학 간의 충돌과 어떤 질적 차이를 갖는지 선명하게 보여주

지 못하며, 그 사상적 특징을 자강기의 문명적·사상적 특징과 연관하여 분석
하는 데도 한계가 있어 보인다. 이 선행 연구에 관한 분석은 자강기 신구학론에
대한 분석을 체계적으로 망라하면서 재논의하려고 한다. 따라서 이 논문과 직
접적 연관성이 없는 선행 연구에 대한 분석은 논외로 한다.

42) 이진경,『근대적 시·공간의 탄생』, 그린비, 2010, 192~194쪽 참조.

43) 휘트로, 앞의 책, 1998, 283~296쪽 참조.

44)『대동학회월보』2호, 1909,「신구학 관계(속)」, 104~105쪽.

45)『대한협회회보』1호, 1908,「대한협회 취지서」, 5쪽: 오로지 실력 여하에 달렸
다. 실력이란 무엇인가? 정치·교육·산업을 강구하고 발달시키는 것일 뿐이다.

46)『독립신문』, 1899년 6월 17일, 논설 참조.

47) 대한자(大韓子),『대한협회회보』, 6호, 1908,「토지와 국가 인민의 관계」, 394쪽.

48) 윤효정,『대한협회회보』1호, 1908,「대한협회의 본령」, 53쪽.

49) 김사설,『대동학회월보』1호, 1908,「학문체용(學問體用)」, 47쪽.

50) 김광제,『대한협회회보』6호, 1908,「육파(六波)의 습관을 벽파연후(劈破然後)에
가이자보(可以自保)」, 457쪽.

51) 여병현,『대한협회회보』1호, 1908,「의무교육의 필요」, 29쪽.

52) 김성희,『대한협회회보』1호, 1908,「정당의 사업은 국민의 책임」, 31쪽, 33쪽.

53) 윤효정,『대한협회회보』1호, 1908,「대한협회의 본령」, 47쪽.

54) 김병조,『대한협회회보』12호, 1909,「일심단(一心丹)이 활아동포지무상양약(活
我同胞之無上良藥)」, 460~461쪽.

55) 대한자,『대한협회회보』6호, 1908,「토지와 국가 인민의 관계」, 394쪽.

56) 함동주,「일본제국의 한국지배와 근대적 한국상의 창출」,『일본역사연구』25
집, 2007, 94쪽 참조.

57) 윤효정,『대한협회회보』1호, 1908,「대한협회의 본령」, 53쪽.

58) 여병현,『대한협회회보』2호, 1908,「의무교육의 필요」, 83쪽.

59)『황성신문』, 1905년 11월 20일, 논설.

60)『황성신문』, 1903년 4월 29일; 30일, 논설.

61) 『황성신문』, 1899년 5월 3일, 「방례편(邦禮編)」.

▶ 8장 신구학론과 격물치지학

1) 김원극, 『서북학회월보(西北學會月報)』 1호, 1908, 「교육방법 필수기국정도(必隨 其國程道)」, 8쪽.

2) 김경용, 「갑오개혁 이후 성균관 경학과와 경의문대 연구」, 『교육사학연구』 21 집, 2011 참조.

3) 김사설, 『대동학회월보』 1호, 1908, 「학문체용」, 47쪽.

4) 성낙현, 『대동학회월보』 20호, 1909, 「욕학신학선학구학(欲學新學先學舊學)」, 589 쪽.

5) 이종하, 『대동학회월보』 2호, 1909, 「신구학문이 동호(同乎)아 이호(異乎)아」, 103 쪽.

6) 김사설, 『대동학회월보』 1호, 1908, 「학문체용」, 48쪽.

7) 김사설, 『대동학회월보』 1호, 1908, 「학문체용」, 47쪽.

8) 설태희, 『대한자강회월보』, 6호, 1906, 「포기자유자 위세계지죄인(抛棄自由者 爲世界之罪人)」, 421쪽.

9) 설태희, 앞의 글.

10) 여병현, 『대한협회회보』 8호, 1908, 「신학문의 불가불수(不可不修)」, 94쪽.

11) 이기, 『대한자강회월보』 9호, 1907, 「호고병(好古病)」, 91쪽.

12) 김사설, 『대동학회월보』 3호, 1908, 「공덕(公德)」, 164쪽.

13) 이종준, 『대한자강회월보』 9호, 1906, 「종교를 불가불숭(不可不崇)이오 신구를 불가불참작(不可不參酌)이라」, 101쪽.

14) 김문연, 『대동학회월보』 1호, 1908, 「학계 일반」, 36쪽.

15) 우양생, 『서북학회월보』 13호, 1909, 「아한인(我韓人)의 사상계(思想界)를 논함」, 395쪽.

16) 우양생, 앞의 글, 395~396쪽 참조.

17) 변승기, 『호남학회월보』 3호, 1908, 「혁거구습(革去舊習)」, 148~149쪽.

18) 장지연, 『대한자강회월보』 7호, 1907, 「국가존망지고」, 503쪽: 현재 우리의 급무는 오직 교육과 식산 두 가지일 뿐이다.

19) 여병현, 『대한협회회보』 8호, 1908, 「신학문의 불가불수」, 93~94쪽 참조.

20) 여병현, 앞의 글, 94쪽.

21) 이종린, 『기호흥학회월보(畿湖興學會月報)』 8호, 1909, 「아국 학계의 오해」, 80쪽.

22) 최병헌, 『기호흥학회월보』 4호, 1908, 「학유신구학 변기허실(學有新舊學 辨其虛實)」, 236~238쪽.

23) 구신자, 『서북학회월보』 8호, 1909, 「신학과 구학의 구별」, 45쪽.

24) 이동초, 『태극학보(太極學報)』 16호, 1907, 「소년국민의 양성」, 9쪽.

25) 박유병, 『태극학보』 16호, 1907, 「수학의 유희」, 38쪽; 『서북학회월보』, 9호, 1909, 「학과의 요설」, 7쪽.

26) 김유제, 『기호흥학회월보』 2호, 1908, 「노불가불학(老不可不學)」, 86~88쪽.

27) 구신자, 앞의 글, 45쪽.

28) 최생, 『대한유학생학보』, 2호, 1909, 「지리학잡기(地理學雜記)」, 401쪽.

29) 장성만, 「개항기의 한국 사회와 근대성의 형성」, 『모더니티란 무엇인가』, 민음사, 1994, 266쪽; 마이클 에이더스, 앞의 책, 276쪽.

30) 여병현, 『대한협회회보』 5호, 1908, 「격치학의 공용(功用) 1」, 316쪽: 격치의 과목을 말해보자면 천문학·지문학(地文學)·화학·기학·광학·성학(聲學)·중학(重學)·전학(電學) 등이다.

31) 일찍이 『한성순보』·『한성주보』에서도 "만물이 기술적 가공의 대상으로 존재해야 한다."라는 주장은 일관되게 계속되었다. 우주의 만상과 천지 자체도 인류의 이용(利用)을 위하여 존재한다는 언급은 김사설, 『대동학회월보』 1호, 1908, 「학문체용」, 44쪽에서도 보인다.

32) 김성희, 『대한자강회월보』 7호, 1907, 「농업에 토지개량」, 528쪽.

33) 여병현, 『대한자강회월보』 2호, 1906, 「식산부」, 94쪽: 세계의 물산을 구별하면 두 종류가 있다. 천산적인 것과 인조적인 것이다. 천산은 인력에 의뢰하지 않고

자연적으로 생성된 것이다. 인조는 사람의 공력을 빌려 제조한 것이다.

34) 『서북학회월보』 11호, 1909, 「노동의 의의」, 254~256쪽 참조.

35) 마이클 에이더스, 앞의 책, 282쪽 참조.

36) 마이클 에이더스, 앞의 책, 259~260쪽 참조.

37) 리하르트 반 될멘, 『개인의 발견』, 현실문화연구, 2007 참조. 근대(16~19세기) 서양에서 '개인'이 개인으로서 발견되는 사회문화적 궤적을 보여준 책인데 인간의 몸에 관한 과학적 탐구 과정을 알 수 있다.

38) 김사설, 『대동학회월보』 1호, 1908, 「학문체용」, 48쪽.

39) 구신자, 『서북학회월보』 8호, 1909, 「신학과 구학의 구별」, 45쪽.

40) 『대동학회월보』 2호, 1909, 「신구학 관계」(속), 104쪽.

41) 『대조선독립협회회보』 3호, 1896, 「독격치휘편(讀格致彙編)」, 53~54쪽.

42) 여병현, 『대한협회월보』 5호, 1908, 「격치학의 공용 1」, 316쪽.

43) 김문연, 『대동학회월보』 1호, 1908, 「학계 일반」, 38쪽.

44) 여병현, 『대한협회월보』 6호, 1908, 「격치학의 공용 2」, 394~396쪽.

45) 여병현, 『대한협회월보』 7호, 1908, 「격치학의 공용 3」, 17쪽.

46) 여병현, 『대한협회월보』 7호, 1908, 「격치학의 공용 3」, 15쪽.

47) 여병현, 『대한협회월보』 7호, 1908, 「격치학의 공용 3」, 16쪽.

48) 이면우, 「근대교육기(1876~1910) 학회지를 통한 과학 교육의 전개」, 『한국지구과학회지』 22집, 한국지구과학회, 2001, 77쪽.

49) 근대적 몸의 탄생에 대해서는 박정심, 「근대적 몸〔신체〕의 발견: 수신에서 체육으로」, 『한국철학논집』 36집, 2013 참조.

50) 닐 포스트먼, 앞의 책, 37~41쪽 참조.

51) 마이클 에이더스, 앞의 책, 188쪽.

52) 마이클 에이더스, 앞의 책, 277~281쪽 참조.

53) 여병현, 『대한협회월보』 7호, 1908, 「격치학의 공용 3」, 16~17쪽.

54) 겸곡(謙谷) 박은식, 『서북학회월보』 7호, 1908, 「숙능구오국자(孰能救吾國者)며 숙능활오중자(孰能活吾衆者)오 실업가가 시(是)로다」, 386쪽.

55) 서재필, 『독립신문』, 1896년 12월 22일, 논설.

56) 신채호, 『단재신채호전집』 하, 「기호학회는 하유(何由)로 기(起)했는가」, 97쪽.

57) 여병현, 『대한협회회보』 8호, 1908, 「신학문의 불가불수」, 93쪽.

58) 여병현, 『대한협회회보』 8호, 1908, 「신학문의 불가불수」, 94쪽.

59) 이종준, 『대한자강회월보』 7호, 1907, 「교육론」, 497쪽.

60) 조완구, 『기호흥학회월보』 3호, 1908, 「교무정향(敎無定向)이면 반불여불교(反不如不敎)」, 175쪽.

61) 닐 포스트먼, 앞의 책, 69쪽.

▶ 9장 인간에 관한 과학적 탐구

1) 『중용』 1장, 주자주: 天以陰陽五行 化生萬物 氣以成形而理亦賦焉.

2) 『중용』 25장: 誠者 非自成己而已也 所以成物也. 成己仁也 成物知也; 『맹자』, 「진심(盡心)」 상: 孟子曰 萬物皆備於我矣. 反身而誠 樂莫大焉.

3) 『중용』 22장: 惟天下至誠 爲能盡其性 能盡其性則能盡人之性 能盡人之性則能盡物之性 能盡物之性則可以贊天地化育 可以贊天地化育則可以與天地化參矣.

4) 『중용』 1장: 致中和 天地位焉 萬物育焉(중화를 지극히 하면 천지가 제자리를 편안히 하고, 만물이 잘 생육될 것이다).

5) 『중용』 1장 주: 蓋天地萬物 本吾一體(대개 천지와 만물이 본래 나와 일체이다).

6) 『중용』 20장 주: 呂氏曰 君子所以學者 爲能變化氣質而已.

7) 정도원, 「전통적 학 개념과 퇴·율 성학의 이학-심학 연관 구조」, 『한국사상사학』 36집, 2010, 한국사상사학회, 251~252쪽.

8) C. A. 반 퍼슨, 손봉호·강영안 옮김, 『몸 영혼 정신』, 서광사, 1985, 27~38쪽.

9) 서울사회과학연구소, 『근대성의 경계를 찾아서』, 새길, 1997, 220쪽 재인용.

10) 리하르트 반 뒬멘, 최윤영 옮김, 『개인의 발견』, 현실문화연구, 2007: 16세기 이후 사람들의 주요 관심사는 죄를 극복하는 데 있지 않고 '인간답게' 사는 데 있었다. 인간은 오로지 이성에 따라 행동하고 정욕과 정열에 맞서 싸워야 한다고

생각했다. 하지만 인간의 몸에 관한 과학적 탐구가 가능해졌다는 것 역시 이전 시대와 확연히 구분되는 분명한 사실이었다.

11) 이영아, 『육체의 탄생』, 민음사, 2008, 55쪽 참조.

12) 『대조선독립협회회보』 4호, 1896, 「사람마다 알면 죠흔 일」, 85쪽. 이 학회보는 독립협회가 근대 기획의 일환으로 1896년에 발간한 것이다. 민중을 대상으로 한 근대화 기획이었기 때문에 서구 근대문명과 과학지식을 소개하고 외보(外報)를 전달했다.

13) 유길준, 허진경 옮김, 『서유견문』, 한양출판, 1995, 263~264쪽.

14) 몽련(夢蓮) 송헌석, 『서북학회월보』 19호, 1910, 「생리위생학」, 404~407쪽 요약.

15) 홍정유, 『기호흥학회월보』 2호, 1908, 「물의 가치」, 92쪽.

16) 홍정유, 『기호흥학회월보』 2호, 1908, 「물의 가치」, 93쪽: 인족(人族)의 가치를 보유하려면 청년자제는 지식을 축적하지 않을 수 없다.

17) 이풍재, 『대한학회월보』 9호, 1908, 「형체와 정신의 관계」, 189~190쪽.

18) 장응진, 『태극학보』 13호, 1907, 「교수와 교과에 대하여」, 362쪽.

19) 문일평, 『태극학보』 21호, 1908, 「체육론」, 21쪽: 신체가 있은 연후에 정신이 생기는 것이니 나무에 비유하자면 신체는 뿌리요 정신은 가지와 잎이다. 뿌리가 견고해야 곧 가지와 잎이 따라서 무성하고 만일 뿌리가 박약하면 곧 가지와 잎이 따라서 허약하고 쇠약한 것은 필연적인 이치이다. 그러므로 나무를 재배하는 자는 반드시 뿌리부터 시작해야 하고 인재를 양성하는 자는 먼저 신체를 기점으로 삼아야 하니, 바로 체육이다.

20) 이풍재, 『대한학회월보』 9호, 1908, 「형체와 정신의 관계」, 191쪽.

21) 이영아, 『육체의 탄생』, 민음사, 2008, 52~53쪽.

22) 신동원, 『호열자, 조선을 습격하다』, 역사비평사, 2009 참조.

23) 『서북학회월보』 11호, 1909, 「제학석명(諸學釋名)」, 232쪽: 과학은 영어 사이언스[science]의 번역어로서 계통적 학리를 갖춘 학문을 말한다. 인지가 발달함에 따라 연구하는 방법이 점차로 전진하여 모든 지식이 더욱 적확하게 인식되어간다. 이 가운데 가장 앞선 연구법을 적용하여 획득한 조리 있는 지식이 과학

이다.

24) 유길준, 허진경 옮김, 『서유견문』 제13편, 『학문의 갈래』, 한양출판, 1995, 374~375쪽.

25) 몽련 송헌석, 『서북학회월보』 19호, 1910, 「생리위생학」, 407쪽.

26) 김만규(金晩圭), 『태극학보』 5호, 1906, 「농자(農者)는 백업(白業)의 근본(根本)」, 316쪽: 자연은 인생 이외에 존재하는 우주의 일부분이다. 자연물은 지구상에 존재하는 유형 물체이니 자연히 존재하여 발생·생장한다. 자연물을 취하여 인류에게 유용한 것을 제공하니 어개(魚介), 조수(鳥獸), 공기(空氣), 수(水) 등이 이에 속한다.

27) 류근, 『대한자강회월보』 10호, 1907, 「교육학원리: 육화(肉化)편」, 177, 179쪽.

28) 류근, 『대한자강회월보』 9호, 1907, 「교육학원리: 교육각론」, 103쪽.

29) 『서북학회월보』 11호, 1909, 「제학석명」, 234쪽: 과학을 분류하는 데 대상으로 대별하면 정신적 과학과 자연적 과학으로 양분한다.

30) 『소년한반도』 1호, 1906, 「심리문답」, 36쪽: 심리는 인간의 정신현상을 연구하는 과학이니, '심'은 즉 정신이요 '리'는 즉 이론이다. 심리를 철학적 문제로 형이상화하는 것이 정신이요 물질 내에 형이하학적인 것이 과학이다. 정신현상은 무엇인가. 물질적 현상에 대하여 언급하는 것이며, 우리가 직관과 내적 성찰로부터 지각하는 변화와 진행의 과정이니, 외부세계 만물의 상태로부터 우리의 지각을 싹틔워 자신의 신경 내의 정신현상을 드러내는 것이다. 물질적 현상이란 무엇인가. 천지만물이 우리 몸 안의 신경을 자극하여 그 외부세계 만물의 상태를 드러내는 것이다.

31) 『소년한반도』 2호, 1906, 「심리문답」, 92쪽.

32) 한홍교, 『대한학회월보』 4호, 1908, 「심리학의 정요(精要)」, 246~250쪽.

33) 『소년한반도』 2호, 1906, 「심리문답」, 92쪽.

34) 한홍교, 『대한학회월보』 4호, 1908, 「심리학의 정요」, 246~250쪽.

35) 이영아, 앞의 책, 86쪽.

36) 정구, 『한강전서(寒岡全書)』 「심경발휘(心經發揮)」 서: 人惟一心之微而爲堯爲舜

者在是 爲傑爲跖者在是. 上焉而參天地贊化育在是 下焉而同草木歸禽獸者亦在
是 吁其可警也夫(사람은 오직 일심이 은미하여 요순이 되는 것도 마음에 달렸고 걸주나
도척이 되는 것도 마음에 달렸다. 위로는 사람이 천지의 화육을 도울 수 있는 것도 만물의
변화와 생육을 돕는 것도 마음에 달렸고 아래로는 사람이 초목이나 다름없고 짐승의 수준
으로 돌아가는 것도 마음에 달렸으니, 아 참으로 경계하고 조심해야 하지 않겠는가).

37) 『소년한반도』 2호, 1906, 「심리문답」, 92~93쪽.

38) 김홍량, 『태극학보』 20호, 1908, 「지성(至誠)의 역(力)」, 378쪽.

39) 휘문의숙, 『중등 수신 교과서』, 『근대 수신 교과서』 2권, 소명출판, 2011,
125~126쪽.

40) 문일평, 『태극학보』 21호, 1908, 「체육론」, 21쪽.

41) 이영아, 앞의 책, 210쪽.

42) 휘문의숙, 앞의 책, 114쪽.

43) 휘문의숙, 앞의 책, 126쪽.

44) 『대한매일신보』, 1910년 6월 22일, 「국민의 책임」.

45) 『독립신문』, 1898년 3월 3일, 「대한인민의 의무」: 물론 어느 나라고 나라가 서
있으면 그 서 있는 경개(景槪)가 꼭 기계와 같아서 그 안에 있는 사람이 다 목적
이 있고 직무가 있는 것이, 기계 속의 각색 바퀴와 못과 강철과 바늘 들이 다 각
기 저의 직무를 하여 그 기계가 돌아가며 기계의 직무를 행하는 것이다.

46) 서울사회과학연구소, 『근대성의 경계를 찾아서』, 새길, 1997, 31쪽: 주체
(subject)란 아래로(sub) 던지다(ject)라는 의미의 라틴어에서 유래한 단어로, '주
체'와 함께 '피지배자'란 의미도 함축하고 있다. 요컨대 주체화(subjectification;
자유의지의 발현)와 예속화(subjectification; 복종)는 상통한다.

47) 이영아, 앞의 책, 116쪽.

48) 『관보』 제138호, 1895. 8. 15, '소학교 교칙 대강', 김민재, 「근대 수신 교과서를
통해 본 '도덕과 교육'의 연속성」, 『한국문화연구』 19집, 2010, 이대 한국문화
연구원, 90쪽 재인용.

49) 이윤영, 『기호흥학회월보』 3호, 1908, 「정신적 교육」, 173쪽: 교육을 당시의 급무

라 전제하고 교육 영역을 체덕지로 삼분했다. 장응진, 『태극학보』, 13호, 1907,
「교수와 교과에 대하야」, 5쪽: 희랍 교육의 교과는 문예와 체육으로 대별할 수
있다.

50) 최창렬, 『태극학보』 5호, 1906, 「체육을 권고함」, 48쪽: 교육의 대방침이 체육을
전연 몰랐다.

51) 권보드래, 『한국 근대소설의 기원』, 소명출판, 2000, 44쪽.

52) 이동초, 『대한학회월보』 4호, 1908, 「논체육설」, 236쪽; 이창난, 『태극학보』 3
호, 1906, 「지육불여체육」, 197~198쪽: 오인(吾人) 일반적인 행복은 건전한 신체
를 벗어나지 않는다. 만약 사람이 지육에 힘쓰고 체육을 태만히 하다가 질병에
걸리면 금전, 관직, 명예, 지덕을 보존하지 못할 뿐 아니라 사망할 수도 있다.
그러므로 체육이 오인 일반 행복의 기초이다. 그러므로 체육에 힘쓴 연후에 지
육을 개발해야 한다.

53) 김희선, 『서우(西友)』 4호, 1907, 「체육의 필요」, 202쪽: 체육 교육은 국민의 원
기와 정신을 발흥하게 하는 교육이라 할 수 있다. (중략) 학육의 소장은 체육에
기인하고 지식활동도 체육에 기인한다.

54) 김희선, 앞의 글.

55) 최창렬, 『태극학보』 5호, 1906년 12월, 「체육을 권고함」, 48쪽: 아한은 백여 년
이래로 교육의 대방침이 문예에 귀일하여 체육을 전혀 알지 못해 국민의 신체
가 날로 잔약(殘弱)해지고 활발한 정신과 건강한 기력이 날로 제거되었다.

56) 이종만, 『서북학회월보』 15호, 1909. 8, 「체육이 국가에 대한 효력」, 29쪽.

57) 김희선, 앞의 글.

▶ 10장 진아론(眞我論)을 통한 유학문명의 재건

1) 주경철, 『문명과 바다』, 산처럼, 2002, 83쪽 참조.

2) 박정심, 「근대공간에서 양명학의 역할: 박은식과 일본 양명학의 관계를 중심으
로」, 『한국철학논집』 제13집, 한국철학사연구회, 2003 참조.

3) 『박은식전서』 하, 「여위암서(與韋庵書)」, 246쪽: 弟之所撰 新陽明年譜 及陽明詳傳 傳習錄 明儒學案諸書, 而綜成之者也.

4) 『박은식전서』 하, 「여위암서」, 246쪽: 至于今日 此學大昌于世 日本維新豪傑多是王學派 支那學家亦多. 宗王學以其知行合一論 爲適於時宜也. 至於西洋學家 梭格抵底康德比圭梨之學說 亦與知行合一之旨 暗相符合 則更何疑於王學乎.

5) 『박은식전서』 하, 「운인선생감(雲人先生鑒)」, 243쪽: 日本之吉田矩方 以王陽學之活氣創維新之業 吾國儒者何嘗有是耶.

6) 오카다 다케히코(岡田武彦) 감수, 『왕학잡지』 상권, 총론, 분겐샤(文言社), 1992, 14~15쪽.

7) 『박은식전서』 중, 「왕양명실기(王陽明實記)」, 182~183쪽.

8) 『박은식전서』 하, 「일본 양명학회 주간에게」, 237~238쪽.

9) 『박은식전서』 하, 「사고전서(四庫全書)에 대한 감상」, 201쪽.

10) 『박은식전서』 중, 「몽배금태조」, 230~231쪽.

11) 『박은식전서』 중, 「몽배금태조」, 232쪽.

12) 『전습록(傳習錄)』 중: 良知者心之本體, 卽前所謂恒照者也.

13) 『박은식전서』 중, 「몽배금태조」, 267쪽.

14) 『박은식전서』 중, 「왕양명실기(王陽明實記)」, 51~52쪽.

15) 『박은식전서』 하, 『동아일보』, 1925년 4월 6일자 논설, 199쪽.

16) 『박은식전서』 중, 「몽배금태조」, 209~210쪽.

17) 『박은식전서』 중, 「왕양명실기」, 61쪽.

18) 『전습록』 중: 夫良知之於節目時變, 猶規矩尺度於方圓長短也.

19) 『박은식전서』 중, 「몽배금태조」 264쪽.

20) 『박은식전서』 중, 「몽배금태조」 295쪽.

21) 『박은식전서』 중, 「몽배금태조」 210쪽.

22) 『박은식전서』 하, 「공부자탄신기념회강연(孔夫子誕辰紀念會講演)」, 61쪽.

23) 『박은식전서』 하, 「구습개량론(舊習改良論)」, 9쪽.

24) 『박은식전서』 하, 「대한정신의 혈서(속)」, 72~73쪽, 참조.

25) 『박은식전서』하,「독고구려영락대왕묘비등본(讀高句麗永樂大王墓碑謄本)」, 42쪽.

26) 『박은식전서』상,「한국통사(韓國痛史)」, 376쪽: 蓋國敎國學國語國文國史 魂之屬也 錢穀卒乘城池船艦器械 魄之屬也. (중략) 國敎國史不亡 則其國不亡也.

27) 『박은식전서』하,「연보」, 299쪽.

28) 『박은식전서』상,「한국통사」, 263쪽: 蓋吾族以吾祖神聖之化 篤守倫敎 崇尙禮義 忠烈之血不絶於史 苟無是者何以維四千餘年之國脈乎.

29) 『맹자』,「양혜왕(梁惠王)」상: 老吾老以及人之老 幼吾幼以及人之幼 天下可運於掌;「진심(盡心)」상: 親親而仁民, 仁民而愛物에서 알 수 있듯이, 유학의 인은 부모와 자식을 사랑하는 나의 마음을 인민에게 확장시키고 더 나아가 만물을 사랑하는 데까지 미쳐 나아가는 방법적 차별애를 통해 실현된다. 이는 양명이 묵자의 겸애(兼愛)는 집안의 부모형제와 길거리의 사람을 차등을 두지 말고 똑같이 사랑하라는 것으로 인을 실현하는 발단처(發端處)를 없앤 것이라고 비판한 것과 일맥상통한다(『전습록』, 상: 墨氏兼愛無差等 將自家父母兄弟 與途人一般看 便自沒了發端處).

30) 『박은식전서』중,「왕양명실기」, 63쪽: 按先生之學이 致本心之良知하야 以同體萬物爲仁.

31) 『박은식전서』하,「일본양명학회 주간에게」, 237쪽: 양명학에 이르러서는 천지만물이 일체가 되는 인을 미루어 성인이 가르침을 베푼 본의를 밝힘으로써 사해를 한가족〔一家〕과 같이 보았고, 만백성을 한사람〔一人〕과 같이 보았습니다. 이것이 양명학의 대지(大旨)가 아니겠습니까?

32) 『박은식전서』중,「몽배금태조」, 313쪽.

33) 『박은식전서』중,「몽배금태조」, 217~218쪽.

34) 『박은식전서』중,「몽배금태조」, 212~213쪽.

35) 『박은식전서』중,「몽배금태조」, 215쪽.

36) 『박은식전서』하,「공부자탄신기념강연회」, 59~60쪽.

37) 『박은식전서』하,「일본양명학회 주간에게」, 237~238쪽;『박은식전서』하,「공부자탄신기념강연회」, 59~60쪽.

38) 『박은식전서』 중, 「왕양명실기」, 86쪽.

39) 『박은식전서』 중, 「왕양명실기」, 213~215쪽.

40) 『박은식전서』 중, 「왕양명실기」, 156~157쪽.

41) 『박은식전서』 하, 「적을 전승할 능력을 구하라」, 164쪽.

42) 『황성신문』, 1909년 4월 16일, 논설, 「대동학설(大同學說)의 문답」.

43) 『박은식전서』 중, 「몽배금태조」, 251쪽.

44) 『박은식전서』 하, 「선언서(宣言書)」, 218쪽.

45) 『박은식전서』 하, 「대한민국노인동맹단치일본정부서(大韓民國老人同盟團致日本
政府書)」, 216쪽: 以時勢之動機言之 今全地球人類之思想 皆憎惡專制 嫉視强權.
自由平等之風潮 將易世界而新之大勢所驅就能制止 此乃天意之自然 人道之大
同也. 敵邦人民 豈其獨安於牢獄生活 而不求自由平等之幸福乎. 此不可倂合者
七也.

46) 『박은식전서』 중, 「몽배금태조」, 308쪽.

47) 『황성신문』, 1909년 11월 16일, 「유교 발달이 평화를 위한 최대의 기초」.

48) 앙드레 슈미드, 『제국 그 사이의 한국』, 휴머니스트, 2007 참조.

▶ 11장 '고유한 조선'의 근대주체 '아(我)'

1) 신일철, 「신채호의 민족사적 역사이론」, 『신채호의 역사사상연구』, 고대출판
부, 1993, 113~116쪽.

2) 강만길 · 김형효도 신채호가 대체로 유학사상에 부정적이었다고 평가했다. 강
만길, 「신채호의 영웅국민민중주의」, 『신채호의 사상과 민족독립운동』, 단재신
채호선생기념사업회, 1985; 김형효, 「단재, 그의 주체사관의 그늘: 신채호의 역
사의식에 대한 철학적 비평」, 『한국사상산고』, 일지사, 1979 참조.

3) 김기승, 「단재의 사상적 변화와 유교」, 『유교적 세계관의 비판 계승 극복』, 제
23회 동양학 학술대회 논문집, 대동문화연구원, 1994.

4) 김성국, 「아나키스트 신채호의 시론적 재인식」, 『아나키 · 환경 · 공동체』, 모색,

1998, 225쪽.

5) 『단재신채호전집』 하, 「기호학회(畿湖學會)는 하유(何由)로 기(起)했는가」, 97쪽: 내가 시 삼백(詩 三百)을 배웠건만 오늘날 이것으로써 외교 문제에 대처하여 비스마르크〔卑斯麥輩〕에 대항하는 것은 불가능하다. 내가 이십일사(二十一史)를 배웠건만 오늘날 이것으로써 세계 대세를 관찰하여 시국 문제를 해결하는 것은 불가능하게 되었다.

6) 『단재신채호전집』 별집, 「논충신(論忠臣)」, 180쪽.

7) 『단재신채호전집』 하, 「도덕(道德)」, 137~138쪽. 유학의 윤리를 사적으로 규정한 것은 신채호만이 아니라, 당시 자강론을 주장한 근대 지식인들의 일반적 인식이었던 것으로 보인다. 특히 신구학론을 통해 '근대'적 맥락에서 유학도덕을 '사덕'으로 한정했던 것과 무관하지 않아 보인다. 박정심, 「자강기 신구학론의 '구학〔유학〕' 인식에 관한 연구」『동양철학연구』, 제6집, 2011 참조.

8) 『단재신채호전집』 하, 「낭객(浪客)의 신년만필(新年漫筆)」, 30쪽: 지금 삼강오륜은 붕괴하지 않을 수 없는 도덕이 되었다.

9) 『단재신채호전집』 하, 「낭객의 신년만필」, 31쪽.

10) 『단재신채호전집』 별집, 「유교계에 대한 일론」, 108~109쪽.

11) 『단재신채호전집』 별집, 「사상변천의 계급」, 163쪽.

12) 『단재신채호전집』 별집, 「타파 가족적 관념」, 165쪽.

13) 『단재신채호전집』 하, 「낭객의 신년만필」, 33~34쪽.

14) 『단재신채호전집』 하, 「도덕」, 136~144쪽 참조.

15) 『단재신채호전집』 하, 「구서간행론(舊書刊行論)」, 101쪽.

16) 『단재신채호전집』 하, 「문제(問題) 없는 논문」, 156쪽.

17) 『단재신채호전집』 별집, 「유교계에 대한 일론」, 108쪽.

18) 『단재신채호전집』 별집, 「경고유림동포(警告儒林同胞)」, 106쪽.

19) 『단재신채호전집』 별집, 「논충신」, 179쪽.

20) 『단재신채호전집』 별집, 「유교계에 대한 일론」, 108쪽.

21) 『단재신채호전집』 별집, 「경고유림동포」, 106~107쪽.

22) 『단재신채호전집』 하, 「유교 확장에 대한 논(論)」, 119쪽.

23) 『단재신채호전집』 하, 「유교확장에 대한 논」, 119~120쪽.

24) 『단재신채호전집』 하, 「신교육〔情育)과 애국」, 131~135쪽.

25) 『단재신채호전집』 하, 「조선혁명선언」, 39쪽 참조.

26) 『단재신채호전집』 별집, 「20세기 신민국」, 219~221쪽.

27) 『단재신채호전집』 상, 「조선상고사(朝鮮上古史)」, 31쪽.

28) 『단재신채호전집』 상, 「조선상고사(朝鮮上古史)」, 32쪽 참조.

29) 『단재신채호전집』 상, 「조선상고사」, 32쪽.

30) 『단재신채호전집』 상, 「조선상고사」, 32~33쪽.

31) 『단재신채호전집』 상, 「조선상고사」, 68쪽: 개인으로부터 사회를 만드느냐 사회로부터 개인을 만드느냐, 이는 고대부터 역사학자가 쟁론하는 문제이다.

32) 『단재신채호전집』 상, 「독사신론」, 471쪽.

33) 『단재신채호전집』 별집, 「정신상 국가」, 160쪽.

34) 『단재신채호전집』 상, 「조선상고사」, 33쪽.

35) 『단재신채호전집』 상, 「독사신론」, 472쪽.

36) 『단재신채호전집』 별집, 「국수보존론」, 116쪽.

37) 『단재신채호전집』 별집, 「국민의 혼」, 167쪽.

38) 『단재신채호전집』 별집, 「구서 수집의 필요」, 169쪽.

39) 『단재신채호전집』 하, 「구서간행론」, 99~104쪽 참조.

40) 『단재신채호전집』 하, 「신교육과 애국」, 132~133쪽.

41) 『단재신채호전집』 상, 「조선상고사」, 34~35쪽.

42) 『단재신채호전집』 하, 「역사와 애국심의 관계」, 72~80쪽 참조.

43) 『단재신채호전집』 하, 「구서간행론」, 99~100쪽 참조.

44) 『단재신채호전집』 하, 「대아(大我)와 소아(小我)」, 83~87쪽.

45) 『단재신채호전집』 하, 「성력(誠力)과 공업(功業)」, 81~82쪽.

46) 『단재신채호전집』 별집, 「큰 나와 작은 나: 소아와 대아」, 101쪽.

47) 『단재신채호전집』 별집, 「아 관념을 확장할지어다」, 157쪽.

48) 『단재신채호전집』하, 「여우인절교서(與友人絶交書)」, 59~60쪽.

49) 『단재신채호전집』하, 「동양주의에 대한 비평」, 88~91쪽.

50) 『단재신채호전집』하, 「보종 · 보국의 원비이건(元非二件)」, 53~54쪽.

51) 『단재신채호전집』별집, 「사상 변천의 계급」, 163쪽.

52) 『단재신채호전집』별집, 「타파 가족적 관념」, 165쪽.

53) 『단재신채호전집』하, 「소회일폭(所懷一幅)으로 보고동포(普告同胞)」, 94쪽.

54) 『단재신채호전집』별집, 「20세기 신국민」, 213~214쪽.

55) 『단재신채호전집』상, 「조선상고사」, 38쪽.

56) 『단재신채호전집』하, 「금전 · 철포 · 저주(咀呪)」, 127쪽.

57) 『단재신채호전집』하, 「이해(利害)」, 150~151쪽.

58) 『단재신채호전집』하, 「문예계 청년에게 참고를 구함」, 24쪽.

59) 『단재신채호전집』하, 「일본의 삼대충노」, 55~57쪽. 그는 일신만을 위한 충노
로서 일진회를 조직하여 을사보호조약 체결에 앞장섰던 송병준, 동아개진교육
회의 수령으로 팔십만 상민(商民)을 회집(會集)하여 이토(伊藤) 등의 호령을 등대
(等待)했던 조중응, 유교 부지(扶持)를 명분으로 삼아 대동학회(大東學會)를 만들
면서 이토의 찬조금을 받았을 뿐만 아니라 유림을 일본동화 정책에 찬동하도록
유도했던 신기선을 꼽았다.

60) 『단재신채호전집』별집, 「20세기 신국민」, 150쪽. 213~214쪽.

61) 『단재신채호전집』하, 「낭객의 신년만필」, 27쪽 참조.

62) 『단재신채호전집』하, 「낭객의 신년만필」, 28쪽.

63) 『단재신채호전집』상, 「조선상고사」 31쪽: 반드시 본위인 '아'가 있으면 따라서
'아'와 대치한 '비아'가 있고, '아'의 중에 '아'와 '비아'가 있으면, '비아' 중에
도 또 '아'와 '비아'가 있다.

64) 『단재신채호전집』상, 「조선상고사」, 31쪽.

65) 『단재신채호전집』하, 「조선혁명선언」, 36쪽.

66) 『천고(天鼓)』(1921) 창간사: 왜는 우리나라만의 원수가 아니라 동양의 구적(仇敵)
이다. 강화도조약 이후 독립을 보장하고 행복을 증진하겠다고 약속했지만, 국

권을 빼앗고 국호를 없애고 인민을 도탄에 빠지게 한 것이 왜이다. (중략) 아시아에 살면서 아시아에 화를 끼치는 것이 왜이다. 왜는 전 아시아를 제멋대로 하고 이웃나라를 유린하고 민족자결을 무시하고 세계 조류를 막아 과거 몽골제국을 오늘날에 되살리려 한다. (중략) 왜의 죄를 성토하여 바야흐로 팽창하려는 원악(元惡)을 없애고 위급한 상황을 구제하고자 한다. 왜를 막지 않으면 자존할 수 없으니 이에 우리 선조들은 또한 전전긍긍 정성을 다하여 왜에 대한 것 이외에 국시가 없었으며 왜를 막는 것 이외에 국방이 없었으며 왜를 없애는 것 이외에 용사가 없었으며 왜를 토벌하는 것 이외에 영웅이 없었다. 인의를 성취하여 후세에 보이도록 한 것은 기미독립운동 전후에 그 절정을 이루었다.

67) 『단재신채호전집』 하, 「조선혁명선언」, 36쪽, 38쪽, 40쪽.

68) 『단재신채호전집』 하, 「조선혁명선언」, 42쪽: 갑신정변은 특수세력(特殊勢力)이 특수세력과 싸운 것이고, 의병운동은 충군애국의 대의로 격기(激起)한 독서계급의 사상이었다. 안중근, 이재명 등 열사의 폭력적 행동은 민중적 역량의 기초가 없었으며 3·1운동의 만세소리에 민중적 일치의 의기가 있었지만 폭력적 중심을 가지지 못했다. '민중·폭력' 중 하나만 빠지면 어떤 운동이라도 전뢰같이 수속(收束)되어버린다.

69) 『단재신채호전집』 하, 「조선혁명선언」, 43쪽.

70) 『단재신채호전집』 하, 「인도주의 가애(可哀)」, 180쪽 참조.

71) 『단재신채호전집』 하, 「조선혁명선언」, 44쪽.

72) 『단재신채호전집』 하, 「조선혁명선언」, 44~45쪽 요약.

73) 서유석, 「'연대' 개념의 역사적 맥락과 현대적 의미」, 『시대와 철학』 제21권 3호, 2010, 457~460쪽 참조.

74) 『단재신채호전집』 하, 「낭객의 신년만필」, 26~27쪽.

75) 『단재신채호전집』 하, 「조선혁명선언」, 3쪽.

76) 『단재신채호전집』 하, 「선언문」, 47쪽.

77) 『단재신채호전집』 하, 「선언문」, 50쪽.

78) 『단재신채호전집』 하, 「조선혁명선언」, 46쪽.

79) 최광식 역주, 『단재 신채호의 천고』, 「조선독립 급(及) 동양평화」, 아연출판부, 2004, 61쪽.

IV 식민기: 제국과 '조센징'의 조응

▶ 12장 문화와 민족의 이중주

1) 『황성신문』, 1907년 5월 13일, 「근고아동포청년(謹告我同胞靑年): 재일본 유학생 이재인」.
2) 『황성신문』, 1908년 2월 12일, 「노비를 선호석방(宣乎釋放)」
3) 『황성신문』, 1907년 4월 26일, 「보수와 개진(改進)〔속(續)〕」: 우리 동포들아. 2천만 민족의 정신으로 우리나라를 상공업의 나라, 무비(武備)를 갖춘 나라, 문명한 나라, 부강한 나라로 만들려 한다면, 보수해야 할 것은 우리 강토이며 우리 가국(家國)이며 아국정신, 즉 국수(國粹)이다.
4) 『황성신문』, 1908년 4월 10일, 「신고해항동포(申告海港同胞)」: 오호라 우리 동포여. (중략) 본시 단군기자의 신성한 후예로 충성예의의 교화를 입은 원래의 성질이 고유한 민족이라. (중략) 이 시대에 우리의 단합력이 없으면 결코 타족(他族)의 유린을 막아내지 못하여 도태되고 소멸할지니 어찌 이보다 슬픈 일이 있겠는가. 생각하건대 그 완전한 단합을 발표하여 문명한 신대한 민족이 되어 건강한 신대한제국의 기초를 수립하는 것을 목표로 하여 우리 희망을 삼게 할지어다.
5) 『대한매일신보』, 1908년 7월 30일, 「민족과 국민의 구별」.
6) 이광수, 『이광수전집』 제17권, 「신생활론(新生活論)」, 523쪽: 인류의 문화는 시대가 가고 세기가 지날수록 진보하는 것이요, 결코 퇴보하는 것이 아니다. (중략) 최근 백 년간 인류는 과거 수천 년 동안 이룬 것 이상의 대진보(大進步)를 이루었다.
7) 이광수, 『이광수전집』 제17권, 「자녀중심론(子女中心論)」, 41쪽.

8) 이광수, 『이광수전집』 제17권, 「민족개조론(民族改造論)」, 181~182쪽.

9) 이광수, 『이광수전집』 제17권, 「민족개조론」, 177쪽.

10) 이광수, 『이광수전집』 제2권, 「전쟁과 문학 신시대」, 435~444쪽.

11) 이광수, 『이광수전집』 제17권, 「자녀중심론」, 41쪽.

12) 이광수, 『이광수전집』 제17권, 「민족개조론」, 171쪽.

13) 이광수, 『이광수전집』 제17권, 「민족개조론」, 184쪽.

14) 이광수, 『이광수전집』 제17권, 「민족개조론」, 194쪽.

15) 이광수, 『이광수전집』 제17권, 「조선민족론(朝鮮民族論)」, 326~332쪽 참조.

16) 이광수, 『이광수전집』 제17권, 「조선민족운동의 삼기초사업(三基礎事業)」, 315쪽; 「조선민족론」, 326쪽.

17) 이광수, 『이광수전집』 제17권, 「민족개조론」, 181쪽.

18) 이광수, 『이광수전집』 제17권, 「민족개조론」, 180쪽.

19) 이광수, 『이광수전집』 제17권, 「민족개조론」, 192쪽.

20) 이광수, 『이광수전집』 제17권, 「민족개조론」, 202쪽.

21) 이광수, 『이광수전집』 제17권, 「민족개조론」, 194쪽.

22) 이광수, 『이광수전집』 제17권, 「민족개조론」, 194쪽.

23) 이광수, 『이광수전집』 제17권, 「민족개조론」, 196쪽.

24) 이광수, 『이광수전집』 제17권, 「민족개조론」, 195쪽.

25) 이광수, 『이광수전집』 제17권, 「민족개조론」, 202쪽.

26) 이광수, 『이광수전집』 제17권, 「민족개조론」, 205쪽.

27) 이광수, 『이광수전집』 제17권, 「민족개조론」, 197쪽.

28) 이광수, 『이광수전집』 제17권, 「민족개조론」, 198~199쪽.

29) 이광수, 『이광수전집』 제17권, 「부활의 서광」, 31~32쪽.

30) 이광수, 『이광수전집』 제17권, 「지도자론(指導者論)」, 283~284쪽.

31) 이광수, 『이광수전집』 제17권, 「신생활론」, 518쪽: 문명이 유치한 시대에는 다른 만물처럼 자연적 진화에만 방임했으나 인지(人智)가 대개(大開)한 오늘날에 이르러서는 인력을 가하여 수백 년 얻을 진화를 수년에 얻도록 한다. (중략) 인

류 중에도 문명을 가진 인류는 자기 노력으로 자기가 의식해가면서 진화하니, 이것을 '인위적 진화'라고 할 수 있다. 화학의 힘과 전기의 힘으로 식물의 성장을 빠르게 하는 것과 같이 사상·학술·교육·정치의 힘으로 인류의 생장(즉 문화)을 속성케 하는 것을 '촉진'이라고 한다.

32) 이광수, 『이광수전집』 제17권, 「신생활론」, 515쪽.

33) 이광수, 『이광수전집』 제17권, 「신생활론」, 521쪽.

34) 이광수, 『이광수전집』 제17권, 「신생활론」, 522쪽.

35) 이광수, 『이광수전집』 제17권, 「신생활론」, 522쪽.

36) 이광수, 『이광수전집』 제17권, 「신생활론」, 547쪽.

37) 곽은희, 「근대의 초극, 동양의 창출: 이광수의 친일비평을 중심으로」, 『한국사상과 문화』, 한국사상문화학회, 36집, 2007, 155쪽.

38) 이광수, 『이광수전집』 제2권, 『매일신보』, 99~112쪽.

39) 육당연구학회, 『최남선 다시 읽기』, 현실문화, 2009, 80쪽.

40) 육당연구학회, 앞의 책, 73쪽.

41) 최남선, 『조선문단』 16(1926), 「조선 국민문학으로서의 시조」, 6쪽: 조선인의 사상·감정·고뇌·희원·미추·애락을 정직하게 담아내는 데 있고 그 제일 조건이 조선스러움에 있다.

42) 최남선, 『아시조선(兒時朝鮮)』, 「조선민족본지도(朝鮮民族本支圖)」(1926): 조선인은 삼국시대에 준비되고 통일신라시대에 시험되다가 고려조에 들어와 성립하여 오늘날까지 생장했다.

43) 최남선, 『동명(東明)』 6호(1922), 「조선 역사통속강화(朝鮮歷史通俗講話)」, 11쪽; 육당연구학회, 앞의 책, 81쪽.

44) 육당연구학회, 앞의 책, 83쪽.

45) 최남선, 『소년』 3-3(1909), 「해상한국사(海上韓國史)」, 47쪽.

46) 최남선, 『소년』 3-6(1910), 「해상한국사」, 37쪽.

47) 류시현, 『최남선 연구』, 역사비평사, 133쪽.

48) 최남선, 『동명』 7호(1922), 「조선역사통속강화」, 8쪽; 육당연구학회, 앞의 책, 83쪽.

49) 최남선, 『청춘』 7(1917), 「아등은 세계의 갑부」, 62쪽.

50) 최남선, 「도의는 이긴다」, 『방송지우』 2권 3호(1944. 3), 16~19쪽.

51) 최남선, 『불함문화론』, 1927, 『육당최남선전집』 2권, 현암사, 43쪽.

52) 최남선, 「신의 뜻 그대로의 옛날을 생각함」, 『친일문학작품선집』, 실천문학사, 1988, 104~111쪽.

53) 최남선, 『매일신보』, 1937년 2월 10일, 「조선문화당면の〔의〕 과제」.

54) 최남선, 『매일신보』, 1937년 2월 9일, 「조선문화당면の 과제」.

55) 최남선, 『매일신보』, 1937년 10월 3일, 「송막연운록(松漠燕雲錄)」.

56) 최남선, 『매일신보』, 1937년 8월 15일, 「내일의 신광명 약속. 백화, 적화, 배제의 성전재전(聖戰在前)」.

▶ 13장 제국과 '조센징'의 조우

1) 다카하시 도루, 『조선인』, 「조선의 문화정치와 사상 문제」, 195쪽.

2) 조선총독부 편저, 『조선인의 사상과 성격』, 야마가케 이소오(山縣五十雄), 「조선인의 사상 변화에 대해」, 266~267쪽(1923).

3) 다카하시 도루, 구인모 옮김, 『조선인(식민지 조선인을 논한다)』, 「조선, 조선인」, 동국대학교출판부,2010, 48~49쪽, 58~59쪽.

4) 다카하시 도루, 『조선인』, 「조선인의 열 가지 특성: 형식주의」, 81쪽.

5) 조선총독부 편저, 『조선인의 사상과 성격』, 395~396쪽 참조.

6) 다카하시 도루, 『조선인』, 「조선인의 열 가지 특성: 당파심」, 89쪽.

7) 다카하시 도루, 『조선인』, 「조선인의 열 가지 특성: 사상의 종속」, 85쪽.

8) 다카하시 도루, 『조선인』, 「조선인의 특성에 대한 보론」, 143쪽.

9) 다카하시 도루, 『조선인』, 「조선인의 열 가지 특성: 사상의 종속」, 73쪽.

10) 다카하시 도루, 『조선인』, 「조선인의 열 가지 특성: 사상의 종속」, 74~77쪽; 「조선예문지(朝鮮藝文志)」, 410~411쪽.

11) 다카하시 도루, 『조선인』, 「조선인의 열 가지 특성: 사상의 종속」, 74쪽.

12) 다카하시 도루, 『조선인』, 「조선인의 열 가지 특성: 사상의 종속」, 78~79쪽.

13) 다카하시 도루, 『조선인』, 「조선개조의 근본 문제」, 178~179쪽.

14) 다카하시 도루, 『조선인』, 「조선의 문화정치와 사상 문제」, 191~192쪽.

15) 다카하시 도루, 『조선인』, 「조선인의 열 가지 특성: 낙천성」, 137~138쪽: 일본
인은 가난을 감추고자 고심하므로 가난을 더욱 심각하게 느낀다. 하지만 조선
인은 가난하여 끼니를 잇지 못하는 일이란 인간의 일상사라고 생각하므로 남에
게 말하면서도 결코 부끄러워하지 않는다. (중략) 의식주의 궁색함을 전혀 근심
하지 않는다면 그것은 정신이상이라고 볼 수밖에 없다.

16) 다카하시 도루, 『조선인』, 「조선인의 열 가지 특성: 심미(審美) 관념의 결핍」,
108쪽.

17) 다카하시 도루, 『조선인』, 「조선인의 열 가지 특성: 낙천성」, 135쪽.

18) 조선총독부 편저, 『조선인의 사상과 성격』, 「어느 조선인의 감상」, 334쪽.

19) 조선총독부 편저, 『조선인의 사상과 성격』, 「어느 조선인의 감상」, 322~323쪽.

20) 다카하시 도루, 『조선인』, 「조선인의 특성에 대한 보론」, 143쪽.

21) 다카하시 도루, 『조선인』, 「조선인의 열 가지 특성: 문약」, 95쪽.

22) 다카하시 도루, 『조선인』, 「조선인의 열 가지 특성: 문약」, 98~100쪽.

23) 같은 책, 154쪽.

24) 다카하시 도루, 『조선인』, 「조선개조의 근본 문제」, 169~178쪽 요약.

25) 다카하시 도루, 『조선인』, 「조선인의 특성에 대한 보론」, 148~149쪽.

26) 다카하시 도루, 『조선인』, 「조선의 문화정치와 사상 문제」, 194~195쪽.

27) 다카하시 도루, 『조선인』, 「조선의 문화정치와 사상 문제」, 196~197쪽.

28) 다카하시 도루, 『조선인』, 「조선의 문화정치와 사상 문제」, 199~200쪽.

29) 최남선, 『소년』 1(1908), 「취지문」, 『육당최남선전집』 9권, 583쪽.

30) 최남선, 『소년』 4-2(1911), 「왕학(王學) 제창에 대하여」, 『육당최남선전집』 9권,
145쪽.

31) 최남선, 『대한유학생학보』 2집(1907), 「국가의 주동력」, 360쪽.

32) 최남선, 『청춘』 14(1915), 「풍기혁신론(風氣革新論)」, 『육당최남선전집』 10권,

165쪽.

33) 최남선, 『청춘』 14(1915), 「풍기혁신론」, 『육당최남선전집』 10권, 166~167쪽.

34) 최남선, 『청춘』 14(1915), 「풍기혁신론」, 『육당최남선전집』 10권, 168쪽.

35) 최남선, 『청춘』 4(1915), 「아관(我觀)」, 『육당최남선전집』 9권, 150, 153쪽.

36) 최남선, 『청춘』 4(1915), 「아관」, 『육당최남선전집』 9권, 149쪽.

37) 최남선, 『소년』 3-6(1910), 「『소년』의 기왕(旣往) 및 장래」, 18쪽.

38) 최남선, 『청춘』 21(1917), 「예술과 근면」, 『육당최남선전집』 10권, 197쪽.

39) 이광수, 『이광수전집』 제17권, 「부활(復活)의 서광(曙光)」, 34~35쪽.

40) 이광수, 『이광수전집』 제17권, 「부활의 서광」, 29쪽.

41) 이광수, 『이광수전집』 제17권, 「부활의 서광」, 31~32쪽.

42) 이광수, 『이광수전집』 제17권, 「소년에게」, 251쪽.

43) 이광수, 『이광수전집』 제17권, 「선구자를 바라는 조선」, 306쪽.

44) 이광수, 『이광수전집』 제17권, 「젊은 조선인의 소원」, 297쪽.

45) 이광수, 『이광수전집』 제17권, 「민족개조론」, 208쪽: 개조된 사람은 반드시 보통교육과 일종의 전문교육이나 기예의 교육을 받아 사회에 유익하다고 믿는 일종의 직업을 가졌을 것이다.

46) 이광수, 『이광수전집』 제17권, 「중추계급과 사회」, 154쪽.

47) 이광수, 『이광수전집』 제17권, 「젊은 조선인의 소원」, 298쪽: 민족개조를 담당할 위대한 개인은 흩어진 개인과 구별된다. 위인은 진심·성심을 갖춘 인격을 기초로 하여 동지들을 조직하는 힘이 탁월한 자이며, 지력(知力)과 단결력으로 큰 힘을 발휘할 자다. 이러한 위대한 개인은 유학적 교육을 통해서는 양성할 수 없다. 유학은 개인 완성만을 목표로 한 성인주의(聖人主義) 교육일 뿐이어서 민중과는 완전히 절연하고 독선기신(獨善其身)을 목표로 삼는 '산림(山林; 현실정치에 참여하지 않는 유학자 집단이라고 할 수 있는 유림을 특칭한 말)'만을 조직했기 때문이다.

48) 이광수, 『이광수전집』 제17권, 「중추계급과 사회」, 158쪽.

49) 이광수, 『이광수전집』 제17권, 「민족개조론」, 201쪽.

50) 이광수, 『이광수전집』 제17권, 「민족개조론」, 199쪽: 그네는 도덕적으로 인격 완성을 목적으로 삼아 수양을 한 자이다. 그러므로 허위·나태·교작(巧作)·반복(反覆)·겁냄이 없고, 진실·근면·신의·용단·사회성 등의 덕목을 갖춘 1만 인(一萬人)이다. 또 지적으로 인격 완성을 목적으로 삼아 한 종류 이상의 학술이나 기예를 수학한 1만 인이다. 또 체육으로 인격 완성을 목적한 자이니, 인(人)의 직무를 감당할 만한 건강한 체격을 가진 1만 인이다. 또 그네는 저축으로 생활의 경제적 독립을 목적으로 한 자이니 자기의 의식주에서는 근심이 없는 1만 인이다.

51) 이광수, 『이광수전집』 제17권, 「조선민족운동의 삼기초사업」, 315~316쪽.

52) 이광수, 『이광수전집』 제17권, 「민족개조론」, 198쪽: 민족적 생활의 모든 영역(정치기관·경제기관·교육기관·가족·민간결사·종교기관·학술 및 예술 등)을 운전하는 지식인 계급이 대략 얼마나 있으면 '민족개조운동'이 될까. 정치가·관리·상공업자·교사·목사·학자·문사(文士)·예술가·신문기자·지방 유지 등을 지식계급이라고 하겠다. 이 계급민족의 문화 정도가 향상될수록 전 민족에 대한 비례가 클 것이다. 매 천 명마다 한 사람씩 잡으면 문명한 민족생활을 충분히 경영할 수 있을 것이다. 즉 2만 인 정도의 대표적 지식계급이 생기면 조선민족은 넉넉히 문명하고 부강한 민족생활을 경영할 수 있다.

▶ 결론

1) 『논어』, 「술이」: 子曰 志於道 據於德.德則行道而有得於心者也.

찾아보기

21세기의 새로운 미래를 향해 나아가는 현 시점에서 한국학 연구는 새로운 전기를 맞이하고 있다. 한국은 물론이고, 아시아·구미 지역에서도 한국학에 대한 관심은 고조되고 있으며 여러 분야에서 다각도로 심층적인 분석이 이루어지고 있다. 이러한 추세에 발맞추어 우리나라의 한국학 연구자들도 지금까지의 연구를 기반으로 하여 방법론뿐 아니라, 연구 영역에서도 보다 심도 있는 연구가 요청되고 있는 형편이다. 따라서 우리는 동아시아 속의 한국, 더 나아가 세계 속의 한국이라는 관점에서 민족문화의 주체적 발전과 세계 문화와의 상호 관련성을 중시하는 방향에서 연구를 진행하여야 할 것이다.

본 한국민족문화연구소는 한국문화연구소와 민족문화연구소를 하나로 합치면서 새롭게 도약의 발판을 마련한 이래 지금까지 민족문화의 산실로서 중요한 역할을 수행해왔다. 그런 중에 기초 자료의 보존과 보급을 위한 자료총서, 기층문화에 대한 보고서, 민족문화총서 및 정기학술지 등을 간행함으로써 연구소의 본래 기능을 확충시켜왔다.

이제 이러한 성과를 바탕으로 한국학 연구자의 연구 성과를 보다 집약
적으로 발전시켜 나아가기 위해서 민족문화 학술총서를 간행하고자
한다.

민족문화 학술총서는 한국 민족문화 전반에 관한 각각의 연구를 체
계적으로 정리함으로써 본 연구소의 연구 기능을 극대화하는 역할을
할 것으로 기대한다. 또한 본 학술총서의 간행을 계기로 부산대학교
한국학 연구자들의 연구 분위기를 활성화하고 학술 활동의 새로운 장
이 되기를 바란다.

아울러 본 학술총서는 한국학 연구의 외연적 범위를 확대하는 의미
에서 한국학 관련 학문과의 상호 교류의 장이자, 학제간 연구의 중심
기능을 수행함으로써 명실상부한 한국학 학술총서로서 자리 잡을 수
있도록 해야 할 것이다.

부산대학교 한국민족문화연구소

민족문화 학술총서 65

한국 근대사상사

서양의 근대, 동아시아 근대,
한국의 근대를 어떻게 보아야 하는가

지은이　　　박정심

■

2016년 4월 1일 초판 1쇄 발행

■

책임편집　　남미은
기획·편집　　선완규·안혜련·홍보람·秀
기획·디자인 아틀리에

■

펴낸이　　　선완규
펴낸곳　　　천년의상상
등록　　　　2012년 2월 14일 제2012-000291호
주소　　　　(03983) 서울시 마포구 동교로 45길 26 101호
전화　　　　(02) 739-9377
팩스　　　　(02) 739-9379
이메일　　　imagine1000@naver.com
블로그　　　blog.naver.com/imagine1000

■

ⓒ 박정심, 2016

■

ISBN　　　979-11-85811-21-5 93900

■

이 도서의 국립중앙도서관 출판예정도서목록(CIP)은 서지정보유통지원시스템 홈페이지(http://seoji.nl.go.kr)와
국가자료공동목록시스템(http://www.nl.go.kr/kolisnet)에서 이용하실 수 있습니다.
(CIP제어번호: CIP2016006280)

■

잘못된 책은 구입처에서 바꾸어드립니다.